中日關係的光和影（海外增訂版）

王泰平 著

中和出版
OPEN PAGE
中

出版說明

　　本書作者從上世紀 60 年代末起，先後作為記者、外交官和中日兩國共同事業的中方代表六渡日本常駐，在日本工作和生活 20 餘載。他根據自己的親歷、觀察和感悟，旁徵博引，用通俗而清新的語言、翔實而權威的史料，從政治、軍事、經濟、文化、社會層面，概述新中國歷代領導人的對日政策思想和中國政府的對日政策、日本在中國外交棋盤上的位置；評說戰後 70 多年來中日政治關係演變，深挖其時代大背景和深層的原因；披露了 1972 年實現中日關係正常化、1978 年締結《中日和平友好條約》時交涉和談判的內幕；闡述了指導和規範中日關係的「四個政治文件」、「四項原則共識」的內涵及其歷史和現實意義；指出現時中日關係的階段性、特徵和發展趨勢；還客觀地勾畫了日本興衰榮辱史，評論了日本的外交哲學、日本對華政策的演變和特徵，並指出日本絕非等閒之鄰，與之理性相處，爭取實現世代友好，是兩千年交往史得出的結論，是唯一正確的選擇。

　　現在關於日本問題的著述不少，但立於作者的記者、外交官、學者之獨特經歷的這部著述，因其信息量之大、史料之權威、觀察分析之深邃以及對歷史軌跡的整體把握，在中國內地一經問世，立即引起廣泛關注，本中文繁體字版請作者進行了增補修訂，相信會對香港讀者正確認識日本和中日關係有所裨益。

前 言

承蒙香港中和出版有限公司的厚愛，拙著《中日關係的光和影》中文繁體字版得以在香港出版發行，深感榮幸之至。

拙著即將在香港付梓之際，不禁想起半個世紀前我第一次去香港的往事。1969 年，我作為外交部和新華社聯合派出的記者去日本常駐時，就是經由香港去日本的。那時，中日尚未建交，中日間的來往，香港是必由之路。

我很清楚地記得，是年 5 月 23 日那天，我和前去我國駐日本備忘錄貿易機構履新的趙自瑞代表一起，一大早乘飛機飛往廣州，抵達後住進廣東省政府賓館，為的是等候第二天去深圳的火車。因為那時，廣州深圳間的火車一天只有一趟。

在廣州市區逛逛，汽車很少，但見頭戴斗笠、打着赤腳、挑着擔子的行人在大街上熙來攘往。那時候，頂級的省賓館也沒有空調設備，天氣悶熱，潮氣很大，被褥都是濕漉漉的，鑽進蚊帳裡的那個滋味兒，至今難忘。

翌日，乘火車到深圳辦理出境手續。那時的深圳只不過是一個小漁村，看到出入境和海關大樓孤零零地兀立着，感到很不協調。當然也沒想到，幾十年過後，深圳會變成 1,000 多萬人口的第一線城市，成為全國經濟中心城市、國際化城市、國際科技產業創新中心和中國三大全國性金融中心之一。

我們辦完手續，吃一頓午餐，便拖着行李箱走過羅湖橋。香港亞貿公司的周先生和鄭先生前來迎接，引領我們乘上港英當局的小火車。經過新界到九龍下車，換乘擺渡船去香港島。那時，港九的海底隧道

尚未開通。

到香港島後，要去日本駐香港總領館辦簽證。那時，日本不承認我們國家，管我們叫「中共」，不肯在我們的護照上簽章，而是另紙簽證，叫「渡航書」。幸好是亞貿的先生代為辦理，省得我們去看他們的臉色。

5月25日，我們乘德國漢莎航空公司的班機飛離啟德空港，前往東京。那時，香港東京間雖有日本航空公司（JAL）的班機，但是，因為它是日本政府出資的公司，具有官方色彩。而當時，我國內部有不與日本政府發生關係的規定，所以，我們來來回回多次經由香港，都乘德航、加航、意航、法航，而不乘日航。直到1972年建交前夕，才告解禁。這些往事現在聽起來像天方夜譚，卻是我的親身經歷，它從一個側面反映了當時中日關係嚴峻的狀況。

那麼，戰後的中日關係究竟是一個甚麼樣的狀況呢？為何新中國成立後，費時23年才與日本實現邦交正常化呢？後來的中日關係經歷了怎樣的風雲變幻才走到了今天呢？這正是拙著的內容所在。

從1969年到2007年，我先後作為記者、外交官和中日兩國政府共同事業 —— 日中友好會館的中方代表，6次常駐日本，共計20餘載。退休後，又作為中日兩國政府的諮詢機構 —— 中日友好21世紀委員會的中方副秘書長，繼續為中日關係的長期、健康、穩定發展奔波。可以說，我是半個世紀以來中日關係演變和發展的見證者。作為一個過來人，我一直認為，將這段歷史真實、客觀地記錄下來的同時，坦誠地與列位讀者分享我對這段歷史的認識和感受，是義不容辭的義務。拙著繼在內地問世之後，今次在香港出版發行，算是凤願以償，如多少能對列位讀者增進中日關係的了解有所裨益，則樂甚幸甚。

歷史是寫不完的，今天的事明天就會成為歷史。拙著寫到2019年，以後會怎樣呢？只有天知道。不過，筆者要就今後的中日關係說三句話：歷史有時會驚人地相似，但不會重演；比起理想主義來，還

是採取現實態度為好；道路從來都不是筆直的，但前進的腳步不可阻擋。一言以蔽之，從長遠看，我們有理由對未來的中日關係抱樂觀的態度。

王泰平

2020 年 7 月 21 日　於北京和諧雅園寓所

序

　　我們和日本的交往有兩千多年的歷史，半個世紀的對立，20
多年的工作。今天，我們已經看到時代螺旋式地前進了。

　　—— 1972 年 9 月 30 日，周恩來總理在上海虹橋機場歡送田中角
榮首相一行回國。田中的專機起飛後，周總理深有感慨地如是說。

　　中日兩國，山川異域，風月同天，相互為鄰，已經交往兩千多年。
秦始皇公元前 221 年統一中國後，秦、漢、隋、唐、元、明等歷代天
下一統的王朝維繫的名震世界的龐大中華帝國，一直是華夷秩序的中
心。從秦漢時代到中國敗於鴉片戰爭以前，除了元朝侵擾日本那段時
間以外，中日之間的來往從未間斷過，中國是日本一個非同尋常的鄰
國。歷史悠久的中華文明如同一塊巨大的磁石，強烈地吸引着日本人。
中華文明成為日本人汲取智慧和養分的重要源泉。
　　日本學者礪波護認為，對於日本來說，邪馬台國的女王卑彌呼及
「倭之五王」的倭國時代，即 3 世紀前半葉到 5 世紀，中國是「朝貢和
畏敬之國」；從派遣遣隋使、遣唐使的飛鳥時代、奈良時代到平安時
代，即 7 世紀初到 12 世紀末，中國是「憧憬與模範之國」；從鐮倉時代
到江戶時代，即到 19 世紀後半葉，中國是「先進與親愛之國」。（見《中
國之於日本的存在》第 285 頁，講談社，2005 年 11 月出版）在日本的
發展史上，中國可謂第一個老師，最早的來往對象。
　　然而，清朝自 1840 年與英國打了一場鴉片戰爭後，一再失敗、退
讓，陸續與外國共簽下 1,000 個以上不平等條約，喪失國土面積相當於

120 個台灣之大，賠償白銀達 9 億餘兩，更主要的是失去國家主權和民族尊嚴。偌大的清朝統治下的中國已經國不成國了，中國國土被佔，國權被奪，進入苦難屈辱的時代。

中國外憂內亂之際，由明治維新而進入興隆期的日本加入帝國主義列強之行列，處於衰退期的中國和處於上升期的日本的相互關係發生了逆變。

1868 年，明治天皇登基。他積極推行史稱「第二次開國」的明治維新自強運動，開啟了現代化的大門，改變了日本的命運，也改變了中日關係的格局。

由於明治維新是一場不徹底的資產階級革命，所誕生的明治政府是一個具有濃厚封建色彩的天皇制政體和武士道精神相結合的政權，生出軍國主義的怪胎，極具擴張性和掠奪性，使日本後來走上對外侵略擴張的道路成為必然。為擴疆掠土，島國日本實行大陸政策，而認為通往大陸的途徑是強兵，是訴諸武力。在這種背景下，日本很快就開始欺負中國了。

日本為實現其大陸政策目標，把中國作為它首先要征服的對象。從 1874 年到 1945 年的 71 年間，中日間經歷了三次半戰爭：第一次是 1874 年日本入侵台灣，藉口是 1871 年一些琉球人在台灣遇害。那時，台灣沒設防，中國沒反抗，算是半個戰爭。第二次就是 1894 年爆發的甲午戰爭。第三次是 1900 年八國聯軍入侵，日本參與了。第四次則是從 1931 年「九一八」開始到 1945 年結束的長達 14 年之久的抗日戰爭。

1874 年，即《清日修好條規》簽訂三年之後，日本就借琉球漁民在台灣被殺之故，出兵侵略台灣，從而對清朝採取了強硬態度。此事最後雖以簽訂《中日台事條約》而暫時平息，但後來日本還是於 1879 年，乘隙吞併了與中國保持密切的宗屬關係的琉球王國，設置了沖繩縣。

日本從侵略台灣、吞併琉球，到染指朝鮮，氣勢逼人。1894 年又故意挑起甲午戰爭，逼迫清政府簽訂喪權辱國的《馬關條約》。

其後，清朝一些激進的改革派，積極倡導以日本為榜樣，實行變法維新。1898 年光緒皇帝領導的僅僅持續了 103 天的戊戌變法（亦稱「百日維新」），就是以日本的明治維新為樣板的。這個照搬照抄明治維新的戊戌變法雖然被慈禧太后主導的政變扼殺了，光緒皇帝成了階下囚，但是，維新派「師強敵以變法」的主張，促成了學習日本的風潮。在清朝駐日公使館的外交官們紛紛著書立説，出了不少研究成果的同時，大批留學生東渡日本，大批中國學者、愛國志士也紛紛赴日參觀訪問。這意味着中國在與日本二千年的交往中，走到這一步，無奈地與日本調換了一個位置，中國由老師變成了學生，而日本由學生升格為老師了。

對於中國人在甲午戰爭後急切地向日本學習的心情，日本學者狹間直樹説：「（中國人）所表現出來的對日本的天真爛漫的依賴心情與後來的歷史發展相對照，簡直不可思議。這説明從日清戰爭（即甲午戰爭）到義和團運動這段時間，是一個幸福的共同幻想的時代。」

然而，這個「共同幻想的時代」很快就被日本的大炮摧毀了。辛亥革命後，日本一方面站到北洋軍閥一邊，參與扼殺中華大地上新生的共和國，以支持袁世凱稱帝為條件，向中國提出「二十一條」要求，企圖將中國完全變成日本的附庸國，表明日本已由參與西方列強侵華，進入企圖獨霸中國的新階段。此後，日本加劇對東北的侵略擴張。正是從這時起，因第一次世界大戰而疲憊不堪的西方列強從亞洲的舞台上後退，日本站在中國的正面，成為中國的主要敵人。

日本經過一系列的戰爭部署和周密的策劃，製造了大規模軍事行動的藉口，於 1931 年 9 月 18 日夜向瀋陽發起攻擊，「九一八」事變由此爆發。關東軍 5 天內佔領遼寧和吉林，兩個月內，佔領了東北三省全境。第二年即 1932 年，日本政府根據關東軍於 1931 年 9 月 22 日制定的《滿洲問題解決策案》即成立以舊宣統皇帝愛新覺羅・溥儀為首腦的新政權的方針，以及關東軍 1931 年 10 月 2 日策定的《滿蒙問題解決案》即在東北建設「獨立國」、由日軍掌握實權的方針，炮製了「偽滿洲

國」，溥儀當了「兒皇帝」，日本則成了東北 200 萬平方公里土地的領主和 3,000 萬人民的「太上皇」。由此，日本人終於通過「征服滿蒙」邁出了「征服支那」的第一步。

「九一八」事變後，日本在建立和鞏固「皇道樂土」偽滿洲國的同時，把魔爪伸向東北周邊地區和山海關內，開始了全面侵佔中國的準備。1937 年 7 月 7 日，在北京挑起「七七盧溝橋事變」，打響全面侵華戰爭。「七七」事變後，總共擁有現役軍人和預備役軍人 120 多萬的日本，竟陸續將 120 萬兵力全部投入中國戰場（後來又不斷增兵，到 1945 年，日軍在華兵力為 128 萬），而僅僅以後備兵和補充兵守衛日本本土和被它視為殖民地的朝鮮、台灣。擁有 10 艘航空母艦、45 艘萬噸以上戰艦、800 餘艘萬噸以下戰艦的日本海軍，擁有 2,700 架飛機的日本空軍，都將 95% 的兵力投入中國戰場。日本軍國主義原本的打算是三個月內一舉征服中國。

1938 年，日本的近衛內閣聲明「（日本）帝國政府今後不與（中國）國民政府為對手」，事實上與國民政府斷交，進而於同年 10 月佔領武漢、廣東，在盧溝橋事變發生後的 16 個月以內，控制了整個華北、華中東部和華南部分地區，幾乎佔領了中國一流的政治城市和工業城市。戰後進行的歷時兩年半的東京審判，判決書第五章赫然以「日本的對華侵略」為題，認定對華戰爭自 1931 年以後是侵略戰爭，並歷數日本軍國主義侵華的罪行。據後來統計，抗日戰爭時期，中國軍民傷亡多達 3,500 萬人。日本軍國主義發動戰爭造成的破壞及其對中國資源和財富的大肆掠奪，按照 1937 年的比價，造成中國直接經濟損失 1,000 億美元，間接經濟損失 5,000 億美元。

結果是，中國不但沒有被征服，反而成了牽制、打擊日本侵略者的主戰場。中國的抗日戰爭作為世界反法西斯戰爭的東方主戰場，在中日力量對比懸殊的情況下，抗擊和牽制了日本陸軍總兵力 2/3 以上。盧溝橋事變兩個月之後，中國國內停止內戰，第二次國共合作成立，

結成了 5 億人為一體的抗日統一戰線。在八年抗戰中，中國軍民地不分南北，人不分老幼，同仇敵愾，浴血奮戰，殲滅日軍的總數約佔日軍在第二次世界大戰中死傷人數的 50%。中國的抗日戰爭對世界反法西斯戰爭的勝利做出了巨大的貢獻。毛澤東在抗日戰爭勝利前夕對中國在反法西斯戰爭中的地位和貢獻作了精闢的論述。他說：「中國是全世界參加反法西斯戰爭的五個最大的國家之一，是在亞洲大陸上反對日本侵略者的主要國家，中國在八年抗日戰爭中，為了自己的解放，為了幫助各同盟國，曾經做了偉大的努力。」

正因為如此，中國在世界反法西斯戰爭中的地位得到世界的公認。1942 年 1 月 1 日，中國成為與美、英、蘇三國共同領銜發表 26 盟國《共同宣言》的四強之一；中國的軍事領導人被推舉為盟國包括越南、緬甸、泰國、印度在內的中國戰區最高統帥；1943 年 10 月 30 日，中國與美、蘇、英在莫斯科共同發表了《四國宣言》，中國成為成立國際安全機構的發起國之一；1943 年 12 月 1 日，中國與美、英共同發表三國《開羅宣言》；1945 年 4 月，中國成為聯合國發起國之一，並成為常任理事國；1945 年 7 月 26 日，中國與美、英共同發表三國促令日本投降之《波茨坦公告》。

14 年抗戰譜寫了一首中華民族團結禦侮的壯烈史詩。劇作家田漢寫的《義勇軍進行曲》中「把我們的血肉築成我們新的長城」，道出了中國人民艱苦抗戰的悲壯情景。抗日戰爭的勝利是鴉片戰爭後 100 多年來中國人民反對帝國主義侵略的第一次完全勝利，打破了近代中國在抵抗外國武裝侵略作戰中屢戰屢敗的先例，洗雪了 1840 年以來的民族恥辱，成為中華民族由衰到興的歷史轉折點，為新中國的誕生奠定了基礎。抗日戰爭之偉大，在於它對中國人民的覺醒產生了深遠的影響，在於它重塑了中國人的民族精神。正是在長期的抗日鬥爭中，中華民族從一個「自在」的民族，變成一個自覺、自強、自新的民族，中華民族的概念真正深入人心。

目　　錄

第一章

為恢復邦交的努力

第一節　二戰後中日關係的癥結

從中美英三國發表《開羅宣言》（1943.12.1），到蘇美英三國簽訂《雅爾塔協定》（1945.2.11），到中美英三國發表促令日本投降之《波茨坦公告》，到美國先後向日本廣島和長崎投擲原子彈（1945.8.6、1945.8.9），到蘇聯對日宣戰（1945.8.8），到毛澤東發表《對日寇的最後一戰》談話（1945.8.9），形勢急轉直下，負隅頑抗的日本終於招架不住，於 1945 年 8 月 14 日宣佈投降。

早在日本正式宣佈無條件投降四天前，中國解放區抗日軍總司令朱德向各解放區所有武裝部隊發佈受降命令。8 月 15 日，朱德總司令致美英蘇三國説帖，請求三國政府注意當時中國戰場存在着國統區和解放區的事實，並鄭重提出五項原則，要求它們保證中國解放區、中國淪陷區的廣大人民及一切抗日的人民武裝力量的受降權利。與此同時，蔣介石也於 8 月 15 日以中國戰區最高統帥名義，電令駐華日軍指揮官岡村寧次大將，指示在華 200 萬日軍投降原則，並指派中國陸軍總司令一級上將何應欽，代表中國戰區最高統帥受降。9 月 9 日上午 9時，中國戰區受降儀式在南京中央軍校大禮堂舉行，何應欽代表蔣介石受降，岡村寧次代表日軍投降。

不管怎麼説，這一刻是中日關係史上的轉折點！岡村寧次這個侵華的元兇終於向中國人民低下了頭！

日本無條件投降，最終結束了第二次世界大戰，也改變了中日關係，即由被侵略者與侵略者的關係變成戰勝國與戰敗國的關係。擺在中日兩國面前的首要課題是儘快結束戰爭狀態，簽訂和約，恢復外交關係。事實上，中日兩國直到 1972 年才完成結束戰爭狀態、恢復邦交的課題，前後花費了 27 年的時間。這與中國國內的政局變化有關，更與世界形勢的演變大有關係。

1945 年，毛澤東與蔣介石的重慶和平談判失敗，導致第二次國共合作破裂，決定中國命運和前途的大決戰爆發。在中國三年多的解放

戰爭中，國民黨政府儘管得到美國的全力支持，最後還是被趕到台灣島上，1949 年，在大陸成立了中國共產黨領導的嶄新政權 —— 中華人民共和國。

新中國成立並宣佈「一邊倒」，加入以蘇聯為首的社會主義陣營，世界冷戰格局中的中美對立突出。先是扼殺，不成，則改為遏制，成為美國對華政策的全部內容。正是在美國的控制和指使下，日本不是與新中國媾和、恢復邦交，而是於 1952 年與台灣當局媾和，並建立了「外交關係」。

1954 年 10 月 11 日，周恩來總理在會見日本國會議員訪華團和日本學術文化訪華團時，曾說過這樣一段話：「中日關係正常化的障礙，不在中國方面。《舊金山條約》不承認中國，而承認台灣，說台灣代表中國。中國人民很傷心。我們承認日本人民的日本，日本人民投誰的票，誰得的票多，誰組織政府，我們就承認誰。但是，日本政府卻採取了相反的做法，不承認中國人民所選擇的政府，中國人民不要蔣介石，日本政府卻承認台灣代表中國，中國人民當然感到很傷心。是日本政府不承認我們，對我們採取不友好態度。我也知道，困難的根本原因不完全在於日本政府，因為日本政府的頭上還有個太上皇，就是美國。」

周恩來這番話道破了戰後中日關係的癥結所在。日本戰敗投降後，美國以「盟國」名義對日本實行單獨佔領。美國佔領日本初期的目的是在日本推行「民主化」和「非軍事化」政策，以保證日本不再成為世界安全與和平的威脅。但因二戰後不久，反法西斯盟國出現分裂，形成東西兩大陣營，世界進入冷戰時代，美國改變了對日政策初衷，轉而實行扶植和重新武裝日本的政策。美國將日本視為對抗蘇聯和中國的戰略據點，對日媾和也改為「非懲罰性」方針，利用其單獨佔領日本的優勢，於 1951 年 9 月 4 日召開了由它一手包辦的舊金山會議，並於 9 月 8 日簽訂了片面的對日和約。

根據《舊金山和約》的有關條款規定，《舊金山和約》簽訂幾小時之後，美國與日本又簽署了《日本國和美利堅合眾國間的安全保障條

約》(簡稱《日美安保條約》)。實際上,美國是先起草《日美安保條約》,後擬定對日和約的。在美國看來,安保條約比對日和約更重要。因為依據該條約及據此簽訂的《美日行政協定》,美國可以繼續霸佔日本的一些島嶼,並有權在日本駐紮軍隊,擁有大量軍事基地。日本的自衛隊事實上也置於美國的指揮和控制之下。美國還可以應日本政府的請求,鎮壓日本國內出現的「大規模暴動和騷亂」。

1952 年 4 月 28 日,即《舊金山和約》和《日美安保條約》生效的當天,日本吉田茂政府與台灣當局簽訂和約。這正是美國出於它的亞洲戰略需要,施壓日本的結果。因為就在 1951 年 12 月 10 日,專門負責對日媾和事務的美國國務院顧問杜勒斯,要求日本政府與台灣蔣介石集團建交,並威脅說,如果日本政府不明確表態,美國參議院就有可能不批准對日和約。

正是在此背景下,吉田茂首相不顧中國政府的警告,於 12 月 24 日致函杜勒斯,表示同意與台灣建立「正常關係」。這就是為中日關係正常化設置了嚴重障礙的《吉田書簡》。

據此,日本於 1952 年 4 月 28 日同台灣當局締結了和約,並建立了外交關係。雙方在換文中還規定該和約適用於「中華民國政府所控制的和今後將控制的一切領土」,這不僅反映出當時蔣介石反攻大陸、復辟蔣家王朝的企圖,而且也表明了日本政府的願望。正是日蔣勾結,沆瀣一氣,中日關係進入「漫長的冬季」,直到中華人民共和國成立 23 年之後,才把日本從錯誤的歷史軌道上拉了回來。

第二節　毛澤東的對日政策思想

新中國的對外政策是根據毛澤東的對外政策思想制定的,對日政策也不例外。那麼,毛澤東是怎樣看待戰後日本的呢?他的對日政策

思想主要內容是甚麼呢？

讓我們看看毛澤東 1955 年會見日本國會議員訪華團時說過的一段話吧。他當時強調了以下幾點：

> 我們兩個民族現在是平等的了，是兩個偉大的民族，都是有色人種，是平等的，要互相尊重。
>
> 中日兩國都受美國壓迫，要互相幫助，把壓在頭上的手頂走，獨立自主地處理本國的事情。
>
> 中國是個經濟、文化落後的國家，要向日本學習。
>
> 中日之間的社會制度雖然不一樣，但並不妨害相互尊重和發展友誼。

由此，毛澤東認為，中日發展友好關係是完全有基礎、有可能的。中日之間應「互相幫助，互通有無，和平友好，文化交流，建立正常的外交關係」。

就是在 1955 年，毛澤東在同日本國會議員談話中還表示：「過去的老賬不妨害我們，今天制度不同也不妨害我們，過去的事情已經過去了，主要是將來的問題。」

可以說，着眼於建立最廣泛的反美統一戰線，着眼於最大限度地爭取日本國內各種力量，化敵為友，變消極因素為積極因素，早日實現中日關係正常化，是毛澤東的戰後日本觀和戰後對日政策思想的出發點。基於此，毛澤東提出了幾個「區別對待」：

首先，將日本同美國區別開來。毛澤東認為，日本戰敗並被美國佔領，使日本的地位發生了根本變化，變成了被壓迫的民族，爭取民族獨立是日本面臨的主要任務。由此，指出美帝國主義是中日兩國人民的共同敵人。

20 世紀 60 年代，毛澤東認為，在美蘇兩霸之間有兩個中間地帶。

一個是亞、非、拉，一個是歐洲、日本、加拿大。認為「日本同美國有矛盾，反對美國的控制」，「一部分人依靠美國，但隨着時間的延長，日本這部分人中的許多人也會把騎在頭上的美國趕走」。

1974 年，毛澤東提出劃分「三個世界」的理論，認為美蘇是第一世界，日本、歐洲、加拿大是第二世界，亞洲除日本都是第三世界，非洲是第三世界，拉美是第三世界。

第二，關於戰爭責任問題，將一小撮日本軍國主義的代表人物和廣大日本人民區別開來，將制定軍國主義政策的人和僅僅參與的人區別開來。要爭取和團結廣大的日本人民。

第三，將日本政府同日本人民區別開來。1961 年 1 月 24 日，毛澤東會見日本社會黨議員黑田壽男等人時說：「要分清同日本人民的關係和同日本政府的關係，兩者是有區別的。」

第四，將日本政府中的主流派和非主流派區別開來。毛澤東在與黑田的同一次會見中還說：「同時，政府的關係也有不同，有所謂主流派和非主流派，他們不完全一致。松村（謙三）、三木（武夫）、高碕（達之助）、河野（謙三）、石橋（湛山），這些人是我們的間接同盟軍，日本人民是我們的直接同盟軍。」

第三節　組建班子，落實方針

基於上述觀點和政策思想，毛澤東在新中國成立初期就首先提出願早日實現中日邦交正常化的積極方針。只是由於 1951 年美國與日本片面媾和，並促壓日本與台灣簽訂和約、建交，為中日邦交正常化設置了嚴重障礙，中日復交才推遲了 20 多年。但是，中國政府早日實現邦交正常化的目標從未動搖過。在中日兩國的官方關係一時難於打開的情況下，毛澤東和周恩來便提出「民間先行，以民促官」的方針，並

組建了對日工作隊伍，大力開展中日民間外交，以期通過漸進積累的方式，實現中日邦交正常化的目標。

新中國剛剛成立，周恩來總理便指示廖承志成立一個研究日本問題的小組。後來，周總理又指派廖承志負責對日工作。

1952 年 4 月 1 日凌晨，周總理把廖承志叫到他的住處 —— 中南海西花廳，請廖承志看一份有關中日關係的文件。廖承志看到毛澤東主席在上面的批示：「要把帝國主義的政府和這些國家的人民區別開來，要把政府中決定政策的人和一般官員區別開來。」

廖承志一看完，周總理就對他說：「毛主席的指示就是中央決定的對日方針。中央決定開展人民之間的友好往來，日本方面的問題決定由你兼管。」從此，廖承志便在周總理的直接領導下，開展對日民間外交工作。

1954 年 12 月，國務院外交委員會和中共中央統戰部決定擴大對日研究工作。1955 年，成立對日工作委員會，負責對日本問題的研究和對日政策的實施。對日工作委員會主任為郭沫若，副主任為廖承志、陳家康、王芸生，委員有雷任民、李德全、劉寧一、南漢宸等。

後來，中共中央外事小組成立，陳毅任組長，廖承志為副組長；國務院成立外事辦公室，陳毅、廖承志分別擔任正、副主任。國務院外事辦公室下面設日本組，先後由楊正、王曉雲任組長。這個日本組存在了十多年，直到 1966 年「文化大革命」爆發，受到紅衛兵猛烈衝擊，才不繼而終。

在十多年的時間裡，日本組作為廖承志的對日工作秘書班子，卓有成效地工作，起到了召集人、協調人的作用。廖承志經常通過日本組，召集各涉日工作部門開會，或討論日本形勢，研究對策；或傳達中央領導同志的指示和意見，佈置工作；或組織學習中央的對日方針政策；或協調、處理對日工作中遇到的具體問題。

從周總理到陳毅、廖承志，再到日本組，再到來自中央各部委、

民間團體，包括外交部、中聯部、外貿部、國家僑委、國際貿易促進委員會、對外友協、外交學會、共青團中央、總工會、人民日報社、中央人民廣播事業局、新華社、解放軍總參謀部等單位的有關負責人和工作人員，共約 30 人，形成了一個「上能通天、下可接地」的對日工作機制。這樣的機制，甭說在中國對未建交國的工作中絕無僅有，就是在對建交國的工作中，也是獨一無二的，足見中央對對日工作的重視程度。

嚴格說來，這個機制並不是一個正規的、嚴密的組織系統，與中央各部門、各團體也並非隸屬關係。但是，由於在其中扮演主角的廖承志那傳奇式的革命資歷和特殊的「日本通」經歷，他與周總理特別親密的關係，他對日本事務的精通，他那旺盛的精力和對工作全身心地投入，他那平易近人的作風、待人親切的態度以及那瀟灑、幽默的談吐舉止，使他在對日工作班子成員的眼中，成為「小周恩來」。周總理管他叫「小廖」，大家則管他叫「廖公」。他獨有的人格魅力，化作人們對他的無限信任，產生了巨大的凝聚力，從而，保證了這個工作機制一直能高效率地運轉，在周總理的指導下，演出了一齣又一齣精彩紛呈的大戲，在新中國的對日民間外交工作中，發揮了重要的歷史作用。

第四節　先從做買賣入手

為開闢民間外交渠道，並建立政府間聯繫，中國政府主動採取了一系列的步驟。首先從做買賣入手。1952 年，中國國際貿易促進委員會主任南漢宸利用在莫斯科出席國際經濟會議的機會，與出席這次會議的日本的綠風會國會參議員高良富，日本社會黨國會眾議員、日本國際貿易促進協會代表帆足計和改進黨國會眾議員、日本國會議員促進日中貿易聯盟理事長宮腰喜助進行接觸，商定在平等、互利、和平、

友好的基本方針下開展中日貿易，並經國內批准，邀請他們三人來北京進一步商談。

據資深對日工作者吳學文回憶，當時，不少人出於對日本當年侵華的仇恨，對邀請日本人來華訪問想不通，是廖承志親自做了説服工作。廖承志對他們説：「按毛主席、周總理的指示去做吧！要往遠處看，要區別政府和人民，當年日本政府中央決定政策的官員是有罪的，人民是無辜的，人民之間的友好往來一定會由涓涓之水變成滔滔洪流！」

這樣，同年 5 月，這三位代表來到北京。這是新中國成立後第一批前來訪問的日本政界和經濟界人士，具有劃時代的意義。通過會談，雙方正式簽訂了第一個中日民間貿易協定，從無到有，實現了中日貿易零的突破。由於美日政府百般阻撓，這個協定執行不好，但中日民間交往的大門畢竟打開了。

1953 年，朝鮮實現停戰，東北亞局勢走向緩和；一些西方國家同中國的貿易已開展起來；日本政界和經濟界要求吉田茂政府實行自主的經濟政策，改善日中關係，發展日中貿易。在這種壓力之下，日本政府不得不逐步放寬對華出口的限制。9 月 30 日，以池田正之輔為團長的日本國會議員促進日中貿易聯盟代表團應邀訪華。經過商談，於 10 月簽訂了第二個中日民間貿易協定。由於吉田政府繼續追隨美國，對華實行禁運政策，該協定總額僅完成 38.8%。

1954 年 12 月，吉田內閣下台，鳩山一郎出任首相。他對改善日中關係、發展日中貿易比較熱心。1955 年 1 月 25 日，日本國際貿易促進協會會長村田省藏和日本國會議員促進日中貿易聯盟代表理事池田正之輔，聯合邀請中國國際貿易促進委員會派貿易代表團去日本，談判簽訂第三個中日民間貿易協定。

3 月 29 日，中國國際貿易促進委員會副主任雷任民率團訪日。在談判中，中方代表指出：要發展國際經濟貿易關係，民間的努力固然重要，而政府承擔起應負的責任更為重要，中日兩國政府應就雙邊貿

易問題進行談判並簽訂協定。在沒有做到這一點之前，民間簽訂的貿易協定，應取得政府的支持和協助。

談判起初進行得比較順利，但由於美國對同中國有貿易往來的日本廠商進行威脅，並於 4 月 5 日宣佈拒絕日本外相重光葵訪美，還聲稱要修改《美日互惠協定》，向日本政府施壓，致使日本政府更不願對中日民間貿易協定承擔責任。

4 月 18 日，中方代表舉行記者招待會，指出談判未取得進展的原因是日本政府對中日貿易中的幾個重要問題不肯承擔應負的責任。消息一發表，日本各界人士紛紛質問政府，對鳩山內閣形成巨大壓力。4 月 27 日，鳩山首相表示，願對第三個中日民間貿易協定給予支持和協助。這樣，第三個中日民間貿易協定於 5 月 4 日簽訂，實現了民間協議、官方掛鈎的目的。該協定執行的結果，完成協議額的 67%，比前兩個協定前進了一大步。

根據周恩來總理 1954 年 10 月關於解決中日兩國漁業問題的倡議，1955 年 1 月 13 日至 4 月 15 日，中國漁業協會代表團和日本日中漁業協議會訪華團就黃海、東海的漁業問題進行會談，並簽訂了第一個民間《關於黃海、東海漁業的協定》。

1956 年 5 月，雙方簽訂了將上述協定延長一年的議定書。11 月 7 日，中國漁業協會代表團前往日本，就漁業協定的執行情況及需改進的事項等問題，與日本日中漁業協議會進行商談，並取得一致意見。12 月 19 日，雙方發表聯合聲明，提出努力促請本國政府就兩國漁業問題進行談判並締結協定。

1955 年 10 月至 12 月，中國先後在東京、大阪舉辦了中國商品展覽會，日本通商產業大臣石橋湛山等政治、經濟各界人士以及 190 多萬群眾參觀，獲圓滿成功。隨着貿易的擴大，成立於 1949 年 5 月的日本國會議員促進日中貿易聯盟空前活躍起來。日中輸出入組合也應運而生。

也就在這一年，中日兩國駐日內瓦總領事進行了戰後首次「政府間聯繫」。8 月 17 日，沈平總領事遞信日本總領事田付景一，向日本政府提出：為了促進中日兩國關係的正常化，並有助於國際局勢的繼續和緩，中國政府認為，中日兩國政府有必要就兩國貿易問題、雙方僑民問題、兩國人民互相往來問題和其他有關兩國人民利益的重大問題，進行商談。如果日本政府抱有同樣願望的話，中華人民共和國政府歡迎日本政府派遣代表團來北京舉行會談。

11 月 4 日，中國駐日內瓦總領事再次遞信日本總領事，提出：中日應就兩國之間許多有關兩國人民利益的重大問題進行會談，其中兩國關係正常化是最迫切需要解決的問題。因此，中國政府歡迎日本政府派遣代表團到北京，就促進兩國關係正常化問題進行商談。

進入 1956 年，交流的春風吹開了日本文化界的花朵。3 月，以中島健藏為理事長的日本中國文化交流協會成立。這是繼日中友好協會（1950 年 10 月成立，首任理事長是內山完造）之後誕生的又一個日中友好組織，標誌着日中友好的力量不斷發展壯大。

同年 3 月 29 日，鳩山一郎首相對中國政府的呼籲做出間接的回應。他在回答國會議員質詢時表示：「我認為應該恢復正常關係。如周恩來總理希望商談，沒有理由加以拒絕。」

鑒於此，周恩來總理於 4 月 18 日致函邀請鳩山首相訪華。遺憾的是，鳩山因內受執政黨保守勢力牽制，外受美國政府壓力，對中國政府的邀請未能做出積極響應，便於同年 12 月 20 日辭職了。

鳩山任內，中日關係雖未獲突破性進展，但總的氣氛不錯。正是在那種氣氛下，日本眾議院於 3 月 30 日通過了《緩和向共產圈出口的巴黎統籌委員會限制與發展促進日中貿易的決議》。

9 月至 12 月，日本商品展覽會作為中日交流的重頭戲，先後在北京、廣州、上海舉行。毛澤東主席、朱德副主席、劉少奇委員長、周恩來總理高度評價這次展覽會對於促進兩國貿易、友好關係和兩國人

民友誼方面的重要作用。

10 月 8 日，周恩來總理會見日本國際貿易促進協會會長、日本商品展覽會總裁村田省藏和日本商品展覽團團長宿谷榮一，並出席了他們為慶祝展覽會開幕而舉行的酒會。周總理發表講話，希望在和平共處、友好合作、平等互利的基礎上，促進中日兩國的關係，真正做到共存共榮。他還指出，中日兩國恢復邦交的困難在日本方面，中國希望早日恢復邦交，但是，鑒於日本方面目前的困難，我們願意等待。

10 月 15 日，雙方發表《關於進一步促進中日貿易的共同聲明》，確認將第三個中日貿易協定延長到 1957 年 5 月 4 日。雙方還同意：1. 努力實現互設民間性的常駐商務代表機構；2. 進一步擴大貿易額；3. 在雙方國家銀行簽訂支付協定以前，先由兩國外匯銀行具體商洽建立直接業務關係；4. 應努力加強技術交流與合作；5. 促進早日簽訂政府間的貿易協定。

其後，石橋湛山內閣成立。他上台伊始便表示，要儘可能地促進同中國的經濟關係。不幸的是，石橋入主首相官邸僅兩個月，就因病辭職了。

1957 年 2 月 25 日，岸信介上台任首相。此人戰後曾作為甲級戰犯被關進監獄，後來因美國改變政策，被釋放出來。1953 年 4 月大選時當選議員，重返政壇。他極端反共，極力主張修改憲法、重整軍備，以「重振戰前大日本帝國的榮光」為政治目標。

1958 年 2 至 3 月，中日間簽訂了為期 5 年的《中日長期鋼鐵協定》，接着簽訂了《第四次中日民間貿易協定》。此後，由於岸信介政權的阻撓，中日關係由前進、改善變為後退、惡化，中日間的貿易往來和文化交流在 1958 年後一度中斷。

《第四次中日民間貿易協定》一開始就受到岸信介政府的多方阻撓，以至於拖了 4 個月才簽訂。協定為期一年，仍然採取同類物資易貨的原則。協定規定了中日雙方互設商務代表處的內容，並在備忘錄

中寫明，雙方各自取得本國政府的同意，給予保證安全、出入境方便、海關優待和以貿易活動為目的的旅行自由及在其建築物懸掛本國國旗等待遇。很明顯，落實上述協定的前提條件是兩國政府的保證和支持。該協定簽訂後，陳毅副總理即會見日本通商使節團，代表中國政府對協定表示歡迎和支持。但日本內閣官房長官愛知揆一在協定簽訂一個多月後才談話表態。他說日本政府「不承認民間商務代表機構有權懸掛共產黨中國國旗」，對協定不予支持。

就在日本政府做出上述表態後不久，發生了日本暴徒侮辱中國國旗的「長崎國旗事件」。1958 年 4 月 3 日，中國郵票剪紙展覽會在長崎百貨公司開幕。台灣駐日偽「大使館」要求日本外務省通知主辦單位日中友好協會長崎支部，降下會場懸掛的中國國旗。這一無理要求被主辦單位拒絕後，5 月 2 日下午 4 時，兩名日本暴徒衝進展覽會場，悍然撕毀中國國旗，製造了嚴重的政治事件。兩名肇事者被扭送長崎警察局後，岸信介政府不以為然，僅以損害「器物」看待，並予以釋放。

為揭露岸信介內閣的反華面目，打掉他的反華氣燄，陳毅副總理兼外交部部長於 5 月 11 日發表聲明，向岸信介政府提出嚴正抗議，並宣佈以下措施：廢除中日鋼鐵貿易長期協議；正在東京談判鋼鐵協議合同的中國五金、礦產公司代表團停止談判回國；中國政府停止簽發對出口的許可證；原定由許廣平率領的中國婦女代表團延期訪日；取消由北京市派出的訪日和平代表團；不再延長為期一年的中日漁業協定；正在日本訪問的中國歌舞團停止演出，提前回國。

在此背景下，中國方面於 1958 年 7 月提出了中日關係史上著名的「中日關係政治三原則」：日本政府不能敵視中國；不能追隨美國搞「兩個中國」的陰謀；不能阻礙中日關係向正常化方向逐步發展。中國政府提出這個「政治三原則」，旨在敦促岸信介政府改變追隨美國、親蔣、反華的政策，以掃除中日關係正常化的障礙。

中國提出「政治三原則」後，又提出了「中日貿易三原則」，即 1. 政府協定；2. 民間合同；3. 個別照顧。

「長崎國旗事件」導致中日貿易中斷，使日本一些依靠進口中國的生漆、天津栗子、海蜇皮、蕎麥、中草藥和中餐材料為生計的中小企業叫苦不迭，瀕於破產。周總理從 1959 年 2 月來華訪問的日本工會總評議會事務局長岩井章那裡聽到這個情況以後，對岩井說：中國必須對日本堅持「政治三原則」，只要日本政府不改變敵視中國的政策，就不可能重開貿易，但是，從中日友好出發，考慮到日本這些中小企業的實際困難，可通過非貿易途徑尋找解決問題的辦法。

商量的結果，決定採取「照顧物資」的形式，由中華全國總工會與日本工會總評議會構成的特殊渠道，向日本中小企業供應一定數量的商品。這種特殊辦法解決了日本中小企業的困難，受到他們的熱烈歡迎。

後來，根據周總理「今後還可以繼續照顧，並且根據需要，數量也可以擴大一些」的指示，於 1961 年 4 月，向首批被認可的 38 家日本友好商社發出參加廣州出口商品交易會的邀請，從而使中斷的中日貿易從單純的「照顧物資」發展為友好貿易。

當時，中國政府還針對岸信介政府採取的政治上敵視中國，經濟上做買賣、撈實惠的「政治與經濟分離」方針，提出了「政治經濟不可分原則」。廖承志曾經指出：「在國家與國家的關係上，政治與經濟是不可分開的。不講政治，只講貿易，在實際上是不可能的。岸信介想在敵視中國的同時進行中日貿易，是不可能的。」

這個「不可分」原則一直實行到中日邦交正常化時為止，它給日本政府奉行的「兩個中國」政策以有力的打擊，遏制了日台經濟關係無限制發展的勢頭，調動了日本經濟界改善日中關係的積極性，對中日邦交正常化的實現起了巨大的促進作用。

第五節　抓住機遇，取得突破

1960 年 7 月，岸信介內閣在日本人民聲勢浩大的反對《日美安保條約》的鬥爭浪潮中倒台，池田勇人內閣成立，中日關係出現轉機。

池田上任伊始就公開表示：「對中共的政策，未必與美國採取同樣的態度，要採取向前看的態度，逐漸改善日中關係。」對此，中國政府先是採取「聽其言，觀其行」的態度。池田內閣成立後一個多月，周恩來會見來華訪問的日中貿易促進會常務理事鈴木一雄等人時，重申「政治三原則」「政治經濟不可分原則」和「中日貿易三原則」。

周總理解釋說：「『中日貿易三原則』是從同岸信介敵視中國的政策進行的鬥爭中產生出來的。過去中日雙方曾經搞過民間貿易協定，想通過民間協定發展中日貿易，但岸信介時期，證明這種做法行不通。岸信介不承認、不保證民間協定的實施，並且採取敵視中國的政策來破壞它。我們不能容忍這種行動，只好將中日貿易來往停了兩年半。」周恩來總理向日方表示了恢復中日貿易的強烈願望，但又說：「池田政府的態度究竟如何，我們還要看一看。」

池田政府不僅在口頭上而且在行動上有限地調整了對華政策，在改善中日關係方面採取了一些積極的步驟。他不僅批准向中國出口成套設備時使用日本輸出入銀行貸款，為擴大中日貿易提供了有利的條件，而且積極支持執政的自民黨內主張同中國發展關係的松村謙三以及高碕達之助、岡崎嘉平太、古井喜實、田川誠一等政治、經濟界人士改善日中關係的努力。

在池田任內，周恩來總理抓住機遇，因勢利導，終於使中日關係出現生機。1962 年秋天，周恩來總理和陳毅副總理同前來訪華的日本著名政治家松村謙三一行促膝長談三次，就以「漸進、積累」方式，在「政治三原則」和「政治經濟不可分原則」基礎上發展兩國關係、謀求兩國關係正常化達成共識。同時，就擴大中日貿易問題，確定了以下

原則事項：1. 以貨易貨；2. 綜合貿易；3. 延期付款；4. 長期合同（為期 5 年）。

在此原則下，1962 年 11 月 9 日，由廖承志、高碕達之助簽署了亦官亦民的《中日長期綜合貿易備忘錄》。《備忘錄》貿易項下的交易合同採取「LT」字樣編號。L 是廖（LIAO）姓的字頭，T 是高碕（TAKASAKI）的字頭，因此，這個備忘錄貿易亦稱「LT 貿易」。

這個《備忘錄》不僅對 1963 年至 1967 年的貿易作了規定，而且商定，中方成立廖承志辦事處，日方成立高碕事務所，並在對方國家互設常駐聯絡機構，還商定互派常駐記者。這個《備忘錄》貿易協定的簽訂，使中日間的貿易在原來的民間友好貿易的基礎上，又增加了一條渠道，猶如兩個車輪，相輔相成，不僅大大促進了中日貿易關係的發展，而且在政治上發揮了歷史性的作用，開闢了中日間半官半民接觸和交流的窗口。

在《中日長期綜合貿易備忘錄》簽訂後，松村謙三苦心孤詣，借「蘭花交流」之名，積極設法推進兩國間的貿易關係。1963 年 4 月，他突然給廖承志打電話，要求中方派一個蘭花愛好者代表團訪日。廖承志接到這個電話，斷定松村先生此舉是「醉翁之意不在酒」，「本意並不在甚麼蘭花交流」，便立即將此事報告周總理。周總理接到報告，也認為此中大有文章，並引用「夜長夢多」的成語，強調外交要抓住機遇，馬上決定派遣由 6 人組成的蘭花愛好者代表團訪日。令局外人摸不着頭腦的是，這 6 個人中竟有一半（中國人民外交學會理事孫平化、王曉雲和翻譯王效賢）是連蘭花和韭菜都分不清的人。

果然不出所料，代表團中的 3 位蘭花專家赴日後，松村先生與孫平化等 3 人就以日本輸出入銀行延期付款方式向中國出口成套設備事進行了協商。而且，松村先生還巧作安排，讓孫平化等 3 人在日本國會眾議員宇都宮德馬的別墅樓上，秘密會見了負責審批出口成套設備的政府官員 —— 通產省官房長渡邊彌榮司和主管課長谷敷寬。4 個月

後，池田內閣批准倉敷人造絲公司日產 30 噸的生產維尼龍成套設備向中國出口。這套設備的出口不僅對緩解中國棉布的短缺起了一定作用，而且對衝破美國的對華禁運政策、擴大中日貿易的規模，具有特殊的政治意義。

在此基礎上，中日雙方於 1964 年 4 月 20 日簽署了互設常駐機構和交換常駐記者的《會談紀要》，並於同年 8、9 月間落實，從而實現了新中國成立後，中日間第一次互設常駐機構和互派常駐記者。不言而喻，這是戰後中日關係史上突破性的進展。

第六節 「掘井人」松村謙三

話題及此，不能不仔細說說松村謙三。他是日本著名政治家，堪稱戰後中日關係的拓荒者，周恩來總理所說的中日關係「掘井人」之首。這位富山縣出生的政治家從青年時代就關注中國。他大學畢業後，擔任《報知新聞》記者，曾到中國各地旅行。1928 年當選為眾議院議員，在內閣中擔任過厚生大臣、文部大臣、農林大臣等職。1955 年 11 月任自民黨顧問。因在早稻田大學學習期間，與廖承志是「先輩」與「後輩」的關係，1954 年，廖承志作為中國紅十字會代表團副團長訪日時，松村主動上門拜訪，並表示「願為日中兩國修好而努力」。二戰後，松村一直在思考如何結束日中間的不正常狀態問題。他始終認為，沒有日中兩國的握手，就沒有亞洲的和平。

松村首次訪華是 1959 年 10 月 19 日。陪同來訪的有國會眾議員竹山佑太郎、井出一太郎、古井喜實，池田首相的親信、銀行家田林政吉，還有他的女兒小堀治子、秘書田川誠一。

松村一下飛機，便發表熱情洋溢的講話。他說：「我一直十分關注和讚賞新中國成立 10 年來取得的偉大成就。」還表示：「這兩三年日中

兩國關係陷入不正常狀態後，我深切感到，必須尋求最有效的辦法，加強日中間的聯繫，早日改變這一現狀。當今的世界即將進入一個新的時代，人們都在為保衛世界和平而不懈地努力，而日中兩國人民對和平的渴望尤為強烈。我此行的目的正是為了促進這一事業，加深相互間的了解，改善兩國關係。」

松村此行受到周總理熱情而周到的款待。周總理親自設宴歡迎，並在致辭中親切地表示：「希望松村先生在中國多住些時候，多走走，多看看，以加深對新中國的理解，這將更有助於兩國人民的友好共處，更有助於遠東和世界和平。」

10 月 25 日，周總理約同陳毅副總理，專程陪伴松村乘火車去密雲水庫參觀，一起在水庫中泛舟聊天，彼此建立了親密關係。談話間，松村建議中方邀請高碕達之助訪華。他說：「我是政界人士，高碕是經濟界人士，我想讓兩個車輪來推動日中關係。」

松村這次訪華期間，周總理、廖承志同他進行了多次會談。會談內容雖未見諸文字，但感情的走近，對推動其後兩國關係的發展，起了很大作用。通過這次訪華，松村更堅定了以改善日中關係為己任的決心。

據當時負責接待他的孫平化回憶，松村回國途中到達廣州時，曾對他說：「現在是岸信介內閣，我無能為力。但日本政府不久就會更迭的。我雖不會進入新內閣，但會有一定的發言權，請給我點時間。」

後來的情況證明，日本政局的變化，果如松村所料。1960 年 7 月 19 日，岸信介內閣在國會強行通過修改《日美安保條約》的議案後被迫下台，池田勇人上台執政。池田首相對松村十分器重，借重他與中國的密切關係，把日中關係大大推進了一步。據松村周圍的人後來向筆者透露，池田曾對松村說：「我作為首相，不得不站在面向美國的立場上。所以，我希望你成為我對中國的另一張臉。中國的問題就全拜託你了。」

　　池田內閣的確與岸內閣不同。它雖然維持着「政經分離」政策，但盡力避免與中國對抗，對擴大日中貿易態度積極，希望通過經濟交流，用漸進積累的方式促進日中關係。

　　1960 年 10 月，經松村建議，池田首相同意高碕達之助率領由 13 位企業家組成的代表團訪華。

　　高碕是個傳奇式人物。他戰前當過水產技師，後辦實業，在大阪成功地興辦東洋製罐廠。1942 年出任「滿洲重工業總裁」。日本戰敗後，留下來處理戰後事宜，前後在東北待過 6 年。1947 年回國後，受聘擔任電源開發總裁，後進入政界，於 1954 年出任鳩山內閣的經濟企畫廳長官。

　　經濟企畫廳長官任上，他最初的工作就是，翌年作為日本政府首席代表出席在萬隆舉行的亞非會議。這個會議是中國參加，而不讓台灣地區參加，日本外務省對派團參加這次會議態度消極，政府內部意見分歧。內閣會議上，高碕不顧一些大臣的反對，力主「日本應該出席」，遂被指名為首席代表。就是在那次會議上，高碕與周總理結識，並舉行了單獨會晤。

　　會晤中，周總理誠邀高碕訪華，以便看看他在東北管理過的工廠。周總理對他說：「你的『孩子』長得很好，你不去看看嗎？」周總理還託他捎口信給鳩山首相，說：「中國希望恢復邦交。」

　　高碕受到周總理的邀請，十分感動，當即表示「一定要去」，只因後來岸信介上台執政，1958 年，高碕又擔任了一年的通商產業大臣，訪華沒有立即成行。1960 年，高碕率團來到中國，受到周總理的熱情接待，三次促膝長談，談政治問題，更着重談了經濟問題。高碕深受鼓舞，認為「這是一次最受感動的歷史性會談」，「也是日中之間劃時代的事件」。

　　高碕這次訪華期間，周總理如約安排他去東北。回到北京時，他率直地向周總理報告了視察所感，指出了中國工業的缺欠，並力陳發

展農業的重要性，由此博得周總理的好感和信任。

松村 1962 年 9 月第二次訪華，正是受池田首相的委託成行的。其間，周恩來、陳毅、廖承志同他三次會談，在此基礎上，以高碕達之助為團長、岡崎嘉平太為副團長的龐大代表團，為落實松村同中方達成的協議，於一個多月後即 10 月 28 日來華訪問，並於 11 月 9 日達成了《廖承志·高碕達之助備忘錄貿易協議》。

正當中日貿易關係大有起色的時候，79 歲的高碕於 1964 年 2 月 23 日去世。周總理和中日友好界人士感到巨大悲痛。所幸的是，松村謙三很快就指定了高碕的繼承人。

1964 年 4 月，松村第三次訪華。9 日那天，松村偕已故高碕先生的繼承人、全日空航空公司社長岡崎嘉平太、國會議員竹山佑太郎等人，從門司港乘「玄海丸」號出發，奔向秦皇島。松村此前兩度訪華，都是取道香港的。他説：「這次之所以取海路直行，是由於去近國不願繞遠。」早日實現日中關係正常化的急切心情，溢於言表。

松村與周恩來進行了長達 5 個多小時的政治會談，取得重大成果。4 月 19 日，雙方簽署了互設常駐機構和交換常駐記者的會談紀要。從而，這個因日本政府不予支持而拖了 6 年的懸案，終於得以解決了。

根據上述會談紀要，中方在東京設立「廖承志辦事處駐東京聯絡處」，日方在北京設立「高碕達之助事務所駐北京聯絡事務所」。同時決定，雙方互派記者常駐對方首都，具體內容有 12 款，其中規定記者交換的窗口是廖辦和高碕事務所；互派人數各在 8 名以內（後因日方強烈要求，日記者增至 9 人），原則上一個新聞機構派駐一名記者；記者在對方國家駐在期一次為一年之內；雙方保護對方記者安全；給對方記者的採訪活動提供方便；給對方記者與其他外國記者同等的待遇；保障對方記者的通訊自由，等等。

這樣，孫平化首席代表和陳抗、吳曙東代表等駐東京聯絡處成員

於 1964 年 8 月 13 日抵達東京。日方代表相馬常敏、田中聰介、大和田佑次於 1965 年 1 月到達北京。中日雙方的記者則於 1964 年 9 月 29 日同時抵達東京和北京。

遺憾的是，正當人們期望中日關係以此為契機進一步發展時，日本政局發生變化。池田首相因喉癌病倒，不得不於同年 11 月 9 日宣佈辭職，佐藤榮作同日繼任首相。佐藤上台不久，就把當時已曝光的《第二次吉田書簡》的內容，作為政府方針固定下來。所謂《第二次吉田書簡》，是指吉田茂前首相在松村謙三 1964 年訪華後不久，給台灣的張群秘書長寫的一封信。信中向台灣方面許諾：日本向中國出口成套設備時，不使用日本輸出入銀行的資金。因此，日本的商社再向中國出口成套設備時，就不可能獲得輸出入銀行的優惠貸款了。這樣，一扇正在敞開的中日貿易之窗，又不得不面臨關閉的危險。

在這種形勢下，松村謙三於 1966 年春第四次訪華，其目的是為延長 LT 貿易進行事前溝通。因 1962 年簽訂的為期 5 年的 LT 貿易協定，行將於 1967 年 12 月 31 日期滿。

松村這次訪問受到熱情接待，並從周總理那裡得到了延長 LT 貿易的慨允。所以，他回國時對「延長問題」很樂觀。

然而，松村這次中國之行之後，中日兩國的國內形勢都出現了變化。在日本，因佐藤內閣的對華政策不斷後退，松村謙三、古井喜實、田川誠一等積極主張改善對華關係並做出了貢獻的這些人，在執政的自民黨內被視為「異端分子」，受到巨大壓力和攻擊。在中國，「文化大革命」風暴漫捲，極左思潮橫行。部分「造反派」對廖承志和從事 LT 貿易的幹部展開猛烈的大批判，指責 LT 貿易是「為反華的佐藤政權作倀」，極力要求廢除。混亂之中，LT 貿易機制受到猛烈衝擊，中日雙方的當事者都處於十分困難的境地。

進入 1967 年，中日關係更加險惡。佐藤首相是年 9 月訪問台灣，公然干涉中國內政；11 月訪問美國，發表了中國是「威脅」的聯合聲

明。另一方面，處於「文革」高潮中的中國，7月以「間諜分子」的罪名，逮捕了日本常駐北京的7名商社人員；9月以「破壞中日友好」為由，驅逐了日本常駐北京的3名記者；接着，又取消了一名日本記者的常駐資格。中日關係的冷卻，使1967年末到期的LT貿易協定無法在年內進行延期談判，只能在空白狀態下走進1968年。

為使LT貿易得以延長，松村親自寫信給周總理，提出會談的請求。1968年1月得到周總理的答覆後，他立即指派古井喜實、田川誠一、岡崎嘉平太為代表。他們三人偕大久保任晴、金光貞治兩名隨員，於2月2日風塵僕僕地趕到北京。古井一行帶來了松村分別寫給周總理、陳毅副總理兼外交部部長和廖承志會長的親筆信及給病中的廖會長買的特效藥。

在當時的氣氛下，這次談判從政治問題入手，對佐藤政府的批判相當激烈。雙方因會談紀要的內容和表達方式難於達成一致，會談的氣氛十分緊張，以至於古井一行產生「中斷談判，臨時回國」的念頭。

其間，一向為人細心體貼的周總理，又為無事可做的古井請來專家李天驥。這位李姓專家是24式簡化太極拳的原創者，是周總理的夫人鄧穎超的太極拳老師。1959年，松村先生訪華時，周總理曾把他介紹給松村先生，説：「如能通過太極拳，增進日本國民的健康，促進友好，那就太好了。」這次，古井又在李老師的指導下，在他下榻的北京飯店的樓頂平台上，習練了一個多月，成為日本掌握此術的第一人。

古井回國後，在全國範圍內宣傳太極拳，並一手締造了日本太極拳交流協會，自任理事長。中日關係正常化10周年時，在古井先生的奔波之下，中日兩國政府達成在東京都文京區小石川後樂園附近共同建立日中友好會館的協議，古井出任會長。為了紀念周總理當年對他的關照，也為了讓中國傳統的健康之道普惠於日本國民，古井會長特意在日中友好會館內開設「日中健康中心」，並把當年周總理給他找的

李老師的女兒李德芳，請到會館來做太極拳的專任講師，向廣大市民教授太極拳。如今，古井先生雖已乘鶴而去，但以日本前首相羽田孜為後繼會長的日本太極拳交流協會日益發展，與中國太極拳界的交往十分密切，日中友好會館內的太極拳教室，在古井先生的老秘書小池勤的主持下，依然門庭若市。「談判不成打太極」，成了戰後中日交往中一段膾炙人口的佳話。

言歸正傳。由於雙方都不願意看到來之不易的 LT 貿易渠道毀掉，終於在 3 月 6 日簽署了《政治會談公報》和貿易協定，還根據中方的意見，就修改《交換常駐記者的會談紀要》達成了協議。

《政治會談公報》的調子很高，發表後，在日本自民黨內引起了強烈反應。擔當會談的古井喜實和田川誠一受到激烈譴責，被指罵為「下跪外交」「向中國投降」。

雙方就交換記者問題達成的《關於修訂 1964 年 4 月 19 日交換新聞記者會談紀要的協議事項》，其主要內容是，將交換記者的人數從最初的各 8 名以內，改為各 5 名以內。

1969 年秋，松村致信古井喜實。信中說，他由於年邁體衰，決定從政界引退，辭去國會議員職務。接着，他說：「但是，我對中國問題懷着莫大的興趣和使命感，我將把它作為我一生中最重要的事業，願為此而獻出餘生。」就在第二年春，松村謙三不顧右翼分子的恫嚇，第五次也是最後一次踏上中國的土地。這次訪華是 1970 年 3 月 20 日到 4 月 23 日，其目的是把前外相藤山愛一郎作為他的接班人介紹給中方，以對自己從事日中關係的政治活動做個政治交代。

因當時的中日關係十分嚴峻，而中美間恢復了大使級會談，佐藤政府迫於壓力，謀求同中國接觸，松村這次訪問格外受到日本朝野各界的重視。到機場送行的，僅國會議員就有三木武夫、河野謙三等 30 多人，佐藤內閣由木村官房副長官出面，日中貿易界和松村家鄉的人也來了不少。

　　當天，松村這位 87 歲的老人是坐輪椅上飛機的。他登機前對記者表示：「我雖然上了年紀，但我推進日中邦交正常化的熱情卻不亞於任何人。打開日中關係是我終生的夙願……」

　　3 月 21 日，松村老人從香港一進入深圳，就受到來自北京的中國 LT 貿易辦事處負責人的歡迎。考慮到松村的健康狀況，他們還從廣州帶來了一名醫生，並對深圳到廣州的列車做了特別的安排，讓老人躺臥着休息。

　　3 月 22 日上午，松村一行乘飛機離廣州飛往北京。蘇製伊柳辛 18 型客機艙內，特意為松村老人準備了床和梳化。北京機場上，為他鋪了紅地毯。中日友協名譽會長郭沫若等人到機場歡迎。

　　松村這次訪問期間，雖未直接參加貿易會談，但由於他親臨北京坐鎮，雙方於 4 月 19 日簽署了會談聯合公報。在政治談判達成一致之後，貿易談判僅用兩個小時就完成了。

　　當天，周總理會見了松村一行，對松村不顧年邁遠道而來，表示慰問，高度評價他為推進中日關係所做的貢獻。然後，同藤山等人就兩國關係和共同關心的問題交換了意見。

　　當會見結束時，周總理與松村相約道：「下次再見！」萬萬沒想到，這次分手，竟成永別。翌年（1971 年）8 月 21 日，這位為打開日中關係費盡心血的著名政治家，溘然長逝了。

　　1971 年 8 月 12 日，筆者向新華社發回一份急電：「松村謙三（88 歲）因老衰已入東京國立第一病院數月。近日來，心臟功能又失調，臥床難起，靠注射葡萄糖和輸氧維繫生命。我駐東京聯絡處和記者日前前往醫院探望時，老人已處於昏睡狀態，其家屬認為，老人危在旦夕。」

　　外交部看到此消息後，於 14 日上呈報告請示周總理，建議以中日友協名譽會長郭沫若同志名義發一份慰問電，並附了如下慰問電文稿：

駐東京聯絡處轉松村謙三先生：

　　獲悉先生病劇，深為關切。衷心祝願先生早日康復。

郭沫若

八月十三日

　　周總理對電文作了修改，將「病劇」改為「臥病多時」，並在郭沫若名字前加上「周恩來」，日期前加上「一九七一年」。批示：「擬改為兩人名義發出。」

　　此電使松村及其家屬十分激動。8 月 18 日，以松村名義分別給周總理和郭沫若覆電：「頃接總理閣下懇切來電，不勝感激，深表謝意。我將盡力養病以報閣下之深情厚誼。在此重要時刻臥床不起，甚感遺憾。衷心祝願日中兩國邦交早日正常化。」

　　8 月 21 日晚，松村謙三病逝。當晚，外交部上報周總理的請示，提出兩條建議：

(1)　以總理名義發一唁電，同時由郭沫若同志、廖承志同志聯名發一唁電，由劉希文同志代表中國中日備忘錄貿易辦事處發一唁電。唁電發出後，均全文廣播並見報。

(2)　舉行葬禮時，我駐東京聯絡處人員、駐日記者偕華僑工作人員前去弔唁，並以周總理、郭沫若同志和廖承志同志、中國中日備忘錄貿易辦事處名義送花圈。

　　周總理對失去一位中日關係的「掘井人」、一位老朋友，深感悲痛。他立即發去唁電，稱讚「松村先生是日本具有遠見卓識的政治家。他把晚年獻給了中日友好事業，做出了重大貢獻，深受中國人民的尊敬和愛戴」，並於當晚召集緊急會議，除同意外交部建議外，還鑒於日本媒體發表大量評論，關注中國是否派人參加葬禮，認為這是是否重視的「試金石」，當場拍板決定派遣資深外交官出身的王國權，趕赴東京出席松村的葬禮。王國權當時是中國人民對外友好協會會長，還兼

着中日友好協會的副會長，作為周總理的特使，不啻最佳人選。王國權受命去東京參加松村謙三葬禮，並利用此機會廣泛接觸各界人士，繼乒乓外交時的「王（曉雲）旋風」之後，又掀起了一股「王旋風」，助推日本國內要求早日實現日中邦交正常化的聲浪進一步走高。

松村葬禮後，來華訪問的日自民黨議員川崎秀二告稱，松村紀念館將於 9 月 25 日在松村家鄉富山縣開館，館內將陳列松村的遺物、業績和促進日中友好事跡和言論，希望中方贈送精神方面的紀念品，以供陳列。周總理根據外交部的建議，請郭沫若同志題詞贈送。郭沫若同志很快寫了題詞：

> 渤澥汪洋，一葦可航，
> 敦睦邦交，勸攻農桑，
> 後繼有人，壯志必償，
> 先生之風，山高水長。
> 松村謙三先生千古

> 一九七一年秋
> 郭沫若（印）

外交部主管副部長韓念龍批示：即送總理審閱。周總理圈閱同意後，即囑送榮寶齋裱糊。9 月 13 日取回交川崎。川崎 9 月 14 日離京回國時，十分滿意地說：「這是最好的、永恆的紀念。」

第七節　着眼於「後佐藤政權」

松村逝世前後，中日關係處在大變動的前夜。但是，黎明前的夜色往往是最黑暗的。這是因為，佐藤榮作雖然上台前在對華政策上講了不少漂亮話，但執政後的一系列言行表明，他是在奉行一條追隨美

國、親蔣、反華的政策。

他一方面向台灣提供 1.5 億美元政府貸款，一方面凍結了日本輸出入銀行對向中國出口成套設備和貨船的融資，並在事實上拒絕中國代表團訪日。

1969 年 11 月，佐藤首相訪美時，為配合美國的侵越戰爭，發表了赤裸裸的敵視中國的《日美聯合聲明》，聲稱「台灣和南朝鮮的安全對日本的安全極為重要」，將台灣和南朝鮮劃為日本的生命線；還公然聲稱日本要在印度支那地區「發揮有效的作用」。接着，日本又向台灣提供第二批政府貸款。前首相岸信介等人還去台北參加「日華協力委員會」，叫囂「團結起來，為瓦解中國大陸的共產政權而努力」。

面對如此嚴峻的形勢，周恩來總理訪問朝鮮，雙方於 1970 年 4 月 7 日發表《中朝聯合聲明》，指出「在美帝國主義的庇護下，日本軍國主義已經復活，成為亞洲危險的侵略勢力」，並於 4 月 15 日和 19 日，在北京分別會見日本的促進貿易團體訪華團和松村謙三一行，提出了「對日貿易四項條件」：

(1) 如果日本的商社和廠家在與中國進行貿易的同時，幫助蔣幫反攻大陸，幫助南朝鮮侵犯朝鮮民主主義人民共和國，我們則不與它們做買賣；

(2) 不與在台灣和南朝鮮有大量投資的商社和廠家進行經濟往來；

(3) 我們絕不與向美帝國主義侵略越南、老撾、柬埔寨提供武器的企業做買賣；

(4) 我們不與美日合辦公司、美國的子公司做買賣。

這個「對日貿易四項原則」，是中國政府繼五、六十年代提出「政治三原則」「政治經濟不可分原則」和「中日貿易三原則」之後，針對佐藤政府在對華政策上的倒行逆施，適時出台的一項大政策，不僅着眼於自身的安全利益和改善中日雙邊關係，而且旨在爭取東北亞、東南亞的和平與穩定，其意義和作用遠遠超出經貿範疇。

這一政策出台之初，日本經濟界或表示反對，或感到苦惱、困惑，反應十分複雜。可實行後一個月內，就有越來越多的大企業和大商社相繼做出了遵守上述「四原則」的決定，而被中方宣佈斷絕關係的廠商中，不少表示要「痛改前非」，不再參與同台灣和南朝鮮的合作。這是住友金屬社社長日向方齊帶了個好頭的結果，是他率先聲明接受和支持「四原則」的。接着，東京電力會會長木川田一隆、新日鐵會會長永野重雄、住友商事會會長津田久和伊藤忠商事社長越後正一等紛紛表態，致使日本經濟界的潮流發生了根本的改變。

日本企業的這種行動，意味着日本經濟界先於日本政府，決定了對台灣問題的態度，對堅持敵視中國政策的佐藤政府，是一個嚴重的打擊。

自 1970 年秋第 25 屆聯大主張恢復中華人民共和國合法席位的提案獲得半數國家贊成以來，圍繞中國的國際形勢發生了巨大變化。與此同時，在日本國內，要求儘早實現日中邦交正常化的興論也逐漸高漲。同年 12 月 9 日，由自民黨的有識之士和社會黨、公明黨、民社黨、共產黨的國會議員們組成的超黨派的「促進恢復日中邦交議員聯盟」成立，並積極展開了活動。

迫於形勢，佐藤首相在 1971 年 1 月 22 日發表的施政演說中，對中國一改「中共」的稱謂，首次使用了「中華人民共和國」的稱呼。同年 3 月 1 日，又將上年 11 月在自民黨外交調查會裡設立的「中國問題小委員會」單列出來，升格為「中國問題調查會」。

其間，日本在野黨和民間團體的代表團應中方的邀請，接踵訪華。1970 年 8 月 12 日，以佐佐木更三為團長的社會黨訪華團抵達北京。1971 年 2 月，中日兩國的乒乓球協會、日本中國文化交流協會、中國對外友好協會等四團體在北京簽署《會談紀要》。中方宣佈將派團出席同年 3 月末在名古屋舉行的第 31 屆世界乒乓球錦標賽。中方相隔 6 年恢復參加世乒賽而去日本，為僵冷的中日關係吹進了一股暖風。緊接

着，便是美國的乒乓球代表團應邀訪華。這個「乒乓外交」，用小球推動了「大球」，起了推動中美、中日關係改善的先導作用。

美國乒乓球代表團訪華後，基辛格神不知鬼不覺地秘訪了北京。7 月 15 日，尼克遜總統又突然宣佈「在明年 5 月之前訪華」。這種戲劇性的形勢發展，使佐藤政府受到巨大衝擊，執政的自民黨和政府對尼克遜搞「越頂外交」怒火萬丈，在野黨則趁勢緊逼佐藤政府徹底改變對華政策。

在這種形勢下，中國問題在日本的國會內引起了激烈的爭論。在 7 月舉行的臨時國會上，「促進恢復日中邦交議員聯盟」內的自民黨主張復交派議員，為提出恢復日中邦交決議案，發起簽名運動。8 月至 9 月，「自民黨中國問題調查會」內的復交派強烈要求佐藤政府不要在即將召開的第 26 屆聯大上，充當「逆重要事項決議案」（即指將台灣驅逐出聯合國需 2/3 以上多數票通過）和「復合雙重代表制決議案」（即讓中華人民共和國和台灣各佔席位，安理會常任理事國由中華人民共和國擔任）的共同提案國，阻撓中國回歸聯合國。

然而，佐藤政府置國會內外的反對於不顧，以遵守對台灣的「國際信義」為由，在 1971 年的聯合國大會上，追隨美國，充當兩個提案的共同提案國。佐藤政府的這種倒行逆施，當然無法阻擋浩浩蕩蕩的時代潮流。聯大表決的結果，中國恢復了在聯合國的合法席位，蔣幫被逐出。1972 年，尼克遜總統訪華，中美關係打開了正常化的大門。國際形勢的變化，中國國際地位的提高，在日本國內產生重大影響，包括執政黨在內的日本各黨、各界要求恢復日中邦交的運動空前高漲。

中國政府這時綜合判斷後認定，佐藤政權之下中日復交無望，已決定不以他為對手，而把工作的着眼點放在「佐藤之後」了。

為了迎接中日邦交正常化談判的到來，中國適時提出「中日邦交正常化三原則」，並與日本各在野黨和許多民間團體、組織達成共識，即：

(1) 世界上只有一個中國，即中華人民共和國。中華人民共和國政府是代表中國人民的唯一合法政府。堅決反對任何「兩個中國」「一中一台」「一個中國、兩個政府」等荒謬主張。

(2) 台灣是中華人民共和國領土不可分割的一部分，並且已經歸還中國。台灣問題純屬中國內政，不容外國干涉。堅決反對「台灣地位未定」論和策劃「台灣獨立」的陰謀。

(3) 《日蔣條約》是非法的、無效的，必須廢除。

　　「中日邦交正常化三原則」的提出，闡明了中國政府在復交的關鍵問題 —— 台灣問題上的嚴正立場，沉重打擊了堅持敵視中國立場的佐藤政府，並對日本政局產生直接而重要的影響。繼佐藤之後，主張恢復邦交的田中政權勝出。而這個「中日邦交正常化三原則」，成為後來中日邦交正常化談判的基本方針，可以說，中日邦交正常化就是在田中內閣承認和接受此「三原則」的前提下實現的。

第八節　高瞻遠矚，積極開展人員交流

　　打開中日關係，實現邦交正常化，是毛澤東、周恩來高瞻遠矚、長期堅持不懈地開展民間外交的結果。在「民間先行，以民促官」的方針指導下，中國方面早在新中國成立之初，就積極開展人員交流，並做了許多增進中日兩國人民相互了解和友好感情的事。

　　在周恩來的具體指導下，1953 年到 1957 年，中日民間交流出現了戰後第一個高潮。

　　如 1953 年 9 月，日本擁護和平委員會會長大山郁夫應邀訪華。

　　1954 年 10 月 30 日至 11 月 12 日，以李德全為團長、廖承志為副團長的中國紅十字會代表團對日本進行了友好訪問。這是新中國成立後，第一次派大型代表團訪日。

行前，周總理指示代表團說：「在今天複雜的情況下，只要能到達日本，便是勝利；此行要成為一個良好的開端，為今後對日本更多的來往打下基礎；你們在各種場合發言時，要鼓舞日本人民的自信心；在日本只談友好，不談其他，要說明中國的和平政策和友好態度，表明中國人民不念舊惡，是願意與日本人民長久友好、和平共處的；說明人民的中國決不會侵略日本，日本人民應該和中國人民一起來防止戰爭再起。」

周總理還指示，代表團在日本要廣交朋友；態度要謙虛，不驕傲；在方針上要掌握「求同存異」「細水長流」的精神。

代表團同日本各界人士廣泛接觸，掀起一股「中國熱」，訪問取得巨大成功。他們一下飛機，便受到 4,000 人的熱烈歡迎。日本紅十字會為代表團舉行了有 3,000 多人參加的歡迎大會。日本皇室成員三笠宮和高松宮妃與代表團會晤。日本眾議院議長堤康次郎為代表團舉行招待會，參議院議長河井彌八、國務大臣安藤正春出席並與代表團會晤。在京都，參加歡迎大會的有 15,000 多人。在大阪，歡迎大會的規模更大，人們從周圍地區趕來，會場內坐着 31,000 人，會場外還有 10,000 人在聽會。以這次訪問為契機，中日民間關係的發展超出經貿交往的範圍，日本各黨派和各界人士也陸續來華訪問。

在中國派紅十字會代表團訪日之前，由日本自民黨的山口久一郎、小川平二、宇都宮德馬，社會黨的鈴木三郎、佐佐木更三、河野密、曾彌益，日中友協會會長松本治一郎和其他友好團體的負責人組成的 40 多人的議員團以及安倍能成率領的日本學術文化代表團訪華，並參加了新中國成立 5 週年慶典。

1955 年 8 月中旬至 10 月中旬，日本恢復日中、日蘇邦交國民會議議長久原房之助等人訪華，目的是增進兩國人民的相互了解，促進兩國關係正常化。毛澤東主席於 10 月 2 日和 14 日兩次會見久原及隨訪人員。宋慶齡副委員長也於 10 月 14 日會見了久原。

9 月中旬至 10 月中旬,以上林山榮吉為首的日本國會議員代表團應邀訪華。這是日本國會第一次接受中國人大常委會的邀請,成為兩國議會間交流的良好開端。毛澤東主席、劉少奇委員長、周恩來總理及全國人大常委會副委員長宋慶齡、李濟深、沈鈞儒、郭沫若、彭真、陳叔通,國務院副總理陳毅會見了他們,雙方還發表了旨在促進貿易、文化交流,促進邦交正常化的聯合公報。

9 月 21 日至 10 月 17 日,以北島義彥為團長的日本六大城市代表團訪華。周恩來總理和北京市市長彭真會見了他們。

11 月,日本醫學代表團訪華,同中華醫學會簽訂了友好合作協議。同月,日本教職員工會教育考察團訪華。

11 月 9 日至 12 月 6 日,由團長、前首相、眾議員、擁護憲法國民聯合會主席片山哲和副團長、日本工會總評議會主席藤田藤太郎率領的日本擁護憲法國民聯合會代表團及以藤田藤太郎為團長的日本工會代表團同時訪華。

片山哲在機場和記者招待會上說:我們訪問的目的,第一是作為和平愛好者向中國表示歉意,因為在過去一個長時期內,日本軍國主義對中國犯下了過錯;第二是為了世界的和平,尤其是亞洲的和平,衷心希望早日恢復邦交。他表示,在沒有恢復邦交的情況下,加強兩國民間團體的友好往來,十分重要。

11 月 14 日和 15 日,周恩來總理先後會見片山哲和日本擁護憲法國民聯合會代表團,就促進恢復邦交問題充分交換了意見。在此基礎上,雙方發表了聯合公報。

11 月 27 日,中國人民對外文化協會和日本擁護憲法國民聯合會簽訂了第一個中日民間文化交流協議。中華全國總工會主席賴若愚和藤田藤太郎就兩國工會間的友好往來簽訂了友好合作協議,雙方表示將從工會角度為經濟文化交流和兩國邦交正常化而努力。

11 月 28 日,毛澤東主席和朱德副主席、劉少奇委員長、周恩來

總理、陳雲副總理及全國政協副主席董必武、彭真等會見了片山哲、藤田藤太郎及代表團成員。全國政協為他們舉行了盛大的歡迎宴會。

12 月，中國科學院院長郭沫若率中國科學代表團訪日。日本國會眾議院議長益谷秀次、副議長杉山元治郎、日本學術會議會長茅誠司等會見並設宴歡迎。日本文化人士會議、日中學術文獻交流中心、日中友協等八團體舉行歡迎會。

1956 年 8 月，原日本陸軍中將遠藤三郎率領日本舊軍人代表團訪華。毛澤東主席、周恩來總理接見。廖承志陪同他們到東北訪問，參觀撫順戰犯管理所，改變了他們的錯誤觀點。他們回國後，把遍及全國的舊軍人組織起來，積極從事日中友好活動，並以現身說法，揭露軍國主義的罪行，在日本民眾中產生了積極的影響。

1957 年 4 月，日本社會黨書記長淺沼稻次郎率領日本社會黨親善代表團訪華，周總理與其會談，加深了他們對新中國的理解。從此，日本社會黨多次派團訪華，推動中日民間往來走向高潮。

1955 年至 1957 年三年間，中國共有 30 個代表團訪問日本，有 300 多個日本代表團訪問中國，民間來往的工作，開展得有聲有色。此後，只因岸信介政府上台，導致民間往來受阻。

在十分困難的情況下，經毛澤東和周恩來批准，廖承志請來了一位「珍貴的客人」，希望他常駐北京，協助中方與日本各界人士聯繫，幫助解決兩國間發生的問題。他就是人們都稱之為「西公」的西園寺公一先生。1958 年 3 月，西公偕夫人西園寺雪江和兩個兒子一晃、彬弘，入住北京台基廠一座別緻的小院，開始了長達 12 年多的旅居生涯。

西園寺出身於貴族門第，其祖父西園寺公望曾是輔弼明治、大正、昭和三代天皇的元老重臣。西園寺公一在二戰後曾當選日本參議院議員，後來從事世界和平運動，受到毛澤東、周恩來的稱讚。他來北京後，毛澤東、周恩來、陳毅、郭沫若和廖承志都與他有親密的來往，來自日本的各界人士，他都是一一會見，中國領導人會見日本客人，

他都在場。很多日本人通過西園寺實現了訪華的願望，許多人因為他加深了對中國的了解，還有許多人通過他的薦介，見到了毛澤東、周恩來。他還為中方出過不少好主意，如在岸信介內閣執政期間，他建議中國邀請前首相石橋湛山和自民黨顧問松村謙三訪華，認為這兩個人是打開中日關係的最佳人選。他的建議得到周總理的採納，石橋、松村相繼應邀訪華，打破了中日關係的僵局，為後來的關係發展打下了良好的基礎。

西園寺為開展民間往來、改善中日關係，嘔心瀝血，起了特殊的歷史作用，因此，被周恩來稱為日本的「民間大使」。1970 年 8 月離開北京回國前夕，周總理設宴為他全家餞行，並深情地表示：歡迎西園寺先生每年來華一次，看看中國的變化。

為打開關係，恢復中日民間的往來，1959 年 3 月，中方邀請日本社會黨委員長淺沼稻次郎訪華。中國人民外交學會會長張奚若與其會談，並發表共同聲明，首次把「中日關係政治三原則」作為雙方的共識，寫進聲明中。

1959 年 4 月 18 日，周恩來總理在第二屆全國人民代表大會第一次會議上作《政府工作報告》，就中日關係表明了中國政府的立場。他說：「中國人民和日本人民的利益是一致的。中國人民不能坐視日本軍國主義的復活，也不能容忍岸信介政府繼續採取敵視中國的政策，中國人民歡迎日本人民為了發展兩國人民關係所做出的巨大努力。我們相信，日本人民終將衝破一切障礙，發展同中國人民的和平友好關係。」

在這之後，中方邀請石橋湛山前首相和松村謙三先後來華訪問。1959 年 9 月 9 日，石橋在國會議員宇都宮德馬陪同下，抱病來到北京。9 月 16、17 兩日，周總理、陳毅副總理兼外交部部長同他進行長時間的會談。9 月 20 日，周總理同石橋前首相簽署了會談公報，強調中日兩國攜手為遠東和世界和平做出貢獻，兩國的政治和經濟關係的

發展必須結合起來。

1960 年以後，在周恩來總理的指導下，中國加大了對日本經濟界的工作力度。在發展中日貿易和促進邦交正常化的過程中，除了與村田省藏、高碕達之助、岡崎嘉平太等人建立了密切的關係外，還得到了菅禮之助、加納久朗、今井富之助、杉道助、稻山嘉寬、大原總一郎、川勝傳、菅野和太郎、松原與三松和木村一三等人的支持和配合。

1971 年，圍繞中國的國際形勢發生巨大變化，日本國內要求儘早實現邦交正常化的呼聲空前高漲，日本經濟界的一些頭面人物從後台走到前台，成了推動邦交正常化的巨大力量。當時，木川田一隆、永野重雄、今里廣記、中山素平、小林中、日向方齊、佐伯勇、中司清、山本弘、佐治敬三、河野文彥、田實涉、藤野忠次郎、松下幸之助和蘆原義重等財界首腦都發揮了重要作用。

隨着形勢的發展，歷來相互具有對手意識的關西財界和關東財界爭相訪華。1971 年 9 月，日向方齊、佐伯勇等大企業家組成的關西財界代表團捷足先登北京，緊跟着，東海林武雄、木川田一隆、永野重雄、今里廣記等東京的大企業家們也於 11 月訪問了北京。這些日本財界最高領導人果敢的行動，不僅對實現中日邦交正常化的輿論形成產生了決定性影響，而且在很大程度上左右了日本政局。田中角榮之所以能擊敗強有力的對手福田赳夫，繼佐藤榮作政權之後上台，與財界的強力支持密不可分。

第九節　協助日僑歸國

協助日僑回國是中方開展民間外交的重要方面。

日本「8·15」投降後，有 145 萬日本人滯留在中國東北，其中包括被日本政府誘騙前往東北安家落戶的 1,400 個「開拓團」，共計 27 萬

人。當時，中國共產黨領導的人民政府，為處境十分困難的日本難民建立了收容所，保證他們的生活，批准他們成立民會、診所、協同組合，鐵路部門還成立了日本人小學校。

為幫助這些人回國，1945 年 10 月 25 日，中美雙方在上海召開送歸日本僑俘會議，確定中國戰區的日僑俘按照先關內、後關外的順序加以送歸，中國負責陸路運送，美軍負責海上輸送。

1946 年 1 月 10 日，由中共代表周恩來、國民黨代表張群、美國代表馬歇爾組成的「軍調處三人小組」商定，設立北平軍調處執行部三人小組，負責東北日僑俘送歸的總體部署，東北民主聯軍和國民黨東北行轅負責具體實施，決定滯留在安東（現改名為丹東）和大連的日本人由東北民主聯軍和蘇軍直接送歸，其餘的日僑俘全部從遼寧省南部的葫蘆島港上船。

1946 年 5 月 7 日，滿載着 2,489 名日本人的兩艘輪船駛離葫蘆島港。至同年 12 月 31 日，經葫蘆島送歸的日本人達 158 批，計 1,017,549 人。1947、1948 兩年，又分別遣返了國民黨控制區內留用的日僑 33,498 人。這樣，3 年中從葫蘆島送歸的日本人達 1,051,047 名。在送歸過程中，中國人民克服困難，花費大量人力、物力、財力，僅火車車皮就達 13,441 輛。這就是二戰後在中國大地上發生的人道主義善舉 —— 葫蘆島百萬日僑大遣返。

解放區的人民政府對護送日本人回國一事極為重視，省、市一級的政府都為回國的日本人開歡送會，讓他們把能帶走的行李都帶回國。而且，還讓工人、學生們把他們送到火車站。

由於日本人居住分散，送歸工作又被內戰打斷，新中國成立後，仍有 34,000 多名日本僑民滯留中國，其中在東北的約 23,400 人，華北約 4,700 人，華東約 1,200 人，中南約 3,800 人，西北約 1,000 人，西南 80 餘人。

新中國政府一方面對在華日僑依法予以保護和友好相待，另一方

面則立即開始協助他們回國。但由於當時兩國關係處於嚴重的不正常狀態，到 1952 年底，回國的日僑僅 500 多人，在華日僑仍有 33,000 人左右。

毛澤東主席和周恩來總理從人道主義出發，關心這些人的處境，確定了本着自願的原則，分期分批協助他們回國的方針。

1952 年 7 月，周總理在北京主持召開兩次會議，專門研究日本僑民回國問題，並指示有關部門迅速擬出協助日僑回國的計劃。計劃經周總理審改，獲毛澤東主席批准。據此，成立了由中國紅十字會、外交部、公安部、人事部、重工業部、衛生部、教育部、總理辦公室等部門組成的中央日僑事務委員會。9 月，政務院召開全國日僑回國工作會議，根據毛澤東、周恩來的指示精神，制定了《中共中央關於處理在華日僑問題的決定》《政務院關於處理日僑若干問題的規定》等文件。同時，會議還起草了中國政府的《公開聲明》。

1952 年 12 月 1 日，《公開聲明》發表，公佈了在華日僑人數、生活狀況，闡明了中國政府保護守法日僑和協助願意回國日僑返回日本的一貫立場，並表示歡迎日本方面的相關機構或民間團體派人來華與中國紅十字會商談有關協助大批日僑回國的具體事宜。

消息傳到日本，引起強烈反響。各界人士紛紛寫信、打電報給毛澤東主席，表示歡迎和感謝，日本政府表示將「積極採取措施，使僑民回國」。受日本政府委託，由日本紅十字會、日中友好協會和日本和平聯絡委員會三團體組成的代表團，於 1953 年 1 月 31 日抵達北京。團長是島津忠承，副團長是平野義太郎、高良富，代表有內山完造、工藤忠夫、畑中政春、加島敏雄等人。

2 月 15 日，中國紅十字會代表團與他們開始舉行會談。中方首席代表廖承志在會談中指出：日本發動的侵略戰爭，不僅給中國人民造成了深重災難，也給日本人民帶來至今未能解脫的重重痛苦。日本政府執行美國的旨意，締結日蔣和約，敵視中華人民共和國，以至於中

日兩國的戰爭狀態至今尚未結束，這是中國人民所堅決反對的。但是，中日兩國人民是願意相互友好的，凡是願意回國的日僑，中國政府都會協助他們回國；凡是願意留下來的，中國政府也予准許。

儘管新中國當時百廢待興，經濟、財政十分困難，仍決定向日僑提供人道主義援助。會談中，廖承志受權表示：中國紅十字會為照顧日僑的困難，願意幫助解決他們從開始集中到離開中國前的費用。

雙方經過協商，3月5日達成協議並簽署聯合聲明，確定由日本政府派船接運日僑回國，中方負擔日僑到達港口前的一切費用，並為日僑攜帶物品、兌換外匯等提供方便。

在與日本三團體代表團談判期間，政務院做出關於加速協助日僑回國工作的緊急指示：「各級政府要加強領導，迅速調配幹部，健全機構，大力督促各地日僑委員會從速進行各項準備工作，防止草率從事及各種偏差的發生。」

各地日僑事務委員會接到指示後，在原有基礎上，加強了力量，有日僑的單位及街道、農村想方設法為歸國日僑解決各種困難，幫助他們處理財產、債務等問題，還為回國日僑購置了衣服及生活用品，發放資助金。

廖承志還向各地的日僑事務機構和紅十字會提出要求：凡是有日僑回國的地方，都要開歡送會，贈送紀念品，要像歡送自己的同志那樣熱烈、周到，領導人要到港口送行。

天津、上海、秦皇島三個城市被確定為日僑出境港口城市後，遵照周總理「物質上加以寬待，做好組織工作」的指示，立即着手準備。天津市騰出全市最好的幾家大飯店，上海準備了有較好設備的招待所，秦皇島市因被確定為送僑港口城市較晚，夜以繼日，進行了突擊準備。經過緊張的準備，於1953年3月3日開始接待第一批自願回國的日僑。他們到達三城市後，立即住進整潔、舒適的住處。飲食方面安排好菜單，有葷有素，每人每日伙食標準為7,000元（當時城市居民的月

平均伙食費約為 10 萬元舊幣）。天津市為照顧日僑的飲食習慣，請一家日餐館每天給他們送湯。中國紅十字會還給他們提供了良好的醫療服務。

廖承志還登上首次來塘沽港接僑的日本船「興安丸號」，與歸國日僑話別。這些行將歸國的日僑大多是農民家庭出身，原是作為「開拓團」成員來中國的。日本戰敗後，有的與中國人結婚，有些孤兒被中國人收養。離別的時刻，他們與前來送別的中國親人抱頭痛哭，那些孤兒們則一再給養父母鞠躬，感謝他們的救命和養育之恩。廖承志身臨其境，也深受感動，勉勵這些日僑回國後做中日友好的促進派。

這樣，在新中國政府的大力合作下，從 1953 年 3 月 23 日開始撤離，第一批有日僑 3,968 人分乘「興安丸」「高砂丸」和「白山丸」三條船，到達日本京都府的舞鶴港。其後，這三條船多次來往於塘沽、上海與舞鶴之間，到 1958 年 7 月，前後共分 21 批、計有 32,072 名日僑回到日本。這些人後來都成了日中友好的積極分子，為兩國關係正常化及其後的關係發展，做出了寶貴貢獻。為此，中國政府用了 6 年時間，抽調近千名幹部，耗費人民幣舊幣 700 億元。

第十節　把昔日「鬼子」變成朋友

中國人民永遠不會忘記，在戰後滯留中國的日本人中，有一大批人參加了人民軍隊（始稱東北民主抗日聯軍，後改為中國人民解放軍，一般地喜歡稱他們為「小八路」），還有不少人到鐵路、煤礦、鋼鐵、造紙、醫療、電影、新聞、出版、電信等諸多部門工作，為中國人民的解放事業和新中國的建設事業做出了寶貴的貢獻。

周恩來總理在 1954 年曾說過：「1945 年 8 月 15 日以後，日本軍隊放下了武器。在那一天以前，我們打了 15 年的仗，可是，一旦放下武

器，日本人就跟中國人友好起來，中國人也把日本人當作朋友，並沒有記仇。最大的、最生動的一件事，就發生在東北。當時有許多日軍放下武器之後，並沒有回國，而是和一部分日本僑民一道參加了中國人民解放軍，有的在醫院當醫生、護士，有的在工廠當工程師，有的在學校當教員……大多數的日本朋友工作很好，幫助了我們，我們很感謝他們……這是友誼，可以說是真正的友誼……這就是我們友好的種子。」

這部分日本人是在日本發動的侵華戰爭中來到中國的，他們有的是日軍戰俘，有的是棄暗投明者，有的是在日本投降後失業、生活窘迫而又暫時難以回國的難民。

他們參加中國的革命軍隊或參加建設事業的契機各有不同，但大體上都經歷了一個從無奈、茫然到自覺、奮起的過程。當這些日本帝國的「精英」們了解到中國共產黨是個甚麼樣的黨，八路軍、解放軍是個甚麼樣的軍隊，認識到日本對華戰爭的侵略戰爭性質，以及感受到中國共產黨將他們與日本軍國主義相區別，把他們視為戰爭的受害者，寄予由衷的同情、呵護和關照時，他們的思想和情感便自然地發生了巨大的變化。而一旦他們在中國共產黨的政策感召下，在中國人民兄弟般的友情感染下真正轉變了立場，他們便成為中國革命隊伍中自覺的一員，在各自的崗位上奉獻青春，用血汗和智慧書寫出許多傳奇式的故事。

在他們當中，有原日軍軍官率領日本航空部隊，集體加入東北民主抗日聯軍，幫助共產黨創立第一所航空學校，為新中國培養出王海、張積慧等第一代飛行員和航空人才；有人在楊子榮的小分隊裡當騎兵戰士，馳騁林海雪原，英勇剿匪；有不少人參加東北民主聯軍，後轉為中國人民解放軍第四野戰軍，在硝煙瀰漫的戰場上衝鋒陷陣，與中國人並肩戰鬥，從東北打到大西南，參加過遼瀋戰役、平津戰役、淮海戰役，橫渡長江，戰武漢、取重慶、奪廣州，直到海南島，又攻克黔

貴，出生入死，屢建奇功，有人甚至連立七大戰功；在殘酷的戰爭中，有人多次負傷，留下終身傷痕；有的則光榮犧牲，長眠在中國的土地上；有不少人擔任戰場救護、抬擔架和戰勤工作；有一批原日軍醫生和護士參加解放軍後，一直跟隨部隊南征北戰，冒着槍林彈雨，救護、轉移傷病員，甚至主動為傷員獻血，搶救了許多戰士的生命。他們中有人當時還給胡耀邦、李先念、林彪等軍隊首長看過病；新中國成立後，有的人在崇山峻嶺參加了湘西剿匪的鬥爭。這些人在解放軍中表現突出，一些人當了連長、營長、團長。

在戰爭年代和新中國成立以後，不少被留用的人員，在鐵路、醫院、學校、礦山、工廠以及文化等各條戰線上，也都作為技術骨幹發揮了巨大的作用，並言傳身教，傳授技術，為新中國培養了大批的專業技術人才，有力地支援了中國的解放和建設事業。在中國當時百廢待興而各種人才又十分奇缺的情況下，他們做出了不可磨滅的貢獻。

如 1950 年，中國政府從東北各地調集了 300 名留用的日籍鐵路技術人員以及醫療、教育人員和他們的家屬，到甘肅天水，從事天蘭鐵路建設，還有一批人參加了成渝鐵路建設，他們都發揮了獨特的作用；有的人在當時馳名全國的馬恆昌小組裡當車工，多次被評為勞動模範。

這些人在 20 世紀 50 年代回國後，成為日中友好的核心力量，在十分艱難的處境下，矢志不渝，幾十年如一日，為兩國關係正常化及其後兩國關係的發展，做出了重大的貢獻。今天，有些人雖已年邁，仍活躍在日中友好第一線，發揮着中流砥柱的作用。

鄧小平總結這一部鮮活的歷史時說：「即使在日本軍國主義發動侵華戰爭時，也有很多日本人在反對侵略。講歷史要全面，既要講日本侵華的歷史，也要講日本人民、日本眾多友好人士為中日友好奮鬥的歷史，這些人多得很哪！」

第十一節　救助「殘留婦女」和「殘留孤兒」

與日僑問題相關聯，這裡還要談一談被日本政府稱為「殘留婦女」和「殘留孤兒」的一群人在中國獲救的原委。

這是一個極為特殊的群體，所指的是在 1945 年日本戰敗的大混亂中，被遺棄在中國土地上的日本婦女和兒童。據不完全統計，約有 5,000 人。

戰爭的受害者首先是女人和孩子。日軍抱頭潰逃，滿蒙開拓團以及隨軍家屬無人關照，各奔東西，有的逃亡途中或病死，或自殺身亡，還有不少女人和孩子被絕望的丈夫或父親殺死，僥倖活下來的，便成了「殘留婦女」或「殘留孤兒」。

他們是日本軍國主義的受害者，是被日本國家拋棄的，是日本軍國主義的「棄民政策」留下的巨大歷史傷痛。對那些婦女和孤兒來說，這是一種令人難耐的人生悲劇。

日本投降前夕，日本「最高戰爭指導會議」便做出「棄民」的決策，決定讓當時在中國的日本人留在當地。1945 年 8 月 19 日，關東軍司令官據此制定了「為帝國復興，讓更多的日本人留在中國大陸」的「復興計劃」，企圖有朝一日捲土重來時，讓他們作為內應。

在「棄民」政策下，遺留在中國東北的日本人陷入困境，自殺、餓死、病歿者多達 174,022 人。僥倖活下來的人，飢寒交迫，哭號於車站碼頭、街頭巷尾、荒山野嶺，陷於絕境時，是中國的老百姓把他們撿回來收養了。

這些中國普普通通的老百姓救的是敵國的遺孤。有不少的養父母的親屬就遭日軍的殺害。可是，他們還是敞開胸懷，不計前嫌，毅然收養、保護了這些異國的受害者。

那些孤兒們的體內流淌着日本人的血，但又是吸着中國母親的奶汁長大的。那些殘留婦女則大多進入中國人的家庭，做了妻子和母親。

他們作為特殊的中國人，在中國這塊土地上落地生根，生息繁衍，幾十年過去，衍生出許許多多動人心弦的恩情、親情、友情、愛情故事。

讀者可能已經看過不少有關的報道或文藝作品，而實際上，中國老百姓這種超越民族和國界、超越一個被壓迫民族對一個壓迫民族的仇恨，用天理良知、樸實無華的真情以及巨大的付出和犧牲鑄就的涉及千家萬戶的故事本身，永遠是難以用語言和文字表達盡致的。

1972 年中日關係正常化後，兩國政府達成協議，大部分遺孤陸續被判明身份後回國，但兩國老百姓之間在特殊歷史條件下形成的特殊關係，已經成為膾炙人口的友好佳話，在兩國廣泛傳頌。

第十二節　寬大處理戰犯

以德報怨，寬大處理戰犯，這是中國政府開展民間外交、促進兩國關係正常化的又一重大舉措。

1950 年 7 月，中國政府依據《波茨坦公告》、紐倫堡國際法庭、遠東國際軍事法庭關於處理第二次世界大戰戰爭罪犯的規定，根據中蘇有關規定的條款，開始正式接受被蘇軍俘獲的犯有破壞和平罪、戰爭罪、違反人道罪的日本戰犯 982 人。他們被關押在遼寧省撫順市內由原日本侵略者用來關押抗日志士的撫順典獄改造而成的撫順戰犯管理所。加上關押在北京、太原、濟南、內蒙古等地的日本戰犯，共 1,062 名。

對待這些戰犯，中國政府採取人道主義的教育改造的政策，不是實施勝者對敗者的報復，而是把他們當作人，通過教育感化，使他們恢復人性。當蘇聯把一大批日本戰犯交給中國的時候，毛澤東主席説：「在一定的條件下，在敵人放下武器、繳械投降之後，敵人中的絕大多數是可以改造好的，但要有好的政策、好的辦法，要他們自覺改造，

不能只靠強迫、壓服。」

周恩來總理召見公安部部長羅瑞卿、司法部部長史良，傳達毛主席和他共同確定的審判原則：「我們把這一批日偽戰犯接收關押起來，要做到一個不跑，一個不死。將來也可考慮一個不殺。」

周恩來總理當時還曾指示說：「民族之恨，階級之仇，是不應該忘的，可是今天，形勢不同了。我們還是要把日本戰犯改造好，把他們變成新人，變成朋友。」

在 6 年多的時間裡，中國政府在對日本戰犯的改造中，傾注了大量人力、物力，管教人員用真理、正義、人道的力量，通過參觀、學習等多種多樣的教育方式，使日本戰犯的心靈受到了巨大的震撼。以規模最大的撫順戰犯監獄管理所為例，為了讓戰犯有一個良好的生活環境，中國政府在財政狀況十分困難的情況下，斥資整修監舍，裝暖氣，安大玻璃窗，發蚊帳，置理髮椅，修浴池，建娛樂和健身場所，做到管理所內基本設備應有盡有，保證戰犯生活方便，看病不出門，娛樂有去處。管理所當時還參照中國人民解放軍供給制標準，按戰犯的原將、校、尉等級，讓他們分別在小、中、大灶用餐，戰犯吃的比管理人員還好。遵照周總理「尊重日本的民族飲食習慣」的要求，食堂還想方設法給戰犯們製作天婦羅、壽司、魚糕等日本美食。這些日本戰犯所受的待遇與撫順典獄時期被關押者「吃的豬狗食，鋪的破草席，患病無人治，死了餵狗吃」的狀況形成鮮明對照。因此，戰犯稱「這是毛澤東、周恩來建立的世界第一、有史以來最高水平的監獄」。

由於中日兩國還處於戰爭狀態，尚未恢復邦交，本來談不上解決戰犯回國問題。然而，中國政府出於改善中日關係的意願，主動採取步驟，對他們實行寬大處理。在準備審判的過程中，周總理代表中央指出，對日本戰犯的處理，不判處一個死刑，也不判處一個無期徒刑，判有期徒刑的也要極少數。對犯一般罪行的不起訴。

1956 年 4 月 25 日，中國全國人大常委會通過了《關於處理在押日

本侵略中國戰爭中戰爭犯罪分子的決定》，簡稱《決定》，決定對於這些戰爭犯罪分子按照寬大政策分別予以處理。《決定》的內容體現了中國共產黨對待日本戰犯的一貫政策，體現了中國共產黨和政府高瞻遠矚的長遠目光，體現了中國人民的寬大胸懷。這個《決定》為審判日本戰犯的工作確定了政治指導方針，收到了良好的效果。

《決定》公佈後，各戰犯管理所開始進行審判前的準備工作。如撫順戰犯管理所召開戰犯「應訴動員」大會，開展談心、座談活動，向戰犯們交代政策，打消顧慮。戰犯管理所制定了有針對性的教育原則，這就是讓他們在審判中老實認罪，敢於在法庭上作證，正確對待中國的寬恕。通過大量艱苦細緻的工作，戰犯們的認識提高，情緒穩定，為審判的順利進行創造了條件。

據此，中華人民共和國最高人民法院組成特別軍事法庭。審判前，特別軍事法庭做了大量的準備工作，為戰犯請了辯護律師，做了細緻的偵訊工作。每一位檢察員大約分擔 10 名戰犯的檢察材料的偵訊任務，足跡遍及十幾個省區，收集相關證據 26,000 多件，以及補充證據 1,000 多件。

特別軍事法庭自 6 月 9 日至 20 日分別在瀋陽、太原依法對 17 名罪行特別嚴重的日本戰犯進行審判，做出寬大處理，分別判處有期徒刑。

6 月 21 日，最高人民檢察院宣佈對 335 名日本戰犯免於起訴、立即釋放。

6 月 27 日，周總理接見前來接運戰犯回國的日本紅十字會、日中友好協會、日本和平聯合會代表團成員和戰犯代表。日方代表長野重右衛門轉達日本外務大臣重光葵對中國寬大處理日本戰犯所表示的謝意。周總理說：「幾年來的情況起了變化，所以我們決定了這一方針。中國政府決定分三批釋放日本戰犯，釋放的人數超過 1,000 人，只有 45 人已經和準備判刑。這些都是犯有嚴重罪行的。在中國人民面前，

如果日本戰犯一個也不判刑，很難交代。」

周總理還説：「戰犯在東京、紐倫堡的法庭上都有判死刑的，但是，我們考慮現在不需要這樣做，可以從輕處理，而且，我們還考慮邀請這些戰犯的家屬來中國訪問，看看自己的親人。」周總理的一席話使在場的日本人深受感動，他們一再表示感謝。

7月1日至20日，最高人民法院特別軍事法庭對28名罪行特別嚴重的日本戰犯進行審判，從寬判處有期徒刑。

7月18日，最高人民檢察院宣佈寬大釋放328名日本戰犯。

8月21日，最高人民檢察院宣佈寬大釋放354名日本戰犯。

這樣，1,062名在押日本戰犯全部處理完畢，其中1,017名被寬大釋放，由日本派船接他們回國。對45名從寬判處有期徒刑的，在服刑期間，准其家屬來中國探親，並由中國紅十字會給予協助和照顧。到1964年，關押的日本戰犯全部被釋放回國。

中國政府和人民寬大為懷的政策和措施使戰犯的思想發生了巨大的轉變。據親歷戰犯審判相關工作的馮荊育回憶，在審判時，在法庭莊嚴的起訴面前，面對證人的血淚控訴，被告席上的日本戰犯捶胸頓足，痛哭流涕，或深深鞠躬，或跪倒在地，對自己在中國土地上所犯下的罪行供認不諱，深感死有餘辜，要求嚴厲懲處，沒有一個否認侵略罪行的，沒有一個要求減輕或免除懲處的。宣判時，戰犯們洗耳恭聽，聽到自己受到寬大處理，立即跪倒在地，泣不成聲。戰犯們一致稱讚，沒有對他們判處無期徒刑和死刑，是中華人民共和國一大恩典。

戰犯藤田茂是日軍原中將。法庭宣判後，審判長問他「對審判有甚麼話要説」時，藤田答稱：「我在勝利了的中國人民的法庭面前低頭認罪。兇惡的日本帝國主義把我變成了吃人的野獸，使我的前半生犯下了滔天罪行，中國政府教育我認識了真理，給了我新的生命。我在莊嚴的中國人民正義法庭上宣誓，堅決把我的餘生貢獻給反戰和平事業。」

　　這些被釋放的戰犯回國後，許多人都參加了日中友好的隊伍。如日本前陸軍中將遠藤三郎，回國當年就率領舊軍人代表團來華訪問。他們在華期間，受到毛主席和周總理的親切會見。遠藤回國後，與志同道合者一起結成了「日中友好舊軍人會」，為促進日中友好關係的發展，發揮了積極作用。上面提及的將軍藤田茂，他把一批獲釋回國後的日本老兵組織起來，成立了日中友好組織「中國歸還者聯合會」，也為宣傳中國、改善和發展日中友好，發揮了積極作用。

第二章

實現中日關係正常化

第一節　關係正常化的國際背景

中日邦交正常化最終在田中角榮任內實現，説到底，還是由於國際形勢的演變，導致中美關係解凍所致。

戰後的日本外交唯美國之馬首是瞻和對美國唯命是從，中日關係處在中美關係和日美關係的延長線上，美國成為中日關係的決定性因素。在中美激烈對抗的年代，日本身不由己，想動也動彈不得。歐洲的法國 1964 年同中國建交，是因為法國有戴高樂；而在亞洲的日本，長期執掌政權的則是親美的吉田茂和「吉田學校」的優等生岸信介、佐藤榮作。鳩山一郎、石橋湛山和池田勇人算是自民黨的鴿派政治家，但在中日關係上，心有餘而力不足，受內外掣肘，任期內難有作為。

20 世紀 60 年代，美國深陷越南戰爭泥潭，其綜合國力開始滑坡，與此同時，美蘇爭霸越演越烈。並且，中蘇關係之惡化由黨際關係發展到國家關係，由意識形態之爭升級到邊界武裝衝突，中蘇同盟條約名存實亡。蘇聯在中國邊境陳兵百萬，成為中國最大的現實威脅。當時，毛澤東對國際形勢的估計是「山雨欲來風滿樓」，發出「深挖洞，廣積糧」「準備打仗，準備打大仗，準備打世界大戰」的號召。

就在國內進行戰爭動員和一系列部署的同時，毛澤東調整了以反對美蘇兩霸為核心的所謂「全面出擊」國際戰略，提出從北美到日本，到東南亞、南亞、西亞，到西歐的「一條線，一大片」戰略，意在結成最廣泛的反蘇、抗蘇的統一戰線，有效應對來自蘇聯的威脅。這次戰略調整精髓是由反對美蘇兩霸，改為聯美抗蘇，把美國視為可以借重的力量。

中國這種戰略大轉換，對美國而言，可謂求之不得，為其聯華反蘇提供了天賜良機。中美戰略調整的合轍，於是就上演了一幕幕令世界震撼的大戲：

1971 年 4 月，毛澤東親自做出一項震驚世界的決定：同意在日本

名古屋參加第 31 屆世乒賽的美國乒乓球隊的訪華要求。被世界輿論稱為「以小球轉動大球的乒乓外交」，拉開了中美高層接觸的序幕。

美國球隊高高興興地離開中國四天之後，周總理通過巴基斯坦葉海亞·汗總統傳遞口信給白宮，表示願在北京接待美國總統特使或總統本人。

7 月 9 日，美國總統安全事務助理基辛格秘密訪華，與周恩來總理會談；7 月 11 日離開北京。

7 月 15 日，中美兩國政府同時發表了尼克遜總統將於 1972 年 5 月以前訪華的公告，震動了全世界。日本身為美國之盟國，竟然對中美之間水面下的動靜一無所知，直到尼克遜總統發表訪華聲明前 3 分鐘，才得到美國的通報。

美國的「越頂外交」，對時任首相的佐藤榮作來說，不啻晴天霹靂。日本面臨搭不上車、成為孤兒的危機。

10 月 16 日，基辛格再度啟程訪華，10 月 20 日公開抵達北京，「為尼克遜總統訪華做基本的安排準備」，商談尼克遜訪華的具體日期和公報草案。

10 月 25 日，第 26 屆聯大通過阿爾巴尼亞等 23 國關於恢復中華人民共和國在聯合國的合法席位，將台灣從聯合國驅逐出去的提案，長期未決的懸案終於塵埃落定。

1972 年 1 月 3 日，尼克遜又派美國總統國家安全事務副助理黑格准將，率先遣組來華。

1972 年 2 月 17 日，尼克遜總統開始訪華的「破冰之旅」，2 月 21 日抵達北京，對中國進行為期 7 天的歷史性訪問。當天，在中南海與毛澤東握手言和，並於 28 日發表《中美聯合公報》，中美關係以此為標誌，結束了中國國內戰爭以來持續了 26 年的敵對狀態，實現歷史性戰略和解，打開了中美關係正常化的大門。

中美實現歷史性戰略和解，是一場改變世界格局的政治大地震，

產生了波及全球的效果。中日關係正常化，從一定意義上說，正是這場大地震後的餘震。1972 年 10 月 2 日，周恩來與朱德、鄧穎超、康克清會見美國鋼琴家哈登夫婦。當哈登夫婦對中日邦交正常化表示祝賀時，周總理説：「這其中也有尼克遜總統的一份功勞，因為尼克遜先來了，田中才跟着來。」

中美握手所產生的衝擊波，使日本國內要求儘早實現日中邦交正常化的呼聲空前高漲，早日恢復日中邦交這一外交課題變成日本的內政難題，難有作為的佐藤政府受到空前巨大的壓力。應運而生的田中角榮新政權順勢而上，一舉解決了戰後日本外交的一大難題。

第二節　日中問題成為日本的內政問題

1972 年田中角榮出任首相後，改變了歷屆自民黨政權長期推行的「向美國一邊倒」政策，實行以日美合作為基軸的「自主多邊外交」，取得了引人注目的成就。

1972 年 9 月，田中訪華，同中國一舉實現邦交正常化，是田中「自主多邊外交」最典型的實踐和最赫然的成果。

田中政權同中國實現邦交正常化有其深刻的國際國內背景，是其面臨的內外形勢推動的結果。田中上台後僅用 84 天時間就實現同中國邦交正常化，當然也顯示了他的政策決斷力和行動力。

日本經過 20 世紀 60 年代的高速發展，至 20 世紀 70 年代初，已發展成為僅次於美、蘇的經濟大國，其主要經濟指標均居世界前列。隨着其經濟實力的迅速增強和國際地位的提高，產生了奉行較為獨立的外交政策的要求。打開日中關係，對日本展開「自主多邊外交」具有劃時代的意義。大平正芳在就任田中內閣外相後，就新政府的對華政策同佐藤政府有何不同答記者問時，明確表示，新政府決心實現日中

邦交正常化。他說:「日本過去的外交是看美國的眼色行事,認為同美國一致就不會錯。今後即使有險阻,也要由自己來判斷。」這番話清楚表明,田中內閣十分明白,其推進日中邦交正常化之舉意味着開闢日本外交的新時代。

田中同中國實現邦交正常化,也是在他的前任佐藤榮作的對華政策徹底破產後,做出的順應時勢和民心的歷史性選擇。

佐藤政府 1964 年 11 月上台以後,追隨美國,並繼承自民黨歷屆政府的衣鉢,對中國奉行政治上敵視、經濟上撈取實惠、反華而不斷絕往來的政策,即佐藤上台伊始就聲稱的「政經分離」政策。

進入 20 世紀 70 年代,這項政策走進了死胡同。從 1970 年中國同加拿大建立外交關係,到 1971 年尼克遜總統將訪華的公告發表以及同年在第二十六屆聯大上,中國在聯合國的合法席位得到恢復,形勢發展之快,出乎佐藤政府的意料,使其處於被動、孤立的境地。

日本在野黨借尼克遜行將訪華的《公告》之東風,紛紛猛烈抨擊佐藤內閣頑固堅持敵視中國的政策,並以要求佐藤政府改變對華政策為目標,加強了聯合。執政的自民黨內人心渙散,反佐藤的力量趁勢活躍,也出現了聯合的趨向,佐藤的控制力空前削弱。日本財界也打破沉默,要求政府跟上世界形勢的發展,改善日中關係。

在這種形勢下,1971 年 10 月 25 日,第二十六屆聯大通過阿爾巴尼亞等 23 國聯合提案,中國在聯合國的合法席位得到恢復,又一次給竭力阻撓中國恢復合法席位的佐藤政府以沉重打擊,日本國內各界要求佐藤下台的呼聲進一步高漲。

消息傳到日本,引起爆炸性反應。各家大報都痛斥佐藤外交之失敗,形容這是「戰後日本外交崩潰的一天」。與此同時,各大報都要求佐藤政府改弦易轍,放棄反華政策。日本數一數二的大報《朝日新聞》10 月 27 日發表題為「世界潮流的變化與日本」的社論,指出:「佐藤首相一向是《安保條約》和包圍中國之忠實執行者。不管佐藤首相怎樣辯

解，他在黨內反對的壓力下仍然與美國共同提出『逆重要事項決議案』並積極展開遊說活動，足以說明其目的是要阻撓中國進入聯合國。」社論在祝賀中國進入聯合國的同時，還要求佐藤痛切反省其個人之政治責任，並考慮辭職問題。

佐藤政府在聯合國的倒行逆施之舉慘遭失敗，引起民怨沸騰，使佐藤內閣之聲譽進一步大跌。日本輿論認為，在迄今的歷屆首相中，除了在 1960 年安保鬥爭中被推翻的岸信介之外，再沒有一個人比佐藤更不得人心了。

有的民眾在街頭接受媒體的採訪時說：「滿以為佐藤在挨了尼克遜宣佈訪華的悶棍痛擊之後，會接受教訓，至少在表面上會稍微收斂其仇視中國的活動，想不到事實卻完全相反。」

輿論和民間普遍認為，佐藤在聯合國上演的一出鬧劇，使日本的對華政策走進了死胡同，處境空前困難，同中國復交的前景更加遙遠了。

1972 年春天，尼克遜訪華，並發表《上海聯合公報》，中美關係的大門洞開了。美方聲明，美認識到「台灣海峽兩邊的所有中國人都認為只有一個中國，台灣是中國的一部分」。美對這一立場「不提出異議」。美確認最終要從台灣撤走其全部軍隊。

2 月 27 日《上海聯合公報》發表後，佐藤政府為沖淡影響，極力貶低公報的意義，而實際上，不得不承認其敵視中國的政策破產。日統治集團普遍擔心美中關係在政治上和經濟上都將超過日本，日本成為「孤兒」。國際形勢的發展，使日本國內各界人民要求同中國恢復邦交的呼聲空前高漲，對自民黨政府形成了強大壓力，關係到政局的穩定。日中問題從而已成為當權派迫於解決的內政問題。

為緩和國內外壓力，穩定政局，佐藤政府採取兩手政策，一方面頑固堅持其反華的基本立場，一方面不斷玩弄新花招。

佐藤表示，「願意在任何時候、任何地點」與中國進行「大使級

會談」，並宣稱，會議的議題要擴大到「包括日中關係正常化的所有問題」，並通令日本各駐外使館抓住機會，直接地或通過第三國造成與中國使節接觸的既成事實，以製造輿論，欺騙視聽。在東京，佐藤派員與中國駐日人員秘密接觸、試探。在枝節問題上，提出要與中國發展關係，如提出同中國搞郵政協定、氣象協定，簡化我駐日人員去日簽證手續、使用特惠關稅，等等，企圖在不解決兩國政治關係的情況下，應付時局，緩解壓力。

第三節　田中角榮發出信息，中方立即呼應

田中角榮在這種形勢下出馬競選自民黨總裁，立即抓住這一緊急課題，以向前看的態度提出「改變政治潮流」，並與大平正芳、三木武夫、中曾根康弘等三個派系就中國問題達成了政策協議。與此同時，田中通過他的心腹木村武雄、久野忠治等人同中國常駐日本的人員進行秘密接觸，發出了他組閣後將加速同中國實現邦交正常化的信息。

1972 年 7 月 5 日，田中當選為自民黨總裁；7 日，當選首相。田中在當天下午舉行的第一次內閣會議之後發表談話，正式表明政治抱負稱：「在外交方面，加緊實現同中華人民共和國邦交正常化，在激烈變動的世界形勢中，大力推進和平外交。」

7 日夜，日本外務省中國課課長橋本恕被新上任的外相大平正芳召到東京赤坂的和風餐館「千代新料亭」。橋本一進屋，看到田中首相坐在大平身邊。大平鄭重地通知橋本說：「內閣準備完成日中邦交正常化。橋本，要辛苦你了，請馬上着手進行談判的準備。」

田中首相並沒有多說甚麼，只是在最後說了聲「橋本君，拜託了」，還指示橋本以後有事直接向大平請示、報告。

田中、大平讓一個課長為中心做談判的秘密準備，是為了減少阻

力。當時，自民黨內還有一股跟不上形勢發展的勢力，被稱作「反對派」或「慎重派」。田中和大平知道，如果過分地刺激他們，就會增加不必要的阻力。

因此，最初一切都秘密進行，即使後來有了眉目，仍不聲張。如橋本課長等一班人 8 月 31 日至 9 月 6 日作為田中訪華的先遣隊訪問了北京，儘管談的多是日程和禮賓安排，如宴會時演奏曲目的選定，應給愛出汗的田中準備幾條濕手帕，等等，但橋本一行何時啟程，何時回國，一概未向記者透露。

田中首相 7 月 7 日發表加緊實現同中國邦交正常化的談話後，中國政府本着願意同日本實現邦交正常化的一貫立場，很快做出反應。7 月 9 日晚，周恩來總理在歡迎也門民主人民共和國政府代表團的宴會上表示：「長期以來敵視中國的佐藤政府終於被迫提前下台，田中內閣 7 日成立，在外交方面，表明要加緊實現中日邦交正常化，這是值得歡迎的。」

周總理的講話傳到日本，內閣官房長官二階堂進當夜發表談話。他說：「三木先生和大平先生進入田中內閣，就可以說明田中內閣希望恢復日中邦交的態度。今後，大平外相將負責推進恢復邦交的進程，能否加快速度，全憑外務大臣了。周總理的這番講話是恢復邦交的東風。」

田中內閣進而於 7 月 10 日統一了意見。田中、大平、二階堂和外務次官法眼晉作商議後，由官房長官二階堂進出面，發表了如下談話：「政府寄予日中邦交正常化的熱情，得到了中國方面充分的理解，這是很好的事情。政府認為，現在進行日中政府間接觸的機會正在成熟。從而，我認為今後政府的責任是研究實現日中邦交正常化的具體方策。」

各在野黨對田中政府的表態感到滿意。社會黨委員長成田知已 10 日表示：「如果田中內閣承認恢復日中邦交三原則，社會黨將予以支

持。」民社黨 12 日發表聲明稱：「如果田中內閣明確原則，民社黨願意進行合作。」13 日，公明黨表示：「如果田中首相當真做出打開日中關係的決斷，公明黨將全力合作。」這樣，恢復日中邦交作為朝野一致的目標，迫切地提到日程上來了。

隨後，社會黨、公明黨、共產黨和民社黨等四個在野黨的 11 名議員向政府提出了一份《關於當前緊急政治課題的詢問書》，要求政府把承認「中日復交三原則」作為政府的基本方針，並要求舉行朝野黨領袖會談。

7 月 18 日，田中政府在內閣會議上決定對這份詢問書進行答辯。答辯書的要點：

「日中兩國間有着長達兩千年的漫長交流史，但戰前和戰爭期間的一段時期內，我國給中國人民帶來了很多麻煩。對此，應該謙虛地反省。

日中兩國間決不能再動干戈。為謀求邦交正常化，當前的迫切任務是開始日中兩國政府間的負責的對話。

關於中華人民共和國提出的所謂邦交正常化三原則，作為基本認識，政府能夠充分理解。因此，要充分考慮各階層廣大國民的意見，研究能為日中雙方接受的具體方案。政府的態度是在承認中華人民共和國政府是代表中國的唯一合法政府的前提下，進行政府間談判。

政府認為，日中邦交正常化是我國多數國民的願望，而且有助於緩和亞洲的緊張局勢。政府將基於這種觀點，負責制定具體談判方案。」

政府認為，為實現日中邦交正常化，政府間談判是不可缺少的。」

同日，田中首相分別同公明黨委員長竹入義勝、民社黨委員長春日一幸舉行了會談。21 日，又同社會黨委員長成田知巳會談。通過上述會談，田中得到了在野黨合作的確認。

7 月 22 日，田中會見訪華歸來的社會黨前委員長佐佐木更三，聽

取了他會見周總理的情況。佐佐木轉達了周總理歡迎田中首相和大平外相訪華的談話。

7月25日，公明黨委員長竹入義勝訪華。23日夜，竹入避開記者的眼睛，去田中私邸晤談。在此前後，竹入同大平外相也進行了數次秘密會晤。在此基礎上，竹入整理了一份包括十幾個項目的所謂田中政府對恢復日中邦交的態度的記錄。

竹入在北京期間，與周總理總共進行了10個小時的晤談。周總理在7月29日的第三次談話時，比較明確地闡述了中國政府關於邦交正常化的想法。竹入邊聽邊拚命地記筆記。8月3日夜，竹入回到日本。翌日上午，田中首相和大平外相在首相官邸會見了竹入。竹入向田中遞交了「竹入筆記」，傳達了中國政府關於實現邦交正常化的基本態度。

田中與竹入會見後，日本政府發表了對日中邦交正常化的基本見解，其內容已經由竹入轉達給周總理。這樣，中日兩國政府關於邦交正常化的基本方針已互相了解。

第四節　孫平化、肖向前與大平外相密談

在中日邦交正常化氣氛高漲的形勢下，中國上海舞劇團應日中文化交流協會和朝日新聞社的邀請赴日訪問。為開展政治活動，周總理決定由中日友好協會副秘書長孫平化改任團長（原團長為上海市負責人徐景賢）。該團一踏上日本國土，就受到熱烈歡迎。

7月20日，大平外相、三木副首相和自民黨幹事長橋本登美三郎等人出席了日本民間人士為歡迎孫平化和赴任不久的中日備忘錄貿易辦事處駐東京聯絡處首席代表肖向前舉行的酒會。

接着，大平外相於7月22日下午3時30分至4時30分在大倉飯店670房間與孫、肖二人舉行秘密會談。大平首先解釋說：「我知道你

們想見田中首相的心情。昨天，我見首相時，他説，『我自己也想迎接遠方來的客人，一起充分地談一談，但現在的國內形勢他們也知道，因此，我作為最高的負責人，不能不自重，因此，請與我一心同體的大平來見，希望他們能諒解。』」

孫平化按着周總理的指示，為促成日本政府首腦訪華，與大平密談了一個小時。他說：「我來日本後，看到報紙上關於中日兩國關係問題的報道很多。我先談談我們的想法。早在田中內閣成立之前，總裁競選時，田中先生、大平先生就對日中關係問題表示了積極的態度，願意儘快解決日中關係正常化問題。田中新內閣成立後，田中首相、大平外相又都表示要積極處理這一外交的首要課題，一再表明打開兩國關係的時機業已成熟。對田中內閣儘早解決兩國關係正常化問題的態度和誠意，我們給予了積極的評價。因此，我們方面也應該採取積極的態度，雙方共同努力，爭取繼續前進。如果田中、大平先生願意去北京直接進行首腦會談，中國方面表示歡迎。雖然我們今天是非正式會談，但可以負責地做出上述表態。」

大平説：「雖説是非正式會談，但開始了中日兩國政府間的接觸，這是第一次會談。聽到貴方歡迎日本政府首腦訪華，我們很受感動，並表示衷心的感謝。」

孫平化為了打消日方的疑慮，説道：「從報紙上看，貴國有種種議論存在，但我想，雙方都有誠意解決問題就好辦。田中、大平先生去北京，我們方面不會出甚麼難題。『復交三原則』的問題，當然最後必須解決，否則邦交無法恢復。但是，中國方面對日本政府首腦訪華，不以要求承認『三原則』為前提。田中首相也多次表示充分理解『三原則』，在內閣會議上也講過。我認為，為了最後達到這個目的（實現『三原則』），具體步驟、方式方法是容易解決的。我想，要是這樣做，貴方黨內調整意見也會容易些吧。」

大平説：「十分感謝中方充分理解我們所表示的態度，首相、外相

在記者招待會及國會答辯中都表示過充分理解『復交三原則』，準備在這樣一個認識基礎上尋求兩國關係正常化的途徑和步驟。這方面在政府裡是沒有困難的，問題在黨內。但按孫先生剛才所說的基線來進行工作，我認為是能得到黨內理解的。當然現在手續尚未完成。不過，在這樣一個基線上，是可以統一起來的。田中和我都有信心。」

孫平化強調說：「通過兩國政府首腦直接會談，不難找到解決日方感到困難的問題的辦法。談，才能談得清楚。過去沒有直接談過，現在時機已經成熟了。」

對此，大平外相說：「日本政府也在考慮，到了一定階段要實現政府首腦訪華。所謂一定階段，即時機問題，日本方面需要考慮包括今年開不開臨時國會、搞不搞大選等問題，這當然是我們方面的情況了。因為田中首相和我都是政治家，這是關乎我們政治生命的重大問題，也是關係日本命運的大事，對日中兩國均事關重大。因此，我的心願是，一定要使這一行動有豐碩的成果。孫先生剛才說的『三原則』問題，我們也在費心考慮怎樣才能找到解決的辦法。對此，我作為外相負有重要責任。當然上面還有首相。今天可以認為兩國政府交涉已經開始。肖先生在東京，孫先生也還要在日本逗留一段時間。如允許，我還想再見你們，提出日方對一些問題的想法和希望，看中方能在怎樣的程度上給予理解。我確信，轉達了你們所講的意見，黨內的意見可以統一起來，然後由田中首相最後決斷。」

大平講到這裡，認為差不多了。於是，他說：「今天你們所講的，是中方為邦交正常化鋪設的階梯。這是我的基本感想。所以，我非常感謝，因為我們正在做準備。今天作為第一次會談，是否就談到這裡，下次由我講講日方的想法。」

孫平化言猶未盡。他大概是想到了周總理交給他的硬任務，又追問道：「我們是否可以作這樣的理解，即田中首相、大平外相已經決定去北京談？」

大平答稱：「我們就是希望這樣做的。」

孫平化聽到肯定的回答後，進而表示：「關於日本政府首腦訪華問題，田中首相去，我們歡迎，田中首相與大平外相一起去，我們更歡迎。你們兩位商量，如認為有必要先派閣僚去，我們當然也是歡迎的。這可以由田中、大平先生決定，我們沒有別的意見。」

大平説：「十分感謝。關於雙方的接觸，過去我曾考慮過好多途徑，現在情況不同了。」

孫平化問：「大平先生認為怎樣的途徑較合適？」

大平答道：「東京、北京既然可以直接談，我想就不需要在聯合國或第三國開闢另外的途徑了。最好的聯絡方式已經正式接通，今天就是第一次。今天，外務省中國課長橋本也來參加，是否以後可以讓他直接和肖先生的聯絡處進行聯繫？」

肖向前馬上回答説：「可以。事務聯繫橋本先生可找聯絡處的許宗茂。」

孫平化也馬上表示：「代表團方面，橋本先生昨天下午已經同翻譯唐家璇和今天在座的江培柱聯繫過了，打電話也可以。」

聯絡方式談定之後，為打消日方的顧慮，孫平化又提出一個新話題。他説：「據報道，田中首相講，如果到北京，要先謝罪。我看不要了，已經過去了的事，就不要再提了。對這個問題，我們就是這樣想的，並不是一般應酬的語言。」

肖向前補充説：「周總理早就講過。田中先生來北京不要談謝罪，談談友好就行，要向前看，不向後看。」

孫平化還對大平説：「在雙方都抱有誠意的前提下共同前進。我們已經看到了田中內閣對日中關係所表現出的積極態度。如還有甚麼情況和困難，請不客氣地講。這不是我們要探聽甚麼，而是了解了好予以配合。」

大平説：「互相探聽、摸底、説謊話是幹不成事情的。」

在田中、竹入會見後，8 月 11 日，大平外相再次與孫平化、肖向前會談。大平向他們轉達了田中的話，説田中感謝周總理對他的訪華邀請，表示「將愉快地訪華」。在這次會談中，雙方還就今後的安排進行了深入的交談。

第五節　田中角榮親自會見孫平化、肖向前

會談的信息傳到北京的第三天 (12 日)，中國外交部長姬鵬飛發表聲明，稱：「周總理歡迎和邀請田中首相訪華。」

在這種情況下，田中首相於 8 月 15 日在東京的帝國飯店 16 樓親自會見孫平化、肖向前。中方參加者有許宗茂、唐家璇、江培柱，日方有內閣官房長官二階堂進、外務省亞洲局中國課長橋本恕、田中秘書官木內昭胤、小長啟一及中國課一名中文翻譯。

孫平化對田中説：「田中首相閣下在百忙中抽出時間會見我們，對此表示衷心感謝。」

田中説：「很早以來，聽訪問貴國的許多日本人説周總理經常會見他們，我也早就想見見各位表示問候。今天終於見到了各位，很高興，謝謝你們。」

孫平化感謝説：「這次中國上海舞劇團來日本訪問演出，全團人很多，共有 208 人。我們在日本逗留期間，受到日本人民的熱烈歡迎，也受到日本政府的友好關照，使我們很受鼓舞，藉此機會向田中首相表示感謝。」

田中説：「你們取得了很大成功，這次回國飛機又可以直飛上海。我認為，舞劇團為兩國友好立了大功。我聽説周總理通過你表示歡迎我訪華，非常感激。我已決定儘早訪華，這可作正式接受邀請。所以讓大平外相通過你轉達對周總理邀請的謝意。不過，由於黨內還有些

麻煩的問題和複雜情況，具體時間今天還不宜明確講。但作為不列入正式談話記錄的內容，可以非正式地告訴中方。如貴方方便，我準備 9 月下旬到 10 月初的一段時間裡訪問中國。為了在訪華前圓滿地處理黨內各種意見，做好萬無一失的準備，暫不過早地公佈具體時間。以免產生不利，希中方予以諒解。我希望通過不久後的訪華，兩國關係能有順利進展並取得豐碩成果。因為我們兩國一海之隔，關係密切。我一再講解決問題的時機已經成熟，但需做好萬無一失的準備。請你回國後向周總理轉達我的心意。」

孫平化表示：「回國後一定馬上向周恩來總理報告。」

田中自我介紹說：「我是 1918 年生的，今年 54 歲。」緊接着他問孫平化：「你比我大一歲，是 1917 年生的吧？」又指着肖向前說：「你和我同歲，對不？」

孫平化回答說：「是的。你知道的很詳細，肖向前同志是 1918 年生的。」

一陣聊天過後，田中說：「我們經常通過大平外相跟你們聯繫，還可通過二階堂官房長官和你們聯繫。在座的還有橋本（中國課課長）和我的大藏、外務、警衛方面的秘書官，都是我一家人。」

孫平化說：「大平外相本月 11 日見我們時，正式告訴我們田中首相決定訪華。會見結束後，我們立即將會談內容向北京做了報告。12 日晚中國時間 11 時，北京電台廣播了我國姬鵬飛外長授權宣佈：中國政府周恩來總理歡迎並邀請田中首相訪華，談判解決兩國關係正常化問題。我們想問一下，在田中首相決定了訪華日期後，是否可由雙方商定就訪華日期問題同時發表一個公告。不知田中首相對此有何想法？」

肖向前解釋說：「就是說，就訪華日期在雙方認為合適的時間，同時發表一個公告。」

田中說：「是宣佈從哪天到哪天訪華吧？我還想了解貴國甚麼時候

方便。貴國如能指出甚麼時候合適，我也好定下來。」

孫平化又把他的想法說了一遍。他說：「我剛才講的意思是，田中首相如決定了甚麼時候去，在華逗留多久，雙方可商定在認為合適的時候，共同發表一個公告，把時間定下來。」

田中回答說：「可以。現在還有種種麻煩的事情。上次大平外相也對你們講了，首先要在自民黨內統一意見，這是前提。黨的日中邦交正常化協議會開得很好，我也出席過會議，關於我訪華事，形式上我讓黨來做出決定，現在這已經通過了，但還有些人不理解，還有些具體問題有待解決，需要繼續統一認識。如要投票，應取得80%，甚至90%以上的贊成和理解才行，否則辦事困難。現在應儘量做好準備。戰後26年來，我深有此體會。在總裁公選中也是如此，如得不到大多數的支持，就很難搞下去。一切都儘量在事先準備好，等做起來就快了。現在還是暫不明確說具體何時去為宜。今後，可通過外務省（指了一下橋本課長）經常保持聯繫。等黨內形勢取得更大進展時宣佈何時去更好。我現在正在為訪華做各方面的準備。」

孫平化說：「明白了。回國後將如實報告周總理。上次即11日同大平外相會見時，大平先生還提出在田中首相訪華前，以自民黨國會議員為中心再加上外務省的兩名事務官先到中國，就田中首相訪華的具體日程進行商談。我和肖向前同志聽後很快就向北京做了報告，現在國內已有指示，正式表示歡迎。我們兩人在接到北京的指示後，因沒有機會見到大平先生，今天想利用這個機會向日本政府作此正式回答。」

田中說：「謝謝。可能會去很多人，將是一支龐大的隊伍。讓具有各種意見的人去有好處，可以加深他們的理解。因此，去的人中將包括持不同意見或反面意見的人。與其說是去商談日程，不如說是進一步統一黨內的認識和意見。談具體問題好辦，可通過別的途徑。從日本方面來看，過去去的人都是持『一邊倒』立場的促進論者。當然，他

們為得出今天的結論已經創出了一個良好的開端，震動很大。現在，應盡量讓持有各種意見的人都去。這樣，可以爭取他們的贊同，加深他們的理解，使訪華取得更大的成果，達到『有終之美』。在競選總裁時，我講過這個意見，現在作為自民黨總裁，仍希望如此。」

孫平化表示：「歡迎大家去。何時去，人選確定後請通知我們。」

田中說：「由橋本聯繫。人數當然不會像上海舞劇團那麼多，但也不會太少。你們那樣大的國家，多去些人也不顯得多。」

孫平化說：「人多少沒關係，首相定了就行了。」

談話至此，田中吩咐上水果、咖啡，賓主在一種輕鬆的氣氛中聊天。

談到「日航」和「全日空」公司各出一架飛機送上海舞劇團回國時，田中說：「從改善日中關係考慮，這樣做很圓滿，如只是一個公司的飛機就不太好。所以日航的藤山愛一郎和我談時，我覺得那樣做好，並作了指示。」談到長沙古墓發掘成功時，田中說，真了不起，這是全世界文化史上的一件大事。

談話間，田中還拿出他親筆簽名的著書《日本列島改造論》，請孫平化轉交周總理。

田中還關心地問：「北京秋天的氣候怎麼樣？」

孫平化說：「9 月下旬是一年中氣候最好的季節，秋高氣爽，不冷不熱。」

田中馬上問：「那麼，像我現在穿的這樣就行了吧？」

孫平化告訴他：「可以，襯衣外加一件上衣正好。早晚涼時要加毛背心。」

田中還主動談起他在中國的一段經歷，說：「我只到過中國的東北，那是當兵的時候，在黑龍江、松花江匯流處，佳木斯、北合江、富錦一帶待過一年又十個月，後因病回國。當時是參加張鼓峰戰役，準備攻打海參崴的部隊，冬天冷得受不了，達到零下三十幾度。那時，

我們讓蘇聯整得夠苦的，至今記憶猶新。」

8月16日，孫平化一行結束訪日歸國。田中政府為表示盛意，包「全日空」和「日航」各一架客機，把代表團一行直接送回上海。

第六節　周密的準備

在與中國溝通的同時，田中為消除自民黨內的阻力煞費苦心，度過了一個緊張的炎夏。

田中首先授意自民黨在7月13日舉行的領導幹部會議上，決定將中國問題調查會擴大改組為日中邦交正常化協議會。自民黨當時有眾、參議員431人，其中的249人參加了這個協議會，佔58%。會長是小坂善太郎，副會長有江崎真澄、木村俊夫、小川平二、古井喜實、宇都宮德馬、田川誠一、川崎秀二等12人，事務局長為鯨岡兵輔。

7月24日，田中出席該協議會第一次全體大會，並講了話。

他說：「日中邦交正常化的時機已經成熟。」

他表示，政府對中國方面主張的「和平共處五項原則」沒有異議，對中國方面提出的「復交三原則」也能理解。

他說：「日中邦交正常化是日本戰後外交的大業，自民黨和政府將慎重而果斷地行事。由於在野黨和促進日中邦交議員聯盟等組織的努力，在某種程度上為恢復邦交鋪設了軌道，今後將繼續接受它們的幫助，同時，在我們自民黨內，希望日中邦交正常化協議會發揮核心作用。為此，希望大家好好學習和作出判斷。」

他強調指出：「為成功地實現日中邦交正常化，政府須和執政的自民黨統一意見，並得到自民黨強有力的支持。今後，我和大平外相將同小坂會長保持緊密聯繫，研究日中政府間談判的具體方案。關於我訪華的問題，請協議會決定。我希望政府和執政黨慎重地研究。」

田中講話之後，大平報告了田中政府在中國問題上的想法。

在田中政府就日中邦交正常化發表正式見解的 8 月 3 日，大平外相出席自民黨的日中邦交正常化協議會常任幹事會，說明了田中內閣成立以來處理日中邦交正常化問題的過程和政府今後的基本態度；還說，田中首相已接到中國政府的訪華邀請，近期內必須作出答覆。

大平外相在上述說明中強調：「在原封不動地保持同台灣的外交關係的情況下，要想同中國達成實現邦交正常化的協議，是有困難的。」對此，賀屋興宣、北澤直吉、藤尾正行等「台灣幫」表示反對，聲稱「台灣問題是極為重大的問題，不應該輕易地得出斷絕外交關係的結論」，表明在自民黨內確有反對派。

鑒於這種情況，田中 8 月 7 日在會見記者時說：「我認為日中邦交正常化的時機正在迅速成熟，也形成了相應的輿論。在與中國建交的國家中，沒有一國同『中國國民黨政府』或『蔣介石政權』原封不動地保持着關係，日本也不可能例外」，對自民黨內的「台灣幫」進行了牽制。

該協議會於 8 月 9 日召開全體會議。小坂會長報告了 8 月 3 日召開的幹事會上得出的兩點結論：(1) 要實現日中邦交正常化；(2) 為此，田中首相可以訪華。全會對此表示同意。但親台議員提出意見稱：「雖然同意上述兩點，但這並不意味關於首相訪華的時間和復交的內容交由政府全權決定。」為此，該協議會決定，今後要通過正副會長會議、幹事會和全體會議就首相訪華的時間、日台關係、日中復交與《日美安保條約》的關係以及釣魚島的歸屬問題等進行討論，就政府同中國談判的基本立場調整自民黨內的意見。

8 月 15 日，外務省對「台灣幫」賀屋興宣等議員提出的 12 個問題做出回答。賀屋等人的問題全都與台灣問題相關，追究田中政府成立後急劇改變對華政策的原因。外務省在回答書中詳細說明了國際形勢的變化，解釋說，日本必須順應世界大勢，企圖以此說服「台灣幫」。

8月17日，在日中邦交正常化協議會上又起波瀾。「台灣幫」對大平外相在眾議院外務委員會的答辯中，將「日華條約」稱作「日台條約」表示不滿，要求小坂會長提出「不拋棄台灣」的所謂「原則」。

在自民黨內意見尚未完全統一的情況下，自民黨總務會8月22日開會，聽取了小坂會長關於協議會的審議經過情況報告，僅作為自民黨的決議，決定自民黨要促進日中邦交正常化和同意田中首相訪華。

自民黨內的「台灣幫」雖對政府在台灣問題上的態度不滿，但他們並非鐵板一塊。大致說來，這些人可分為以賀屋興宣為代表的戰前派和以中川一郎為代表的戰後派。中川等人在總裁選舉中是積極支持田中的，他們對田中政權上台伊始就急於處理日中邦交正常化問題表示不滿，但對這批人仍有說服的餘地。另一方面，當協議會開始起草日中邦交正常化的基本方針時，河野洋平等一大批主張儘快實現邦交正常化的人明確表示，在實現日中邦交正常化時，「斷絕同台灣的外交關係是理所當然的」。

苦於收拾事態的小坂會長9月4日求見田中。田中在聽取小坂的報告後明確表示，「台灣幫」主張的「兩個中國論」和「一中一台論」是不能接受的，指示小坂會長統一協議會的意見。

在9月5日召開的協議會幹事會上，果然意見紛紜，一下子提出了小坂會長方案、賀屋方案、其他鷹派方案和鴿派方案等四種方案。為此，小坂會長困惑不安，當他決定休會時，中川一郎等戰後派提出了在小坂會長方案的基礎上進行某些字句修改以求解決的建議。另一個戰後派浜田幸一也表示撤回他提出的「小坂會長不信任案」。由於年輕的鷹派態度突然軟化，頑固的賀屋興宣等人形影相弔，失去了作用。據田中秘書早坂茂三後來透露，年輕鷹派議員態度的變化是因為田中私下對他們做了說服工作。

形勢急轉直下，協議會幹事會當日決定了「日中邦交正常化基本方針」，其內容如下：「進行邦交正常化談判時，我國政府應注意以下幾

點。尤其是鑒於我國同中華民國的深厚關係，希望能在充分考慮繼續保持向來的關係的基礎上進行交涉。

(1) 日中邦交正常化應基於聯合國憲章和萬隆十項原則進行；

(2) 相互尊重不同社會制度，不干涉內政，尊重對方同友好國家的關係；

(3) 相互不行使武力和武力威脅；

(4) 相互增進平等的經濟文化交流，不進行歧視；

(5) 為亞洲的和平和繁榮相互合作。」

日中邦交正常化協議會 9 月 8 日召開全體會議，承認了幹事會決定的上述基本方針。接着，自民黨召開總務會，將上述基本方針作為黨的決議通過。「台灣幫」提議將上述基本方針中的「希望」改成「應該」，將「向來的關係」加上「也包括外交關係」的字樣。小坂會長只表示同意將「希望」改成「應該」，而對「包括外交關係」的建議未置可否。

為了減少阻力，田中決定在他訪華之前，派遣以小坂會長為團長的自民黨代表團訪華。9 月 12 日，田中會見小坂，表示了政府的希望和要求。自民黨代表團在小坂率領下於 9 月 14 日乘專機訪華，18、19 兩日在北京與周總理進行會談。

上述經緯表明，所謂調整自民黨內的意見，意味着對「台灣幫」做說服工作。

當自民黨內的意見調整大體完成，小坂率領的代表團正在北京訪問時，田中派特使、自民黨副總裁椎名悅三郎率一班人於 9 月 17 日飛抵台北機場。

椎名的使命是說服台灣當局。他在台北市受到幾百人的示威隊伍的圍攻；蔣介石佯稱感冒，拒絕會見。椎名與沈昌煥「外長」和嚴家淦「副總統」等政要相繼會談，說明日本的困難處境，請求台灣當局諒解，但得到的回答卻是「堅決反對」日本恢復同大陸的邦交。椎名此行雖未能說服台灣當局，但對田中來說，已算是盡到了禮儀。

同時，田中看到自民黨內的不滿大體已解決，便同中國商定於 9 月 21 日上午 10 時 (東京時間 11 時) 在北京和東京同時發表如下公告：「日本國總理大臣田中角榮愉快地接受中華人民共和國國務院總理周恩來的邀請，將於 9 月 25-30 日訪問中國，談判並解決中日邦交正常化問題，以建立兩國之間的睦鄰友好關係。」

與此同時，內閣官房長官二階堂進發表了如下談話：「田中總理訪華最重要的目的是，通過同中華人民共和國政府首腦舉行會談，使長期以來處於不正常狀態的日中關係正常化。政府希望在日中之間建立起和平、友好的關係，成為好鄰居。為此，首先必須實現日中邦交正常化。

日中兩國對亞洲乃至世界的和平負有巨大責任。如果由中總理訪華和日中首腦會談的結果能在日中兩國間奠定建立睦鄰友好關係的基礎，將有助於緩和亞洲緊張局勢，有助於世界和平。

日中邦交正常化，是為了使我國同一衣帶水且歷史關係深遠的鄰邦中華人民共和國的關係，成為通常的國與國之間的正常關係，是理應採取的措施。

政府在實行日中邦交正常化時，將充分考慮我國同各友好國家的關係。

田中總理訪華時，大平外務大臣、二階堂內閣官房長官將陪同前往，另有 49 名隨行人員。

田中總理預定 9 月 25-29 日在北京逗留，29 日離北京去上海訪問，30 日離上海回國。」

9 月 22 日上午，田中比往常提前一小時召集內閣會議，決定訪華期間由三木武夫任代理首相，中曾根康弘任代理外相，本名武任代理內閣官房長官。之後，田中拜訪天皇，上奏訪華之事，還走訪前首相佐藤榮作、石橋湛山，召見前外相福田赳夫，要求他們對其訪華給予「理解與合作」。

　　同日，田中還通過日本廣播協會 (NHK) 電視台向全國再次表明了為實現日中邦交正常化而訪華的決心，他說「要以國民輿論為背景，通過日中首腦會談，打開恢復邦交的大門」；又說「如果中國方面在首腦會談中提出經濟合作的要求，就要響應」，表示日本「不打算做外國人過去稱呼的那種『經濟動物』，真正有助於整個中國的經濟合作，才是可取的」。他還表示信念，說：「我們全體亞洲人應當聚在一起，為了亞洲人而一起做出安排，一起加以貫徹執行，這樣一個時代正在到來。」

　　同日晚上，田中與日本經濟團體聯合會會長植村甲午郎、新日本製鐵公司董事長永野重雄、經濟同友會代表幹事木川田一隆、日本經營者聯盟代表理事櫻田武等財界「維新會」(支持田中的財界組織) 巨頭聚會。田中在會上說：「日中邦交正常化存在着台灣這個難題，可我不能不去努力解決它。我估計訪華歸國後會有一些人提出種種批評，不過，我已經做好了精神準備。」

　　據日本報紙後來報道，田中在下決心訪華時，曾對大平外相述懷道：「餵，大平君，我們搞這個問題，不知會怎樣。反正人是要死的，要死就一塊兒死吧，我是有這個準備的。」

　　關於田中訪華的心境，他的女兒田中真紀子證言道：「我爸爸曾對我說：『我要帶你到世界各地去看看，這是爸爸的夢！』我跟他去訪問過英國，在白金漢宮拜會過伊利沙伯女王，後來一有機會他就帶我出訪，可這次去中國他卻不帶我去了。爸爸對我說：『儘管歷史上我國從中國學到了好多東西。然而，我們日本卻給中國造成了極大的傷害。我這次是去曾被我們稱作中共的這樣一個幾乎不了解的鄰國，為的是進行戰後處理和建立新的日中關係。不知道會發生甚麼事。爸爸是賭上生命才決定去的，所以，這次不能帶你去了。你和媽媽就好好給我看家吧。』」

　　23 日，田中在東京一家飯店約見前首相岸信介，同他進行了半小時的談話。在此之前，田中拜謁了日本著名政治家松村謙三陵墓，向

這位生前力主恢復日中邦交，並為日中民間友好往來做出卓越貢獻的先輩的在天之靈報告他即將訪華的消息。

24 日，田中在踏上具有偉大歷史意義的旅途的前夕，為有意輕鬆一下，7 時才起床，比平常整整晚了兩個小時。他照例入浴後，簡單地用過早餐，信步走到門前，仰望着半陰半晴的天空，自言自語道：「颱風好像偏過去了。」顯出放心的樣子。他想到這些天為準備訪華的勞累，不禁脫口說道：「今天可要好好休息一下⋯⋯」

8 時許，他穿上運動服，輕裝走出家門，前往高爾夫球場。途中，他去另一位日中交流的先驅高碕達之助先生的陵墓獻了香。他佇立墓前，表情嚴肅地注視墓碑，想到恢復日中邦交的重大使命如今擔在自己肩上，心中湧起萬千感慨。

田中來到小金井郊區俱樂部時，等候着他的一群記者立即圍了上來。田中要求記者不要提起「中國」，說：「今天不要那麼吵鬧。」但是，在進午餐時，他自己卻憋不住提起話頭，說：「報紙上說我只吃日本飯，那是瞎說。我甚麼都吃。但要帶上梅乾。」於是，關於訪華的話題頓時熱烈起來。「熟悉的地方很多，還是離得很近啊！」「在上海和周恩來總理一起吃飯吧？」⋯⋯他指着滿是汗水的頭，告訴記者，這次訪華要帶一把扇子，說：「天氣雖然涼爽，但頭也許要冒汗的。」

傍晚，田中剛回到東京目白台的家，十來個選民代表就趕來壯行。田中咬緊嘴唇回答說：「一定努力。」

當天晚上，田中同夫人花子和女兒真紀子等全家人團聚，吃着肉捲和燉菜。田中讓他特別疼愛的小外孫雄一郎坐在自己身旁，用筷子夾菜餵他。看田中那副表情，他似乎忘了明天即將去幹一番大事業。

但他心裡到底還是裝着一樁大事，推了飯碗，就伏案讀書去了。田中出任首相後儘管十分繁忙，仍閱讀了韓素音著《2001 年的中國》、米谷健一郎編《周恩來談日本》、時事通訊社編《中國要覽》等十餘本書。據田中的秘書透露，一些日子以來，田中晚八時半就寢，凌晨至

兩點鐘就起床，趁着家人熟睡的時刻挑燈看書，一直讀到四五點鐘，完全跟考大學的學生一樣用功。他不僅設法了解中國情況，還了解毛主席、周總理和姬鵬飛外長的經歷，甚至對他們的生活習慣和舉止特徵也研究了一番。

田中出訪中國，也忙壞了他 62 歲的妻子花子。多少天來，花子一直默默地在為丈夫的出訪做準備。田中的行李中，從喝的水、吃的米，到爬長城穿的膠鞋，樣樣都有。這也難怪，據說田中在日本國內遊說競選時，常常帶上妻子做的飯團，而不吃當地的飯食。幾個星期之前，田中在夏威夷也碰到過吃飯問題。當時，他同尼克遜總統共進午餐，頗有氣概地把美國食品吞下肚子，然後，趕緊回到下榻的飯店，吃一頓日本飯。準備水，當然也自有原因，據田中的助手説，田中愛出汗，從早到晚，每隔 15 分鐘，就要喝上幾杯冰水。

第七節　啟程訪華

9 月 25 日，田中首相一行啟程訪華。

7 時 20 分，田中離開目白台私邸。7 時 45 分，他的座駕駛抵停着專機的羽田機場第 22 號停機坪。當田中首相走下車時，站在舷梯旁歡送的人群頓時爆發出歡呼聲。身穿深藍色西服的田中首相跟同行的大平外相、二階堂內閣官房長官寒暄了一番，隨後以他那種慣常的風度同站成一長串的大約 350 名朝野各黨國會議員握手或拍肩、揮手，笑眯眯地反覆致簡短的告別禮。

歡送的人群中，有代理首相三木武夫、自民黨「三巨頭」和各位政府閣僚，還有社會黨前委員長佐佐木更三、公明黨委員長竹入義勝、民社黨書記長佐佐木良作等各在野黨領導人，形成了超黨派歡送的場面。在野黨歡送首相訪問外國，是自 1956 年鳩山首相為日蘇建交談判

而去莫斯科訪問以來從未有過的場面。早日同中國實現邦交正常化是這些在野黨的共同政策主張,並為此做了大量促進工作。今天,他們看到田中首相終於踏上訪華的旅程,想到他們多年來為之奮鬥的目標就要實現,無不感到由衷的高興。

東京時間 8 時 10 分,田中首相、大平外相一行乘坐的日航專機,帶着日本人民恢復日中邦交的熱切願望起飛了。專機鑽出陰霾密佈的東京上空,向鹿兒島方向飛去。

田中此行除有 51 名成員外,還另有記者 80 人、電視技術人員 70 人、衛星地面站人員 24 人,這些記者和電視轉播人員大部分都已先期到達北京。

飛機騰空不久,田中與大平相對而坐用早餐。雖說田中不大吃西餐,離家前又吃過飯,但他今天的胃口卻特別好,塗滿黃油的麵包一下就吃了 4 片,航空小姐端上來的紅菜湯、煎肉餅、肉蛋捲、沙拉和果子凍、咖啡,很快都一掃而光。他邊吃邊說:「託昨天高爾夫球的福,渾身舒服極了!」

大平外相取笑說:「你可真能吃啊!」

田中辯解說:「因為喝了一些白蘭地,開了胃口,所以比平常吃的多。」

吃得飽睡得香。田中首相吃完飯,果然很快就進入了夢鄉。大平卻沉靜地憑窗端坐,若有所思。人稱「鈍牛」的大平,既有「一事既決,寧死不回」的勁頭,又是一位頭腦縝密、慮事周到的政務家,是他與田中共同做出了同中國復交的決斷,並為田中此行做了具體周密的安排。為了實現這一宏偉的目標,大平在上飛機之前,寫下一份遺囑:「如果完不成實現日中邦交正常化的任務,誓不還家……」

據大平的秘書、女婿森田一後來回憶說,大平寫完這份遺囑後,便把它放進書房裡的保險櫃,沒有對任何人講。當他從北京歸來,才向志華子夫人談起遺囑事,並當場打開保險櫃,取出遺囑毀掉了。

在飛機上，大平想起自己的誓言，想到即將舉行的歷史性談判，猶如千斤重擔在肩。他心潮起伏，思緒萬千，心房不禁怦怦地跳。此時此刻，他心頭上凝聚着一種隱憂：萬一北京談判出現枝節怎麼辦？滿腔心思驅走了大平的倦意，更收起了遐遊萬里高空的閒情，抓緊分秒運籌起來。

專機越過波光粼粼的東海，飄蕩的彩雲向後退去。當飛越上海上空時，田中醒來了。

「啊，大陸真大呀！」首相看着大平和二階堂的臉，興奮地說：「終於來到了！」

然後，他拿出秘書官給他準備的一厚疊資料，悠然地說：「不是事到如今才當學生，也不是臨陣磨槍啊。」然而，還是潛心翻閱了近一小時的資料。

當專機就要抵達北京時，田中來到記者座位前面，說：「當我見到周恩來總理的時候，只要說『我是田中角榮』，他就會明白的。因為同是東洋人嘛！」披露了他急於見到周總理的心情。

25 日清晨，迎接客人的北京，秋高氣爽，氣溫是 18 攝氏度，氣象台報告全天「晴」，那女廣播員悅耳的聲音也像在祝福同日本恢復邦交似的，掀動着北京市民的心。「田中首相今日來訪」成了人們的話題，大家都在等待着東鄰使者的到來。

上午 11 時 30 分，田中首相、大平外相一行乘坐的道格拉斯 DC-8-55 型日航專機在北京機場着陸。飛機滑行時，一面中國國旗和一面日本國旗在駕駛艙外迎風飄動。

機場上沒有群眾歡迎場面。在飛機旁迎接的是周總理，軍委副主席、國防委員會副主席葉劍英，全國人大常委會副委員長、中日友協名譽會長郭沫若，外交部部長姬鵬飛，外交部顧問、中日友協會長廖承志等 50 多人。日中備忘錄貿易辦事處駐北京聯絡處的 11 名成員和他們的夫人也在場。

田中首相快步走下飛機的舷梯。歡迎他的周恩來總理同他使勁地握手。中日兩國領導人在 20 世紀 70 年代第三個秋天握手，這是多麼有意義的歷史瞬間啊！

五星紅旗和旭日旗在機場上空飄揚。中國人民解放軍軍樂隊高奏兩國國歌。日本國歌《君之代》在三、四十年代，對億萬中國大民來説，是壓迫的象徵，而《義勇軍進行曲》是抗日戰歌。在 20 世紀 70 年代的今天，兩曲並奏，不禁令人感慨萬端，深深感到時代的巨大變遷！

周總理陪同田中首相檢閱由陸、海、空三軍組成的儀仗隊。

歡迎儀式完畢後，周總理陪貴賓乘車前往釣魚台國賓館。當汽車開進國賓館寬敞的院子，駛過紅葉掩映的林蔭和白菊盛開的花壇，停在 18 號樓門前時，穿着雪白上衣的服務員、廚師們站在門口右側歡迎來自遠方的客人。進門時，細心的大平外相看到周總理同服務員、廚師一一握手，不禁發出讚歎：「這就是周恩來！」

在會客廳，周總理和田中首相邊飲茶邊漫談。

在十分融洽的氣氛中，田中首相開口問道：「這座房子大概造了 10 年左右吧？」

周總理立即笑着答道：「1959 年建的，10 年多了。」

田中首相又説：「日本也正在第一次造迎賓館。」

周總理問：「以前沒有嗎？」

對此，田中首相做了説明：「以前是用朝香宮殿下放東西的地方迎接客人。現在是把赤坂離宮的舊建築物來一番大的改造，作迎賓館用。」並熱情地邀請周總理説：「迎賓館造好後，請您做第一位客人。」

周總理聽懂了，不等譯員譯完就發出了爽朗的笑聲，説：「我感到很榮幸。」

田中首相補充説：「規模雖小，卻是模仿凡爾賽宮造的。」

雙方帶着十分坦率的感情你問我答，第一次會面就這樣順利地開了頭。

交談中，周總理滿面笑容，從容不迫，而田中首相講話則正如日本人形容的，像連珠炮似的，確實很快。兩者形成了鮮明的對照。因此，彼此也都留下了深刻的印象。

第八節 首次首腦會談

田中首相訪華期間，同周總理共舉行了四次正式會談。

第一次會談於 25 日下午 3 時至 4 時 45 分在人民大會堂安徽廳舉行。

下午 1 時 50 分至 2 時 40 分，主賓先進行正式會談前的會見。當田中首相、大平外相等來到人民大會堂時，在門口迎候的有周總理、姬外長和外交部顧問廖承志等。合影留念後，他們一起走進安徽廳隔壁的會見廳，以周總理和田中首相為中心，雙方代表團在圍成馬蹄形的梳化上就座，而沒有面對面就座，這是周總理的精心安排。周總理說：「這樣坐有家庭式氣氛。」

周總理首先向田中首相表示慰問，說：「尼克遜訪華時第一次也是在這裡會見的。你也沒得休息一下就來這裡，辛苦了。」

首相答道：「在賓館飲了美酒，略有醉意。」

周總理和在座的人都笑了。

接着，周總理說：「茅台酒比伏特加好喝，喉嚨不痛，也不上火，能消除疲勞，安定精神。」

田中說：「茅台酒雖然好喝，但度數太高，連續乾杯受不了。所以，我想還是會談完了以後再喝為好。這個酒的味道的確很好。伏特加也是好酒，但茅台比伏特加更好。」

周總理說：「茅台比伏特加柔和，你喝這酒沒有問題。茅台酒是韓念龍（外交部）副部長家鄉貴州省的名產，我們長征時發現的。」

首相暗示説:「這是好酒,每天喝一點倒不錯。」

總理馬上接過話茬,説道:「你覺得好喝,我們送一點給你,把你的威士忌改成茅台。」這句話又引起一陣笑聲。

接着,周總理引用了田中就任首相以後就中日邦交正常化問題發表的歷次講話,高度評價了田中首相的態度。

田中首相對日中兩國過去有一段「不幸時期」表示遺憾,並表示決心説:「今後,日中兩國要永遠和平相處,不能重演過去的歷史。」

田中首相以日本人民的名義,把 1,000 株大山櫻和 1,000 株日本唐松樹苗的禮單贈送給中國人民,並向毛澤東主席贈送了日本著名畫家東山魁夷的畫《春曉》,向周總理贈送了杉山寧的畫《韻》。大平外相贈給周總理的是鴛鴦掛毯,贈給姬鵬飛外長和廖承志顧問的是工藝品陶壺,贈給人大常委會副委員長兼中日友協名譽會長郭沫若的是圖書《秘寶》。二階堂內閣官房長官贈給郭沫若一個工藝品花瓶《花紋》,贈給廖承志的是景泰藍花瓶《黃玉菊花紋》,贈給韓念龍副外長的是景泰藍花瓶《四君子》。

會見之後,兩位首腦稍事休息。2 時 55 分,雙方進入安徽廳開始第一次正式會談。周總理首先代表中國政府和中國人民歡迎田中首相和其他日本朋友訪華。

周總理説:「田中首相 7 月 7 日組閣,表示要加緊實現同中華人民共和國邦交正常化,只有兩個多月,你們便來到北京。這種外交上的高速度在日本歷史上是少有的。我們很欣賞首相閣下在 9 月 21 日對記者講的,中日邦交正常化一定會成功。我們以同樣的心情歡迎閣下。」

田中首相對能應邀如此快地訪華感到喜出望外。他感到這次到中國訪問,同過去到美國和其他歐洲國家訪問不同,就像在自己家裡一樣。

他説:「日中兩國的來往有兩千年的歷史,是一衣帶水的鄰國,有不可分割的關係。第二次世界大戰中,日本給中國增加了不少麻煩,

戰後兩國交往中斷了一個時期，這是很不幸的。自簽訂《舊金山和約》以來，我在任自民黨幹事長和內閣大臣期間，一直向廣大日本國民呼籲實現日中邦交正常化。在這次總裁選舉和組閣以後，也表示了這一願望。但如果沒有中國方面的配合，不是周總理抓住這一時機，也不容易實現。雖然日中兩國各自都有種種困難，但沒有比實現邦交正常化更重要的了。」

田中表示，希望通過這次訪華實現這一偉大事業，使日中兩國今後永遠友好下去。他說：「這是我今天內心的感受。」

周總理說：「我有同感，從世界潮流來看，中日兩國人民應該世世代代友好下去。剛才首相說來到北京，感到就像在自己家裡一樣，這很好，更便於我們親切地會談和直率地交換意見。是啊，正如首相閣下所說，中日兩國人民有兩千年來往的歷史，值得我們珍視。這就是說，歷史培養了人民友好的基礎。當然，剛才首相閣下說了，很不幸，從 1894 年到第二次世界大戰結束的半個世紀，日本軍國主義侵略中國，給中國人民帶來巨大災難，同樣給日本人民帶來巨大災難，但毛主席歷來把一小撮軍國主義者和廣大日本人民加以區別。所以中國解放以來 23 年，雖然兩國戰爭狀態沒有結束，但兩國人民友好來往不斷，兩國貿易也一直在發展。特別是最近十幾年，日本人民訪華的比其他國家人民訪華的都多。近幾年我國對日貿易在我國對外貿易中佔第一位，雖然數量不大。這說明我們兩國歷史關係之深和我們兩國人民友誼之深。田中首相就任後抓住了主要問題，即兩國人民長期以來要求恢復中日邦交的願望，我就沒有理由不響應你這個號召，我這個響應有着兩國人民長期友好的基礎。」

周總理表示：「希望田中首相直截了當地談談，日方認為哪些問題比較困難，需要通過會談協商解決的？」

於是，田中首相談了台灣問題。他說：「現在日本國會裡阻撓日中邦交正常化的是台灣問題。有人說，日本和中國國民黨政府締結了和

平條約，現在還要繼續和台灣的外交關係。這種說法和我們要實現日中邦交正常化是矛盾的。自民黨的決議也說，田中應該訪華，應該實現日中邦交正常化，可是一定要和台灣的關係繼續下去。我認為，他們的意思是希望避免混亂。」

田中還說，關於日中邦交正常化的問題，希望中方同意採用聯合聲明的形式，這樣可以不需要日本國會通過，希望中方理解日本政府的立場。

接着，大平外相在田中的授意下就台灣問題發言。他說：「貴國認為《日華和約》是非法的、無效的，應予廢除。我們十分理解貴國的這一見解，沒有理由要求貴國改變這一見解。但是，從日本的立場來說，這個條約已經經過國會批准，所以日本作為當事國，是負有責任的。如果日本完全同意貴國的見解，就等於日本政府在過去 20 多年中欺騙了國會和國民。但是，由於歷史潮流的變化，以《日華和約》為中心的『日華關係』不能再繼續下去了，而實現日中邦交正常化的條件正在成熟。所以，我認為通過這次會談，假如能實現日中邦交正常化，那麼《日華和約》就將終了。希望中方理解我們的這一立場，並把貴我雙方在這個問題上的不同意見作為『小異』處理。」

其後，大平談及「第三國」問題。他說：「日本和美國在政治上、經濟上有着緊密的關係，這對日本的存立意義重大。日本政府必須注意不要從日本方面損害與美國的關係。我們對美中和解是歡迎的。我們不認為日本和美國之間的關係是絕對不可以改變的。為了緩和亞洲的局勢，我們認為今後不應太麻煩美國的幫助。但如要等到解決了這個問題以後再開始實現日中邦交正常化，也許就太晚了。所以，既然決定要實現日中邦交正常化，那麼我們的立場就是，在維持我們和美國的現有關係的情況下，謀求日中邦交正常化。希望在聯合聲明中反映出這個問題。」

周總理對田中和大平的坦率發言表示感謝後，說：「從田中首相上

任以來的發言可以看出，田中內閣是準備用快刀斬亂麻的辦法解決中日邦交正常化問題的。」周總理指出，中日關係的不正常、不自然的狀態不應該再繼續下去了，中日邦交必須恢復。這不僅對我們兩國人民有利，而且有助於緩和亞洲緊張局勢和維護世界和平。中日友好不是排他的。這就是求大同。把兩國邦交恢復起來，這是第一位的原則問題。

周總理說：「田中首相、大平外相都提到充分理解中國方面關於恢復邦交三原則的立場，都談到日本國和中華人民共和國一旦恢復外交關係，日本和台灣的條約就自然失效，日本和台灣的外交關係就自然要斷，這是對我們的友好態度，我們欽佩你們的果斷。在這個基礎上，我們照顧日本政府面臨的局部困難，這是我們對你們友好態度的回答。」

接着，周總理又說：「不拘泥於法律條文，而是從政治入手解決一些歷史問題，這是個好辦法，這對我們來說是容易的。所以會談後發表文件，我們同意用聲明的形式，而不用條約的形式。」

講到這裡，周總理一併提出締約的必要性、締約和復交的順序、條約的名稱、應包括的主要內容，並指出履約守信的重要性。他說：「至於條約，將來是需要的，那是建交以後的事，而且我們締結的條約是和平友好條約，包含互不侵犯。當然我們要講信用。」

關於結束戰爭狀態問題，周總理說：「這對你們是一個難題。」他表示不能同意「確認戰爭狀態已經結束」的說法。他說，那樣寫就變成從舊中國到現在這一段，戰爭狀態已經結束。

周總理還強調，關於「復交三原則」及其各項內容也要在聯合聲明中表現出來。

鑒於上述，周總理提議通過外長會談，找出雙方都能接受的表達方式。田中首相表示同意。

針對大平外相提到的「第三國」問題，周總理答覆說：「要接觸這

個問題，我們尊重你們和美國的關係。中日恢復邦交不會使美國為難。比如《日美安保條約》，我們有意見，但是在聯合聲明中我們可不提，這是你們的事情。」

就這樣，雙方在第一次首腦會談中，闡述了各自的基本立場和想法，一致表示，要通過談判，一氣呵成，一舉恢復邦交。

會談結束後，日方發言人二階堂進向記者發表談話稱：「這是一次歷史性會談。為實現日中邦交正常化，雙方以驚人的坦率態度，就各自的立場和想法交換了意見。這次會談非常有意義。通過這次會談，我得到的印象是，田中首相這次訪華一定會取得成功。」

會談給田中首相也留下了極為深刻的印象。就在會談之後，他就接觸周總理的感受，在一枚四方形厚紙箋上寫下一句話：

軀如楊柳搖微風　心似巨岩碎大濤

第九節　周總理舉行歡迎宴會

9 月 25 日晚，周總理在大民大會堂舉行盛宴歡迎田中首相和大平外相一行。

首相訪華期間，北京和東京之間設立了 8 條報社的專用電話線，還在北京建立了電視轉播地面站，在新聞記者下榻的民族飯店隔壁的民族文化宮建立了新聞中心。田中首相的活動，通過電視和記者的筆，及時地傳到了日本。

6 時 30 分，田中首相一行到達。周總理等同客人們一一親切地握手，合影留念，然後在樂曲聲和閃光燈的亮光中並肩步入宴會廳。

主桌上，主人周總理的右邊坐着田中首相，左邊坐着大平外相，對面坐着二階堂內閣官房長官。日本客人都穿雙排扣西服，氣氛莊重。

宴會廳長 100 米，寬 70 米，高 15 米，600 人歡聚一堂。

客人一入席，周總理就勸田中首相喝「茅台」，説：「這酒喝多少杯也不會上臉。」接着，親自夾菜到田中前面的碟子裡。田中回答説：「我喝兩杯就醉了。」歡迎宴會就在這樣輕鬆的氣氛中開始了。桌上的菜單是：冷盤，莼菜湯，紅燒魚翅，兩吃大蝦，川冬菜豆腐腦，醬爆烤鴨片，八寶飯，點心，水果。

酒宴方酣，愛出汗的田中首相額頭已經掛上汗珠。他一會兒用毛巾擦汗，一會兒啪嗒啪嗒地搖扇子，又一次顯出「庶民宰相」的風度。而大平外相則眯縫着眼睛微笑着坐在那裡，一動不動，也又一次顯露了他的「鈍牛」性格。

周總理致歡迎詞，他指出，田中首相來訪，揭開了中日關係史上新的一頁。周總理説，在中日兩國的歷史上，有着兩千年的友好來往和文化交流，兩國人民結成了深厚友誼。他強調應該牢記日本軍國主義侵略中國的教訓，前事不忘，後事之師。

兩國所有出席宴會的人正襟危坐，全神貫注地傾聽。

周總理指出：「世界形勢正在發生巨大變化，實現兩國邦交正常化已經有了良好的基礎。」他表示：「深信經過我們雙方的努力，充分協商，求大同，存小異，中日邦交正常化一定能夠實現。」周總理鏗鏘有力的聲音震撼了整個大廳，他的話贏得了熱烈的掌聲。

講話完畢，奏起了《君之代》，接着賓主乾杯。周總理走向日方代表團成員坐的四張桌子，同每一個人都碰了杯。

一回到座席，田中首相就讚佩地説：「周總理真是海量啊！」周總理聽後笑着回答説：「年輕時乾杯乾得更多。」

席間，軍樂隊輪流演奏了日本和中國歌曲。日本歌曲，首先奏的是《櫻花，櫻花》，還演奏了田中首相家鄉新潟縣的《佐渡小調》《越後獅子》和大平外相的家鄉香川縣的歌曲《金毗羅船》，使客人感到十分親切。

這裡還有一段小插曲:《佐渡小調》剛開始演奏,周總理就問身邊的田中首相:「是你家鄉的民謠吧?」可是,田中首相卻沒聽出來,等主旋律演奏出來之後,才說:「啊,是的。」第二天上午,田中首相同記者閒聊時,主動談到此節,逗得大家笑了一場。

田中首相致答詞。他的話開始不久,就說:「過去幾十年之間,日中關係經歷了不幸的過程。其間,我國給中國國民添了很大的麻煩,我對此再次表示深切的反省之意。」他承認,日中關係仍繼續處於不正常、不自然的狀態。他表示,他來北京是為了實現日中邦交正常化,「在悠久的日中友好的道路上邁出新的一步」。

他充滿信心地說:「我相信,哪怕雙方的立場和意見存在着一些小異,日中雙方根據求大同和互諒互讓的精神,克服意見分歧,達成協議是可能的。」田中首相這句話,博得了全場熱烈的掌聲。

第十節　田中角榮賦詩述懷

田中首相度過了在北京的第一個夜晚。次日,田中向身邊的人透露其暢快的心情說:「昨晚睡得很舒服,我是個在甚麼地方都能睡得香的人。」

田中首相與大平外相、二階堂內閣官房長官共進早餐。他把帶來的紫菜、鹹梅和醬湯粉等日本食品配以中國早點一起享用,興致很高,嘴裡說着「好吃,好吃」,突然湧出了一首漢詩:

> 國交途絕幾星霜,
> 修交再開秋將到,
> 鄰人眼溫吾人迎,
> 北京空晴秋氣深。

田中興高采烈地自誇説：「本人這首詩是做得挺高明的喲。」當天上午，二階堂內閣官房長官向日本記者發表了這首詩，介紹説：這首詩淋漓盡致地表達了首相在邦交正常化即將實現之前的心境，反映了中國方面款待之好和田中首相感動之深。

早餐之後，田中首相跟日本記者一同在庭院裡散步。他看到一片片修剪得很整齊的海棠、白楊、洋槐和高聳的虎皮松，欽佩之至，立時把話題轉到北京市的道路建設上去，滔滔不絕地説：「北京街道兩旁茂密的樹木很美。給我的感覺是大家都在用心培育樹木，還想了辦法，一下雨，讓水存在根部。這真是一座綠色的城市。」「北京市的路燈，一邊關掉，一邊開着，這很節約，也很合理。」

當田中首相與記者應酬的時候，兩國外長正在進行第一輪會談。姬外長和大平外相就各種具體問題特別是結束戰爭狀態的提法和台灣問題坦率地交換了意見。可能正是因為大平外相在同中國方面談，田中首相的表情非常悠然自在。首相深知外相的為人，對大平外相解決日中關係的決心也是十分了解的。據日本人士説，起用大平為外相，主要是為了順利打開日中關係。田中內閣成立後，日本曾有一種説法：「內政田中，外交大平」，認為是「兩駕馬車」。

事實上，大平在田中內閣成立之前，就通過同中國早有來往的古井喜實議員與中國駐東京的人員進行了接觸。田中首相執政之初，對日中邦交正常化問題的步驟尚無定見時，大平外相出過許多主意，後來大量的準備工作，也主要是大平外相做的。據大平外相的女婿、秘書森田一説，大平外相在擔任池田內閣的外相時，對日中邦交正常化問題已寄予很大關心。但他曾説過，實現邦交正常化應是中國恢復了在聯合國的合法席位後考慮的問題。田中內閣成立時，他認為這個條件已經具備，實現邦交正常化的時機到來了。他是帶着一種強烈的使命感來中國的。來到中國以後，他也對下面的人説過，談不出個圓滿結果，寧肯延長停留時間，不達成協議不回國。田中首相有這麼一位

外相，當然既放心又感到輕鬆。

在恬靜的國賓館庭園裡，當記者問到對周總理的印象時，田中首相說：「我通過書籍和報刊，多次見過周總理的面孔，所以，並不覺得是初次見面。」想到周總理在第一次會談的氣勢，他接着說：「他是在革命的烈火中鍛煉出來的，是一位了不起的偉人。」他還披露道：「周總理在昨晚的宴會上對我說，他在 19 歲時去過日本，在日本待過兩年。我是 1918 年出生的，總理正好比我大 20 歲。但周總理顯得年輕，他的聲音鏗鏘有力，精力充沛，給我留下了深刻的印象。」

第十一節　第二次首腦會談

9 月 26 日下午 2 時半到 4 時半，第二次首腦會談在田中首相下榻的釣魚台國賓館 18 號樓廳舉行。中方周恩來總理偕姬鵬飛、韓念龍、廖承志出席。日方田中角榮首相偕大平正芳、二階堂進、橋本恕出席。

周總理笑容滿面地開口問道：「晚上睡好了嗎？」

田中首相笑着答道：「睡得很好，因為環境非常之好。」

「晚上冷嗎？」周總理接着問。

「不冷。昨天有點熱，我是開了冷氣睡的。」怕熱的田中首相回答說。

周總理聽後，說：「外邊還是冷的喲。」

田中首相聽了點點頭。

「二階堂先生怎麼樣？」周總理又問坐在田中首相左側第二個位子上的二階堂內閣官房長官。

二階堂答道：「晚上睡着了，所以甚麼也不知道。」

接着，田中首相帶有解釋意味地說：「昨晚在人大會堂的宴會上，我一搖扇子馬上映入電視，日方有人提醒我了呀。」

周總理安慰説：「不必介意，我也經常用扇子。」並讓人取來一把杭州產的漂亮扇子贈給他。

周總理的細心、周到，使田中首相為之感動。田中首相拿着這把畫有梅花的扇子，一會兒插進衣兜裡，一會兒又拿出來。翌日的日本報紙一齊報道了此事，讚揚説：「周總理真不愧是一位大政治家。」

這次會談是昨天第一次會談的繼續。雙方同意恢復中日邦交，應從政治上解決，而不要從法律條文上去解決；認為如果拘泥於法律條文，雙方就很難達成協議。

會談中，針對田中首相昨晚在周總理歡迎宴會上的講話中關於軍國主義給中國人民「添了麻煩」的提法，周總理鄭重地説：「日本軍國主義的侵略戰爭給中國人民帶來了沉重的災難，日本人民也深受其害，田中首相提到這是『不幸的』，『令人遺憾的』，應該『反省』，我們可以接受，但用『添麻煩』來表述，中國人民是通不過的，這句話引起了中國人民強烈的反感，因為普通的事情也可以説是『添麻煩』，『麻煩』在漢語裡意思很輕。」

田中解釋説，從日文的含義來説，「添麻煩」是誠心誠意地表示謝罪之意，而且包含着以後不重犯、請求原諒的意思，分量很重，而不是很輕。中國方面所以感到分量輕，可能是「添麻煩」一詞日中雙方的含義有所不同。文字起源於中國，因此，中方如有更好的提法，望能提出來，以便由雙方商定能夠為兩國人民所接受的表達方法。

會談中，周總理還就中國放棄要求戰爭賠償問題闡明了原則立場，批駁了兩國外長會談中日本外務省條約局長的謬論。周總理指出：「你們條約局長説蔣介石已在日台條約中宣佈放棄要求賠償的權利，所以主張在這次聯合聲明中就不必再提賠償問題了，這個説法使我們感到詫異。當時，蔣介石已逃到台灣，他已不能代表全中國，是慷他人之慨，遭受戰爭損失的主要在大陸。我們放棄賠償要求，是從兩國人民的友好關係出發，不想使日本人民因賠償負擔而受苦。你們條約局

長對我們不領情，反說蔣介石已說過不要賠償，這個話是對我們的侮辱，我們絕對不能接受。」

關於中國放棄要求戰爭賠償問題，周總理在中日邦交正常化後，還向日本朋友這樣說過：戰爭賠償最終是要人民來負擔。中國人民飽嘗過戰爭賠償的苦頭，庚子賠款直到中國解放也沒有完全付清。中日建交了，既然兩國要真正友好，我們就不能讓日本人民反而增加經濟負擔，遭受中國人民曾長期吃過的苦頭。中國人民、日本人民都是侵略戰爭的受害者，要吸取歷史教訓，在新的基礎上發展中日兩國人民的友好。

會談中，田中首相在周總理就賠償問題發言後表示，中國把恩怨置之度外，從大處着眼，本着互讓的精神處理問題，日本應坦率地評價中國的立場，並再次表示深切的謝意。

會談結束後，田中首相把外務省官員召到自己的房間，嚴肅地對他們說：「你們各位受過高等教育，是很有學問的。不要鑽牛犄角尖，請你們提出一些能解決問題的見解來，責任由我負。」就這樣，他把下級教訓了一頓。

第二次首腦會談結束不久，接着於 5 時在國賓館舉行了原定日程中未安排的第二次外長會談，旨在根據剛剛結束的首腦會談的精神，就聯合聲明前言的條文進行磋商。這兩場會談結束後，日本記者根據二階堂內閣官房長官發佈的消息，紛紛發回報道，稱北京談判正快速進展，進入了具體商定聯合聲明條文的階段。

是日晚，日本各大通訊社爭相報道說，經過兩次首腦會談和外長會談，雙方已就聯合聲明的下述 7 點內容達成協議：

(1) 建立外交關係；

(2) 邦交正常化的意義；

(3) 根據和平共處五項原則處理中日關係；

(4) 不在亞洲、太平洋地區謀求霸權；

(5) 中國方面放棄對日本國的戰爭賠償要求；

(6) 通過談判締結和平友好條約；

(7) 通過談判簽訂貿易、航海、航空、漁業等協定。

報道稱，通過雙方迄今的會談，已基本達成了邦交正常化的協議。

第十二節　田中角榮暢遊萬里長城

27 日上午，田中首相一行趁會談的間隙，驅車前往北京西北約 64 公里處的八達嶺，遊覽了長城、定陵。對田中首相來說，萬里長城和金字塔一樣，「都是進小學後最先學到的外國事物」。所以，從某種意義上說，此行實現了他幼年時代的夢想。

9 點 20 分，車隊抵達長城腳下。人說「不到長城非好漢」，對田中首相來說，不登上頂端不算好漢。他以矯健的步伐，沿着將近三十度的陡坡，使勁地往上登攀。姬外長不時地勸他「慢點，慢點」，但過不一會兒，他又恢復了原來的速度。大平外相和二階堂內閣官房長官氣喘吁吁，落後了一大截。田中首相走過一個個相隔幾十米遠的烽火台，打破了只登到第三個烽火台的計劃，一直登上了第四個烽火台。所以，日本和外國記者報道說：「田中遠遠超過了尼克遜。」因為尼克遜總統同年 2 月遊覽長城時只走到第三個台。有的說，這象徵性地暗示了田中發展日中關係的決心。

站在長城上的田中首相，環視着連綿起伏的山峰，縱情抒發感想：「雄偉啊，實在是雄偉！因為它有 6,000 公里，而且是全憑人力。為建設它，多少人流了汗！現在看到了，感到了人類的偉大，有了切身體會。真是百聞不如一見啊！」這位建築師出身的首相還說：「他們為後代人發展了高度的幾何學，為人類做出了貢獻。」

遊長城時，田中只穿着西裝，大平外相卻套上了風衣。對大平外

相來說，今日長城之遊雖說也是平生之夢，但他只登上第一烽火台就停下腳步。此時此刻，他的腦海裡幾乎全被「談判」二字佔據了。雖說雙方已談定實現邦交正常化，但聯合聲明尚未定稿，恢復邦交的大任有待完成。大平站在長城上，心緒紛繁。為寄託恢復邦交的一腔熱情，他賦詩一首：

　　　　長城蜿蜒六千里，汲盡蒼生苦汗泉，
　　　　始皇堅信城內泰，不知抵抗在民心。
　　　　山容城壁默不語，榮枯盛衰幾如夢。

提及詩，還有一段趣話：遊覽長城之前，田中同大平約定賽賦漢詩。

吃早餐時，田中首相問：「作出來了嗎？」對大平發起了先發制人的進攻。

對此，大平外相回敬說：「還沒參觀，怎能作？」又挖苦地說：「首相腦子裡已經想好了。」

田中首相不示弱地反擊說：「大平先生早在從羽田機場起飛的飛機上就作出來啦。」

平時就以能吃自詡的大平外相，到了金風送爽的北京，食慾更大，看上去臉也稍稍胖了，紅光滿面。來長城之前的早餐，大平外相照樣吃了很多。

田中首相見了說：「真能吃啊！我無論如何也吃不了那麼多啊。」

大平外相回答說：「沒辦法，太好吃了，不能不吃。」

田中首相說：「啊，真是來者不拒啊！」

在來北京的飛機上，大平外相曾說過：「要是吃胖了回去，夫人就會生氣。所以，我要儘量注意。」可是，來北京這幾天來，他似乎把這些話忘到腦後了。他吃得多，固然是因為中餐可口，也還因為每天絞

盡腦汁，消耗很大。

他的秘書森田一後來回憶說，在北京，說是首腦會談，實際上主要是在周和大平之間舉行的。具體問題，則是通過姬與大平會談解決的。如參觀長城那天，姬外長與大平外相往返時同坐一輛車，不少時間都被用作車中會談了。

第十三節　第三次首腦會談

27 日即田中遊覽長城那天下午 4 時 15 分至 6 時 45 分，周總理與田中首相舉行第三次首腦會談。中方參加會談的有姬鵬飛外長、韓念龍副外長和外交部顧問廖承志。日方是大平外相、二階堂內閣官房長官。

田中首相比預定時間稍遲了些，4 時 20 分才到。田中興致勃勃，說：「今天讓我們看了萬里長城等許多美好的地方。」周總理答：「中國有一句老話，『不到長城非好漢』嘛！」全場人都笑了。

會談前，周總理談起了田中首相的得意之作《日本列島改造論》，很熟悉地說：「萬里長城有 6,000 公里長，而《改造論》計劃修 6,000 公里長的高速公路。」

田中首相聽後，十分高興，立即說道：「計劃到 1985 年修建 9,000 公里。日本人中有一種意見，認為改造日本列島有困難。今天，我看到了萬里長城，更有信心，我想，改造是可能的。」

周總理邊聽邊點頭，並談起了有關長城的歷史：「開始，長城是一段一段地零散修的。在秦始皇時代連成整體，以後又進行了加工和修建。如果在現代修，那會修得更快。」

田中首相充滿信心地說：「長城的歷史表明，甚麼事只要人類想幹，就能實現。我相信，現代中國還會創造出許多宏偉的工程，在技

術上取得巨大的進展。」

正式會談主要談了彼此關心的問題和國際問題，雙方互相介紹了各自的對外關係和對外政策，並闡述了對一些涉及雙邊關係問題的立場。

針對田中首相的擔心，周總理強調中國不會干涉日本內政。周總理指出，不同社會制度的國家可以和平共處，各國人民有權按照自己的意願選擇社會制度，不受外力的干涉。

針對田中對中蘇同盟條約的擔心，周總理在回顧了該條約的由來和中蘇間原則分歧的詳細經過後指出，中蘇同盟條約有效期 30 年，現在已經有 22 年，實際有效期最多只有 6 年。1956 年赫魯曉夫上台即不把這個條約放在眼裡，現在等於不存在，早就不起作用了，但蘇又不敢宣佈取消。蘇聯在我國邊境派駐百萬重兵，還有甚麼同盟國可言？這是敵視！我們的辦法是不向它挑釁，它打進來就出不去，我們將抵抗到底。

田中談及日本軍國主義復活問題。他説：「日本過去侵略過其他國家，日本國民蒙受了很大損失。日本今後不會有擴張領土的野心，不會出現軍國主義復活的情況，請你們信賴這一點。日本決心實現日本列島改造論，僅建 9,000 公里高速公路幹線就得花 500 多億美元，日本沒有錢再去擴張軍備。」

周總理聽後指出：「是否復活軍國主義，這跟當政者的思想和政策很有關係。日本少數人有這個思想，這是事實。當然，我並不反對日本（作為主權國家）擁有必要的自衛武裝。」

在這次會談中，田中提出釣魚島等島嶼問題，被周恩來當即擋住。周説：「我這次不想談這個問題，現在談沒有好處。我們要把能解決的大問題即兩國關係正常化問題先解決。不是別的問題不大，但目前最緊迫的是兩國關係正常化問題。有些問題要隨着時間的推移才好去談。」

　　田中被周恩來這麼一說，便表示同意把這個問題留待以後再談。他説，這次來訪問是個機會，不問一下，回去不好向國民交代。

　　會談結束後，日方發言人二階堂向記者發表談話。他説：首腦會談在和睦的氣氛中，就整個國際形勢進行了交談；關於兩國間的問題，未必能説通過首腦會談都達成了協議，但是，雙方在信任的基礎上進行着會談，正在接近一致。

第十四節　毛澤東主席會見田中首相

　　9 月 27 日晚，毛主席在中南海會見了田中首相、大平外相和二階堂內閣官房長官。雙方從 8 時半開始，進行了一小時認真、友好的談話。

　　這次會見的時間，對日方來説是一項臨時安排。會見前半小時，周總理來到國賓館拜訪田中首相，請他們去見毛主席。

　　會見在毛主席住處一間四周擺滿了書籍的會客室裡進行。客人到來時，毛主席走到門口迎接，同客人一一握手。田中、大平、二階堂先後表示能見到毛主席，感到很榮幸。毛主席用日語説謝謝，並開玩笑説：「我是個大官僚主義者，見你們都得見得晚了。」毛主席還稱讚大平的名字好，是「天下太平」。寒暄中，毛主席時而用英語，時而用日語，氣氛活躍。

　　話題從中日兩國的交往史，談到兩國政府間打交道解決兩國關係，從國際形勢談到中、美、蘇、日關係，從中國史談到日本的政治制度和選舉，從日本天皇談到中國唯一的天皇 —— 唐朝第三代皇帝、武則天的丈夫高宗，從馬克思主義談到佛教和思想文化的傳播，從四書五經談到家庭，從北京風味菜、龍井茶談到茅台酒，從讀書談到毛主席的幼年時代。

會見伊始，毛主席就風趣地說：「你們吵架吵完了嗎？」

「不，不，談得很融洽。」田中答道。

毛主席微笑了一下，說：「不打不相識啊，總要吵一些，天下沒有不吵的，吵出結果就不吵了嘛！」

之後，毛主席又問田中：「你們那個『添了麻煩』的問題怎麼解決了？」

田中答道：「我們準備按中國的習慣來改。」

毛主席說：「只說句『添了麻煩』，年輕人不滿意。在中國，這是把水濺到女孩子裙子上時說的話。」

在這次談話中，毛澤東主席對田中角榮首相和在座的客人說：「你們到北京這麼一來，全世界都戰戰兢兢。主要是一個蘇聯，一個美國，這兩個大國。它們不大放心了，哪曉得你們在那裡搞甚麼鬼啊。美國好一點，但也有一點不那麼舒服，說是他們今年2月來了沒建交，你們跑到他們前頭去了，心裡總有點不那麼舒服就是了。」

毛主席接着指出，中日復交雙方都有需要，說：「可以幾十年、百把年達不成協議，也可以在幾天之內解決問題。現在彼此都有這個需要，這也是尼克遜總統跟我講的。他問是否彼此都有需要，我說是的。我說，我這個人現在勾結右派，名譽不好。你們國家有兩個黨，據說民主黨比較開明，共和黨比較右。我說民主黨不怎麼樣，我不賞識，不感興趣。我對尼克遜說，你競選的時候，我投了你一票，你還不知道啊。」

說到此，毛主席兩眼注視着田中角榮首相，幽默地說：「這回我們也投了你的票啊。」

毛主席加重語氣強調說：「正如你講的，你這個自民黨主力不來，那怎麼能解決中日復交問題呢？所以有些人罵我們專門勾結右派。我說，你們日本在野黨不能解決問題，解決中日復交問題還是靠自民黨的政府。」

9 時半，會見結束。毛主席指着堆積如山的書說：「你們看，我有讀不完的書。我是中了書的毒了，離不開書，每天不讀書就無法生活。」毛主席還介紹說：「這是《稼軒》，那是《楚辭》。」指着《楚辭集注》六卷說：「沒有甚麼禮物，把這套書送給你。」

周總理把它從書櫥取下，送給了田中首相。田中首相緊握毛主席的手，不住地點頭，說：「多謝，多謝。毛主席知識淵博，還這樣用功。我不能再喊忙了，要更多地學習。那麼，祝您健康長壽。」毛主席一直把客人送到走廊中間。

會見結束後，二階堂向記者吹風，破例地介紹了毛主席與田中首相的一些對話。二階堂說，會見伊始，毛主席就風趣地說：「你們吵架吵完了嗎？」

「不，不，談得很融洽。」田中答道。

毛主席微笑了一下，說：「不打不相識啊。」

二階堂還作了如下介紹：

毛：(指着在座的廖承志) 他是在日本生的，田中先生，這次你把他領回去吧。

田中：廖先生在日本很有名，他如果參加參議院選舉，一定會當選。

毛：聽說田中先生不喜歡吃西餐，在夏威夷吃的是日本飯菜。北京的飯菜怎麼樣？

田中：哎呀，吃得太好啦，還喝了很多茅台酒。

毛：喝多了可不好啊！

田中：有 65 度⋯⋯

毛：75 度喲，誰告訴錯了吧。

⋯⋯

毛：在日本要搞競選，不容易呀。

田中：25 年裡搞了 11 次選舉。每次選舉都得搞街頭演說。

毛：可要當心啊。

田中：不跟選民握手，是很難取勝的。

毛：國會怎麼樣？

田中：很費神，一出差錯，就得解散，進行大選。

毛：日本不容易呀。

二階堂在介紹情況結束時說：「毛主席同日本代表田中首相握手，難道不意味着解決具有歷史意義的課題的時刻已經到來了嗎？」

日本新聞媒介在這次會見後，紛紛發表評論，認為中國方面安排田中首相同毛主席會見，說明關於關係正常化的會談事實上已達成協議。

毛主席把 13 世紀出版的朱熹注釋《楚辭集注》翻印本送給田中首相，引起了日本新聞界極大的興趣，紛紛評論說，毛主席選送此書為禮物有三層意思：一是挑選中國古代的愛國詩人屈原和他的詩集來讚揚田中首相的愛國精神，用以告訴日本人民，田中首相正在完成的任務，有着深刻的歷史意義；二是表示知道田中首相對中國古典文學感興趣，對田中首相來華期間賦漢詩一事給予評價；三是表示讚賞田中首相在來中國之前對訪日的美國總統安全事務助理亨利·基辛格說過的一句話。據報道，當基辛格問田中為甚麼要急於訪華時，田中明確答道：「中國和日本之間的關係比美國和日本之間的關係要久遠得多。」（日語「添了麻煩」的表達是「ご迷惑を掛けました」。近年，日本學者矢吹晉先生據此提出一種新的解釋，稱毛主席送《楚辭集注》給田中，是因為其中有「迷惑」一詞。筆者對日本學術界如此「新解」不敢苟同。）

第十五節　第四次首腦會談

第四次首腦會談於 28 日下午 3 時 45 分至 5 時舉行。中方參加的有姬鵬飛外長、韓念龍副外長和廖承志外交部顧問。日方有大平正芳外相和二階堂進內閣官房長官。

周總理一坐下，就對大平外相説：「聽説田中首相讓大平外相作漢詩，作好了請讓我拜讀一下。」

大平外相聽了，有點難為情地説：「不值得一看。」

周總理進而説：「不能那樣説吧，你好像讀過中國古典文學。」

外相更不好意思了，謙虛地説：「只不過是排列了一些漢字而已。」

大平外相的話引起一陣笑聲。

接着，周總理又問二階堂內閣官房長官：「二階堂先生怎麼樣？」

「我可沒有這個本事。」二階堂答道。

周總理又説：「聽説田中首相書法好，你們兩位也是這樣嗎？」

大平和二階堂兩個人急忙擺手否認。

談到書法，周總理問田中首相：「明天聯合聲明簽字，首相用毛筆還是鋼筆？」

田中説：「用毛筆。」

周總理笑着説：「我被將了一軍，我現在一般用鉛筆和鋼筆寫字，不大用毛筆。」他一邊打着手勢，一邊解釋説：「如果用毛筆，必須懸起臂來寫。我在延安時從馬背上摔下來，右手負了傷，右臂就伸不直了。」

周總理接着説：「因右臂不能放直，照相時一般把手放在腰間，不了解情況的人説我擺架子，其實不是那麼回事。」他揮一下手説：「打乒乓球也是左手好使。」

雜談過後，言歸正傳。雙方就外長一級進行磋商的聯合聲明的內容最後達成了協議，並一致同意於 9 月 29 日建立兩國間的外交關係。

雙方又就台灣問題舉行了會談。大平外相向周總理保證從明天起日本將斷絕同台灣的外交關係，撤回駐台灣的使領館；保證日本政府今後決不支持「台灣獨立運動」，説日本對台灣決不應該有、而且也不會有野心，這可以請中方相信。大平還保證，今後日本同台灣之間的經濟貿易往來，將在不損害日中關係的情況下進行。

周總理對大平外相在第二日發表聯合聲明後舉行記者招待會宣佈同台灣斷絕外交關係表示歡迎，説「這證明你們是守信義的」。周總理對田中首相説：「我們重建邦交，首先要講信義，這是最重要的。我們跟外國交往，一向是守信義的。」接着，周總理引《論語》之句，題下「言必信，行必果」6個大字，贈給田中首相，説：「讓我們從『言必信』開始，在古代文化交流的基礎上建立新的關係。」

田中首相接受後，援引日本飛鳥時代的為政者聖德太子 (574-622) 的話，揮毫題了「信為萬事之本」幾個大字，鄭重地回饋周總理，表達了他信守諾言、恪守聯合聲明的決心。

第十六節　田中角榮舉行答謝宴會

9月28日晚，田中舉行答謝宴會。6時半，宴會在中國人民解放軍軍樂隊演奏的日本民謠和中國樂曲聲中開始，寬敞的宴會廳裡洋溢着熱烈友好的氣氛。田中首相的表情與剛抵達北京時迥然不同，其言談舉止都顯出了完成邦交正常化使命後如釋重負的輕鬆。

宴會主人田中首相登上講壇致祝酒詞，他強調「邦交正常化是走向明天的第一步」，表示要以這次訪問為開端，進一步促進相互間的交流，用「友好的紐帶」把日中兩國「緊密地聯結在一起」。

不一會兒，周總理以有力的步伐登台祝酒。他對田中舉辦宴會表示謝意，並強調指出田中首相訪華「取得了豐碩的成果」。他説，我們取得的成就應當歸功於我們兩國人民，他代表中國人民，對那些長期以來為促進中日友好和實現中日邦交正常化做出貢獻甚至不惜犧牲自己生命的日本朋友，表示衷心的感謝和敬意。

周總理祝酒時，向分坐在五張桌子旁的日方代表一一碰杯，當他看到坐在大廳中央的日中備忘錄貿易辦事處駐北京聯絡處首席代表安

田佳三時，便大步走上前去，同他深情地乾杯，對多年來為加強兩國間來往、促進邦交正常化做了艱苦努力的日中備忘錄貿易界的朋友表示感謝。

田中首相來華訪問前夕，周總理曾會見並宴請日本日中備忘錄貿易辦事處負責人古井喜實、田川誠一、岡崎嘉平太、松本俊一、大久保任晴和安田佳三。當時，周總理說：「實現邦交正常化，是客觀形勢的發展，也是靠人的努力。這中間，你們各位進行了巨大的努力。中國有句名言，叫作『飲水不忘掘井人』，你們各位就是掘井人。」周總理在談話中還高度評價了已故著名政治家松村謙三、高碕達之助以及藤山愛一郎、川崎秀二、竹山佑太郎等老朋友為促進恢復邦交所做的貢獻。

田中首相的答謝宴會很豐盛，菜單中包括中國珍肴魚翅。但對中國客人來説，最不尋常的菜是日本式土豆泥，還有田中首相家鄉產的名酒「朝日山」。每位客人面前還擺放着一個特製的小木匣，裡面放着日本著名的九谷陶器大師松木佐一先生製作的酒杯，直徑約 6 厘米，高約 5 厘米。這是田中首相送的禮物。席間，賓主頻頻舉杯，對飲着芳香甘醇的日本酒，歡聲笑語不絕。

宴會臨近結束時，田中首相舉起九谷陶杯説：「慶祝邦交正常化，用這樣的杯子雖然見小，但多喝幾杯，還是能喝很多的，請總理帶回去吧。」

大平外相接着把話題引到今後兩國關係上，意味深長地説：「開始時小，漸漸搞大吧！」

第十七節　簽署《中日聯合聲明》，實現關係正常化

9 月 29 日，具有偉大歷史意義的中日兩國政府聯合聲明發表了。聲明莊嚴宣佈從即日起結束兩國間存在了 20 多年的不正常狀態，建立

外交關係，從而揭開了兩國關係史上新的一頁。

是日上午 10 時 18 分，《中日政府聯合聲明）簽字儀式在人民大會堂西大廳舉行。

周總理和田中首相並肩步入大廳，在一張鋪着暗綠色台布、插着兩國國旗的長桌前就座。姬外長和大平外相分別在周總理的左側和田中首相的右側就座。他們身後並排站着兩國代表團的成員。

周總理和田中首相首先在茶色封面的聯合聲明文本上簽字，接着由姬外長和大平外相分別簽字。交換後，先由外長、外相簽字，再由總理、首相簽字。

10 時 24 分，周總理和田中首相再次互換聯合聲明文本。兩位領導人緊緊握手，共祝兩國建交。站在他們後面的官員們熱烈鼓掌。當兩位領導人分別同對方官員握手時，穿雪白上衣的服務員端來了香檳酒。雙方互相敬酒，一飲而盡。

這時，周總理高興地說：「這樣，就揭開了中日關係新的一頁。」田中首相也興奮地說：「今天就到這裡，不再有會了，痛痛快快地喝吧！」

在場的人聽了，齊聲大笑。

11 時 29 分，儀式完畢。日方根據同中方的約定，由大平外相立即在新聞中心舉行記者招待會。

大平在記者招待會上說：「經過歷時 4 天的日中兩國首腦富有成果的會談，今天發表了日本國政府和中華人民共和國政府的聯合聲明，懸而未決的日中邦交正常化問題終於獲得解決。」

「日中雙方對邦交正常化的基本認識和態度，已經在聯合聲明前言中表明了。我們相信，結束不幸的長期存在於日中兩國間的不正常狀態，在兩國間建立和平友好關係，是對緩和亞洲緊張局勢和維護世界和平的重要貢獻。」

大平在談到聯合聲明的內容時說：「正如第一條所表明的，日中兩

國間的不正常狀態從今天起宣佈結束。作為其具體表現，從今天開始兩國間建立外交關係。關於這一點，請參照第四條。」

「關於日中邦交正常化的當然前提—— 承認中華人民共和國政府這一點，日本政府的意思已在第二條作了表述。」

「日本政府關於台灣問題的立場，已經在第三條表明了。開羅宣言規定台灣歸還中國，而日本接受了承繼上述宣言的波茨坦公告，其中第八條『開羅宣言之條件必將實施』，鑒於這一原委，日本政府堅持遵循波茨坦公告的立場是理所當然的。」

作為日方在聯合聲明中所表明的立場的重要補充，大平以極其明確的語言宣告廢除《日蔣條約》。他説：「在聯合聲明中雖然沒有觸及，但日本政府的見解是，作為日中邦交正常化的結果，《日華和平條約》（指《日蔣條約》—— 筆者注）已失去了繼續存在的意義，可認為該條約已經完結。」

大平外相還説：「關於在第五條中表明的中華人民共和國放棄賠償問題，如果想到過去日中之間不幸的戰爭的結果，中國人民所受損害之巨大，我們認為對此應予坦率而正當的評價。」

他接着説：「邦交正常化的意義固然重要，但更重要的是，社會制度不同的日中兩國，互相尊重彼此的立場，建立起持久的和平友好關係。這種日中關係應遵循的原則列入了第六條。第八條所述締結和平友好條約事，也同樣反映了兩國政府向前看的態度。」

聯合聲明發表後，中國人民歡欣鼓舞，日本朝野熱烈歡迎。日本執政的自由民主黨在聯合聲明發表後，立即發表一項聲明表示支持，指出：「這項聲明在第二次世界大戰後的日本史上具有劃時代的意義，它大大改變了歷史潮流。」日本內閣會議迅速予以通過。社會黨、公明黨、民社黨等在野黨，各日中友好團體，各界人士也紛紛發表聲明和談話，對聯合聲明表示歡迎和擁護。

日本廣播協會 (NHK) 報道説：「29 日，在日本各地歡迎日中建交

的聲音猶如洪水一般波瀾壯闊地擴展着」,「街頭電視機前人山人海」,「人們縱情歡呼『好啊,好啊』。」日本輿論界普遍歡迎日中建交,指出「日中建交為日中關係打開了新的一頁」,「它是本世紀的一個巨大事件」,同時評稱,聯合聲明貫穿着「向前看」的態度,強調發展今後兩國間的和平友好關係。

日本輿論還注意到聯合聲明中關於中國政府宣佈「放棄對日本國的戰爭賠償要求」的條文,紛紛讚揚了中國政府和人民對日本人民的真誠友好態度。不少日本人士看到中國放棄戰爭賠償要求條文後,感動地說,日本不應忘記中國政府和人民這種寬宏大量的態度,要真誠地對中國給予經濟合作。有人則在報紙上建議日本政府給中國修建一條從北京到廣州的高速鐵路,或建一座大型鋼鐵聯合企業,以表示對中國的謝意。

聯合聲明發表的當天,日本輿論還就日本同中國實現邦交正常化對日本外交的意義發表評論,認為它使日本真正「結束了戰後時期」,走上了「自主外交」的道路。

大平外相在談及日中建交的意義時也指出:迄今為止,以為只要聽從美國的吩咐就萬事大吉,這種想法行不通了,時代變了,日本進入了必須用自己的頭腦和意志進行思索的時代。

第十八節　上海一夜

中日兩國政府聯合聲明發表後,日方代表團興高采烈。當天中午,田中、大平跟隨員們圍坐在一起,拿出從日本帶來的礦泉水、鹹梅和佃煮(用醬油加糖煮的小蝦、小魚 —— 筆者注),共進午餐。

在餐桌上,最健談的仍是田中首相。雅興所至,他津津有味地向在座的人披露了自己的一段趣史:老早以前,家鄉新潟縣一個鎮子上

有位美貌的姑娘。有一天,她突然失蹤了。於是,人們傳說一定是被田中拐跑了。田中聽了這莫須有的「罪名」,泰然處之,高吟出一首絕句來:「麗花楊柳任折去,風光依然明媚也。」田中的故事逗得大家哈哈大笑。

29 日下午 1 時 35 分,田中首相一行結束了在北京的全部日程,由周總理、姬外長陪同,乘專機去上海訪問。在飛機上,周總理同田中首相、大平外相相對而坐。片刻過後,疲勞了的田中首相便進入夢鄉,鼾聲如雷。

下午 3 時 40 分,專機抵達上海虹橋機場,受到當地負責人及 3,000 名群眾的歡迎。然後,田中一行直抵馬橋人民公社參觀,並通過車窗觀覽了閔行街道的建設面貌。

當晚,上海市舉行歡迎宴會,主人用一席特色菜招待客人。宴會菜單是:蝴蝶冷盤、八小碟、雞粥、芙蓉蚧斗、魚唇海參、植物四寶、清蒸鰣魚、冬瓜盅、桂花糖藕、黃橋燒餅、冰糖蓮心、哈密瓜。因中日兩國已建交,宴會的氣氛格外融洽、熱烈。周總理向客人們祝酒說:「我希望同你們暢飲通宵,但是我想,我應該為你們的下次訪問留有餘地。」

在歡迎宴會上,田中興高采烈,談笑風生,開懷暢飲。他祝酒時說:「過去近而又遠的日中兩國,成為名副其實的近而又近的鄰邦了」,表示「決心本着這次日中首腦會談的成果,為逐個解決日中間的各種問題繼續努力,以便建立日中間的永久和平和睦鄰友好關係」。還說,秋意漸濃,回國後將一邊喝着周總理送的茅台酒一邊吟詩,回憶中國之行。宴會結束時,田中主動挽着周總理的胳膊,並肩走出宴會廳。

大平外相在宴會上也顯得非常輕鬆。田中同大平開玩笑說:「你再喝下去就要倒了!」

大平說:「我已經大業告成,即使化為上海的一抔土,也心甘情願。」

據說大平每次出國訪問,都不希望夜間的宴會搞得太長,所以,

往往指示隨行的官員儘早結束。但今天卻是個例外。他想到完成了日中邦交正常化的大任，興奮得難以自持，離開他的座位祝酒，一連喝了好幾杯「茅台」。這對素不嗜酒、連喝幾口啤酒都要臉紅的大平外相來說，真是破天荒第一次。

席間，大平外相對上海革委會負責人馬天水說：「這次訪華是誠心誠意而來，滿載收穫而歸。中日之間的關係，日本是戰敗國，中國是戰勝國。日本是發動戰爭遭到了失敗的，不應該向中國提任何要求。但這次談判，雙方完全是平等協商，沒有戰敗國、戰勝國的感覺，對此感到十分滿意。」

在歡樂的宴會上，大平外相為日中關係的今天高興，更為美好的明天祝福。想到兩國今後要締結和平友好條約，還要簽訂一系列協定，他高舉酒杯同周總理、姬外長乾杯，中國詩人李白的詩句油然浮現腦際：

兩人對酌山花開，一杯一杯復一杯。
我醉欲眠卿且去，明朝有意抱琴來。

席散回到下榻的錦江飯店以後，大平外相仍然很興奮。他的秘書森田一開始還擔心他的健康，在床邊照看了好大一會兒，直到他安然入睡，才放心地離去。

9月30日上午9時30分，田中首相一行結束在中國的訪問回國。周總理等領導人和6,000名群眾載歌載舞在停機坪歡送。田中一再與周總理緊緊握手，連聲說：「受到這般熱烈的歡送，太感動了，回國後要向國民轉達，他們一定會很高興。」並祝願毛主席身體健康，再次邀請周總理到日本訪問。

為感謝姬部長與他的良好合作，同時抒發他懸念盡釋的心情，大平把他作的一首漢詩贈給姬部長。詩文是：

友情美酒潤枯腸，
中國天地新涼爽。
得友遂事開國交，
飛向東天心自平。

9 時 35 分，田中首相乘坐的專機滿載着中國人民的友好情誼起飛了，很快便鑽入棉絮般的雲層⋯⋯

這時，日理萬機的周總理也登上了回北京的飛機。他欣慰地説：「我們和日本是兩千年的歷史，半個世紀的對立，20 多年的工作。今天，我們已經看到時代螺旋式地前進了。」

第十九節　滿載而歸

田中一行於日本時間下午 1 時返抵東京羽田機場。田中首相、大平外相、二階堂內閣官房長官依次走下專機，同前來歡迎的參議院議長河野謙三、副首相三木武夫、自民黨副總裁椎名悦三郎、自民黨幹事長橋本登美三郎、自民黨眾議員古井喜實和田川誠一、社會黨委員長成田知巳、社會黨前委員長佐佐木更三、公明黨委員長竹入義勝、民社黨委員長春日一幸等朝野人士一一握手，還同前來迎接的中日備忘錄貿易辦事處駐東京聯絡處首席代表肖向前及聯絡處其他人員熱烈握手。田中首相在橋本幹事長致歡迎辭之後，向國民致辭。他致辭完畢，前來歡迎的約 800 名群眾中爆發出「萬歲」的歡呼聲。

田中離開機場，驅車徑直奔向皇宮，向天皇作歸國彙報，然後，又前往自民黨本部彙報，接着在臨時內閣會議上說明了談判過程和結果。在這之後，他又舉行了記者招待會。下午 4 時 20 分，他開始在自民黨眾、參兩院議員大會上報告訪華成果，大會對田中訪華的成果表示滿意。

10月4、5兩日，田中分別同社會黨、公明黨和民社黨等三個在野黨的委員長會晤，向他們說明了建交談判的情況，並就今後的政局運營交換了意見。

10月27日，第七十屆臨時國會開幕。翌日，田中作為內閣總理大臣發表抱負演說，就日中邦交正常化問題指出，這個問題之所以能獲得解決，是「由於在時代潮流中，有國民輿論的強有力的支持」。同時，他指出，由於實現日中邦交正常化，日本的外交「擴展到世界規模」，這意味着日本「在國際社會的責任加重」，「負有對人類的和平與繁榮應進一步做出貢獻的義務」。

11月8日，日本國會通過決議，慶賀日中邦交正常化，並表示要為加深日中兩國的友好、亞洲的穩定及世界和平做出貢獻。其後，田中利用在外交上取得重大成果的有利時機，於11月13日解散國會，12月10日進行大選，12月22日田中組成了他的第二屆內閣。

關於田中首相訪華取得巨大成功後的心境，他的女兒真紀子說：「爸爸那天回家寬衣後走進客廳，一張口就對我說：『我一見到周恩來總理馬上就放下心來，覺得跟他談，一定能談成！』接着他告訴我他在北京、上海受到熱烈歡迎的情況，說：『真想讓你看看那個場面呀！中國的孩子們個個天真無邪，真可愛啊！我還真想讓你見見毛澤東、周恩來呀，那樣偉大的政治家可不容易見到啊！當談判順利結束、簽署聯合聲明那一瞬間，我後悔沒有把你帶來，心想，若帶你來該多好啊！』接着，爸爸舉起右手，說聲『對不起』向我致歉。爸爸這麼想着我，使我非常感動，頓覺渾身熱血沸騰。」

第二十節　田中政權夭折，締約宏願未遂

中日邦交正常化之後，田中遵循《中日聯合聲明》的原則，為發展

兩國的友好合作關係做了巨大努力，在下野之前，同中國政府簽訂了貿易、海運和航空等三個實務協定。值得稱讚的是，田中、大平在同中國談判簽訂航空協定的過程中，排除了來自自民黨內和台灣當局的阻力，勇敢地捍衛了《中日聯合聲明》的原則，表示了他們維持和發展中日友好合作的決心。

1973 年 3 月，日本首任駐華大使小川平四郎赴任時，田中首相請他帶交周總理一封親筆信，表明了自己對發展日中友好的信念，提出了發展兩國友好合作關係的設想，並邀請周總理訪問日本，這封信全文如下：

周恩來總理閣下：

去年 9 月，應總理閣下的邀請，我和大平外務大臣、二階堂官房長官一起訪問貴國，為實現日中邦交正常化，同總理閣下親切會晤。爾來，已經過了半年的時光。我看到總理閣下在內政和外交方面發揮着偉大的指導力量，日理萬機，謹表祝賀。

日中聯合聲明發表前夕，總理閣下曾表示，日中兩國儘管社會制度不同，但如果對兩國的友好關係抱有信心，就沒有解決不了的問題，我也曾說，日中兩國應本着互諒互讓的精神來對待兩國間的問題。現在，兩國互換大使，日中關係自去年秋天以來有了扎實的進展，證明了閣下和我的共同信念。

在當前的日中關係中，有根據日中聯合聲明第九條簽訂各種實務協定以及締結日中和平友好條約的談判問題。我願意通過這些磋商，扎實地擴大和鞏固日中關係的基礎。不言而喻，隨着日中兩國政府間實務關係的加深和關於雙邊關係的具體問題的協商的進行，自然會出現一些不同意見和一些分歧，但我堅信，如果兩國政府能本着求大同存小異的精神去對待，就一定會進一步增進兩國關係，使兩國的睦鄰友好關係牢固如山。

另外，在紛繁動蕩的國際形勢下，由於各自的處境不同，兩國間的基本立場也會有所不同。目前國際形勢正在走向緩和，各國進行自主選擇的動向正在發展，為因應這種形勢，我認為我國應儘量拓寬外交幅度。還有，目前的國際經濟正處於轉折時期，為使國民生活建立在更加穩定的基礎上，在資源、貿易等方面，我國的方針是不僅同貴國實行合作，還要同其他各國進行超越社會制度的合作。我深信總理閣下一定會理解我國的這種基本立場和方針。

我回憶起半年前，我曾表示，邦交正常化是走向明天的第一步，願在歷史的潮流中開闢新的局面。我想與總理閣下親切會晤，就日中邦交正常化後的國際形勢及其趨勢以及廣泛的國際問題，交換意見。為此，我再次邀請總理閣下來我國訪問。

鑒於日中兩國一衣帶水，兩國間的交流正向各領域發展，藉此機會，我願告訴閣下，我正在研究將來日中兩國政府主要成員定期在北京和東京親切會晤一事，以創造加深相互理解的機會。

最後，我願表示我的信念，日中兩國政府今後恪守聯合聲明的精神，為亞洲的和平與穩定而合作，是有益於日中兩國乃至世界的繁榮與福祉的。

就此擱筆，祝閣下工作順利、身體健康！

日本國內閣總理大臣　田中角榮

昭和 48 年（即 1973 年 —— 筆者注）3 月 29 日

遺憾的是，田中在信中表示的對周總理的邀請及關於締結日中和平友好條約的願望都未能實現。1973 年 9 月 10 日，周總理在給田中首相的覆信中表示「由於工作繁忙，暫且沒有時間」，不能應邀訪日，而想讓姬鵬飛外長先去訪問。實際上，周總理已經重病在身，又是在動亂的形勢下，國內也離不開他。而不等十年動亂結束，周總理便辭

世不歸，終未踏上他青年時代曾留下足跡的東瀛國土。

　　關於締結和平友好條約事，由於《中日航空協定》簽訂半年之後，田中因金錢來路問題受到攻擊，被迫下台，終未遂願。當時的外相木村俊夫後來遺憾地説：「如果田中不下台，和平友好條約 1975 年 1 月就能締結。」

　　所幸的是，發展中日友好符合中日兩國人民的根本利益，是兩國人民的共同願望，相互奉行的睦鄰友好政策，終究不會因人事變動而改變。經過中日兩國政府和人民的共同努力，《中日和平友好條約》終於在 1978 年 8 月 12 日在北京簽訂，同年 10 月，鄧小平副總理訪日，10 月 23 日，與福田赳夫首相互換了條約批准書，標誌着中日友好合作關係有了進一步發展。這也正是田中角榮前首相所希望看到的。

第三章

周恩來的外交傑作

1972 年 9 月 12 日，田中首相訪華臨近。周恩來總理在北京會見一直為實現中日邦交正常化奔波的日本國會議員古井喜實一行時，主客之間有一段非常精彩而深刻的對話。

古井：「日中邦交正常化能以這麼快的速度進行，是周總理引導工作做得好的緣故。」

周總理：「是兩國人民努力的結果，兩國人民願意友好。這是歷史的潮流和趨勢。」

古井：「很抱歉，我跟總理的看法不一樣。我認為，周總理引導得好，所以恢復邦交進展很快。」

周總理：「要說中國方面的作用，當然應歸功於毛澤東主席。比如說，我國解放後，日本政界的元老久原房之助先生來過中國，毛主席親切地接見了他……」

古井：「我們原來的估計是，（田中）新內閣成立後，可能先舉行大選，然後再解決日中問題。由於中方引導得好，他倒過來了，先解決日中邦交問題，後舉行大選……」

周總理：「……這不是誰的功勞，是形勢造成的，歸功於人民。」

「中日兩國從歷史上看，中間有 50 年不愉快的時期，但這是短暫的一瞬，而戰後 27 年，我們來往頻繁，造成了這樣的形勢。」

「……恢復兩國邦交是形勢造成的，客觀形勢起了很大的作用。但是，人的因素是起決定作用的。」

第一節　縱橫捭闔，因勢利導

如果說中美關係的解凍和日本國內要求日中邦交正常化的呼聲空前高漲，使日本執政者同時受到內外雙重壓力，中國領導人的因勢利導，則對田中首相組閣伊始便下決心解決邦交正常化問題，發揮了關

鍵性的推動作用。

一直在密切注視着日本政局的周總理於 1971 年 1 月 10 日單獨召見時任駐日記者的筆者，聽取彙報，並下達指示。他說：「1964 年中法建交，本想日本也能跟上來，結果拖到今天也未解決。現在，圍繞中國的國際形勢變得有利了，解決中日關係的條件走向成熟，日本政局的變化應成為一個轉機。你們在第一線，要冷靜觀察，準確把握形勢，還要相機推動。」

進入 1972 年，佐藤首相引退大勢已定，福田赳夫與田中角榮爭奪下屆自民黨總裁和首相的冷戰逐漸表面化。與此同時，日中關係問題演成「日日問題」，是否要儘快恢復日中邦交，成為日本政治的焦點，不管誰問鼎首相寶座，都必須面對而不能迴避了。正因為如此，在下屆總裁和首相爭奪戰中，究竟鹿死誰手，成為中國國內最關心的問題。

形勢發展很快。是年 1 月以後，為阻止福田赳夫上台，田中角榮、大平正芳、三木武夫和中曾根康弘四派聯合的趨勢增強，日本輿論開始認為形勢變得對田中有利。

與此同時，從各種渠道傳出消息：四派聯合的基礎正是推進日中邦交正常化，田中如上台，有可能先解決這個問題。

周總理極其敏感地捕捉到形勢的這種變化，立即加大了工作力度。1972 年 4 月 17 日，周總理與郭沫若、廖承志、王國權等一起會見自民黨顧問、眾議員、前外相三木武夫一行時說：「中日兩國沒有任何理由這樣對立下去。二十二年來兩國人民間的來往從未中斷過。應根據和平共處五項原則和恢復中日邦交三原則，來實現兩國關係正常化。這樣做並不排除別人，只要別人也是願意跟我們友好的。」

周總理還指出：「我們並不反對日本和美國發展友好、平等的關係。歷史形成了你們不能擺脫和他們的關係，但是日本在亞洲不能代替美國充當憲兵。」

4 月 21 日，周總理再次會見三木前外相。他說：「中日關係不同於

別的國家。我們兩國實現邦交正常化，不是聯合起來反對任何人，我們反對任何國家發動戰爭，反對侵略。我們堅持和平友好。太平洋總有一天要變成真正的太平洋。」

5月15日，周總理會見二宮文造率領的公明黨訪華團，請該黨向田中角榮秘密傳話：如果田中擔任首相要來中國談中日兩國關係問題，我們歡迎。

7月7日，田中角榮接任首相。他在當天舉行的第一次內閣會議之後，就發表了加緊實現同中國邦交正常化的談話。消息傳到北京的第二天，周總理就召集外交部及有關外事、宣傳部門負責人開會，研究田中首相講話，商討推進中日關係問題。會上，周總理對新華社電訊稿提出批評，並對今後的工作做了重要指示。他說：「新華社昨天送來的關於日本新內閣組成的稿子寫得太簡單，既不寫新內閣是怎樣產生的，也沒摘他的外交政策方面的言論。我們對日本，過去只搞人民外交，不同官方往來。今後當然主要是搞人民外交，但同官方也要往來。形勢變了，日本政府的政策也不能不變。情況變了，我們要積極工作，在報道上就要反映出這一精神。」

7月9日晚，周總理利用歡迎也門民主人民共和國政府代表團宴會的場合，表示歡迎田中關於加緊實現日中邦交正常化的談話，從而做出了明確的回應。周總理的談話傳到日本，立即引起強烈反響。內閣官房長官二階堂進當夜發表談話，稱「周總理的這番講話是恢復邦交的東風」。

7月10日，即田中新內閣誕生第四天，周總理又在同法國外長莫里斯·舒曼的談話中表示：「日本在對華關係上出現了新氣象，這是戰後27年來日本政府第一次這樣做。我們對田中政府這樣做，沒有理由不歡迎。」這是對田中談話的又一次回應。

也就是在7月10日那一天，周總理指派中日友協副秘書長孫平化率領的、由210人組成的上海舞劇團到達東京。14日進行首場演出，

劇目是《白毛女》和《紅色娘子軍》；每場演出都爆滿，引起強烈反響，原本預定在日本逗留 33 天，後應主辦單位日本中國文化交流協會和朝日新聞社的要求延長了 3 天，訪問了東京、名古屋、京都、大阪、神戶 5 個城市。孫平化訪日期間，周總理通過隨中國農業代表團訪日的外交部日本處長陳抗向他轉告：「要抓住時機，爭取向田中首相當面轉達我的邀請和傳話：『只要田中首相能到北京當面談，一切問題都好商量。』」這是因為毛澤東主席對實現中日邦交問題有明確的指示。毛主席說：「應該採取積極的態度。談得成也好，談不成也好，總之，現在到了火候，要抓緊。孫平化嘛，就是要萬丈高樓平地起，肖向前是繼續向前的意思，要把這件事落實才行。」在毛主席的明確指示和周總理細緻入微的指揮下，孫平化卓有成效地為田中首相訪華做了實際的推動工作。

田中內閣正是趁這股東風進而統一了執政黨內部的意見。在此基礎上，二階堂進於 7 月 10 日發表談話：「政府寄於邦交正常化的熱情，得到中國方面充分的理解，這是很好的事情。政府認為，現在進行日中政府間接觸的機會正在成熟。從而，我認為今後政府的責任是研究實現日中邦交正常化的具體方策。」

在這種形勢下，周總理於 7 月 14 日下午 5 時半，召集外交部、外貿部、中聯部、新華社、人民日報等單位的有關負責人研究日本問題。鑒於形勢發展很快，各有關部門工作跟不上，總理首先強調說：「毛主席的戰略部署我們要緊跟。前一陣是美國熱，現在是日本熱。就是要出他們不意，能來談就好，來者不拒。毛主席說，三原則接受不接受都可以來，來了以後談得成也好，談不成也好。為甚麼你們的思想老是不前進？」

他說：「我在 9 日的講話中說，『日本要加緊實現中日邦交正常化是值得歡迎的』，是因為主席對我說應該採取積極的態度。我們要緊跟主席的思想。我把主席的思想教給你們，你們也跟着學嘛！這樣掉以

輕心怎麼行！平時你們那樣積極，現在到了火候，你們反而不抓了，是怎麼回事？田中在首次內閣會議上的講話只提了中日關係，日美、日蘇關係都沒有提，說明他有點敢於得罪美蘇，他要加緊實現中日邦交正常化，我們為甚麼不敢響應？我們還想側面搞，人家倒是直接來了。」

在這次會上，周總理在組織和人事上做出具體指示，說：「今後我聘請廖承志、張香山、莊濤、林麗韞四位同志作（外交部）日本組的顧問，大家要經常請教他們。韓念龍同志還是要把日本工作管起來。要讓承志同志看文件，看電報，再送一份動態清樣給他。承志同志每晚都要看日本問題的清樣，發現問題要及時提出來。動態清樣也要給日本組，不要落得清閒且清閒，能夠偷懶且偷懶。」

周總理還親自了解外交部主管日本工作的日本組人員構成情況。他一一問了日本組同志的名字後說：「（主管的）王曉雲氣概不大，美國組就搞了那麼多人嘛！中聯部日本組幾個人？他們最近也不出來了，你們要合作。再從『五七幹校』調一點人來。我要批評你們在這個問題上不積極，膽子這麼小。現在不是要你們慎重，現在是要開擴的時候！」

周總理在會上，指示外交部要加強對中日備忘錄貿易辦事處駐東京聯絡處和正在訪日的上海舞劇團團長孫平化的指導，要通過他們向日方表示，歡迎日本政府派負責人來談邦交正常化問題。周總理說：「因為究竟歡迎不歡迎，前方不摸底。」

又說：「請告訴他們，不論是三木（武夫）、中曾根（康弘），還是木村武雄來都可以，人名不一定寫的太多。」

「上邊談到的幾個人誰來都可以。不提前提條件，來了再談，先接觸上再說，談得成也好，談不成也好。我們的條件他們都曉得，當然也不必再進一步談了。這回不能再叫『旋風』，要落地，落實政策。孫平化嘛，就是要萬丈高樓平地起，肖向前是前進的意思，這倆人就要

把這件事落實才行，否則夜長夢多。」

會上，周總理還對新華社和人民日報有關報道提出批評。他說：「報道日方歡迎上海舞劇團招待會的消息，你們為甚麼一定要把中曾根的名字擺在後面？既要登，又要放在後面，不等於挖苦他嗎？人民日報為甚麼在副標題中不點中曾根？當晚的國際動態清樣上登了兩條消息，一條是歡迎上海舞劇團招待會的，一條是促進日中邦交議員聯盟歡迎（中日備忘錄貿易辦事處駐東京聯絡處新任首席代表）肖向前的，你們為甚麼只登一條，議聯的不登？田中（首相）把自民黨的中國問題調查會改為日中邦交正常化協議會，直屬總裁，叫小坂善太郎做會長。小坂出席了歡迎肖的招待會，河野謙三講了話嘛！日方備忘錄貿易辦事處也歡迎過肖向前，我看你們要補發一條綜合消息，補救一下。」

7 月 16 日和 19 日，周總理在北京兩次會見日本社會黨前委員長佐佐木更三，進一步發出信息，力促田中訪華，談判解決關係正常化問題，並有針對性地闡述了中國政府的政策。

周總理說：「從我們來說，現在跟日本政府打交道，還得跟自民黨打交道。你們是左派，左派沒有掌握政權，社會黨、公明黨、民社黨主張的聯合政權還沒有建立起來。我們不能等到你們當權後才同日本政府打交道呀！」

佐佐木對周總理說：「為了弄清田中的態度，我來前見了他。我發現他的決心很大，他要排除國內的反對派，以自己的雙手來實現邦交的恢復。他表示，如果中國有意思，就可以着手解決。在這一點上，我認為田中是可以信賴的。」

周總理說：「你的介紹我認為是對的，我們已經伸出手了嘛！你估計，田中首相、大平外相是不是有一位會先來？再比如說外相或者是其他的相？」

佐佐木答道：「總理講的這一句話，如果我直接向他們轉達的話，我估計他們是會來的。當然，還有一個台灣問題。田中內閣為了說服

自民黨中和國民中的反對派，需要一些時間。究竟需要多少時間，我不太清楚。我想勸他排除萬難到中國來。」

周總理馬上接過話茬，說道：「是啊，先來談一談嘛！談才能談清楚嘛！田中首相在競選時說，他如果當了總裁，他願意到中國來，所以可以來談。」

佐佐木又說：「由於田中過去在佐藤政府裡擔任重要大臣，所以他很擔心他本人或派大臣來，中國會不會接受？」

周總理說：「這一點，沒有問題。如果日本現任首相、外相或其他大臣來談恢復邦交問題，北京機場準備向他們開放，歡迎田中本人來。」

佐佐木聽後，說：「他會很高興的。如果把總理的這番話轉達給他，他和他的大臣會來的。」

佐佐木提出田中來訪打算「謝罪」時，周總理說：「不要講甚麼謝罪的話，這已經過去了。毛澤東主席很久以前就跟你們的南鄉三郎先生說過，要不是日本軍國主義侵略中國，使中國人民覺悟，中國的解放不會這樣快。所以，從這一點上說，我們要謝謝日本軍國主義這個反面教員。現在日本新政府離過去發動侵略的日本軍國主義已經相當遠了，現在我們應該向前看，而不應該向後看，要解決今後的問題。」

佐佐木聽後感動地說：「我把總理的這段話轉達以後，估計不僅田中個人，廣大日本國民也會很高興的。」

總理說：「應該是這個樣子！20年來，中日兩國人民的來往早就不提過去那些事情了。中國解放以後快23年了，中日兩國人民來往的數量比其他任何國家都大。中日兩國人民20多年來建立的友好關係已經根深蒂固了，這一點，你們在野的左派政黨、團體盡了很大的力量，應該謝謝你們的努力。田中政府採取這樣向前看的政策，反映了日本廣大人民的願望。讓我們共同努力，實現恢復邦交，平等友好地相處，

締結和平友好條約，一直到達成和平共處五項原則的地步。」

　　為減少復交的阻力，周總理還對佐佐木說：「恢復中日邦交是兩國人民長期的願望，是歷史發展的必然趨勢。恢復中日邦交並不是要反對哪一個國家。因為這麼兩個國家即經濟上發展的日本和解放了的新中國，隔海相望，歷史上很久就有來往，沒有外交關係是不能想像的。我必須強調，中日邦交的恢復，不是為了反對美國或者蘇聯。這是為了使亞洲、太平洋地區的局勢更走向和緩，而不是更走向緊張。」

　　當佐佐木談到今後亞洲要以中國為中心時，周總理糾正說：「不對。以中國為中心，我不同意。如果說中日兩國加強友好來推動遠東的和平，那還可以。但拿中國作『中心』，那恐怕不恰當，是錯誤的。亞洲、太平洋地區所有國家應該不分大小，一律平等。一句話，就是我們反對任何霸權，也不謀求霸權。」

　　周總理還請佐佐木更三轉告日本在野黨和各界友好人士：「如果中日兩國復交了，過去二十多年的友好交往會更加密切，更多起來，而不會冷淡下去。許多日本朋友對促進中日邦交的恢復，促進中日友好來往，是盡了力的，當然我們更應該尊重他們。中國人民結交了新朋友，是不會丟掉老朋友的。我們一向尊重首先和我們友好的人。」「不可能因為和政府來往，就把過去民間的、民間友好人士的來往取消了，這是不可能的，相反更會增加起來的。」

　　當佐佐木說「在日本國民中，被稱為親華派的友好商社多少有些擔心」時，總理說「過慮嘛！」「說得完全一點，友好貿易會更加發展，同時，新的願意和中國通商的大公司，我們也歡迎。」

　　7月18日，周恩來與葉劍英、李先念等政治局成員到毛澤東處彙報外事工作，中日復交談判程序問題是彙報的主要內容。

　　7月20日，周恩來主持中共中央政治局會議。談話中提出：新華社要綜合觀察田中的政策動向，叫（駐東京的）記者把日本內閣會議的材料全文發回來。

第二節　會見竹入義勝，向日方交底

　　7月27日、28日、29日，周總理三次會見田中首相特使、公明黨委員長竹入義勝，聽取田中首相、大平外相的想法，就日方最關心亦為最擔心的實現邦交正常化的形式、《日美安保條約》、戰爭賠償問題、釣魚島問題，闡明了中方的立場，並提出了中方準備的《中日聯合聲明》的要點，即八條方案和關於台灣問題的三項默契。這實際上是向日方交了個底，給日方吃了定心丸，對解除日方的疑慮，使其下決心訪華，起了關鍵作用。

　　7月27日，周恩來與竹入會見。竹入25日訪華前，與田中、大平進行了長時間密談，詳細詢問了日本政府的想法。在這次會見中，周總理就中日邦交正常化的一些相關問題，針對日方的想法，闡述了中國政府的立場。

　　關於復交的步驟和形式問題，周總理說：「田中首相、大平外相要恢復日中邦交，互換大使，互相正式承認，這件事宜快不宜遲。對我們來說，等了23年，慢一點也沒有關係。但對日本內閣來講，慢了，也許有干擾，夜長夢多。」

　　周總理接着說：「我贊成田中首相、大平外相先到北京來，發表一個共同聲明，或者叫聯合宣言。名稱問題好辦，總之是建交。第二步，搞一個和平友好條約。不是搞一個簡單的和約，而是搞一個和平友好條約，要比簡單的和約進一步，使全世界也放心。首先是對中日兩國人民有利。」

　　關於日美關係問題，針對日方的疑慮，周總理表示：在共同聲明或聯合宣言裡，可以不提及《日美安保條約》，也不提尼克遜和佐藤在1969年發表的《日美聯合公報》。周總理說，只要中日兩國復交、簽約，安保條約中針對中國的那一部分就不起作用了，尼克遜和佐藤發表的聯合公報中有關中國的部分也就自然失效了。

針對田中內閣關於承認中華人民共和國政府是代表中國人民的唯一「正統」政府的説法，總理説：「我們對『正統』二字不太理解。按照中國的解釋，『正統』是對『偏安』而言，有『正統』就有『偏安』。日本也有『正統』『閏統』的説法。我們説中華人民共和國政府是代表中國的唯一合法政府，『合法』的反義詞是『非法』。根據是：第一，中國人民只承認中華人民共和國政府為代表中國的唯一合法政府，蔣介石政府被推翻了，所以它是非法的；第二，去年聯合國也恢復了中華人民共和國的合法權利，把蔣介石集團趕出去了。也就是説，國際組織也承認中華人民共和國政府是合法的，蔣介石政府是非法的。」

關於放棄戰爭賠償要求問題，周總理説：「要求賠償，人民的負擔就要增加。這就不是為了兩國人民的友好。這一點中國人民有沉痛的感受。甲午戰爭的結果，中國向日本賠償 2.5 億兩銀子，不僅割去台灣和澎湖列島，還要賠償。清朝利用這一點壓迫人民，增加稅收。八國聯軍時賠的錢就更多，可能是 4.5 億兩，在當時中國貧窮落後的情況下，人民的負擔很重。這個戰爭總是少數人侵略惹出來的，不應該讓人民來負擔嘛！你可以轉告田中首相和大平外相，我們不會要求賠償，在聯合聲明中可以提我們放棄這個要求。」

竹入聽後，感動萬分，用顫抖的聲音説：「我找不出甚麼語言向你致謝。」

周總理説：「這是我們應該做的。20 多年來中日兩國人民的友誼，大大沖淡了戰爭的傷痕。」又説：「我們應該為後代着想。田中先生和大平先生可以放心，我們不會使他們感到為難。」

關於台灣問題，周總理説，台灣是中國領土的一部分，這在中美聯合公報中已經肯定了。包括蔣介石，他也不説台灣不是中國的領土。他承認一個中國，承認台灣是中國的一個省。不知道日本方面有甚麼困難？

竹入説：「根據我的設想，困難很小，但《中美聯合公報》中關於

台灣一段的寫法，雖然從結果看承認台灣是中華人民共和國的一部分，但在我們看來，表達方式是比較緩和的。」他說，田中首相到中國來，發表一個共同聲明時，承認中華人民共和國是代表中國的唯一合法政府，這一點是毫無疑問的。但是否一定要明確地寫進「台灣是中華人民共和國領土的一部分」？

對此，周總理慎重地答道：「我們正在考慮這個問題，我們還想多考慮一下。我還要報告毛主席，我們黨內還要討論。」

周恩來就在第一次會見竹入之後，主持中共中央政治局會議，報告同竹入會談的情況。經過討論，會議通過《中日聯合聲明要點（草案）》及涉台三點默契：

（1）台灣是中華人民共和國的領土，解放台灣是中國的內政。

（2）聯合聲明公佈後，日本政府將從台灣撤出其使館，並採取有效措施，使蔣介石集團的使領館從日本撤走。

（3）對日本的團體和個人在台灣的投資和經營的企業，在台灣解放時，當予以適當照顧。

7月28日，周恩來將《中日聯合聲明要點（草案）》送給毛澤東圈閱。之後，於29日晚7時30分至10時10分再次與竹入會晤，並拿出一份打印文件對竹入說：「這基本上是我們關於《中日聯合聲明》的原始方案。」

竹入吃驚道：「這麼快就拿出了聯合聲明的方案？」

周恩來微微一笑，就逐字逐句地宣讀並講述中方八條方案的內容。竹入等三人飛快地記着筆記。

周恩來講完聯合聲明草案後說：「為照顧日方立場，還有三點不寫進聲明的默契。」接着，他就講了一天前在政治局會議上通過的上述三點默契。並說：「我們提出了三點，田中首相、大平外相有甚麼需要增減的，可以交換意見。現在這個聯合聲明的表述，《日美安保條約》、佐藤與尼克遜聯合聲明的『台灣條款』、日台條約都沒有寫，避開了

嘛！你既然來了，總要讓你有收穫。當然這是從政治上講的，不具有法律效力。中日恢復邦交，政治上符合人民的願望。」「我們不是給田中首相出難題，而是為了進一步發展兩國間的經濟和文化關係，擴大人員往來，在兩國建立外交關係後，根據和平共處五項原則，締結和平友好條約。日本方面如果還有甚麼，也可以提嘛！」竹入搖頭，説：「我覺得日本政府大概提不出甚麼意見了。」

周總理在 7 月 28、29 日同竹入的會晤中，針對《東京新聞》7 月 27 日「田中首相訪華不等於承認中國」的消息稱，這種説法令人不能理解。如果不能承認中國，他來幹甚麼呢？這個消息還説，簽訂和約以後才能實現日中邦交正常化，將按照分兩步走的「日蘇方式」進行。其實，鳩山首相去莫斯科，是把結束戰爭狀態和恢復日蘇邦交同時進行的，是一步走，沒有分兩步走。

周總理問，這個消息是不是外務省故意放的空氣？竹入説，田中、大平在日中復交問題上決心已定，他們的想法是一步走，田中首相訪華，日中恢復邦交，互換大使。《東京新聞》的説法，絕不是田中、大平的想法。

周總理還針對《東京新聞》挑出釣魚島問題，批駁説「這是故意搞亂」。他説：「現在不要把這個問題擺在重要地位，不然要耽誤大事。這同中日兩國在和平共處五項原則基礎上復交比起來，是個很小的問題。」

針對《東京新聞》所傳日本外務次官法眼晉作稱「《日台條約》已經解決了結束戰爭問題」的説法，周總理嚴肅指出：「締結《日台條約》時，中華人民共和國已經成立了。這個條約根本無視中國的存在，同一個逃到台灣的蔣介石政權締結結束戰爭狀態的條約，是非法的、無效的，是應當廢除的。」

在談到《中日聯合聲明要點（草案）》時，周總理特別強調指出，中方將堅持把結束戰爭狀態和「復交三原則」兩個重大問題寫入聯合聲

明的立場。

由於周總理深入細緻地做工作，竹入 8 月 3 日滿意地帶着中國的原始方案回國，第二天，即到首相官邸會見田中首相和大平外相。8 月 6 日，竹入又把與周總理的談話整理成筆記面呈田中首相。田中看了兩個小時後表示：「我去，沒有問題。沒有問題，我去。」

這樣，8 月 10 日，日本自民黨日中邦交正常化協議會召開總會，通過了田中首相訪華的決定。

8 月 11 日，田中政府把田中首相訪華的決定轉告中方。

8 月 12 日，周總理接到報告，立即授權姬鵬飛外長發表聲明，宣佈中國總理歡迎並邀請田中首相訪華，就中日邦交正常化問題進行談判。

8 月 15 日，田中首相會見正在日本訪問的孫平化，表示正式接受周總理邀請，並通告了具體訪華時間。

第三節　嘔心瀝血，晝夜操勞

周總理這時已是 74 歲高齡，並已確診身患癌症。為準備中日兩國領導人的會談，他帶病工作，每天工作十幾個小時，甚至二十個小時，事無巨細，晝夜操勞。周總理指定姬鵬飛、喬冠華、廖承志、韓念龍等人組成日本組，自己白天接見外賓，夜裡約他們到西花廳或釣魚台開會，研究中日邦交正常化的有關問題，或帶他們到毛主席住處開會或彙報。在毛主席那裡決定大政方針後，周總理回來又同他們一起研究、安排落實，大事小事都一一過問，想得周到。

8 月 7 日晚 8 時 20 分至 11 時 55 分，周總理在百忙中會見日中友協會長黑田壽男和該會主要領導人穗積七郎、田中稔男、石野久男、加藤長雄、赤松康稔。

黑田説：「我向周總理致意！周總理長期以來為日本人民所盼望的日中邦交正常化盡了很大的努力，做出了很大的貢獻。對於這一點，日本人民感到非常高興，而且非常感謝你。」

周總理聽後，謙虛地説：「我做了甚麼工作呀，這是你們的貢獻嘛！」「説是你們的奮鬥還差不多，20 年了。」

針對日本左派中存在的一些模糊認識，周總理耐心地做工作。針對日本左派中有人説「在復交問題上存在兩條路線鬥爭」，認為與保守的自民黨政權打交道是路線錯誤，總理説：「等到日本的左派執政再恢復日中邦交，那得等到甚麼時候呀？這樣，中國就沒有幾個國家可以建交了，這不是把我們自己孤立起來了嘛！我們的外交是通過上層的關係來接近人民群眾，這是可以的。」

周總理説：「在日中關係這個問題上，田中政府和佐藤政府是有區別的。把鳩山（一郎）、石橋（湛山）政府除開，從吉田（茂）到佐藤（榮作）這條線一直是追隨美國敵視中國的。而現在田中政府那幾派，頭一天開會就採取了不同的態度，所以，如果我們不表示歡迎，我們就會犯錯誤。尼克遜都來北京了嘛，為甚麼對田中政府不可以考慮這個問題呢？而且它比美國更進一步，它若是和中國建交，就不可能繼續跟台灣保持外交關係。」

周總理説：「我們支持獨立、和平、民主、中立、繁榮的新日本，反對日本由經濟大國走上軍事大國，復活軍國主義，把日本人民帶到新的戰爭災難中去。這個問題才是兩條路線、兩條道路的鬥爭。」

8 月 17 日，日本自民黨眾議員川崎秀二訪華，把他帶來的大平外相給周總理的口信轉告了廖承志。口信內容是：

(1) 政府決心從正面來謀求日中邦交正常化。

(2) 為使整個外務省為此而努力，在省內設立了日中邦交正常化委員會，以集中全部機能。

(3) 政府的方針是使日中邦交正常化和日美友好並存，並已向美國非

正式地傳達了日本謀求（日中邦交）正常化的方針，據說美國方面
充分理解（日本的）這一立場，計劃在（日美首腦）夏威夷會談中
談妥此事。

(4) 關於日中邦交正常化，自民黨內設立了（日中邦交）正常化協議
會，正在討論黨的態度。儘管黨內議論紛紛，但只要政府滿懷誠
意地闡明方針，最後是能夠取得一致意見的。

(5) 日中邦交正常化實現後，就當然不能維持同台灣的外交關係，目
前正苦於考慮對台灣採取何種措施。即使得不到台灣的諒解，（日
本）也要堅決實現邦交正常化。當然，有必要對它們（台灣）進行
充分的說明。

(6) 對日本的新聞報道，希望不要產生誤解。日本實行報道自由，百
花繚亂，因此，有時不能準確地報道政府的設想，臆測性的消息
很多，（日本）政府也常常感到困惑。對田中訪華前的報道，尤其
希望不要產生誤解。

川崎還向廖承志介紹了自民黨內各派對中日邦交正常化的態度。

18 日，周總理與川崎進行了兩個多小時的會談，針對大平外相的
想法和自民黨內的動向，有的放矢地做工作。他一方面高度評價田中、
大平、三木、中曾根四派聯合，讚賞了川崎及一大批議員熱心推動邦
交正常化的努力，高度評價古井喜實、岡崎嘉平太、田川誠一等人搞
的備忘錄貿易，說這為今天的中日關係奠定了基礎，並歡迎他們訪華；
一方面介紹了尼克遜訪華後的中美關係。

周總理還請川崎向田中首相和大平外相傳話。他說：「基辛格博士
6 月來北京以後，我問他，你是否反對中日邦交正常化？他說他不反
對，與其說反對，還不如說要促進。所以他現在不好反對。因為我跟
他說了，中日邦交正常化不會妨礙日美關係友好。我說，《中美聯合公
報》，就是人們常說的《上海公報》不是說了這個話嘛！中美關係的改
進，不僅有利於中美兩國人民，而且有利於世界各國嘛！這一點同樣

適用於中日接近。《中美聯合公報》上還講，中美兩國都不在亞洲和太平洋地區謀求霸權，也反對別的大國在亞洲和太平洋地區謀求霸權。這個話在《中美聯合公報》上講了，所以，中日友好也是一樣嘛！另外，田中首相在促進日中邦交正常化協議會開幕式上發表的十點和後來大平外相的六點都講到，日中友好並不反對第三國。拿這個道理跟美國去講，它也無話可說。」

周總理還給日本出主意說：「美國最多說你把速度放慢一點。但這也可以回答它嘛！中美關係隔絕了 20 多年，你去年那麼快地同中國會談，也沒有跟日本打一個招呼嘛！日本作為一個獨立、主權國家，也一樣可以做嘛！只要日本做的事不反對美國，美國也不會反對的。快一點或慢一點，只是就彼此促進而言。美國總統要跟中國關係正常化，這在《中美聯合公報》上寫了嘛！所以，這不發生根本問題，是可以說得通的。」

8 月 19 日，周總理親自聽取孫平化的訪日彙報，掌握了關於田中決定訪華的最新情況。

8 月 20 日晚 6 時至 8 時，周總理在人民大會堂新疆廳會見日本中國文化交流協會的朋友，繼續做工作。他們是理事長中島健藏和夫人、白石凡、宮川寅雄、清水正夫、白土吾夫、後藤淳和夫人。周總理說：「田中角榮首相感謝日本在野黨和議會為日中復交鋪平了道路，諸位也在內。所以說，他很會講統一戰線，和佐藤榮作大不相同。」

周總理還說：「很有意思的是，日本社會上極右的人和極左的提的口號一樣，說實現『三原則』，應公開取消《日台條約》，不然就不徹底，就是假復交。還有假復交，真復交？那我們現在和西方國家的外交關係到底是假的，還是真的？那些國家是資產階級管理、領導的嘛！你只能和他們建交，還是真的，不是假的。」

周總理指出，對有極左思潮的朋友，可以幫助、說服他們。他們思想不對頭，不懂得分析，我們會分析就行了。如果說等到日本人民

掌權才能建交，我們要等到哪一天？建交只能同掌權的人來談，人民外交那是另一個範疇的事。

周總理特別強調邦交正常化後民間外交的重要性。他說：「我們中日兩國如果交換大使，大使館的工作要和民間加以區別才好。民間還可以直接來往，並不是都經過使館。你們日中文化交流協會，我們中日友協，還要繼續存在，而且工作還會更多。」

8 月 23 日，周總理在人民大會堂會見由田實涉、藤野忠次郎、古賀繁一、坂牧弘康、德弘康雄、團野廣一、小久保郁郎組成的日本三菱企業集團代表團，進行了親切的談話。他說：「田中首相要加緊實現邦交正常化，日本的興論幾乎完全一致表示支持。你們支持田中首相支持對了，我們邀請你們來訪也邀請對了。只覺得我們相逢為時太晚。」從而對中日邦交正常化即將實現，中日經貿來往更加擴大，表示了自信。

第四節　親自部署接待和談判的準備工作

周總理在促成田中下決心訪華的同時，親自指揮部署接待和談判的準備工作。從 8 月份開始，他指示成立了政治談判和接待兩套班子，並臨陣指揮，做了充分的準備，為田中順利訪華和政治談判的順利進行創造了條件。

為籌備田中訪華接待事宜，外交部於 1972 年 8 月 18 日上呈中央一份報告，建議成立一個由外交部抓總、由有關各方面負責人參加的接待工作領導小組，下設秘書組、安全組、電信組、新聞組、廣播電視組、總務組、專機組、禮賓組等 8 個組。

上述建議經中央批准後，領導小組於 8 月 24 日下午召開了第一次會議。會上，首先由外交部韓念龍副部長宣佈業經中央批准的領導小

組成員和各組組長名單，並通報了日本外務省要求在 8 月底派先遣組來華商談田中訪華事宜的有關情況。接待工作領導小組組長符浩談了接待先遣組及與其磋商的設想，並進行了具體的研究。根據日方要求，準備分禮賓、安全、新聞報道、電信、專機、電視轉播等 6 方面，與對方商談。

關於接待方針，周恩來總理在《邀請日本國際電報電話公司代表來京商談北京 —— 東京電視傳輸問題的請示》上批示：「一切應按接待尼克遜總統的原則、規格和手續辦事，不許超過。」

9 月 12 日上午，接待田中訪華領導小組又開會檢查各項準備工作的進展情況和問題。對日方非常重視的安全工作，前一段主要是在有關人員中進行思想教育。當時，中央批准下達了一個有關田中訪華的內部宣傳提綱。符浩組長強調各組要組織認真學習，深刻領會。對機場、主要交通幹線和新聞記者下榻的民族飯店的安全工作已做好部署規劃，並在田中來訪前夕，利用一個晚上進行演習。為確保安全，北京市於 9 月 9 日進行了一次戶口清查，收容了 900 多人；開始控制外地來京人員；大力整頓交通秩序、社會治安和城市環境工作。

9 月 12 日前，日方海運和空運來京的設備已全部到達，並開始安裝。

選定了 6 部擬對日本來賓放映的電影：《南京長江大橋》《紅旗渠》《針刺麻醉》《出土文物》《考古新發現》《紅色娘子軍》。還決定舉行中日工藝美術展。

鑒於自 1894 年以來的半個多世紀內，日本軍國主義多次對中國發動侵略戰爭，使中國人民遭受深重的災難；戰後 20 多年來，日本的許多屆內閣又一直頑固執行追隨美國、敵視中國的政策，部分群眾中存在着仇日情緒，對邀請田中訪華的意義不夠理解，周總理指示外交部起草了一份《關於接待田中首相訪華的內部宣傳提綱》。

9 月初，他在審閱這份《提綱》時，在《提綱》中加寫「中日邦交

恢復後，在平等互利、互通有無的原則基礎上，進一步發展中日經濟交流。我們同日本幾個大財團的貿易會有所增加，我們同日本中小友好商社的來往也將繼續保持。所有這一切，都是符合中日兩國人民利益的。」

9月5日，周總理親自草擬中共中央轉發上述《提綱》的通知，要求各級黨組織「好好學習《提綱》」，做切實的宣傳和解釋，特別是北京、上海、天津、廣州等18個城市和郊區，要在20日前「做到家喻戶曉」（田中首相定於25日到訪）。

由於工作做在前頭，對廣大幹部群眾深入地反覆地進行政治動員和思想教育，對直接參加接待的工作人員召開了動員大會，舉辦了各種類型的學習班，特別對親屬被日寇殺害、民族仇恨較深的人員，進行了認真、細緻的工作。田中一行訪華順利，所到之處都受到尊重與歡迎。

第五節　會見田中特使古井喜實

9月9日，古井喜實作為田中首相的密使，偕田川誠一、松本俊一乘戰後首次直飛包機到達北京。那天秋高氣爽，萬里無雲。機上載有給中國的黑猩猩。田川先生捧着松村謙三、高碕達之助兩位先人的遺像從艙梯上默默走下來。第二天上午，古井一行拜訪廖承志，向廖說明了日本方案的要點，並徵詢了廖的意見。

關於復交方式，古井說，希望採取發表聯合聲明的方式，這樣日本就無須通過國會批准。關於聲明的內容，古井說，正文前面應有前言，前言要明確規定三件事：第一，表示對過去的戰爭進行反省；第二，寫明邦交正常化是兩國人民的願望，是為亞洲與世界的和平做出貢獻的宗旨；第三，要表達兩國的社會制度不同，應相互尊重各自的

立場與和平共處這一原則立場。

關於正文，古井說，第一，雙方表明結束戰爭狀態；第二，立即建立外交關係，並儘快互換大使；第三，發表聯合聲明的同時，斷絕日台之間的外交關係，即日本政府對日台條約要以某種適當方式明確宣佈廢除；第四，今後通過外交機構締結和平友好條約等。

廖承志聽後說：「日本的想法我明白了。我個人基本上沒有疑義。我將立即向毛主席和周總理彙報。」

9月10日下午，古井單獨約見中方人士，交來《日本國政府和中華人民共和國政府關於日本國和中華人民共和國邦交正常化的聯合聲明（草案）》，其中包括：「日本國政府和中華人民共和國政府在此確認日本國和中國之間的戰爭狀態已經結束」；「日本國政府承認中華人民共和國政府是中國的唯一合法政府」；「（中華人民共和國政府重申台灣是中華人民共和國領土不可分割的一部分，日本國政府充分理解並尊重中華人民共和國政府這一立場）」；「日本國政府和中華人民共和國政府同意應該遵循互相尊重主權和領土完整、互不侵犯、互不干涉國內問題、平等及互利以及和平共處的各項原則，在持久的基礎上確立兩國間的和平而友好的關係。與此相關聯，兩國政府確認，日本國和中國相互尊重對方在不受任何外來干涉的情況下，選擇政治、經濟和社會制度的固有權利；兩國根據聯合國憲章的原則，在相互關係上，用和平手段解決一切爭端，而不行使武力威脅或武力」；「日本國政府和中華人民共和國政府認為，兩國的任何一方都不應在亞洲和太平洋地區謀求霸權，每一方都反對任何其他國家或國家集團試圖建立這種霸權的努力」；「（中華人民共和國政府宣佈，為了日中兩國人民的友好，對日本國不提出任何有關兩國間戰爭的賠償要求）」；「日本國政府和中華人民共和國同意，為了鞏固兩國間的和平友好關係，發展兩國間將來的關係，通過外交途徑進行談判，以便締結和平友好條約和通商、航海、航空、漁業等各領域的各項必要的協議」。

　　古井就上述草案的內容説明道：「……關於台灣問題，括弧內的內容應是中國方面表述的條款，冒昧地作為草案內容提了出來。這個問題是迄今議論最多的要害問題，姑且先不説這樣寫好不好，但日本政府認為這個問題不要作為「默契」，而以「公開」為好。日本政府之所以如此表述是因為：1. 日本已經放棄了台灣，對於放棄了的（台灣）再言其歸屬問題，作為日本的立場來説是過分了；2. 儘管通過日中復交，《日美安保條約》中的台灣條款成為一紙空文，但目前仍具有其形式。如正面講，就直接涉及《日美安保條約》的遠東適用範圍，從而發生必須修改安保條約的問題。正如貴方所知，日美關係微妙，從目前的日美關係來看，還做不到這一點。因此，採取了這種間接的表述方法，以『理解』和『尊重』中國的立場，來表明確認台灣是中國的。」

　　古井接着説明道：「關於賠償問題，由日方草擬此條文是冒昧的。但由於日方已從公明黨那裡了解到中方的想法，也看到了相關的資料，所以暫且草擬了案文，加了括號。」

　　我方人員問古井：「今天上午你向廖承志説明的日本政府的聲明草案綱要中，提出中日復交後，日本將與台灣斷交，並以適當形式表明《日蔣條約》已消亡，這是否要寫進兩國政府聯合聲明？」

　　古井做了否定的回答，他説：「這個不寫進聯合聲明，而將由日本政府以適當形式，可能是以政府聲明形式加以宣佈。日本政府明確地認為而且已多次公開表示，只要與中國恢復邦交，就不能同台灣繼續維持外交關係。如果把同台灣的關係拖到以後去解決，不知會出現甚麼不測的情況。所以，日本政府的想法是，在這次同中國舉行首腦會談時，就乾淨利落地處理同台灣的關係，這是日中建交的要害問題。如日方在這個問題上不下決心，是談不上與中國建交的。」

　　9 月 12 日，周總理宴請古井並與其會談。周總理首先説，聯合聲明要表明中日邦交正常化不是排他的這一宗旨；第二點，日方對於結束戰爭狀態的表述，與中方的想法不吻合；第三點，周要求日方對「復

交三原則」表示總的態度；第四點，周說，對於廢除《日台條約》問題，可同意日本政府所提由日方採取單方面措施的想法，但中方想知道日本政府何時、何地、用甚麼形式表明。

第六節　三次會見自民黨訪華團

9月14日，小坂善太郎率領的日本自民黨訪華團抵達北京。為避開小坂團，以利保密，中方特安排古井等三人於當晚去東北旅行。

小坂善太郎為團長的自民黨代表團，是田中首相為消除執政黨內部的阻力，讓他們「接受教育」而派遣的。周總理深知田中首相的用意，對該團來訪十分重視，給予高規格的禮遇，三次會見他們，暗中幫助田中做工作。

第一次會見是9月18日下午在人民大會堂東大廳舉行。郭沫若、姬鵬飛、廖承志、韓念龍、王國權等陪同會見。周總理同全團成員一一握手寒暄，鄭重表示歡迎之意。他環顧各位之後說：「應該歡迎你們。你們是第一個來中國訪問的自由民主黨代表團，是正式的代表團，是在你們田中角榮閣下擔任了新的總裁後委派的代表團，所以特別值得歡迎。」

周總理在談話中高度評價了田中首相在7月7日就任首相當天的內閣會議上關於「在外交方面要加緊實現與中華人民共和國的邦交正常化」的談話，說：「田中首相在『七七』盧溝橋事變那一天，勇敢地講出了這句話，這樣就揭開了中日關係歷史上的新篇章。」

接着，周總理又說：「今天是『九一八』，就是41年前的『九一八』。你看，現在我們握手言歡了。這是不是可以說改變了歷史？」大家鼓掌，大廳裡頓時活躍起來。

周總理加重語氣說道：「這是歷史性的轉變！」「這些事發生在同

一時代，是中日兩國歷史上新的一頁。」會見廳裡又爆發出一陣熱烈的掌聲。

周總理在這三刻鐘的會見中，談到了中日兩國兩千年的友好來往，也談到從甲午戰爭到二戰結束 50 年間日本軍國主義對中國發動的侵略和戰爭，引用「前事不忘，後事之師」的中國古訓，強調「這樣的教訓不應忘記」。

小坂團長表示完全同意周總理的看法，說：「日本有一句話叫作『前車之覆，後車之鑒』。」周總理馬上表示稱讚，說：「中國也有這樣的成語。你這句話講得好！」

賓主雙方談興正濃時，周總理看了一下手錶，便對小坂團長說：「對不住，因為我現在要到機場迎接伊朗王后和首相，所以不能繼續談了。但是今天晚上邀請你們參加宴會，包括記者在內，請你們吃北京烤鴨。」

晚宴結束後，已是晚上 9 時 20 分。周總理和廖承志、韓念龍、王曉雲在人民大會堂新疆廳，又同小坂善太郎等五名代表團主要成員舉行小範圍會談。

周總理在這次談話中，針對日方的一些疑慮，交了一個底。他說，田中首相、大平外相來了總可以談得通的，因為他們都表示充分理解中國所提出的「中日復交三原則」的立場。有了這麼一個理解，中方就會照顧日方遇到的某些困難。

小坂等人聽後高興得拍起手來。在座的鯨岡兵輔議員說：「我聽到周總理的這席話感到非常高興。這樣一來，以小坂先生為首的訪華團的目的也就達到了。」

為使日方放心，周總理進而表示：「田中首相下決心到中國來訪問，談判解決中日邦交正常化問題，一定會建立起中日睦鄰友好關係。我們相信，成果會是豐碩的。」

晚 10 時 30 分會談臨結束時，小坂團長一再表示感謝，說：「這次

見到周總理，使我們更加堅定了信心，我們一定要協助田中首相完成歷史性的事業。」

9月19日晚，周總理又在原定日程之外，第三次會見小坂一行。周總理對他們說道：「我把你們請來是臨時定的，本來沒有準備再見諸位，但是，為了中日邦交的恢復，為了中日友好的增進，工作還得做，只好不怕麻煩。」

接着，周總理詳細地說明了這次緊急約見的緣由。他說：「我今天見諸位是椎名先生把我動員來的，因為椎名悅三郎昨天在台灣公開宣稱，自民黨日中邦交正常化協議會9月8日決議前言中所說的維持和台灣的關係，包含外交關係。」周總理嚴肅指出：「如果是這樣的話，我們多次見面、會談，不是等於無效了嗎？」

事情的起因是這樣的：9月17日，自民黨副總裁椎名悅三郎作為日本政府特使去台灣解釋日本對華政策，在台北遭到示威群眾的猛烈反對。椎名一行在從機場去下榻的圓山大飯店的路上，不斷遭到襲擊。椎名說，他一跨出飛機艙門，就被幾百名趕到機場示威的粗野的群眾包圍起來；寫有「椎名滾回去」的標語牌密密麻麻，口號聲、辱罵聲猶如雷鳴，石塊、雞蛋朝車子飛來；有人向他的車子吐唾沫，有人用腳踢；有的車子擋風玻璃被棍棒打碎，停在那裡動彈不得。

這個椎名在台灣與「行政院長」蔣經國會談，迫於壓力而宣稱：「日中邦交正常化的談判是基於自民黨的決議。關於同中華民國的關係，包括外交關係在內，原來的各種關係都將維繫下去。」

9月19日，周總理獲悉這個消息當晚，會見小坂一行，重申中方在台灣問題上的立場「絕無改變的餘地」。

周總理嚴厲駁斥了田中首相特使椎名悅三郎擅自在台灣發表的「日中復交後可繼續維持同台灣的外交關係」的謬論，說：「椎名對大平外相所說『沒有一個國家在同中國實現邦交正常化的同時承認國民政府』妄加解釋，說甚麼『那是邏輯上的歸結，政治上還沒有決定』，把

邏輯和政治分家了，我不懂得這是甚麼邏輯。」

　　為防止日方在原則問題上立場後退，提高全團的認識，周總理重申了中國在台灣問題上的原則立場，強調說：「田中首相組閣第一天就表示要加緊實現邦交正常化。田中、大平先生都多次說過，田中政府充分理解中國對恢復『日中邦交三原則』的立場。田中、大平先生還說，如果日本和中國建立了邦交，就不可能同時和台灣維持外交關係，因為世界上沒有一個國家如此。這不僅是邏輯的必然，而且是政治的必然。我們本着這個立場，所以歡迎、邀請田中首相訪問中國，談判解決日中邦交正常化問題。」「昨天我們談了以後，今天出了這麼一個曲折，我們要把我們的立場再次說清楚。」

　　小坂和在座的議員們聽了周總理的談話後紛紛表態，表示，全團都認為，日中邦交恢復後，日本不能同時還和台灣保持外交關係，說：「田中首相的為人完全是可以信任的，只要田中首相來了，你們通過和他充分的交談，一定可以得出明確的結論。」

　　周總理特意提到椎名在台灣被打的消息，說：「這是蔣經國搞的雙簧，這也是歷史轉變，就是說誰歡迎田中首相新的對華政策？是 7 億中國人民；誰反對田中首相的日中邦交正常化政策？是台灣的少數頑固分子。這是很好的現實寫照。」

　　這次會見從晚 10 時 20 分起持續了一個小時。會見結束時，小坂團長握着周總理的手說：「我保證一定守信用。」外務省中國課課長橋本恕則表示，回國後一定要把周恩來總理的談話內容如實地向田中首相、大平外相轉達。

　　在回飯店的車上，小坂團長對中方人員表示：「今晚周總理再次接見我們，澄清了中國對椎名發言的立場，很有好處。椎名的發言，使團內成員又有機會發表意見。結果，團裡的意見更明確、更集中了，這是好事。俗話說：『雨後地固』，今天我們頭上下了大雨，倒使我們的立場更堅定了。請中國朋友不必擔心，椎名的發言絲毫不能動搖田

中首相訪華並實現邦交正常化的方針。」

　　小坂回飯店後，立即向日本記者發佈消息。他說：「周總理今晚對椎名在台灣的講話發表了強硬意見。對此，我們表示：實現日中邦交正常化後，不能繼續維持同台灣的外交關係是理所當然的，我們是基於這種認識來推動邦交正常化的。」

第七節　凌晨再度會見古井喜實

　　同日，周總理會見小坂團後，於午夜 0 時 15 分至 20 日凌晨 2 時 10 分單獨會見古井，就他受大平外相之託，帶來的日方準備的聯合聲明草案，再次闡述了中方的見解，內容比上次更加具體。周總理說完後，表示要負責整理成使雙方都能接受的文件。

　　會見在人民大會堂接見廳舉行。周總理向古井介紹了以小坂善太郎為首的自民黨訪華團同中方進行政治會談的情況，並交一份廖承志的發言稿請古井看。周總理說：「17 日晚，小坂先生同廖承志同志會見，小坂明確聲明，協議會的前言部分所說『應該照顧同台灣的既往關係』，不包括外交關係。所以，我 18 日才見了他們，並對他們說，在日本政府充分理解中方『復交三原則』的基礎上，我們可以照顧日本政府面臨的困難。但如果把照顧日本政府的困難擺在前面，就是本末倒置，就談不上中日建交了。」

　　周總理還把椎名在台灣偽國大代表懇談會上聲稱維持同台灣的既往關係中包括外交關係這一內容告訴古井，並問古井的看法。古井表示，椎名為甚麼這樣說他無從判斷，但他確信，田中、大平訪華的決心沒有改變，既然要搞日中邦交正常化，就勢必同台灣斷交。

　　在這次會見中，周總理就古井受大平之託帶來的日方準備的聯合聲明草案發表了意見：「前言三點，大體可用，文字待雙方會談時酌

定；正文八條，我們也基本同意，但對結束戰爭狀態的提法，對恢復中日邦交三原則的表態以及如何表明斷絕日台關係等三點，雙方還有距離，某些文字也還有待進一步斟酌。所有這些，可在兩國政府首腦會談中進行磋商，求得圓滿解決。」

早在佐藤首相下台和田中出任首相前後，周總理就一直通過中日備忘錄貿易渠道，了解日本政局的變化，因勢利導，推動中日關係正常化的進程。古井先生1972年5月訪華時，周總理曾通過他向日方發出一個信號：只要日本不是耍嘴皮，而是從根本上下定實現邦交正常化的決心，中方將採取靈活態度。周總理的會見消除了古井的疑慮，增加了他促進邦交正常化的信心。此後，他通過與大平外相的頻繁溝通，在日中邦交正常化問題上，起到了田中內閣高級顧問的作用。

田中組閣時，非要大平當外相不可，大平派內部主張讓大平拒絕當外相，而當幹事長。為此，組閣工作拖後一天。最後，大平自己決定出任外相，這背後有古井的工作。

古井曾勸大平：「日中復交的大事已迫在眉睫，總得有人來做嘛！只有你最合適了。也許會栽跟斗，但這是為了日本啊！難道政治家不應該這樣做嗎？」

大平下決心接受外相職務時，對古井説：「咱們同心同德地幹吧！」

古井説：「既然上了船，就要同舟共濟。對我來説，完成日中復交的大業是我的宿命。咱們一起幹吧。」

這樣，田中新內閣誕生，三木武夫以副首相身份入閣，大平任外相，中曾根康弘也入閣，組織上做好了日中邦交正常化的準備。古井建議，首先應將日本要實現日中邦交正常化的想法公佈於眾，於是，就有了田中內閣在7月7日組閣當天的表態。

9月9日，古井受田中內閣之託，再次訪華，帶來了日本政府關於復交聯合聲明的初步方案。

12日和19日至20日，周總理兩次會見他，高度評價他暗中發揮

的作用，並針對日方的方案闡述了中方的立場。

9 月 20 日，中日雙方同時發表關於田中首相應邀訪華的公告。

23 日，古井返回東京，翌日，即田中首相一行啟程訪華的前一天，向大平外相詳細彙報了周總理兩次談話的內容。大平通過古井的彙報，具體地了解了周總理的想法，便和田中首相商量進一步修改日方方案的問題。

第八節　高度的原則性和靈活性

關係正常化談判之所以進展順利，一氣呵成，毛澤東主席和周恩來總理功不可沒。當時，日本的《朝日新聞》社長廣岡知男曾說：「日本應趁毛主席和周總理健在時，抓緊實現邦交正常化，否則，就會錯過機會，不知會推遲到何時。」

這是因為，廣岡作為發行量世界第一的報人，一方面深知日本對中國欠賬之多，對日中關係正常化需要解決的難題有充分的了解；一方面又看到毛主席和周總理對實現邦交正常化極大的誠意和對日本寬宏大量的態度。

事實表明，中國方面在實現邦交正常化問題上，的確表現出極大的誠意，為照顧日方的困難，在堅持原則的前提下，顯示出最大的靈活性。這從田中首相抵達北京之前，黨中央批准的外交部起草的《政治會談方針》就看得很清楚。《方針》稱：「着重解決關於兩國邦交正常化尚有分歧的實質性問題。既要堅持原則，又要注意策略，通過會談，使日方做出同台灣斷交的明確保證，對廢除《日台條約》，找出一個合理的、雙方都能接受的解決辦法，達成建交協議，發表聯合聲明。」

對此，時任外交部部長的姬鵬飛先生在中日復交二十周年時回憶當時的情況，作了很好的詮釋。

首先，他指出周總理對中日復交工作「抓得非常緊」，原因是周總理「深知中日建交的時機就國內外來講條件都已成熟，必須抓緊，否則一縱即失，不知要推遲到何時」。

關於「國內外條件成熟」，姬外長指出以下幾點：

(1) 1971 年 9 月 13 日林彪摔死在溫都爾汗之後，「文化大革命」出現轉機，國內形勢發生了一系列變化。

(2) 尼克遜於 1972 年 2 月訪華，在國際上造成衝擊，日本首當其衝。日本國內要求與中國復交的輿論佔了上風，給佐藤內閣造成很大壓力。

(3) 1972 年 7 月，田中角榮當選首相，立即宣佈要加緊實現日中邦交正常化。

關於原則性和靈活性的關係問題，姬外長披露了周總理 1972 年 8 月接見一位兄弟黨領導人時的一段談話，內中強調與外國當權派來往「既要有原則性，又要有靈活性。必須有原則性，才能允許可能範圍的靈活性」。

這個思想體現在中日復交談判中，主要有以下幾點：

(1) 堅持在「一個中國」的原則下處理台灣問題。強調「只有在你們承認我們提出的『復交三原則』的基礎上，才能照顧你們面臨的一些困難」，而不是相反。不承認《舊金山和約》和《日台條約》的合法性，在此前提下，同意日方用「一俟日中關係復交，《日台條約》就自然失效」，「日台的外交關係不能維持」的方式與台灣斷交、廢約，同意《中日聯合聲明》中可以不提「斷交、廢約」的字眼。

(2) 在歷史問題上，指出「日本帝國主義的侵略使中國人民遭受重大的損害」，不能接受日方「添了麻煩」的表態，最後落實到《中日聯合聲明》上的文字是「日本方面痛感日本國過去由於戰爭給中國人民造成的重大損害的責任，表示深刻的反省」。

(3) 關於放棄戰爭賠償問題，在談判中嚴厲駁斥了日外務省條約局長

所謂「蔣介石已在《日台條約》中宣佈放棄要求賠償的權利，所以在這個聲明中就不必再提放棄賠償問題了」的説法，堅持把「中華人民共和國政府宣佈，為了中日兩國人民的友好，放棄對日本國的戰爭賠償要求」載入了《中日聯合聲明》的正文。

(4) 關於結束戰爭狀態問題，不同意日方關於「戰爭狀態已經結束」的説法，找出了一個雙方都能接受的靈活處理方法，即不明確説戰爭狀態何時結束。

(5) 在《中日聯合聲明》中不提及《日美安保條約》，照顧日方「不損害」日美關係的要求。

姬外長指出，由於周總理強調「從政治上來解決一些歷史問題，不要拘泥於法律條文」，「由於政策明確，方法得當，從 7 月 7 日田中組閣起，只用了 81 天的時間，就在北京簽署了《中日聯合聲明》，宣告中日之間不正常狀態結束，真是迅雷不及掩耳，不僅大大出於美蘇的意料，而且為世界各國觀察家歎為觀止。他以高度的原則性和靈活性相結合，辦事縝密周到，無可挑剔，令人折服」。

外交談判中，原則性和靈活性皆不可少，抓住時機也極為重要。不講原則，喪失原則，無原則地妥協、退讓，勢必喪權辱國；而沒有適當的靈活性，立場僵硬，毫不考慮對方的處境，則可能使談判曠日持久，徒勞無功，且貽誤時機，把本來可以到手的鴨子放跑了。

周總理不僅抓住時機，促成中日復交談判，而且在他主持的復交談判中，做到了原則性和靈活性的高度統一，也體現了「處理國家關係，妥協必不可少」的務實態度，主要表現在從政治上而不是從法律角度入手，用雙方都能接受的處理方式，就結束戰爭狀態問題、戰爭賠償問題、日台關係問題和復交方式等問題取得一致，從而排除了復交談判中的幾大障礙，迅速達成復交大目標，實現了雙贏，堪稱一部外交傑作。

第九節　放棄戰爭賠償的決斷

　　至於放棄戰爭賠償問題，這是毛澤東、周恩來出於高度的政治判斷作出的決定，也是當時的中共中央政治局常委討論同意的。周恩來曾經説過，關於放棄對日戰爭賠償問題，這也是鑒於歷史教訓和從中日關係的大局考慮的。此事不是個人的意見，是毛主席和黨中央作的決定。

　　首先也是最主要的考慮是，不加重日本人民的負擔。1955 年 11 月，周恩來會見日本前首像片山哲、日本工會總評議會主席藤田藤太郎為正副團長的日本擁護憲法國民聯合會訪華團時指出：提出戰爭賠償的要求是中國人民的權利。不能設想中日戰爭狀態還沒有結束，中日邦交沒有恢復，不提出要求；不能設想在亞洲所遭受戰爭災害的菲律賓都提出了賠償問題時，而中國人民不要求。但日方如果提供賠償，則無論如何這一負擔最終將落到日本人民身上。中國人民曾長期遭受外來干涉，向列強支付過巨額的賠償，對戰爭賠款的重負有着切身的體會，因而深知巨額戰爭賠款對於日本人民意味着甚麼，我們懂得這個痛苦……我們不願把這種痛苦加在別人身上。因此，中國共產黨和中國政府在 50 年代就決定，從中日兩國人民世世代代友好下去的長遠利益出發，放棄向日本索取戰爭賠款。周恩來解釋説：中國政府之所以不向日本索取戰爭賠款，是因為社會主義中國不會僅僅依靠外力（日本賠款）進行經濟建設。

　　周恩來不止一次地向日方説過，戰爭賠償最終是要日本人民來負擔。中國人民飽嘗過戰爭賠償的苦頭，庚子賠款直到中國解放也沒有完全付清。中日建交了，既然兩國要真正友好，我們就不能讓日本人民反而增加經濟負擔，遭受中國人民曾長期吃過的苦頭。中國人民、日本人民都是侵略戰爭的受害者，日本人民是無罪的，要吸取歷史教訓，在新的基礎上發展中日兩國人民友好。

1972 年 7 月 27 日即田中首相訪華兩個月前，周恩來會見田中首相特使、公明黨委員長竹入義勝時，就請他向田中傳話。周恩來表示，為了不增加日本人民的負擔，為了兩國人民的友好，中國不要求賠償。他講到中日甲午戰爭和八國聯軍侵略中國後，中國割地賠款的沉痛感受，説日本侵華戰爭是少數人惹出來的，不應該讓人民來負擔。

同年 10 月 6 日即《中日聯合聲明》發表後的第七天，周恩來會見陳焜旺、梅子強等 40 多位台灣同胞、旅日旅美華僑、美籍華裔代表時説：「賠款不能要。我們自己吃過賠款的虧的。甲午戰爭，中國賠款兩億兩白銀；庚子事件，中國賠款四億五千萬兩，直到抗日戰爭還沒有賠完。鑒於這個教訓，毛主席説，賠款要不得，要了賠款會加重日本人民的負擔。雖然半個世紀來日本欺負我們，但現在平等了，我們和日本人民友好，才能使他們起變化。」

第二是借鑒歷史教訓，以第一次世界大戰後德國的賠償為例，認為索要戰爭賠款效果並不好。就在 1955 年 11 月，周恩來會見日本前首像片山哲、日本工會總評議會主席藤田藤太郎為正副團長的日本擁護憲法國民聯合會訪華團時，周恩來指出：「中國人民沒有忘記第一次世界大戰後，德國與法國等國家之間因巨額戰爭賠款而產生的矛盾日益激化，最後孕育出納粹這一怪胎和德國成為戰爭策源地的歷史教訓；把上一代人所犯罪惡的後果，讓無辜的後代年輕人長期承擔，是不合適的；索取戰爭賠款，不一定能真正懲罰軍國主義勢力，反而會加重日本人民的負擔；如果放棄索賠，卻能夠教育廣大日本人民。總之，從中日友好的大局出發，放棄索賠更符合中日兩國人民的長遠利益。」

第一次世界大戰結束後，戰勝國英、法、美、日、意與戰敗國德國於 1919 年 6 月 28 日在巴黎西南郊的凡爾賽宮簽訂《凡爾賽和約》（正式名稱為《協約和參戰各國對德和約》）。該和約以懲罰和削弱德國為目的，對德國提出了多項苛刻的要求，其中包括向美、英、法等國支付巨額賠款的內容，規定在 1921 年 5 月 1 日之前，必須支付相當於

200 億金馬克的賠償，還規定在 1921 年 5 月 1 日之前，由戰勝國組成的索賠委員會對後 30 年德國應付賠款總額做出決定。德國按照和約的規定支付了部分賠償，結果更記恨接受賠償的國家，導致復仇主義肆虐，又挑起了戰爭。中國希望與日本世世代代友好下去，不希望因賠償問題留下禍根。

第三是為了掃除中日邦交正常化的障礙。田中首相上台後不久，就很快下決心訪華，這與接到周恩來總理關於放棄戰爭賠償要求的傳話，了解了中方在這個棘手問題上的立場，吃了定心丸，大有關係。

周恩來說：「在中日復交前，台灣的蔣介石已經先於我們放棄了對日戰爭賠償要求，共產黨的度量不能比蔣介石還小。」其實，蔣介石在抗日戰爭結束之初，曾有過對日索賠的打算，並曾派出代表，按照美國政府 1946 年 3 月制定的《臨時賠償方案》和「先期拆遷」計劃，就中國應分得的份額，進行過多次交涉，還派出專家前往日本拆遷分得的機器設備。只是由於美國政府於 1949 年 5 月 13 日取消了「先期拆遷」計劃，停止執行日本對各盟國的賠償，後又指使日本與台灣當局締結和約，蔣介石以台灣當局放棄索賠和日本承認台灣當局為「代表中國的合法政府」為交換條件，才在 1952 年與日本簽訂的《日華和約》中宣佈放棄賠償要求的。蔣介石的所作所為，不過是送順水人情，正如周恩來所說，是「慷他人之慨」，當然不能算數。因為蔣介石集團與日本簽約時，已經躲到台灣，完全無權代表中國政府和人民。從中華人民共和國政府的立場來說，蔣介石集團宣佈放棄賠償是非法的、無效的，絕不能承認。

但對日本政府而言，《日台和約》畢竟是一段外交史，讓它從正面否定，十分困難。周恩來總理正是在這種情況下才表示：「在這個基礎上，我們可以照顧日本政府面臨的局部困難，這是我們對你們的友好態度的回答。」但在談判過程中，周恩來曾嚴厲批判日本外務省條約局長高島益郎關於「沒有必要把放棄賠償寫進《中日聯合聲明》」的說法。

周恩來指出：「當時，蔣介石已逃到台灣，他不能代表全中國，是慷他人之慨。遭受戰爭損失的主要在大陸。我們放棄賠償要求，是從兩國人民的友好關係出發，不想讓日本人民因賠償負擔而受苦。你們條約局長對我們不領情，反說蔣介石已說過不要賠償，這個話是對我們的侮辱，我們絕對不能接受。日本外務省的條約局長居然說出這種話來，使我們感到吃驚。我們在『復交三原則』的基礎上照顧日本的困難，日本也應照顧我們的立場。」這樣，根據中方的意見，把中國政府宣佈放棄對日戰爭賠償要求的內容，列為雙方簽署的《中日聯合聲明》正文第五條。

談判的過程表明，中華人民共和國政府放棄對日戰爭賠償要求，是為日本人民的利益着想，是鑒於歐洲歷史上的經驗教訓，是充分考慮到中日關係中存在着歷史造成的台灣因素，照顧日方的實際困難，為排除談判障礙，而採取的靈活、務實的態度。具體做法是，從政治上入手，而不在法律邏輯上與之糾纏，從而掃除了復交談判的主要障礙，一舉實現邦交正常化的目標。

第四章

締結和約，關係大發展

《中日和平友好條約》從醞釀到締結，歷時六年多。其間，中日雙方各自國內的政局都發生了巨大變化。談判的決策者和執行者幾經轉換。中方的當事人先後有毛澤東、周恩來、華國鋒、鄧小平等領導人和姬鵬飛、喬冠華、黃華三任外長，日方有田中角榮、三木武夫、福田赳夫三屆首相和大平正芳、木村俊夫、宮澤喜一、小坂善太郎、鳩山威一郎、園田直六任外相。

締結《中日和平友好條約》是周總理徵得毛主席同意後，在中日復交前就明確提出的主張。

周總理提出分兩步走，先復交，再締約，但不僅僅是締結和約，而是締結和平友好條約。主要考慮：一是為提升兩國關係，二是照顧日本的困難。

日方懇請中方理解日本的難處，要求以聯合聲明或聯合宣言形式實現關係正常化，而不是以締約方式，這樣可以不經國會批准。日方保證：一旦實現邦交正常化，《日台和約》自然失效，日台自然斷交。

周恩來總理正是在這種情況下才表示：「在這個基礎上，我們可以照顧日本政府面臨的局部困難，這是我們對你們的友好態度的回答。」

第一節　1974 年締約談判提上日程

中日邦交正常化揭開了中日關係史的新篇章，為發展兩國間各個領域的關係開闢了廣闊的道路。經過雙方的共同努力，在復交後的幾年裡，兩國政府簽訂了《建設海底電纜的協議》(1973 年 5 月)、政府間貿易協定 (1974 年 1 月)、海運協定 (1974 年 11 月)、中日航空運輸協定 (1974 年 4 月)、政府間漁業協定 (1975 年 8 月) 等許多實務協定，大大促進了兩國經濟關係的發展，兩國民間交往、科技文化交流也全面展開，呈現了友好合作的良好局面。

為了使這種友好合作關係在牢固的政治基礎上長期、穩定地發展，中日兩國政府根據 1972 年 9 月實現邦交正常化時發表的聯合聲明中「同意進行以締結和平友好條約為目的的談判」條款，於 1974 年把締約問題提上日程。

首先是復交後的第二年（1973 年）3 月，日本首任駐華大使小川平四郎赴任時，田中首相請他帶交周總理一封親筆信。信中說：「在當前的日中關係中，有根據《日中聯合聲明》第九條簽訂各種實務協定以及締結日中和平友好條約的談判問題。我願意通過這些磋商，扎實地擴大和鞏固日中關係的基礎。」

中日復交兩週年之際，中國外交部副部長喬冠華正式向日本外相木村俊夫提出了儘早締約的提案。日方接到這個提案後，很快做出了積極反應。

11 月，外交部副部長韓念龍應邀赴日簽訂《中日海運協定》時，與日本外務次官東鄉文彥就締約問題舉行第一次預備會談。這次會談氣氛很好，韓念龍提出了中方的初步設想：在條約前言中應明確肯定《中日聯合聲明》，條文中應包括和平共處五項原則、不訴諸武力、不謀求霸權並反對建立這種霸權的努力、發展經濟和文化關係等。為推動談判，韓念龍代表中方主動提出，在明確肯定和重申聯合聲明的情況下，台灣問題可不再提及。韓念龍還表示，釣魚島問題可以掛起來，不在締約時解決。日方對中方提出的條約內容設想表示願積極地予以考慮。據此，中日雙方都有不少人士認為締約會很快實現。

可是，到了 12 月初，日本政壇響起一聲霹靂：田中角榮首相因涉嫌洛克希德案辭職，三木武夫上台組閣。三木上台伊始就表示要促進《日中和平友好條約》的簽訂，說：「《日中和平友好條約》談判正在順利進行，談判一旦達成協議，想儘早請國會批准。」

這樣，中國駐日大使陳楚與日本外務次官東鄉於 1975 年 1 月 16 日在外務省次官室舉行了第二次預備會談，並達成了兩點共識：

(1) 即將締結的條約是保證兩國將來走向友好道路的、向前看的條約；
(2) 條約的內容以《中日聯合聲明》為基礎。

1975 年 2 月，雙方在上述會談基礎上，擬定並交換了各自的條約草案。

誰知日方一看到中方的草案，就像打開了潘多拉盒子一樣，退避三舍。後來，在日本外務次官東鄉文彥和中國駐日大使陳楚之間又舉行了十次預備談判，而且根據中日雙方協議，中方以外交部亞洲司副司長王曉雲為首，日方以日駐華使館參贊秋山光路為首，就《中日和平友好條約》的條文舉行了三次會談。

在上述談判之外，中日雙方還就締約事進行了一系列的接觸。

4 月 3 日，副外長韓念龍應邀會見日駐華大使小川平四郎。小川表示，到現在為止，除條約中是否寫入「反霸權」條款以外，雙方之間基本上沒有原則性的對立了。日方曾提出在繼續就霸權問題交換意見的同時，進入條約草案的談判，並得到中方同意，遂於 3 月 28 日提出了日方的條約草案。但是，中方至今尚未提出自己的草案。對此，日本政府領導人不理解是甚麼原因，甚至有人擔心中方是不是失去了談判的熱情。小川強調，現在促進日中兩國關係的潮流正在前進，應該趁機促進條約的談判，如果潮流變化，談判可能會遇到困難。

在這次約見中，小川一再表示，日本政府願意就霸權問題繼續交換意見。他探尋韓念龍對日方草案的印象，並追問中方是否準備在日方草案的基礎上進行談判，而不提出自己的草案。

韓念龍坦言以對。他表示，中日邦交正常化已經兩年半，我們應該在聯合聲明的基礎上發展、前進，至少不應該後退。霸權問題是《中日聯合聲明》已經肯定過的，是雙方原來的立場，我們不理解為甚麼日本政府不同意寫入條約。如果雙方在這個問題上取得一致，其他問題比較好商量。

韓念龍進一步指出，兩國邦交正常化以來，我們已經做了很多事

情，有助於兩國關係的發展。正是為了順應中日友好的潮流，進一步增進兩國關係，雙方都同意簽訂和平友好條約。但是在具體問題上，日本政府反而後退了，日方草案中根本沒有反對霸權這一條。我們沒有失去談判的熱情，但更重要的是談判的內容。

4月16日，副外長韓念龍會見日本外務省亞洲局局長高島益郎。高島說，行前三木武夫首相和宮澤喜一外相見了他，要他向中國政府轉告：他們強烈希望推動談判，爭取在日本國會5月25日結束前批准該條約，以進一步鞏固日中友好的基礎。

關於霸權問題，高島說：「日方繼續維護聯合聲明關於『霸權』問題的立場是堅定的，日方有一個印象，似乎中方認為日本從聯合聲明上後退了，我願意在此確認，日方的立場並未後退。」

他說，日本希望不在條約中寫進「霸權」條款，主要是不想刺激蘇聯。日本同中國和蘇聯現在都有着友好關係，希望同這兩國的關係都能不斷得到鞏固。蘇聯對《日中和平友好條約》的會談非常關心，特別是在「霸權」問題上，表現出異乎尋常的關心。中方認為這不足為慮，但是日本是個小國，同蘇聯還有各種問題，所以不想去刺激對方。日本與蘇聯的關係同中國與蘇聯的關係不同，希望中方理解日本的處境。關於「霸權」問題，希望雙方共同研究，找出一個解決辦法。

韓念龍表示，中方也同樣希望早日締結《中日和平友好條約》。現在雙方主要的分歧是要不要在條約中寫進「霸權」條款問題。這個內容在聯合聲明中已經有了，在和平友好條約中，實際上是重申。沒有想到日本政府會不同意，我們感到有些意外，也不好理解。高島局長提到日方有一個印象，覺得中方認為日本從聯合聲明上後退了。坦率地說，我們是有這個看法的。聽了你今天的解釋，也說明日方的立場是在後退。中日建交兩年半，理應在聯合聲明基礎上前進一步，可是雙方以前已經明確了的東西，如反對霸權問題，日方現在又不同意了，難道這還不是後退嗎？

　　韓念龍進而指出，反霸權問題是和平友好條約的重要條款，但這不針對第三國，所以不涉及刺激甚麼人的問題。《中日和平友好條約》是中日兩國的事情，第三國無權過問。蘇聯關心與否，我們用不着管它。日本並不是一個小國，你們有一億多人口，還是小國嗎？你們不應該遷就蘇聯。

　　4月21日，喬冠華外長會見高島益郎局長和日本駐華大使小川平四郎。高島向喬冠華轉達了三木首相和宮澤外相的5點口信：

(1)　兩國邦交正常化以來，日本一直採取以聯合聲明為基礎，發展兩國和平友好關係的方針，並認真按此原則處理兩國關係中的問題，務請中方不要產生誤解。

(2)　本着上述方針，日方切望早日締結和平友好條約，並希望爭取在本屆國會結束（5月底）之前提交國會批准，以免錯過時機。

(3)　目前雙方已同意在北京開始談判條文，日方準備視條文談判的進展情況，必要時派宮澤外相訪問北京，直接與喬外長會談，以便最後調整雙方意見。

(4)　關於如何處理「霸權」條款問題，對於中方的觀點，日方確信已經有所了解，但對中方是否已經了解日方的想法，沒有信心。坦率地說，蘇聯是甚麼樣的國家，日本是清楚的，但由於日中兩國的體制、力量和思想方法不同，對蘇政策也不同。日方始終堅信聯合聲明第七條（即「霸權」條款）是正確的，但無論如何也無法同意將其原封不動地寫入條約。

(5)　至今的談判過程表明，雙方不是在反對霸權上有意見分歧，而是對採取何種表達方式寫入條約，存在不同意見。因此，可以說是形式問題，希望雙方認真研究，務求早日達成協議。

　　喬冠華首先對宮澤外相有意訪華事表示：「宮澤外相以任何理由訪華我們都是歡迎的。」接着，他強調指出，希望早日簽訂《中日和平友好條約》雙方是一致的。關於「霸權」問題，希望雙方繼續努力，爭取

儘快達成協議。

喬冠華說：「我們認為，這是一個原則問題，在這個問題上我們是不動搖的。我們的態度可以歸納為兩句話：第一，《中日聯合聲明》第七條的兩層意思應該完整地寫進條約中去。第二，我們是彼此平等的國家，中國絕不會把任何東西強加給你們。如果達不成協議，只好暫時擱一下，中日照樣友好。」

喬冠華繼續坦率地說：「寫上這一條，對中國對日本都是有利的。中、日、美三國能在這個問題上有大體一致的想法，對亞洲、太平洋地區的和平與穩定也有好處。《中美上海公報》《中日聯合聲明》上有了的東西，就因為蘇聯人搞亂，就不能寫在條約上嗎？請三木首相、宮澤外相再考慮一下。其實日本不必太顧慮蘇聯的壓力，蘇聯欺軟怕硬。你做了，它也不會怎麼樣。」

小川大使說，他曾經報告日本政府說，中國既堅持原則，又殷切期望早日簽訂和平友好條約，但喬部長的談話使他感到中方的熱情減退了。

對此，喬冠華重申，我們的態度是積極的，但一定要簽訂一個有意義的條約，使我們的後代也能認為這個條約還不錯。為此，我們雙方都要繼續努力。萬一雙方不能取得一致意見，那麼，我們也不能強加於你們，只好把條約暫時放一放，你們再想一想，我們也想一想。

5月5日，何英副外長應約會見小川大使。小川轉達了日本政府對《中日和平友好條約》談判的妥協方案。關於「霸權」問題，妥協方案中說，日本政府準備在條約前言中以某種形式予以表達。

何英明確表示，應把聯合聲明第七條關於「霸權」問題的前後兩層意思完整地寫入條約正文中去。他說：「不論航空協定也好，海運協定也好，我們總是對日方持合作態度，凡是能照顧的，我們就照顧。但是，不能讓的原則問題是要對日本朋友講清楚的。」

5月5日，廖承志會見岡崎嘉平太。岡崎說，他來中國前會見了

三木首相，臨行前，三木又給他打了電話，實際上是首相的特使，只是因為怕引起新聞界的注意，怕外務省不高興，才沒有作為特使而來。他說，三木表示，一定要按《日中聯合聲明》去搞。岡崎說，對於當前日中之間的爭執，他有一個解決的辦法，就是把《聯合聲明》第七條反對霸權的全部內容，以重新確認聯合聲明的方式，原封不動地寫入條約的前言中。這樣，反對派就不好反對了，因為是原封不動地引用聯合聲明的條款。

岡崎後來透露，他的這個「辦法」其實是三木的主意，是三木讓他來試探中方的反應。岡崎還透露說，三木對條約談判遲遲無進展很着急，如不能在本次國會上通過該條約，將影響他的政治生命。所以，希望在 13 日回國前得到中方的答覆。

廖承志當即答覆說：「中國方面在這個問題上的原則立場是堅定不移的，已經由我國領導人一再表明過了。請岡崎先生回國後轉告三木首相，要拿出勇氣，做出決斷，早日締結《中日和平友好條約》。」這樣，岡崎此行只好無功而返。

5 月 12 日晚，韓念龍副外長會見小川大使，對日方提出的關於把反霸條款「以某種表達形式寫在前言裡」的方案和宮澤外相為簽約訪華問題，做了正式答覆。韓念龍說：「我們歡迎宮澤外相在他方便的時候訪問中國。但是，關於《中日和平友好條約》中的反霸條款問題，中國政府仍然主張應完整地，即把這一條款的兩層意思寫進條文裡。這一立場是不能改變的。」

5 月 23 日，小川大使約見喬冠華外長，轉告三木首相給周總理的傳話。小川說，他最近回國述職，在國內研究了簽約談判問題。為打開締約談判中出現的僵局，三木首相做了內容上的指示：

(1) 早日締結《日中和平友好條約》，鞏固日中建立永遠友好關係的基礎，是三木內閣的重要政策，這個方針沒有任何變化。

(2) 《日中聯合聲明》是兩國最高首腦達成的嚴肅的協議，應根據這一

重要協議進行談判。

(3) 因此，必須堅持聯合聲明中有關和平的各項原則，不容後退。

(4) 小川大使應體會三木內閣這一方針，做出最大努力，不應中斷談判。具體設想是：在條約前言中，照抄並重申《日中聯合聲明》第六、第七條的各項原則。在正文中以適當的表達方式與上述原則掛起鈎來，並寫入尊重聯合國憲章的原則等其他條款。

小川強調，這是三木首相的最終決斷，希望中方予以高度評價。他說，三木之所以在締約問題上煞費苦心，是因為條約簽訂後必須交國會通過，並得到自民黨和國民的理解。三木首相決心親自出馬，掌握主動，使談判達成協議。

6月5日，韓念龍副外長約見小川大使，向他轉達了中國政府對《中日和平友好條約》談判的意見，請小川大使報告三木首相。韓念龍說，周總理在認真研究了小川大使轉達的三木首相的傳話後，指示外交部向小川大使轉達中國政府對《中日和平友好條約》談判的下述想法，請小川大使報告三木首相。

韓念龍說：「三木首相設想的對反霸條款的處理方式，同中國政府的想法仍有距離。中國政府仍然認為，為了中日兩國人民的共同利益，為了亞洲和太平洋地區各國人民的利益，反霸條款還是應該完整地寫在條文裡，這是中國政府一貫的、堅定的立場。」「談判和締結《中日和平友好條約》理應在《中日聯合聲明》的基礎上前進，不應後退。中國政府希望雙方根據這一精神繼續進行談判，以便早日締結條約。」

6月24日，日本自民黨前眾議員、世界青少年交流協會會長川崎秀二會見廖承志，轉達三木首相向周總理的傳話。全文是：

(1) 日前周總理關於《日中和平友好條約》的回答，雖係口頭的，我確已收到，並認為是正確的回答。

(2) 不中斷談判，而要繼續進行，這是日中雙方的共識。

(3) 我認為，所謂霸權條款，即反對憑藉實力把本國意志強加於人的

霸權主義，同尊重主權、領土完整、不干涉內政為中心的和平共處五項原則，以及不行使武力解決一切爭端的聯合國憲章一樣，是世界共同的、普遍的和平原則之一。

(4) 連日來，我（三木）正在沿着這條線，為統一國內的想法、取得國民的支持而進行着努力。正如我已在國會屢次闡明的那樣，不從聯合聲明的立場上後退，特別是聯合聲明強調兩國復交不是針對第三國的，和平友好條約亦應如此。

(5) 如果中方在這一點上能同我們達成共識，我相信《日中和平友好條約》的早日締結並不困難。

廖承志聽完後表示，三木首相的想法同中方的想法距離太大。他堅持說，必須把反霸條款寫進條約正文裡，這一點是堅定不移的。

7月28日，小川大使國內述職歸來，會見韓念龍副外長。小川說，三木首相認為在決定條約的形式以前，應先就霸權概念的含義統一認識。三木首相的解釋是：反對把一國的意志專憑實力強加於人的霸權主義的原則，同和平共處五項原則和聯合國憲章一樣，成為世界普遍的和平原則之一。因此，日本當然要遵守，同時，也反對世界上任何國家違反這些關於和平的各項原則。正因為這是世界普遍的和平原則，所以，不是以特定的第三國為對象的。

韓念龍坦率地說：「關於反霸權問題，建交時是明確了的，很清楚，而且已經寫入聯合聲明。在這以後，沒有看到日本人民對聯合聲明有甚麼疑問，現在日方卻提出『霸權』的概念問題要中方解釋，我們不懂這是甚麼意思，是不是上屆日本政府已經明確了的，本屆政府又不明確了？從邏輯上推論，是不是本屆政府對聯合聲明又有了不同的看法。其實，『霸權』是甚麼，世界上已成為常識，不用解釋。」

韓念龍說：「在我們看來，日本政府的顧慮太多，沒有必要。現在的問題是下決心，而不是做解釋的問題。反霸條款是條約的重要內容，應單獨列為一條，不能同和平共處五項原則、聯合國憲章混在一起。

看來，目前雙方對條約的看法還有距離，我們不着急，可以等待，但我們必須講清楚，反霸條款只能明確完整地寫入條文，沒有其他辦法。」

9月30日，外交部顧問張香山會見日本前外相小坂善太郎。小坂說他來華前曾兩次見三木首相。三木對他說：「《日中和平友好條約》是要搞的。日本對中國的親近感要比對蘇聯強幾十倍。但蘇聯擁有強大的軍事力量，日本如果在口頭、文字上得罪蘇聯，導致蘇聯對日本採取行動，那就不得了了。因此，能否通過稍微改變一下文字的表達方式來解決。」小坂說，三木託他將此意轉告中方，並了解中方有何想法。小坂透露，蘇聯揚言「日本如與中國簽訂反霸權的條約，蘇聯有蘇聯的想法」，對日本進行恫嚇，而三木軟弱，一看蘇聯在那裡說話，就動搖起來。

小坂認為，三木有意搞和平友好條約，但又沒有田中角榮那樣的決斷力。

上述這些接觸中，中方堅持維護《中日聯合聲明》的立場，強調中日締約談判應以聯合聲明為基礎，把《中日聯合聲明》的第七條款即反霸條款完整地寫進條約正文。日方雖一再表示希望早日締約，但因具體方案與中方的主張距離很大，致使締約談判停滯不前。

第二節　藉機聯大，喬—宮澤對陣

為了推動中日締約談判，中日兩國外長利用出席聯合國大會的機會在紐約舉行了兩次會談。第一次會談於 1975 年 9 月 24 日下午 5 時至 11 時 30 分在日本駐聯合國大使官邸進行。

宮澤喜一外相一見到喬冠華外長，就開宗明義地說：「我約見閣下的主要目的是，談一談兩國之間正在談判中的和平友好條約問題。」他拉開了長談的架勢，說：「我已準備了晚飯，所以可以不受時間約束，自由交談。」

　　宮澤回顧了締約談判的過程，說迄今在東京和北京舉行的近 20 次談判「在條約論上轉來轉去，沒有抓住本質」，致使談判「處於停滯狀態」。他表示，出現這種狀況「這應該由我負責」。同時強調，希望今天同喬外長的會談「能成為締約談判的新起點」。宮澤接着詳細地回顧了中日邦交正常化以來兩國關係順利發展的情況，進而表示：「如能在此基礎上締結和平友好條約，邦交正常化時講好的事情就可以全部完成了。所以，日本政府希望早日締約，以早日實現當時的諾言……條約不能簽訂，令人感到不安。」

　　喬冠華外長聽後說：「……我們和你同感，是應當努力把條約簽好，使兩國關係進入更加正常的軌道。這是我們的共同願望。」

　　接着，喬外長說：「現在世界局勢變化很大，戰後 30 年，特別是近 15 年來，變化很大……也許今後幾年會有更大的變化。我們希望把兩國關係放在長遠的位置上看，而不是為了這件或那件當前的事。1972 年，田中前首相和大平外相訪問中國時，用快刀斬亂麻的精神解決了兩國邦交正常化問題。當時有人對此不理解，但從中日關係長遠的觀點來看就容易理解了。希望兩國關係中的一些問題也能本着這種精神來解決……我們確實沒有想到，條約這件實際上比較簡單的事會遇到這樣的波折，出現僵持。坦率地說，我們想知道貴國對締約究竟認為阻力何在。原則在聯合聲明中已經寫得很清楚，是現成的，無非是條約化的問題，不應有甚麼困難。所以，我願意聽取閣下對締約的具體想法，以便交換意見。」

　　於是，宮澤滔滔不絕地發表了對締約問題的想法。他說，通過締約發展兩國的睦鄰友好關係，符合兩國的國家利益，但各國有各國的外交基本方針，各國有各國的情況。日本根據憲法，放棄戰爭，不搞軍備，要和所有國家保持友好關係，不採取敵對行為，不能刺激任何國家。

　　宮澤說：「回顧九個月的談判過程，中國對蘇聯是保持警惕的，而

且中國已將反對霸權主義寫進了憲法。在中日兩國締約時，中國把反對霸權主義作為不可缺少的主要內容。對於日本來說，條約也應該是日本外交政策的思想和哲學的體現。因此，我想提出以下四點見解，聽聽閣下的意見。如果你說我的理解沒有錯，我就可以消除一切疑念，就算我們之間有了理解」。

宮澤在一口氣具體闡述了他的四點見解之後說：「關於我說的四點，總起來談就是：

第一，在反霸問題上，日本有日本的立場，中國有中國的立場；

第二，日本反對霸權，不是針對特定的第三國；

第三，反霸和聯合國憲章第二條精神不矛盾，而是相符合的；

第四，不僅反對亞太地區的霸權，而且對世界所有地區的霸權都應反對。」

喬冠華聽完宮澤的長篇發言過後，也本着說理的態度做了坦率的發言。他說：「你的這些想法，在過去幾個月中，貴方和我們談過。我們的看法是這樣：關於霸權問題，是不需要做解釋的問題。這個話的發明權並不屬於中國，而是屬於美國的基辛格，你們的盟國，我們的朋友。1972 年 2 月中美討論《上海公報》時，美方先提出了這個問題，整個句子都是他們提的。他提出後我們覺得很有道理，就同意寫上了。當時並未研究它的定義，因為現實生活中確有這種現象，我們不同意，不同意就反對。到 9 月份，田中首相和大平外相來訪時，雙方都同意把這一條寫進聯合聲明，也並沒有提出要對霸權問題下個定義。因為這是件不言自明的事情。」

喬冠華接着說：「反對霸權這個問題過去幾次都沒有發生需要解釋的問題，同美國發表《上海公報》時沒有發生，同日本發表《聯合聲明》時沒有發生，同馬來西亞、菲律賓、泰國等東南亞國家確定共同文件時也沒有發生。反霸問題已成為世界上的通用語言，大家都了解它的含義，沒有必要解釋。否則就很滑稽了。早已寫入聯合聲明的東西，

今天再來解釋，人們要問，怎麼沒弄清楚其含義就寫入聲明了？」

喬冠華指出，出現需要解釋霸權問題「就是因為某個國家不高興」，「這個國家自己有點神經緊張，像魯迅小說裡的人物阿Q，頭上長了癩皮瘡，頭髮都掉光了，於是就怕人家說亮。阿Q也很怪，對於不會講話的人就罵他一頓，對於力氣小的人就揍他一頓，而對於力氣大的人，他就不敢說話了」。

喬冠華進一步指出，對於有人不高興的問題，要進行分析，看他不高興的理由對不對。如果不高興，證明他自己想謀求霸權。喬冠華又針對宮澤發言中提及的「第三國」問題說道：「閣下說寫了反霸條款就是針對特定的第三國，這個問題《中日聯合聲明》本身已經回答了。至於有些國家做了不正義的事，我們反對，這不能說是針對第三國的。」

喬冠華在發言中還從正面談到中日雙方把聲明中關於反霸的內容寫入條約的好處，稱這不僅對日本，對中國也是一個約束。日本不搞霸權，中國也不搞霸權，還反對別人搞霸權，這對亞太地區的穩定有好處。

但他又表示：「在反霸問題上，彼此都不要強加給對方。既然雙方的想法不一致，可以等一等。總起來說，我們的態度是：

第一，希望條約很快簽訂，這是我們的共同願望；

第二，如果由於種種原因，你們有困難，不便於簽，我們可以等一等。我們兩國是一衣帶水的鄰國，總的關係是好的。當然，重要的是還要努力。」

宮澤聽完喬冠華的長篇發言後表示：「承蒙閣下詳細說明了你方看法，非常感謝。從中國的立場說，霸權條款是條約不可缺少的重要部分。這一點我很理解。所以，我才提出以上幾個問題。」

然後，宮澤接過喬冠華談話中關於阿Q的話題，辯稱：「阿Q見到比自己力氣大的人默不作聲，見到比自己力氣小的人就要動手打。

不幸的是，日本正是這樣一個力量極小的對手……我說（反霸條款）不能針對第三國，就是說，當阿Q要打我們時，我們只好說：說實在的，我根本不是說你。」

宮澤又稱：「關於我說的四點看法，估計中國方面不會有甚麼意見，但是，你我之間的會談，是今後條約談判的重要基礎，所以，我還是要提出來再確認一下。」

喬冠華嚴肅地說：「我再把我方的立場重複一次，坦率地說，關於霸權問題的解釋是貴方提出來的。在我們看來，這本來是不應該發生的問題，也沒有專門解釋的必要。至於你方要解釋，那是你們的事。但是，這個解釋不應當肢解人所共知的反霸問題的本意。」

當宮澤問喬冠華說這番話是否意味着他方才的講話有不當之處時，喬冠華說：「反對霸權也可以說是我們共同的觀點。如果對此做出各自的解釋，日本有日本的觀點，中國有中國的觀點，那就把原來雙方的共同點變成支離破碎的東西了。」

宮澤馬上擺手表示：「不是這個意思。」他解釋說：「我是說，中國有中國的外交政策，日本有日本的外交政策。雙方都反對霸權，結果是一致的，但各自的立場不同……」

喬冠華隨即反駁道：「在具體的外交政策上，當然是你有你的政策，我有我的政策。但是，在《中日聯合聲明》《中美上海公報》中有許多問題是雙方的共同點，如和平共處五項原則和聯合國憲章原則問題。在這些問題上不能說日本有日本的看法，中國有中國的看法。我們和美國有許多分歧，但是在《中美上海公報》中有雙方的共同點。如果在共同點上還要各做各的解釋，那就不成其為共同點了。」

宮澤顯然沒有被說服，他表示「還需要再談一次」，並說，《中美上海公報》裡寫入反霸權的內容是因為「中美都有軍事力量，受到別人欺侮時可以站起來反擊，但日本就不能這樣做」。

喬冠華繼續強調指出：「條約和聲明是記錄雙方的共同點的。如果

各自做各自的解釋，說我是這樣看的，至於對方的看法，我不知道，那就把共同點變成名同實異的東西了，也就不成其為共同點了。至於剛才講的對付第三國的問題，有沒有反抗的力量問題，我們簽訂的是和平友好條約，並不是共同防禦條約……條約是規定原則的，並不是要採取共同行動的。」

宮澤還是自有想法。他堅持說：「這種地方是很難處理的問題。」

喬冠華看到宮澤面帶苦澀的表情，便把爭論打住，以他慣常的瀟灑風度，朗聲一笑，說道：「朋友之間，我們談得很坦率，你們如有困難，可以再考慮一下。」

宮澤立即表示同意，說：「不一定現在就要做出結論，請閣下也考慮一下。」

宮澤接着又提出了兩個問題，請喬冠華回答。他首先提出了《中蘇友好同盟互助條約》問題，說：「這個條約可以看作是針對日本的。所以，想問一問，中日締約時，究竟應如何看待這個條約。」

喬冠華的回答非常明確、乾脆。他說：「這是一個歷史的產物。實際上中日兩國實現邦交正常化和發表聯合聲明，已經超越了這個條約。坦率地講，中蘇條約已是名存實亡。實際上的中蘇關係你們是了解的。這是歷史發展的過程，當時是在第二次世界大戰之後。對日本來說，中日兩國邦交正常化，發表聯合聲明以後，中蘇條約就已經成為過時的東西了。」

宮澤聽後表示：「關於這個問題，經外長閣下的解釋，我已經清楚啦！」

宮澤提出的第二個問題是關於中日關係將來是否會受到日美關係影響的問題。

喬冠華表示贊成日本和美國搞好關係，並說相信日本和美國會採取雙方認為合適的辦法，去處理美國在日本的軍事基地問題。

針對宮澤的疑慮，喬冠華說：「中國現在還是發展中國家，即使今

後中國的力量強大一些，也會保持與日本的友好關係。中國的對日政策是堅定的。至於 10 年後或是 20 年後，你們如何調整日美關係，那是你們的事，我們尊重你們；至於中國本身，不論是現在或將來，都不會稱霸，不會做超級大國。這一點鄧小平同志在六屆特別聯大上已經講得很清楚。」

宮澤聽後，笑眯眯地對喬冠華和在座的各位招呼道：「好，我們準備吃飯吧。」

對外交官們來說，宴會是一種慣用的交際方式，燈紅酒綠，觥籌交錯，看起來是很輕鬆的，但不少宴會除了禮節的需要之外，往往是出於某種實際的需要，同行們輪流舉行的工作宴請更是如此。舉行這種宴會是一種職責，參加的人往往並無樂趣。儘管吃的是美味佳餚，但留下的記憶卻是宴席上的一個個話題。

宮澤外相的工作宴充滿了輕鬆愉快的氣氛。雖然沒有中國的「茅台」，但喬冠華外長不負主人盛情，還是喝了不少。

幾杯下肚之後，賓主不約而同地又轉向了嚴肅的政治話題。他們談了各自同那個「第三國」打交道的體驗和經驗，談到了日本的軍備問題，談到了那個「第三國」如果挑起戰爭會先打誰的問題。談着談着，話題最終又落到締約問題上。

宮澤說：「與閣下談話使我深受感動。關於條約問題，我們到底是簽還是不簽呢？你說要簽，我就簽。到底怎麼辦，請你下一次告訴我。」

喬冠華重申：「從我方看，反霸權問題沒有解釋的必要，這本來不成問題，是由於你們國內的原因才產生了問題。現在你們提出來需要解釋，我們認為，如果你們要解釋，那是你們自己的事，但是這種解釋不應該使全世界人所共知的反霸權概念支離破碎，失掉它的精神實質。」

喬冠華鄭重表示：「總之，我們的態度是積極的，我們主張把條約搞成、搞好。困難在於你們有些顧慮，我們了解，也可以體諒。但是

要搞就要搞好。因為這個條約不僅關係這一代，也關係到下一代。如果能搞成，不管以後形勢如何發展，對我們兩國人民總有好處。如果你們有困難，也不要緊，我們可以等一等。我的意思是，我們不願意強加給你們。但我們的態度是積極的。」

宮澤聽後表示：「外部困難我倒不在乎，困難在我心裡。過去拖了九個月是我的責任，今後也應由我負責。」

散席之際，宮澤與喬冠華握手告別。宮澤笑容可掬地表示：「我很喜歡你，你說的話我全明白。這樣的話我們還是搞吧。不過還是要再見一次。我想，多半是可以搞成的。」

應宮澤外相的要求，三天之後即 9 月 27 日，喬冠華外長同宮澤外相在中國駐聯合國代表駐地舉行了第二次會談。這次會談從晚 7 時半開始，加上喬外長的晚宴在內，共進行了三個半鐘頭。

宮澤帶來的陣容與第一次會談時一樣，有日本駐聯合國大使齋藤鎮男、外務審議官有田圭輔、外務省中國課課長藤田公郎和大臣的秘書官有馬，翻譯是小原育夫。中方參加會談的除了原班人馬即中國駐聯合國大使黃華、外交部亞洲司副司長章含之外，又加了禮賓官員唐龍彬，翻譯仍是王效賢，記錄還是施燕華。

宮澤不愧為老練的外交家，他一見到喬冠華就說：「雖是第二次見面，可一下子就感到分外地親熱。」

喬冠華也風度翩翩地同他握手，說道：「中國的說法叫『一回生，兩回熟』嘛！」

寒暄過後，倆人討論了一會兒經濟問題。後來是喬冠華言歸正傳，把話題拉到條約問題上來。

喬冠華說：「上次會談中，我們充分交換了意見，但有一個問題沒有弄清楚，即貴方是否同意把反霸條款完整地寫入條約的正文，而不是寫在前言裡。」

宮澤對此未做正面回答，說回國研究後寫出條約的案文，交給喬

外長，並稱：「你們認為可以，我們就幹；如果你們認為不行，我們就再等一等。」

喬冠華感到宮澤仍是有所顧忌，在晚宴上對宮澤說：「我們兩國談判不應讓第三國干預。」還說：「一個民族要主持正義，維護真理。」

宮澤卻說：「哪怕我們心裡認為阿Q不好，臉上也不敢露出來，因為我們經不住捱打。不是我們不要正義，而是不敢形於色。」

就這樣，喬—宮澤兩次會談在實質性問題上未達成一致的情況下結束了。

第三節　兩國政局變化時間空轉

喬—宮澤紐約會談過了50天之後，即11月15日，日本駐聯合國大使齋藤鎮男在紐約向黃華大使面交了三木首相致周總理、宮澤外相致喬外長的信和《中日和平友好條約》日方修改方案及說明。

三木首相在給周總理的信中稱，宮澤大臣送交喬部長的條約方案是他和宮澤「充分交換意見之後擬就的」，「日本政府為此做了最大的努力」，並稱「這一方案體現了《日中聯合聲明》的精神，包括了中國方面歷來的一切主張，我確信能得到貴方充分的理解」。

宮澤外相在致喬外長的信中則稱，日方的修改方案是他「對條約的一項最後建議，這是在仔細研究了我們之間的談判，特別是我們在紐約會談的情況而草擬的。我相信，只要仔細看一下新的草案以及所附的說明，閣下就會認識到，新的草案已照顧到中方強調的所有各點，而且我為此已做了最大的努力」。宮澤申明，如果中方同意，他「就準備代表日本政府簽署這個條約」。

因日方修改草案在最關鍵的反霸條款問題上，仍無實質性前進，表明日方仍未下決心以《中日聯合聲明》為基礎締約，中方沒有給三木

首相和宮澤外相覆信，對日方的修改方案也未主動答覆，日方很着急，想方設法探詢中方態度。直到 1976 年 2 月 6 日，日方才了解到中方的正式意見。

是日上午，外交部主管副部長韓念龍應約會見日本駐華大使小川平四郎，鑒於小川大使問及條約問題，韓副外長遂做了正式答覆，指出日方修改方案關於反霸條款的處理，並未具體體現《中日聯合聲明》的精神，而是抽掉了反霸條款的精神實質，是從聯合聲明的倒退，中方不能同意。

4 月 27 日，喬冠華外長應約會見小川大使。小川轉達了宮澤外相的口信，說日本政府認為韓副外長 2 月間所做的答覆，很難理解為中方認真研究日方方案後的意見。

對此，喬冠華重申了中方在反霸條款問題上的一貫原則立場，指出韓念龍的答覆是中國政府認真嚴肅地研究了日方方案之後做出的，中方認為反霸條款必須將《中日聯合聲明》中關於反霸條款的內容原原本本地寫入條約正文，不能後退，希望日方從全局出發，認真考慮中方意見。

1976 年初的中國，周恩來總理去世，主持中央工作的鄧小平再次被打倒，沒有了發言權，而「四人幫」更是囂張。面對動亂的中國，日本心中無數，認為必須靜觀其變。在這種形勢下，雙方都不可能在外交上有大動作，致使時間的車輪空轉，《中日和平友好條約》的談判在僵持中又過了一年。一年一度的聯合國大會召開前，宮澤又提出在紐約會見喬冠華的要求。但由於 9 月初日本內閣改組，小坂善太郎接替宮澤任外相，那次中日外長會晤在喬和小坂之間進行了。

1976 年 10 月 4 日上午，喬應約禮節性會見小坂，雙方在認真坦率的氣氛中進行了 50 分鐘的談話。

小坂向喬冠華表示問候後，肅然起立，對毛澤東主席逝世表示悼念。他表示，為了亞洲的和平與繁榮，日中兩國有必要攜起手來，保持

緊密的關係。為此，希望能迅速簽訂和平友好條約，這不僅是為了這一代，也是為了兩國後代的利益。應避免陷入技術細節，而應推心置腹地交換意見。重要的是政治上的判斷，因為條約將成為兩國友好關係的象徵。他表示，願朝此方向做出努力，以加速獲致相互滿意的結果。

喬冠華感謝小坂對毛主席的悼念。他說，條約問題拖而不決，責任不在中方，也是中方不願看到的。喬冠華重申了中方的一貫立場，指出在反霸條款上不能從《中日聯合聲明》的立場後退。現在如日方同意將反霸條款原原本本寫入條約，問題即可解決，其他均是次要問題。

小坂對喬坦率的態度表示感謝，說重要的是對彼此的思想感情增進了了解。他表示，回國後將仔細研究這個問題，請中方考慮一下這個問題，希望雙方能夠達成一致。

喬聽到小坂這番話，立即追加表示：日方後退了，只要日方回到原來的立場，問題就解決了。

誰知不久，日本政局又起變化，小坂外相未及答覆中方，三木內閣就總體辭職了，中日締約談判在三木任內無果而終。據說，三木本人後來為此感到萬分遺憾。

雙方主要的分歧是要不要在條約中寫進「霸權」條款問題。起初，日方提出的條約草案中根本沒有「反霸」內容，後來提出把反霸條款「以某種表達形式寫在前言裡」的方案。中國政府主張應完整地，即把這一條款的兩層意思寫進正文裡。後來，三木又提出對反霸含義做解釋，強調「不是以特定的第三國為對象的」。

對於三木內閣在締約問題上猶豫不決、首鼠兩端，日本有一種看法認為：三木非不為也，乃無力為之也。這種看法主要是說，三木派在執政黨內是個小派，三木內閣是個「軟體內閣」；三木本人與其前任田中相比，缺乏決斷力和行動力；三木在黨內歷來被稱為「鴿派」，當政之後必然受到「鷹派」的制肘；三木不像田中有大平那樣「一心同體」的好搭檔；三木內閣有對蘇綏靖傾向；三木周圍的智囊和軍師有人一

心想同蘇聯拉關係，三木本人也希望任內在日蘇關係上有所突破，解決北方領土懸案，締結日蘇和約，名垂青史，等等。

上述這些看法應該說都是符合實際情況的，說明了締約談判拖而不決的癥結所在。無怪乎木村俊夫外相後來遺憾地說：「如果田中不下台，和平友好條約 1975 年 1 月就能締結。」其實，周總理生前就對日中經濟協會訪華團稻山嘉寬一行說過：「要解決締約問題，半年時間都用不了，三個月就夠了。」後來，鄧小平說得更乾脆：「真下決心，一秒鐘就可以達成協議。」

第四節　鄧小平敦促福田赳夫下決心

1976 年 12 月 24 日，福田赳夫出任日本首相，園田直出任內閣官房長官，鳩山威一郎出任外相。福田屬岸信介、佐藤榮作的保守本流傳人，福田派內台灣幫和對華強硬派多。因此，中日雙方輿論都對福田任內締約持悲觀態度。

福田內閣在締約問題上，除公開談話表示積極姿態外，還不斷向中國傳話。

1977 年新年剛過，小川大使就約見中國外交部禮賓司副司長高建中，轉達了福田首相給華國鋒總理的三點口信：

一是表示「我有決心，忠實地遵守 1972 年 9 月簽署的《日中聯合聲明》」；

二是「日中之間簽訂了貿易、海運、航空、漁業四個協定，我很高興看到日中關係的穩步發展」；

三是「關於《日中和平友好條約》的談判，我有早日締約的熱情，期望能夠以雙方都能接受的方式達成協議」。

1 月 20 日，來華訪問的日本公明黨委員長竹入義勝先後會見廖承

志和華國鋒總理時，又轉達了福田首相給中方的口信，表示了與上次傳話同樣的熱情。但這兩次傳話都強調達成協議要「雙方意見一致」「以雙方都能接受的方式」。

1月22日，華國鋒會見竹入時指出：「反霸問題並不是一個文字上如何表達的問題，而是一個實質問題，是是否願意簽訂《中日和平友好條約》、下決心搞好中日關係的問題。福田首相表示願意忠實地履行《中日聯合聲明》，我們表示歡迎。如果真正下決心，問題就好辦。現在，就我們知道的消息，好像福田首相並沒有真正下決心。我們希望日本老朋友們在這方面促進。」

3月11日，回國述職後返任的小川大使會見外交部余湛副部長，又轉達了福田首相的傳話。傳話原則上態度積極，表示「福田內閣忠實恪守《中日聯合聲明》，強烈希望締結懸而未決的《日中和平友好條約》」，但強調「要在雙方都感到滿意，得到兩國人民歡迎的情況下解決」，「日方決心在時機到來之際，一舉談成」。

由於這幾次傳話都是話中有話，中方每次聽到傳話後都在重申關於締約的原則立場後表示，福田首相是否下決心是關鍵所在，既然還沒有下決心，認為時機不成熟，中方可以、也只能等待。

1977年9月初，鄧小平副主席會見來華訪問的日中友好議員聯盟議長濱野清吾，在談到締約問題時，鄧小平敏銳地抓住福田赳夫在施政演說中表示要推動締結日中和平友好條約的動向，不無風趣地說：「既然福田首相聲明要搞這件事，我們期待他在這方面做出貢獻。其實這樣的事只要一秒鐘就解決了，不要很多時間。所謂一秒鐘，就是兩個字『簽訂』。」

鄧小平是在兩個月之前剛剛恢復工作的。1976年10月粉碎「四人幫」後，經過一個階段的撥亂反正，中央於1977年7月決定恢復鄧小平原有的全部職務，主持中央工作，並分管外交，繼續貫徹毛主席和周總理的外交方略。

鄧小平對締結中日和平友好條約一直非常重視，並積極做促進工作。1974 年 8 月 15 日，鄧小平會見以竹入義勝為團長的日本公明黨第四次訪華團，提出關於《中日和平友好條約》問題，希望能比較快地談判。9 月，鄧小平會見日本日中通航友好訪華代表團時指出，現在的世界形勢是個動盪的形勢。我們兩國的友好，對安定國際形勢和安定亞洲、太平洋的形勢都很重要。鄧小平還主張用長遠眼光看兩國關係，中日兩國友好的歷史有 2000 多年，中間只有一個幾十年很短的插曲。「不能只考慮現在的幾年、十幾年、二十年，要考慮幾百年、幾千年。」當雙方的談判遇到困難時，鄧小平利用會見日本客人的場合，闡明中方原則立場，多次談到兩國政治家應登高望遠，要從全球戰略，從大局、長遠利益來考慮兩國關係。他說簽訂這個條約，不從大局，不從政治角度看，是不行的。我們雙方只要從全球戰略和政治的觀點出發，《中日和平友好條約》的簽訂就比較容易解決。

堅持把霸權條款寫入條約是鄧小平一貫堅持的立場。就在 1975 年喬—宮澤會談後不久的 10 月 3 日，主持中央工作的鄧小平副總理在北京會見小坂善太郎率領的代表團時說：《中日聯合聲明》中關於反對霸權主義的內容，一定要寫入《中日和平友好條約》。這是中日締約談判的關鍵所在，也是中國方面堅持的原則立場。反霸條款是《中日聯合聲明》的內容，怎麼連這個立場都不能堅持呢？如果雙方就反霸條約不能達成共識，那就等一下，一年不行，一年不搞也可以，三年五年不行，三年五年不搞也可以。反正聯合聲明還在嘛！與其不明不白地做這樣那樣的解釋，還不如暫時不搞為好。但不能從聯合聲明後退，任何解釋實際上都是後退。

1977 年 10 月 14 日，鄧小平副主席會見日本前內閣官房長官二階堂進。二階堂進說，來華前他見了福田首相。關於締約問題，福田表示現在還不能夠做出決斷，希中方再等待一些時候。二階堂進認為，福田還是有熱情的，只是還沒有把熱情變為決心。

鄧副主席説：「他不下決心，你有甚麼辦法？我曾對濱野先生表明了兩條：第一，我們對福田先生的政治見解是熟悉的；第二，問題在於福田先生下決心，只需一秒鐘。我們期待福田先生下決心，這一點不變。」同時，鄧小平指出，反霸條款對日本是有好處的。

11 月 30 日，韓念龍副外長應約會見日本新任駐華大使佐藤正二，雙方又就條約問題交換了意見。韓念龍坦率指出：「到現在為止，日本政府還沒有下決心，主要是顧慮蘇聯，怕得罪蘇聯，聯合聲明上説過的話，五年後的今天寫進條約就不行，從道理上講，是令人費解的。日方的態度後退了」。

當佐藤大使詢問，是否只要日方下了決心，何時何地談判都可以，韓副外長做了肯定的答覆。

12 月 10 日上午，廖承志應約會見日本駐華大使佐藤。佐藤説，現在締約問題陷於僵局，猶如賓客雲集一堂，但新郎新娘總不出場，無法舉行結婚典禮。他説，現在的問題是，中方認為日方從聯合聲明後退，而日方則認為沒有後退。他又説，中方的想法是要把日本納入反蘇戰線中來，而日本的立場是要同中國建立友好關係，但不能因此而妨礙同其他國家的友好關係。

廖承志介紹了當初把反霸條款寫入聯合聲明的經過，指出聯合聲明發表後兩年多並沒有引起任何爭論，只是在三木內閣成立後，由於蘇聯在那裡煽動，並向日方施加壓力，日方就上了蘇聯的圈套，跟着節外生枝地提出各種解釋，這只能説明是後退了，令人遺憾。

佐藤聽後直點頭，説輿論的確是被蘇聯搞亂了，一提到第七條就説是反蘇。佐藤説，事到如今，總得設法擺脫這個局面，使條約得以早日締結。他表示，希望中方最低限度能同意日方説明該條約不是針對特定的第三國的，否則搞不成這個條約。

1977 年 12 月，鄧小平接待巴基斯坦客人，在談到中日關係時指出：在《中日和平友好條約》中寫入反霸條款對日本是有利的，可以改

變日本的形象。而且，反霸條款也是對中國提出的，「體現了中國長久的國家政策」，是向全世界表明中國永遠是維護世界和平的重要力量。

1978 年初，日本駐華大使佐藤正二約見廖承志，二三月份又兩次約見韓念龍副部長，稱福田首相已開放綠燈，建議恢復締約談判。韓副部長表示：理解日方的心情，關鍵是要真正下決心。

此後不久，即 3 月 26 日，鄧小平副主席會見飛鳥田一雄率領的日本社會黨代表團時說：「去年，我對河野洋平說過，太平洋應該成為真正的『太平』洋。中日兩國人民要友好起來，亞洲人民要友好起來。但是，最重要的是中日兩國人民要友好起來。中日友好、早日締約是大勢所趨，是真正符合中日兩國人民根本利益的。日本絕大多數人民是明白的，絕大多數政治家是贊成的。現在的問題是要福田首相下決斷。我們認為，從聯合聲明基礎上有所前進最好，至少不要後退。」

4 月 16 日，鄧小平會見日本創價學會會長池田大作，又通過他繼續就霸權問題做福田政府的工作。小平說：「搞霸權就是侵略、奴役、控制、欺侮別的國家。中國人民和日本人民接受反對霸權主義不應當存在問題。現在的事實是確有超級大國在這樣做。」

接着，鄧小平一針見血地指出：「條約中寫入反對霸權，無非有兩個含義：一是中日兩國都不在亞太地區稱霸。我們願意用這一條限制我們自己；至於日本，由於有歷史的淵源，寫上這一條，對日本改善同亞太地區國家關係是有益的、必要的。二是反對任何國家或國家集團在這一地區謀求霸權，日本反對在條約中寫入反霸條款，是因為怕得罪美蘇兩個超級大國。其實，反霸條款是美國人寫進《中美上海公報》的，所以，說得清楚一點，是怕得罪蘇聯。難道中國人民、日本人民還願意和高興蘇聯在亞太地區謀求霸權嗎？」

此後，鄧小平副主席還會見了日中記者會友好訪華團。他指出，締約問題從外交角度是不可能解決的，要從政治角度考慮才能解決，從中日兩國人民長遠利益考慮就很容易解決。

鄧小平副主席還預言，日本同意簽約，蘇聯也就無可奈何。他說：「它能用甚麼東西來報復？」

第五節　重開談判，鄧小平決斷

鄧小平副主席的這幾次談話，對條約談判起了很大的促進作用。5月31日，佐藤大使約見韓副外長說，日本政府建議在北京恢復締約談判。韓副外長表示，談判未宣佈中斷，所以談不上「恢復」，應說是繼續會談。他表示歡迎繼續談判，希望早日達成協議。

6月14日，外交部亞洲司副司長王曉雲約見日駐華使館公使堂之脅光朗表示，中國政府同意在北京繼續舉行締約談判，建議談判於7月舉行。

這樣，以韓念龍副外長為團長的中方代表團與以佐藤大使為團長的日方代表團，按雙方約定時間，於7月21日下午在北京繼續談判。中方參加談判的有王曉雲副司長和亞洲司、國際條法司有關官員。日方參加談判的有日本外務省亞洲局長中江要介和駐華使館公使堂之脅光朗等。

談判時值盛夏，外面驕陽似火，談判廳內的政治溫度同樣很高。雙方都抱着早日達成一致的強烈願望，談判加緊進行，但在具體的案文表述上頗費周折。

在談判進入關鍵階段，中央專門開會聽取外交部關於締結《中日和平友好條約》談判的彙報。外交部亞洲司司長沈平彙報談判進程、問題和方案建議。韓念龍副部長說，看來日方這次談判想解決問題，提出的問題比較實際，在反霸權問題的措辭上也逐漸接近。現在到了一個關鍵時刻，請中央審定。大家議論了一會兒，最後小平同志總結說，同意外交部所提方案，要力求達成協議，中斷和破裂對發展兩國

友好關係不利；同時也要做好達不成的思想準備。

根據政治局常委會議的精神，在第二天舉行的第九次談判會議上，中方提出了一個較前有靈活性的方案，顯示了締約的最大誠意和積極態度。

在 8 月 7 日的談判中，日方已同意把反霸條款全文寫入條約正文，只是提出把這一原則的範圍擴大到世界任何地區，以淡化其針對性。同時，日方還希望將我方提出的「不是針對第三國」的表述，改為「不影響締約各方同第三國關係的立場」。

鄧小平看簡報後，認為日方的表達「很簡潔，符合我們的原意」，遂當即拍板同意。鄧小平的這一意見為前方的談判定了調。

美國哈佛大學教授、中日關係問題學者傅高義在他的著作《鄧小平時代》中說：「經過 8 個多月的談判後，鄧小平為何突然決定打破外交僵局，同意日本把語氣緩和的條款寫入條約？一方面是由於鄧確實急於搞現代化，但當時與越南發生衝突的前景也使加速談判變得更為迫切。此前兩週的 7 月 3 日，中國政府宣佈從越南撤回全部中國顧問。當時鄧小平感到越南很有可能入侵柬埔寨，此事一旦發生，中國就要被迫做出反應。為了不讓蘇聯插手，鄧小平希望儘快加強與日本和美國的這兩個重要大國之間的關係。」

8 月初，在北京的日方談判人員已經充分相信，中國會在緩和條款語氣上做出讓步，於是，園田直外相親赴北京談判。園田一直是個締約推進派。他出任福田內閣外相後，親自給中日友協會長廖承志寫信，希望儘早訪華，打開締約談判僵局。他說：「霸權問題不應受第三國牽制，即使有障礙和壓力，只要我當外相就不必擔心。」

他 1978 年 1 月訪問蘇聯時，沒有屈服蘇方的壓力。在聯合國大會的講話中，他與蘇聯外長葛羅米柯的講話針鋒相對，並說，雖然某國的雷聲轟鳴，但日本外交不會受其左右。

1978 年 5 月，園田會見美國國務卿萬斯時表示，希望利用日美首

腦會談推動打開日中締約的僵局。他請萬斯轉告卡特總統，希望卡特從中斡旋。

8月6日，園田懷着不准訪華就辭職的決心會見福田首相，終於取得了訪華許可，便於8月8日啟程來到北京。

來華前，園田在外務省主持召開了三次重要會議，商量確定了日方讓步方案的底線：

(1) 將反霸條款寫入條約，但同時另立一條，寫明「本條約不影響締約各方同第三國關係的立場」；(2) 條約在列入反霸條款的同時，申明「兩締約國無損害第三國利益的意圖」。

園田是在上述方案得到福田首相的批准，並在福田確定了由外相訪華以打開局面的方針後，啟程來中國的。

8月9日上午9時半，兩國外長在人民大會堂舉行第一輪會談。中方出席會談的有副部長韓念龍，駐日大使符浩，亞洲司司長沈平、副司長王曉雲，禮賓司副司長高建中，日本處處長丁民、副處長王效賢（兼翻譯）和徐敦信等。日方參加會談的有外務省審議官高島益郎、駐華大使佐藤正二、公使堂之脅光朗、中國課課長田島高志和大臣秘書官佐藤等。

黃華外長發言對園田外相為締約所表現的熱誠和信念給予積極評價，對談判以來所取得的成果和成為焦點的反霸條款問題做了概括，並闡明了中國方面的原則立場，強調這不是文字表述問題而是原則問題，是以締約保證兩國關係友好發展的實質性問題。他還指出，中日兩國同處亞太地區，在當前的形勢下都面臨着重要課題，因此應從全世界角度來關注面臨的問題，從政治高度來思考問題。

園田說，他的到訪正是為了推進會談，以便早日締約。他在強調了締約對日中兩國和亞洲乃至世界的意義後，談到美國為了牽制蘇聯和說服其國內的慎重論者，也希望日中早日締約。他說：「蘇聯公開指責我，這倒使我更加要為早日締約而努力。我們都在進行反霸鬥爭，

但日中兩國做法不同。日本過去有王道霸道之說，孫中山離開日本時也曾說過，『以勢力操縱國家稱作霸道，以人心操縱國家稱作王道』，是勸日本友人勿走霸道。日本人堅決反對以實力相威脅。但是，日本國民不能接受只指責一個國家為霸權國家並採取與其敵對的政策，這不是顧忌蘇聯，而是想在理解和祝福的氣氛中締約。如果蘇聯要說挑釁的話，我們就要簽訂譴責它的條約。」

黃華讚賞園田的坦率陳述，說中國的外交風格也是坦率和直截了當。但重申：我們只能在聯合聲明的基礎上發展而不能倒退，更不能削弱它。他指出，聯合聲明所載入的反霸條款，反映了當今的世界形勢。面對霸權主義的威脅，兩國人民和世界人民必須與之鬥爭，這是深入人心的道理。他進而強調：「目前的國際形勢比《中日聯合聲明》發表時更為緊張，根源就在於超級大國的爭奪和一個超級大國更加瘋狂地推行霸權。我們應正視當今現實，不怕威脅，堅守聯合聲明的精神，維護兩國人民的利益，早日締結條約。」

園田表示對於不削弱聯合聲明、不在此基礎上倒退、爭取早日締約沒有任何異議。接着，他談了對中蘇關係和亞洲國家關係的看法，說：「關於中蘇關係問題，我理解目前關係緊張的原因，日本期待中蘇關係緩和，日本決不會與蘇聯合作威脅中國，同時也不會與中國合作對蘇聯採取敵對行為。聯繫到霸權問題，我們的理解及與其鬥爭的方向是一致的，如果我們相互理解其真意，中國就會站在日本的立場上考慮締結甚麼樣的條約能得到日本人民的理解和祝福，而日本站在中國的立場上考慮中國今後在與第二、第三世界相處中，締結何種條約不會給中國造成障礙，這樣才能達到雙方滿意的結果。因此，早日達成協議對兩國都很重要。如果雙方都說等上幾個月或一年半載也可以，那麼，我和你黃華豈不成了世界人民嘲笑的對象了嘛！」

園田表示了此行務求談成的決心。他好動感情，越說話音越高，情緒越激動：「我是豁出政治生命和冒着生命危險來中國的。如果條約

締結不成，我就不能回日本了，只好在北京自殺。我沒有退路，你們也一樣。如果談崩了，我和你黃外長都會受到世界的恥笑！」

黃外長聽完園田的話後，趕緊把話題拉了回來，表示還是談條約問題要緊。

黃華告訴園田：「中國一直希望早日締約，從來沒有考慮要延期，只是因為在反霸條款上認識還有分歧，我們才請你來華，就這一關鍵問題進一步磋商。」

園田發言說，霸權行徑當然要反對，但日本不願捲入和介入中蘇對立之中，希望中方充分理解日方反霸的方式不同和日本基本外交方針的不同點，站在各自立場上進行反霸鬥爭，為亞洲及世界和平做貢獻。

園田還直言，在先前召開的東南亞聯盟的外長會議上，大家也承認存在着蘇聯的威脅，同時對中國的未來也感到不安，就是説對中國能否永遠不稱霸而與各國友好相處，還有疑慮。各國歡迎日中締約，但是對條約的內容，特別是對反霸條款的表述，他們是非常關心的。因此，請黃華外長理解，一定要締結能夠消除東南亞人民和日本國民對反霸條款的不安和肯定中國真正要永遠作為日本的朋友、彼此和睦相處的條約；日本一定要締結讓國民接受和滿意的條約；希望中國也謀求締結讓日本、東南亞、美國和世界各國滿意的條約。

會談坦誠而熱烈地繼續着，早已過了午餐時間。黃華外長宣佈休會，下午繼續談判。

第六節　中方鬆動，帶來轉機

當天下午，中日外長第二輪會談舉行。黃華肯定了園田外相對中日締約的熱情和中日雙方代表團自 7 月 21 日以來所進行的 14 次會談

的成果後，按照中央的指示，表示為使雙方的談判一舉達成協議，中方原則同意日方 8 月 7 日提出的建議，即在反霸條款上加進「本條約不影響締約各方同第三國關係的立場」的內容，並同意在反霸條款上增加「其他任何地區」的字樣，強調這是中方所做的又一次重大努力，希望閣下不虛此行。

黃華發言後，園田喜出望外，激動得熱淚盈眶，立即站起來與黃華握手。後來據日本外務省條約局長東鄉和彥說：「（當黃華外長接受了日方的措辭時）我們非常高興，我在桌子下面和我的上司緊緊握了一下手。」

園田發言說：「過去二十幾年裡，在日中問題上我一貫是積極的。日中友好議員聯盟成立之前，我就在《世界》《中央公論》等雜誌上發表論文，主張日本與中國攜手合作，日本一味追隨杜勒斯的政策，將在亞洲陷入孤立。為此，曾受到黨紀委員會的審查，遭到一部分人的反對。我就任外相後，前往美國等國家進行過許多會談，我的發言都是為了使貴國繁榮，有助於貴國的反霸鬥爭。這次克服很大困難，才訪問貴國。如果這次締約談判不能成功，日中關係將出現一個相當長的停滯階段，東盟各國同日本和中國攜手合作爭取和平繁榮的道路將會被堵塞。我作為政治家，這次是豁出自己的政治生命來中國訪問的。這是因為我愛貴國，愛自己的國家，也愛亞洲。這是從戰爭的痛苦反省中產生出來的願望和心情。部長閣下剛才的發言，使我感到談判向着成功的方向大大前進了。這是中方着眼於日本和中國的將來以及亞洲和平的結果，對此應予高度評價，我衷心感謝你們。如果談判達成協議，我將負責親自向國內說，這是中國朋友、中國人民對於日本國民的友誼的體現，也是從真正希望亞洲和平的願望出發達成協議的。」

他還說：「關於東南亞國家對日本的疑慮，也是我經常進行反省的。今後，日本將在中國、東南亞繁榮發展過程中尋求出路，用行動表明日本不再復活軍國主義。」

他接着說：「日本輿論調查，同意無條件締約的佔 30%，還有一部分是慎重論者。但是，反對霸權不是一時而是長期的，不局限於眼前。也要讓東南亞各國看到，我們兩國已攜起手來，真正步調一致。這樣，反霸鬥爭才有成效。我們站在各自的立場上永遠進行反霸鬥爭，不只以一個國家為對手，日中條約才名副其實地具有生命力，永遠發揮和平友好的作用。」

隨後，韓念龍副外長和佐藤正二大使根據兩國外長達成的原則協議，於 8 月 10 日上午就條約的條文措辭進行具體磋商，並在 11 日上午舉行的事務級談判班子全體會議上，就條約的全部問題達成協議。雙方商定，條約將在北京由兩國外長正式簽字，交換批准書在東京進行。

由於協議是在涉及第三國問題的表述上基本同意日本方案的情況下達成的，日方喜出望外，園田外相熱淚盈眶。

第七節　鄧小平會見園田，談及釣魚島

8 月 10 日下午，鄧小平副總理會見園田外相和日方談判班子的全體成員，氣氛十分融洽，雙方為條約基本談成感到由衷的喜悅。會見中，鄧小平首先感謝園田外相的誠意，並語重心長地說：「中日兩國有兩千年的友好交往史，其中只有一小段走的不好。今後，我們的友誼應該超過過去歷史上的兩千年。恢復邦交是晚了一點，但復交之後，兩國關係發展得不算慢，兩國人民希望早日締約，使兩國的友好進一步確定下來。」

鄧小平強調指出：「條約的中心內容就是反霸，雖然反霸不是針對第三國的，但是，誰搞霸權就反對誰，誰發動戰爭就反對誰，不單是第三國，也包括反對自己那樣幹。雖然這次寫入條約的反霸條款，文字

上做了些修改，但保留了精神實質。我完全同意園田外相說的，這個文件不但是我們過去兩國關係在政治上的總結，也是我們兩國關係發展的新起點。」

園田問及《中蘇友好同盟互助條約》，鄧小平鄭重表示：「那是名存實亡。那個條約規定，提前一年通知就可以廢除。明年 4 月就到期了，我們將採取適當辦法宣佈廢除。」

園田對鄧小平的回答感到非常滿意。他問：「這個問題，對外可以講嗎？」

鄧小平將手一揮，連聲說：「儘管講，儘管講！」

園田喜不自勝之餘，又提出了一個日方極為關心的另一個問題。他說：「說真的，還有一個問題……如果我這個日本外務大臣不講的話，就無臉見江東父老……」

鄧小平大方地說：「你儘管講嘛！」

園田直鼓足勇氣說：「尖閣列島自古以來就是日本領土，再發生以前那種『偶發事件』，我無法交代。」

鄧小平嚴肅強調釣魚島等島嶼自古以來就是中國的領土，然後微笑着攤開雙手說：「上一次是偶發事件，漁民追起魚來，眼睛裡就沒有別的東西了。」

鄧小平挺了挺身子說：「一如既往，擱置它 20 年、30 年嘛！」

小平最後說：「在當前的國際形勢下，我們是要取得你們的幫助，但我也深信，日本也要取得中國的某些幫助。我們兩國並不是不存在一些問題，比如你們說的尖閣列島，我們叫釣魚島的問題，還有大陸架的問題。在你們國內不是也有一些人企圖挑起這樣的事情來妨礙《中日和平友好條約》的簽訂嗎？這樣的問題不要牽扯進去，本着和平友好條約的精神，放幾年不要緊，達不成，我們就不友好了嗎？這個條約就可以不實行了嗎？要把釣魚島問題放在一邊，慢慢來，從容考慮。我們兩國之間是有問題的。我們兩國政治體制不同，處境不同，不可

能任何問題都是同樣語言。但我們之間的共同點很多，凡事都可以求大同、存小異。我們要更多地尋求共同點，尋求相互合作、相互幫助和相互配合的途徑。條約的性質就是規定了這個方向，正如園田先生說的，是一個新起點。」

8月12日下午7時許，人民大會堂安徽廳燈火輝煌，《中日和平友好條約》簽字儀式在那裡舉行。總理華國鋒、副總理鄧小平和全國人大常委會副委員長廖承志出席了儀式。黃華外長和園田直外相分別代表本國政府在條約上簽字，雙方共同舉杯慶賀。至此，歷時3年多的締約談判終於大功告成了。

四天之後即16日，中國人大常委會開會審議批准了該條約。

日本眾、參兩院也先後於10月16日和18日以起立表決方式順利批准了《中日和平友好條約》。

在此前進行的眾議院外務委員會審議，從10月13日開始到18日眾議院全體會議通過，只用了五天，日本各大派都稱之為「罕見的快速審議」。

除極少數「青嵐會」成員外，各黨代表在發言中都對批准該條約普遍表示歡迎、支持和祝賀。眾議院通過那天，前首相田中角榮也在會場上露面。他對各黨代表贊成通過條約的發言頻頻鼓掌，表決時「兩手背後，挺起胸膛」，「毅然第一個起立」。

第八節　條約締結，猶如春雷震寰宇

中日締約在中日兩國深得人心，受到廣泛歡迎和支持。簽約當晚，成千上萬的日本國民興高采烈地觀看了電視轉播，簽約儀式的電視實況轉播收視率之高又一次打破紀錄。日本各政黨連夜發表聲明或談話，歡迎條約的締結；日本經濟界人士也紛紛發表談話，讚揚條約為發展

兩國經貿關係開闢了道路。

8月18日晚，日中友好十團體聯合舉行慶祝大會，各界代表紛紛發言，場面熱烈非凡。簽約後一個多月內，日本47個都道府縣中就有東京都和31個府縣分別舉行了官民聯辦的慶祝會。

幾年來一直為締約奔走呼號並起了巨大推動作用的日中友好議員聯盟的朋友們感到歡欣鼓舞。他們除了在日本舉行慶祝活動外，還派出20人組成的「日中議聯慶祝日中締約友好訪華團」，按照日本的習慣，帶着喜慶的大年糕和紅豆、大米前來北京，與中國朋友同賀。

9月1日，中日友好協會等11個團體在人民大會堂舉行慶祝締約的盛大酒會，濱野清吾會長率領日中議聯祝賀團專程前來參加。當時在北京訪問的其他日本代表團、日本駐華使館外交官、日本企業、機構常駐北京代表和在北京的日本專家、留學生等1,600多人應邀出席。濱野會長的祝賀團帶來了紅小豆飯和特大年糕。有兩大桶日本清酒，使酒會錦上添花，別開生面。年糕是一位民社黨議員用從家鄉許多農民手裡收集來的江米做成的，紅、白兩塊，大似磨盤。紅豆飯是用祝賀團從日本帶來的大米和紅小豆，動員日本駐華使館外交官的夫人們一鍋一鍋煮好，拿到人民大會堂的。中國黨和國家領導人總理華國鋒、副總理鄧小平和人大常委會委員長葉劍英同日中各界人士歡聚在人民大會堂宴會廳，共同慶祝中日關係史上這一具有重大意義的盛事。主賓桌中間擺着兩塊特大年糕，人人面前放着紅豆飯。個個笑逐顏開，歡聲笑語不絕，盛況空前。

中日締約使福田首相、園田外相聲望提高。日本幾家大報輿論調查的結果表明，對福田內閣的支持率因中日締約顯著增加。日本外務次官說，園田締約簽訂後在外務省內「更受尊重」，被認為是「近年來最出色的外相」。日各大報也把園田當作政壇「明星」，對他締約後榮獲美國一所大學的國際和平貢獻獎和授獎時他發表的演說以及他在聯大期間與蘇外長葛羅米柯針鋒相對鬥爭的情況，以醒目標題，做了詳

盡的報道。締約後，園田還被評為本年度日本男子時裝最佳穿着者之一，在普通群眾中也頗得好感。

中日締約談判開始不久，蘇聯就發表政府聲明表示反對在條約內寫進反霸內容，對談判進行牽制。到了 1978 年 6 月，蘇聯越發感到不安。為阻止中日締約談判達成協議，蘇聯報刊又連續發表文章對日本施加壓力並進行恫嚇，聲稱《中日和平友好條約》的締結不能不使蘇日關係複雜化，蘇將做出必要的結論，採取相應措施，修改對日政策。

可是，中日締約後，蘇聯只發表了消息和署名評論文章，與簽字前的洶洶氣勢相比，調門很低。評論重點攻擊中國，埋怨日本屈服中國的壓力；不打自招，認為條約的核心是反霸條款，是反蘇；對蘇日關係的表態卻格外謹慎，不再強調中日簽約損害蘇日關係，也沒有重複簽約前曾表示的要對日採取反措施、修改對日政策等威脅性語言，聲稱蘇日關係是決定亞太地區國際氣氛的重要因素之一。

駐莫斯科外交使團認為，條約的簽訂是中日兩國的勝利，對蘇不利，並認為，蘇明知中日簽約勢在必行，卻大張旗鼓地反對，說了許多大話，現在又無計可施，手中沒有牌，只好降低調門，轉而拉攏日本，挑撥中日關係。蘇最為擔心的是中、美、日聯合抗蘇的前景。

條約談判成功是天時、地利、人和使然。日本當時面臨蘇聯的現實威脅，國內要求警惕和防範蘇聯的呼聲日益增高；中國粉碎「四人幫」後，全國安定團結，形勢大好；鄧小平復出，對內開始撥亂反正，以經濟建設為中心的大戰略行將提出，對外開始醞釀調整政策，中國外交開始從「革命外交」向「務實外交」轉變；中日經貿往來活躍，日本各界要求早日締結和平友好條約、進一步發展兩國關係的呼聲不斷高漲，對福田內閣形成巨大壓力；1978 年 12 月日本自民黨將舉行總裁選舉。福田為蟬聯總裁，繼續執政，需要解決這一外交懸案，創下政績；在國際上，蘇美爭奪加劇，蘇攻勢咄咄逼人。美國出於對蘇戰略，公開表示支持中日締約，德、英、法等西歐國家也不同程度地鼓勵日

本同中國加強關係，東盟各國也大都表示了贊同中日締約的態度。

《中日和平友好條約》的締結不啻具有重大的現實意義和深遠的歷史意義。

首先，它使兩國睦鄰友好關係建立在更加穩固的基礎上，是繼中日邦交正常化之後兩國關係史上的又一件大事。條約是迄今中日關係的政治總結，也是進一步發展兩國關係的新起點。條約繼承了《中日聯合聲明》的各項原則，通過法律的形式把兩國間的和平友好關係固定了下來。條約的締結為增進兩國人民的傳統友誼，開展兩國的經濟、文化、科技交流開闢了更加廣闊的前景，為加速中國的經濟發展創造了有利的條件。

第二，中日兩國鮮明地把「反霸條款」載入和平友好條約，承擔不謀求霸權的義務，並反對其他任何國家或國家集團謀求霸權，是國際條約中的一項創舉。中日兩國人民高興，亞太地區各國人民高興，全世界一切受霸權主義欺侮和損害的國家和人民高興。這個條約的締結，對中國來說是外交上的重大勝利，有利於團結第三世界，爭取第二世界，反對兩霸、側重打擊蘇聯的戰略全局，對日本人民開展反對霸權主義的鬥爭也是一個有力的推動，對於維護亞太地區的和平與穩定是一個強有力的積極因素，對整個世界形勢的發展都有重大意義和深遠影響。

第三，鄧小平主導的締結《中日和平友好條約》談判與周恩來主持的中日關係正常化談判異曲同工，都是誠意加智慧的產物，堪稱中國外交史上的經典雙璧之作。這兩個談判的共同點是：既確保了自身的利益，也照顧了對方的關切，談判的結果是互利、雙贏。鄧小平主導的中日締約談判，開闢了新時期中國「務實外交」的先河，為「務實外交」提供了成功的範例，其寶貴經驗值得記取。

第五章

鄧小平赴東瀛，掀起「鄧旋風」

第一節　小平抵東京，受到熱烈歡迎

為出席互換《中日和平友好條約》批准書儀式並對日本進行正式友好訪問，1978 年 10 月 22 日至 29 日，當時中國的最高決策者、副總理鄧小平作為中國國家領導人戰後首次正式訪問日本。22 日下午 4 時 20 分，鄧小平偕夫人卓琳乘三叉戟軍用專機抵達東京羽田機場。陪同鄧小平出訪的還有中日友協會會長廖承志及夫人經普椿，黃華外長及夫人何理良，韓念龍副外長及夫人王珍等。

舷梯停靠後，專程前來迎接的日本外相園田直突然改變原定在舷梯下迎接來賓的計劃，以禮賓官猝不及防的速度疾步奔入機艙。

鄧小平未等園田開口，就滿面笑容地握着他的手說：「我還是來了嘛！」

園田外相熱情地指着機外說：「歡迎，歡迎，您給我們帶來了難得的豔陽天。」

鄧小平爽朗地笑着，隨園田步出艙門。頓時，記者們一齊把鏡頭對準了他，爭先恐後地拍下他那動人的風采：臉龐黑裡透紅，神采奕奕；一身黑色中山裝顯出中國領導人特有的魅力。當鄧小平和園田直並肩走下舷梯時，禮炮鳴 19 響，以示歡迎。

鄧小平向站在迎送台上高呼「熱烈歡迎」的旅日華僑招手致意，同前來迎接的各界人士一一握手，然後在園田外相和日本駐華大使佐藤正二的陪同下，乘車前往赤坂迎賓館。

鄧小平來到迎賓館，不禁發表了感想：「這裡活像縮小了的法國凡爾賽宮嘛！」

鄧小平的話很對。赤坂迎賓館本是天皇的離宮，1968 年至 1974 年照巴黎凡爾賽宮的模式，改建為富麗堂皇的國賓館。1972 年中日邦交正常化時，田中角榮首相曾邀周總理訪日，希望周總理成為這座國賓館的第一位客人。周總理表示，只要中日間締結了和平友好條約，

他一定去日本訪問。今天，鄧小平在中日締約後來到這裡，實現了周總理的遺願。

23 日上午，日本首相福田赳夫在迎賓館舉行隆重的歡迎儀式，400 名日本人到場歡迎。

9 時半，鄧小平和夫人卓琳在佐藤大使陪同下來到正面門廳。福田偕其夫人三枝前來迎接。雙方握手致意後，一起來到迎賓館前庭。伴隨着日本陸上自衛隊樂隊奏起的銅管樂，鄧小平健步走上歡迎台。樂隊奏完《義勇軍進行曲》和《君之代》後，鄧小平在福田陪同下檢閱了由 100 多名陸上自衛隊士兵組成的儀仗隊。他不時舉起右手向士兵們致意，走到兩國國旗前時，深深鞠躬。然後，在《江戶日本橋》的樂曲聲中，鄧小平和福田相互介紹了在場的兩國要人和 28 國駐日大使。

第二節　出席換文儀式，舉杯祝願美好明天

歡迎儀式一結束，鄧小平就在內閣官房長官安倍晉太郎的引導下前往首相官邸，對福田首相進行禮節性拜訪。

福田先在一樓的吸煙室接待了鄧小平。兩人稍事寒暄，便肩並肩地來到首相辦公室，進行了約 30 分鐘的談話。

坐定之後，鄧小平從容地從口袋裡掏出一包「熊貓」牌香煙，按中國的禮節遞給在座的人每人一支。這樣一來，氣氛立即輕鬆起來。

福田首先對鄧小平來訪表示歡迎，並稱：「我們對於中國領導人下決心締結日中條約表示欽佩！」

鄧小平對日本的邀請表示感謝。他說：「多年來一直希望訪問東京，這一天終於到來了。早就想認識福田首相，這個願望實現了，我感到高興。」

接着，兩人談到了締約的經過、波折和困難，一致肯定了締約的意義。

當福田談到他只了解舊中國，希望有一天能有機會訪華時，鄧小平捐滅煙頭，回答道：「我感覺不到這是和福田首相初次見面……我願代表華國鋒主席、中國政府及中國人民，邀請福田首相去中國。任何方便的時候都歡迎。」

福田愉快地接受了邀請，表示一定要訪問中國。

10 時半，在首相官邸一樓大廳舉行了《中日和平友好條約》批准書換文儀式。鄧小平、福田及兩國外長在樂曲聲中踏着紅地毯進入會場，只見會場中央擺放着由白菊花、黃菊花和紅紅的石竹花裝飾起來的中日兩國國旗，色彩鮮豔奪目。

園田和黃華在鋪着綠絲絨的長桌前並排而坐，福田和鄧小平分別坐在他們身旁。他們身後以金色屏風為背景，屏風前掛着兩國的國旗，國旗兩側共有 12 對中日兩國的小國旗排列着。日本方面的 8 位大臣，外務省幹部 40 多人和中國官員坐在桌子對面。

日本外務省中國課課長田島宣佈儀式開始。全體起立，樂隊奏兩國國歌。隨後，園田和黃華用毛筆在日文和中文寫成的批准書上簽名，又交叉互換簽名。時間是 10 月 23 日上午 10 時 38 分，《中日和平友好條約》從此生效。兩位外長緊緊握手，會場上立即響起熱烈的掌聲。

這時，福田和鄧小平舉起斟滿了香檳酒的酒杯，互致美好祝願。接着，鄧小平放下酒杯，出人意外地以西方的禮節與福田擁抱，隨即與園田擁抱，使他們萬分感動。鄧小平説，和平友好條約將推動兩國政治、經濟、文化和科技等各方面的交流……也將對亞洲和太平洋地區的和平與安全產生積極的影響。……中日兩國要和睦，要合作，這是 10 億中日人民的共同願望，也是歷史發展的潮流。……中日兩國人民要世世代代友好下去。

換文儀式結束後，福田環視了一下周圍的記者，感歎道：「（日中之間）木橋變成了鐵橋，今後運東西方便多了。」

第三節 會見裕仁天皇，相約世代友好

23 日中午，鄧小平前往皇宮拜會裕仁天皇夫婦。這是新中國領導人第一次會見天皇。日本當局有些擔心，害怕鄧小平當面追究天皇在日本侵華戰爭中的責任。

但是，會見卻出乎意料得愉快和輕鬆。

裕仁天皇首先伸出手來同鄧小平及其夫人握手，說：「熱烈歡迎，能夠見到你們，很高興。」

鄧小平微笑着說：「感謝貴國的邀請。」

隨後，天皇把良子皇后介紹給客人，請客人落座。天皇和鄧小平相對而坐，皇后與卓琳並肩坐在梳化上。

裕仁先開口致意說：「你在百忙中不辭勞苦遠道而來，尤其是日中條約簽訂了，還交換了批准書，我非常高興。」

鄧小平回答說：「《中日和平友好條約》可能具有出乎我們預料的深遠意義。過去的事情就讓它過去，我們今後要積極向前看，從各個方面建立和發展兩國的和平友好關係。」

天皇可能被鄧小平誠懇、大度的話所觸動，離開日本外務省和宮內廳商擬的講稿，臨場發揮說：「在兩國悠久的歷史中，雖然其間一度發生過不幸的事情，但正如你所說，那已成為過去。兩國之間締結了和平友好條約，這實在是件好事情。今後，兩國要永遠和平友好下去。」

鄧小平欣然表示同意：「一點不錯，我贊成。」

日本共同社評稱：「陛下在首次會見中國領導人時使用『不幸的事

情』這一措辭,是從天皇的戰爭責任這個角度,間接向中國人表明謝罪之意。」

鄧小平的回答,使天皇心裡一塊石頭落了地。他馬上換了話題,問鄧小平:「你身體很好啊。」

「我 74 歲,聽説陛下比我稍大一點,身體卻很好,這最要緊。」

皇后插話説:「北京很美吧?」

鄧小平説:「北京還有各樣的問題,現在正在加緊改造。」

裕仁天皇也直言説道:「東京也有公害問題。」

鄧小平説:「看天空,好像在逐漸好起來嘛。北京可差遠了。」

爾後,兩人又從城市問題談及植物和歷史,越談越熱烈。

會見結束時,天皇和皇后把一張署名的照片和一對銀花瓶贈給鄧小平夫婦,中方回贈了一幅水墨畫卷和彩色的刺繡屏風。

接着,鄧小平夫婦等中國客人出席了天皇夫婦在皇宮豐明殿舉行的午宴。大概是考慮到鄧小平曾留學法國,上席的是法國菜。為了適合中國人的口味,湯裡加了燕窩。

在宮內雅樂和《越天樂》《五棠樂急》等優美的樂曲聲中,鄧小平和天皇、皇太子及福田等人頻頻舉杯,互祝健康。當鄧小平強調要「子子孫孫、世世代代友好」時,天皇立即贊同地説:「日中兩國建立起這樣的友好關係,歷史上還是第一次,要永遠繼續下去。」

據侍候左右的宮內廳人士稱,天皇如此高興,實屬罕見。

第四節　話反霸,表維護和平決心

23 日下午 3 點半至 5 點 25 分,福田與鄧小平在首相官邸舉行第一次會談。出席會談的,日方有園田外相和安倍內閣官房長官,中方有黃華、廖承志、韓念龍等人。

會談結束後，福田向記者談及對鄧小平的印象說：「非常了不起。總之，非常了解世界形勢。」

當晚7點半，福田在首相官邸舉行盛大宴會，歡迎鄧小平一行。大約有100名日本政界、經濟界、學術界的重要人物出席。

由於互換《中日和平友好條約》批准書已在上午結束，所以晚宴氣氛輕鬆。賓主在兩國人民喜愛的歌曲《櫻花，櫻花》和《洪湖水浪打浪》的樂曲聲中落座，吃的是「奶油炸霸魚」等純法國菜，談笑風生。

餐後，福田和鄧小平分別致了祝酒詞。福田首先回顧了日中兩國具有兩千年以上的友好交流的悠久歷史，並舉出了阿倍仲麻呂和修建唐招提寺的鑒真和尚的事例。他說：「在漫長的歷史中，我們兩國的交流密不可分。到了本世紀，經歷了不幸關係的苦難。」講到這裡，他離開眼前的講稿，像上午天皇的表現一樣，突然冒出一句，「這的確是遺憾的事情。」然後，他再接上講稿說：「這種事情是絕不能讓它重演的。這次的《日中和平友好條約》正是為了做到這一點而相互宣誓。」

對於福田突然冒出的這句話，在場的日方譯員沒有翻譯。不過，這話還是傳到了鄧小平的耳朵裡，並在第二天的《人民日報》上登了出來。宴會後，有記者就此追問福田時，他避而不做正面回答，只是說：「由於原稿字小，有三處不能讀。」

鄧小平接着致辭說：「中日友好源遠流長。我們兩國之間雖然有過一段不幸的往事，但是，在中日兩千多年友好交往的歷史長河中，這畢竟只是短暫的一瞬。中日兩國儘管社會制度不同，但是兩國應該而且完全可以和平友好相處。」

鄧小平在講話中還說：「《中日和平友好條約》明確地規定，中日兩國不謀求霸權，同時反對任何其他國家或國家集團建立這種霸權的努力。這是國際條約中的一項創舉。條約的這項規定首先是中日兩國自我約束，承擔不謀求霸權的義務，同時也是對當前威脅國際安全和世界和平的主要根源霸權主義的沉重打擊。」

　　這是鄧小平到日本後首次提到霸權主義問題。今天，鄧小平借日本的講壇再次重申這一條款，表達了中國與日本共同反霸的決心。

　　宴會結束後，鄧小平在福田首相陪同下轉到大餐廳，欣賞了由日本財團法人「才能教育研究會」的 3 至 12 歲兒童的小提琴演奏，並同演員們合影留念。

　　福田同鄧小平的第二次會談是在 25 日上午進行的。會談之前，福田仍然在首相官邸的吸煙室迎接了鄧小平。「您好，您好！」在互相握手之後，福田對鄧小平連日來表現出來的充沛精力表示了濃厚的興趣，他感歎說：「您真是一位超人，一點倦色都沒有」，鄧小平笑着說：「我多次說過，高興時就不覺得疲倦。」

　　鄧小平還爽快地接受了攝影記者的再一次握手的要求，並且十分親切地說：「能夠見到新聞記者們很高興，但遺憾的是時間短……」坐在梳化上後，福田再次稱讚他是位超人，鄧小平對此仍很謙遜地說：「我不過是個兵。在舊中國，人們把兵稱為丘八。」這話的意思，顯然是指健康的秘訣在於不擺架子。

　　會談中，雙方強調中日兩國要進一步加強經濟、文化及貿易合作。

第五節　廣交議員朋友，強調任重道遠

　　24 日上午，鄧小平對眾議院議長保利茂和參議院議長安井謙進行禮節性拜訪。

　　會見時，保利說：「我迎接閣下一行，深切感到，日中兩國間的和平友好關係不只是空喊，而是具有實際內容的。」安井說：「過去的日中關係未必都是幸福的。但是，日本以第二次世界大戰的結局為轉機悔過自新，作為和平國家投入了新的建設。作為最後的總結，締結了日中條約。」

對此，鄧小平說：「對於兩位議長的熱情講話表示感謝。」並說：「諸位都是老朋友，彼此都是老相識。今天的好天氣象徵着兩國之間的未來。」

在這裡，鄧小平還會見了日本社會黨、公明黨、民社黨、新自由俱樂部、社會民主聯盟和共產黨等六個在野黨領導人，並進行了約 15 分鐘的懇談。

懇談中，鄧小平大概想起了徐福奉秦始皇之命東渡日本尋求長生不老藥的故事，便輕鬆地把話題一轉：「聽說日本有長生不老藥，這次訪問的目的是，第一交換批准書，第二對日本的老朋友所做的努力表示感謝，第三尋找長生不老藥。」他話音一落，議長室裡就哄堂大笑。之後，他又愉快地補充說：「也就是為尋求日本豐富的經驗而來的。」

鄧小平的話誘發了各黨領導人的幽默感。一時間，議長室裡談的盡是「關於藥的話題」。

公明黨的竹入委員長說：「（長生不老的）最好的藥不就是日中條約嗎？」

民社黨的佐佐木委員長接過話頭：「日本正苦於藥物公害，最近對中國的中草藥評價很好。」

對此，鄧小平又說：「由於山區都在進行開發，草藥也不大容易弄到了。所以，最近在進行人工栽培。」

懇談結束後，保利茂和安井謙在眾議院議長公邸庭院舉行盛大的露天酒會，熱烈歡迎鄧小平和夫人卓琳。

當鄧小平和夫人一行在保利議長、安井議長等陪同下步入翠綠如茵的庭院時，300 多名日本國會議員長時間鼓掌，表示熱烈歡迎。

廖承志副委員長和夫人經普椿，黃華外長和夫人何理良，韓念龍副外長和夫人王珍，符浩大使和夫人焦玲等應邀出席了酒會。出席酒會的日方人士還有福田首相、園田外相、安倍內閣官房長官及其他官員和知名人士。

席間，保利議長代表眾參兩院致辭，對鄧小平訪問日本，表示由衷的歡迎。他說：「這次鄧小平閣下一行的訪問，是揭開兩國新時代之幕的第一步。」

鄧小平在祝酒時，首先向日本國會和日本人民轉達了中華人民共和國全國人民代表大會常務委員會葉劍英委員長和中國人民的誠摯問候及良好祝願，並對日本國會眾參兩院、對日本各地方議院、對日本朝野的大多數政黨、政治家和由眾參兩院的許多朋友組成的日中友好議員聯盟，為促進早日締結《中日和平友好條約》，為發展兩國睦鄰友好關係和中日友好事業做出的巨大努力和寶貴的貢獻，表示衷心的感謝和崇高的敬意。

同時，鄧小平強調說：「《中日和平友好條約》締結了。但是，我們的任務並沒有因此而告終，我們要做的事情還很多，任重道遠。在座的各位都是日本的政治家，肩負着日本國民的重託。我們願意同各位一起，再接再厲，為在《中日和平友好條約》的各項原則的基礎上，進一步發展兩國的睦鄰友好關係和各方面的交流，為兩國人民世世代代友好下去而共同努力。」

祝酒一結束，鄧小平就拿着香檳酒走到草坪上，說是要「和保利議長一起走走」。於是，各位議員都陸續跑過來，一片「祝賀」「歡迎」之聲。

保利介紹說：「這些議員都為國會通過《日中和平友好條約》做出過努力，他們都是中國的好朋友。」

鄧小平說：「看見這麼多的朋友，非常高興。」

保利還介紹不久將同他一起訪華的議員同鄧小平見面。

鄧小平高興地說：「歡迎！歡迎！」

十分鐘後，鄧小平在議員們的鼓掌歡送下，揮手告別。目睹了這一動人情景後，福田首相和園田外相笑着說：「今天是老鄧唱主角。」

第六節　會見記者，語驚四座

25 日下午 4 點，鄧小平在東京日比谷的日本記者俱樂部，舉行一次為世人矚目的記者招待會。參加記者招待會的 400 多名記者分別來自共同社、時事社、路透社、合眾國際社、美聯社、法新社、德新社等著名通訊社。

這是中華人民共和國領導人在出訪時第一次同意以「西歐方式」同記者見面。

他一入席，就給人一種沉着、自信、充滿活力的感覺。「如果我的回答有錯誤，請大家批評。」在概括地談了《中日和平友好條約》締結的意義、反霸問題和中國的內外政策後，鄧小平攤開雙手，微笑着來了這麼一句。

會場活躍起來。四台轉播用的電視攝影機和 30 多台遠鏡頭照相機在忙碌地運作，按快門的聲音接連不斷。

時事通訊社記者率先提問：「在剛才的講話中，您說由於霸權主義存在，就有世界大戰的危險。不過，我國奉行全方位外交，要同所有國家友好相處。你認為兩國對世界形勢的認識有沒有分歧呢？」

鄧小平抓住日本記者提問的機會，簡明扼要地表了態：「反對霸權主義是《中日和平友好條約》的核心。因為我們要和平友好，謀求亞洲太平洋地區的和平與安全，謀求世界的和平與安全，不反霸是不行的。按照《中日和平友好條約》包含的意義來說，我想，如果有人把霸權強加在日本頭上，恐怕日本人民也不會贊成。」既然鄧小平的回答在設身處地地為日本人民和世界和平着想，這位日本記者也就不好再說甚麼，只得信服地點了點頭。如果說，鄧小平在 23 日晚福田首相舉行的歡迎宴會上還是含蓄地談到中日共同反霸的話，那麼，今天的講話就真可謂明明白白了。

日本記者還提出了「尖閣列島」的歸屬問題。鄧小平神態自若。

他説：「『尖閣列島』我們叫釣魚島，這個名字我們叫法不同，雙方有着不同的看法，實現中日邦交正常化的時候，我們雙方約定不涉及這一問題。這次談《中日和平友好條約》的時候，雙方也約定不涉及這一問題。倒是有些人想在這個問題上挑些刺，來阻礙中日關係的發展。我們認為兩國政府把這個問題避開是比較明智的。這樣的問題放一下不要緊，等十年也沒有關係。我們這一代缺少智慧，談這個問題達不成一致意見，下一代總比我們聰明，定會找到彼此都能接受的方法。」

本來，當日本記者提出這一微妙、敏感的問題時，會場內剎那間緊張了起來，大家都屏住呼吸，等着看鄧小平怎樣回答。他們怎麼也沒想到鄧小平竟把許多國家多年來一直為此大動干戈的領土歸屬問題，以如此巧妙的中國方式給「解決」了。於是，會場又恢復了輕鬆的氣氛。

鄧小平後來講了他當時的一些想法。他説：「當時我腦子裡在考慮，這樣的問題是不是可以不涉及兩國主權爭議而共同開發。共同開發的無非是那個島嶼附近的海底石油之類，可以合資經營，共同得利嘛！」

鄧小平後來還與其他外賓進一步闡述了這一思想。他説：「把一些領土主權爭議擱置起來，先共同開發，可以消除多年積累下來的問題。我們中國人是主張和平的，希望用和平方式解決爭端。甚麼樣的方式呢？擱置爭議，共同開發。」

在回答有關中國的現代化問題時，鄧小平讓西方記者們充分領略了他那坦率、務實和開放的風格。他説：「我們所説的在本世紀末實現的現代化，是指比較接近當時的水平。世界在突飛猛進地前進，那時的水平，例如日本就肯定不是現在的水平，我們要達到日本、歐洲、美國現在的水平就很不容易，要達到 22 年以後的水平就更難。我們清醒地估計了這個困難，但是，我們還是樹立了這麼一個雄心壯志。」

為了實現現代化，他指出：「要有正確的政策，就是要善於學習，

要以現在國際先進的技術、先進的管理方法作為我們發展的起點。首先承認我們的落後，老老實實承認落後就有希望。再就是善於學習。這次到日本來，就是要向日本請教。我們向一切發達國家請教，向第三世界窮朋友中的好經驗請教。相信本着這樣的態度、政策、方針，我們是有希望的。」

就在他談到要承認落後的時候，他突然説了一句饒有風趣的話：「長得很醜卻要打扮得像美人一樣，那是不行的。」記者們對這一自我評價發出了哄堂大笑，但他們也不得不承認，這種態度正是中國重新崛起的希望所在。

26 日，日本各大報紙都在顯著位置報道了這次會見。《東京新聞》説：「（鄧小平）既詼諧又雄辯，有時還岔開話題，很有談話技巧。這位『矮個子巨人』真是名不虛傳。」

《每日新聞》以《鄧副總理首次舉行「西歐式」記者招待會》為題評論鄧小平説：「既不顯威風，也不擺架子，用低沉而穩重的聲調和溫和的口吻發表談話……始終笑容滿面地談日中友好和世界形勢。一想起被稱為『長生鳥』的三落三起的坎坷人生，就令人覺得他是一個多麼難得的『人才』。」

記者招待會結束後，鄧小平前往新大谷飯店舉行盛大的答謝宴會，用精美的中國菜、北京的「五星啤酒」、青島的紅葡萄酒和上海的「熊貓牌」香煙熱情款待了包括福田首相、保利和安井議長在內的各界日本人士，從而結束了對東京的日程，前往京都、奈良、大阪訪問。

鄧小平在這次訪問中，用自己的行動體現了已故周恩來總理「吃水不忘掘井人」和「廣交新朋友，不忘老朋友」的思想和作風。臨行前，他就向外交部索要日本老朋友的名單。他説，到日本以後，一定要去看望田中角榮等老朋友。

當時，日本國內有人對鄧小平去見官司纏身的田中前首相有異議。但是，鄧小平卻堅持説：「那是日本內部的問題。與他作為日本首

相時，對中日邦交正常化所做的貢獻，完全沒有關係。我們不能忘了老朋友。」

於是，在互換條約批准書的第二天，鄧小平便偕同廖承志、黃華、韓念龍等代表團主要成員，去田中家中探望，並邀請他再度訪華，使田中全家及田中派的議員們非常感動。

鄧小平在緊張的日程中，還擠出時間先後參觀了新日鐵公司、日產汽車公司和松下電器公司，遊覽了雨中的嵐山、奈良唐招提寺，留下許多膾炙人口的故事。

鄧小平訪問日本時，正值中共十一屆三中全會前夕，他作為中國改革開放的總設計師，心中正在勾畫着改革開放的宏偉藍圖。

陪同訪問的日本駐華大使中江要介注意到，鄧小平訪日期間雖然話語不多，但卻用心觀察對中國有用的事物，腦中思考着中國如何改革開放，中國將來如何富強。

中江先生說，在參觀新日鐵的君津鋼鐵廠時，鄧小平仔細詢問了工廠的設備、技術，並希望日本朋友把先進的生產管理經驗介紹給在那裡實習的中國工人，使人感到了他一定要在中國建成同樣先進工廠的決心。正是這種決心在後來促成了上海寶鋼的中日合作項目。

中江先生回憶說，鄧小平在訪問中總是邊參觀邊對比，了解哪些是中國應該學習的、哪些應作為教訓汲取。

在從東京到京都的「光號」「子彈頭」列車上，中江問鄧小平：「現在時速是 240 公里，您感覺如何？」

鄧小平聽後微微一笑：「這對於中國太快了。」後來還說：「我們現在很需要跑。」

中江說，現在回憶起來，覺得鄧小平的話意味深長，既表達了「要讓國家迅速發展」的迫切心情，也指出了辦甚麼事也不能過於着急，中國有中國的國情，不能照搬的道理。

訪問日本松下電器公司時，鄧小平應邀來到一間展示微波爐等新

產品的展覽室，講解人員把一盤燒賣用微波爐加熱後，請鄧小平觀看，鄧小平拿起一個燒賣看着，突然一下放到嘴裡，邊吃邊說味道不錯。這一幕出乎松下公司職員的意料，大家無不讚歎鄧小平敢於嘗試的精神。

10 月 28 日訪問奈良那天，鄧小平和夫人卓琳在奈良飯店用午餐時，宴會廳隔壁正在舉行的婚禮吸引了他。鄧小平用餐後走到婚禮現場，與這對新婚夫婦握手祝福，這個富有人情味的場面被一位青年拍了下來，照片被冠以「意外的祝福」之題刊發在次日的《讀賣新聞》上，一時被傳為中日友好的佳話。

還有一件是鄧小平出訪不忘國內百姓憂苦的插曲，中江要介在陪同途中問鄧小平對日本的甚麼感興趣，鄧小平說中國老百姓冬天使用煤球，時常發生一氧化碳中毒的事情，他想知道日本有沒有不產生一氧化碳的煤球……

訪日期間，鄧小平應邀先後 6 次揮毫題詞，表達他對日本和中日關係的胸臆。在參觀日產汽車公司時的題詞是：「向偉大、勤勞、勇敢、智慧的日本人民學習、致敬！」在新日鐵君津製鐵所的題詞是：「中日友好合作的道路越走越寬廣，我們共同努力吧！」給松下電器的題詞是：「中日友好，前程似錦。」

第七節 「鄧旋風」掀起「中國熱」

10 月 29 日下午，鄧小平結束了對日本為期 8 天的正式友好訪問，從大阪乘專機離開日本回國。他說：「我是以一片喜悅的心情來東京，以一片喜悅的心情回北京。」他深有感慨地說：「看了日本，我明白甚麼叫現代化了。」

8 天來，鄧小平的訪問獲得了圓滿的成功。美聯社記者約翰·羅德

里克以讚賞的語氣評論説:「鄧在日本訪問期間扮演了一個中國超級推銷員的角色,他那盈盈笑臉和精力充沛的交談,不僅給人留下了深刻的印象,而且為中國結交了新朋友。」不僅如此,影響是雙向的。鄧小平的到來,也在日本各界人士中引起了極大的轟動。

還在鄧小平抵達東京的前一天,日本《產經新聞》驚呼:因鄧小平訪日,經濟界的「中國熱」已經過熱了!然而,這種呼籲無濟於事。23日一大早,福田首相就在家裡同記者們感歎地談起了舉國一致談論鄧小平的「清一色」局面。

日本經濟界人士認為,中國有9億人口,石油、煤炭等資源豐富,隨着四個現代化的進展,將向國外購買大量的機器設備。因此,無論從哪個方面講,中國都無疑是世界剩下來的最大的貿易市場了。基於這一認識,五十鈴、三菱、豐田、日立等200多家日本公司在24日採取了一次空前的行動,它們分別在《讀賣新聞》《日本經濟新聞》《每日新聞》《東京新聞》等大報上刊登廣告,慶祝《中日和平友好條約》生效和歡迎鄧小平訪日。

25日,由經團聯等六大經濟團體為鄧小平舉行歡迎宴會時,出席人數有320多人,突破了他們在歡迎英國女王伊利沙伯時出席者近300人的最高紀錄。而且,引人注目的是,宴會桌的周圍還出現了一對一對地同鄧小平的隨行人員交換名片的熱烈場面。鄧小平在到達關西地區前,關西經濟界人士為了能夠出席大阪府、大阪市和商工會議所預定在28日聯合舉辦的晚餐會,早已展開了一場別開生面的「角逐」。他們接連不斷地向宴會主辦者毛遂自薦,要求「一定讓我們公司也……」主辦方面驚訝地説:「不出所料,真是鄧小平熱啊!」

《每日新聞》就此評論説:「中國對關西財界寄予的期望之大是出乎意料的,而關西經濟界對中國市場所寄予的巨大期待又超過了中國。」評論認為,戰後日本關西經濟基礎削弱的一個主要原因就是由於失去了中國市場,因此,各大公司都想趁此機會,迎頭趕上。除此以外,關

西經濟界人士還專門在 29 日中午為鄧小平舉行了一次歡迎宴會，請鄧小平品嘗了日本菜，從而實現了進一步給中國客人留下印象的目的。

對於因鄧小平到來而在日本列島上掀起的這種「中國熱」，日本新聞界和政界人士形象地稱之為「鄧小平旋風」。

第八節　從日本得到的啟示

1978 年 8 月締結《中日和平友好條約》，是年 10 月 22 日至 29 日，當時中國的最高決策者、副總理鄧小平作為中國國家領導人戰後首次正式訪問日本，對中日關係的推動，對中國後來的發展，其作用難以估量。這次訪問，是為了出席互換《中日和平友好條約》批准書儀式，也是鄧小平在醞釀中國現代化大戰略的過程中所做的一次考察、取經和向日本發出強烈的合作信號之旅。同年 12 月，中共中央在鄧小平的主導下，做出了以經濟建設為中心、實行改革開放的重大戰略決策，以及鄧小平提出「兩步走」的發展戰略，都與他這次訪日有着內在的、重大的聯繫。

在對日本 8 天的訪問中，鄧小平反覆強調這次訪問是為了學習日本的先進技術和經驗，並懷着濃厚的興趣，參觀了三個大企業。乘坐新幹線從東京去關西時，記者問他有何感想。他說：「快，真快！就像後邊有鞭子趕着似的！這就是現在我們需要的速度。」他還說：「這次訪日，我明白甚麼叫現代化了。」

1978 年，是中國的戰略重大轉變之年，也是中日關係在解決了政治懸案之後向着務實的方向轉變的一年。在鄧小平的心目中，日本是中國現代化的老師、不可缺少的合作夥伴。正是在這種思想指導下，20 世紀 80 年代以後，中國出現了「日本熱」，大批考察團湧入日本，大量的日本專家、學者被請到中國講課，中日政府成員會議相繼舉行，

官民之間各領域、各層次的交流日趨活躍，兩國間的經濟、貿易、技術合作迅速發展。

1979 年，大平正芳首相訪華時，與鄧小平副總理會談。當大平問及中國的現代化是甚麼概念時，鄧小平略有所思後説：「中國現在的人均所得是 250 美元，我們的目標是到本世紀末達到 1,000 美元。也就是説，在 20 年裡翻兩番。」鄧小平還説：「如果達到這個程度，我們就可以做些想做的事，也可以對人類做出更大的貢獻。我把這個程度叫作『小康』。那時，中國人就能解決溫飽問題了。」

鄧小平與大平相識於 1978 年 10 月 24 日。那天上午，鄧小平在東京拜訪了前首相田中角榮後，拜會了時任自民黨幹事長的大平正芳。

大平説：「閣下不忘老朋友，在百忙中特地來看我，使我感到光榮。」

鄧小平説：「今天是為了表示感謝而來。1972 年閣下和田中首相一起訪華，實現中日邦交正常化，為中日關係開闢了道路。兩國簽訂《中日和平友好條約》，我們感謝福田首相的決斷，同樣也要感謝田中先生和大平先生。」

兩個月後的 1978 年 12 月 7 日，日本成立了大平正芳內閣。

三個月後的 1979 年 1 月 28 日下午，鄧小平赴美訪問飛臨日本上空，想到老朋友大平，給他發了一封電報：「一週後，從美國回國時，計劃在貴國逗留，我為那時能同閣下及其他日本朋友交談而高興。」鄧小平結束訪美後，2 月 7 日抵達東京，如約同大平在日本首相官邸會談。會談進行了 1 小時 40 分鐘。鄧小平代表中國政府邀請大平首相在方便時訪問中國。

1979 年 12 月 5 日，大平首相應邀對中國進行正式訪問。12 月 6 日下午，鄧小平會見了大平首相一行。

會談中，大平問道：「中國根據自己獨立的立場提出了宏偉的現代化規劃，將來會是甚麼樣的情況，整個現代化的藍圖是如何構思的？」

大平提出這樣的問題，從自身經歷而言並非偶然。他在東京商科大學（現在的一橋大學經濟學部）這個日本企業家和經濟學家的搖籃上過大學，畢業後進入大藏省（現在的財務省）工作了 15 年，42 歲當選眾議院議員，50 歲出任內閣官房長官，協助池田勇人首相，使「國民收入倍增計劃」1960 年在國會獲得通過。該計劃目標是 10 年內將實際國民收入增加一倍，結果 7 年內使計劃得以實現。日本的國民生產總值 1966 年超過英國，1967 年超過聯邦德國和法國，經濟規模達到世界第二位，人均收入 1970 年超過 1,500 美元。

鄧小平回答大平提問的談話節錄已收入《鄧小平文選》第二卷，題目為《中國本世紀的目標是實現小康》。他在談話中首次提出的小康目標，1981 年 11 月寫入五屆人大四次會議的政府工作報告，1982 年 9 月舉行的中共十二大確定為全黨和全國人民到 20 世紀末的奮鬥目標。

就是在 1979 年那次會談中，大平首相表示：為維持和發展與中國的穩定友好關係，願對中國為實現現代化的努力提供盡可能的合作。

鄧小平後來多次提到與大平關於小康目標的這次談話。1984 年 3 月 25 日，鄧小平在會見日本首相中曾根康弘時說：「這個小康社會，叫作中國式的現代化，翻兩番、小康社會、中國式的現代化，這些都是我們的新概念，是在這次談話中形成的。」

1988 年 8 月 26 日，鄧小平會見日本首相竹下登，在回顧提出小康目標的過程時說：「提到這件事，我懷念大平先生。我們提出在本世紀內翻兩番，是在他的啟發下確定的。」

鄧小平說：「大平首相訪問中國時，向我提出一個問題：『你們講現代化，究竟具體目標是甚麼？』」自從 1978 年我們黨的十一屆三中全會以來，我們重點搞經濟建設，一心一意搞四化，但是實際上達到甚麼程度，步子怎麼走，心中還沒有數。大平先生提出的這個問題，把我問住了。我有一分鐘沒有答覆。接着我說，我設想到本世紀末，那時還差 20 年左右，如果 80 年代翻一番、90 年代翻一番，那麼，在

250 美元的基礎上，就可達到 800 至 1,000 美元。後來在其他場合，我講過考慮到中國那時人口是 12 億。現在看來 12 億還打不住，可能是 12.5 億。因此，我說可能是 800 美元比較靠得住。我們講的是以 1980 年為基數，到現在為止，翻兩番中的第一番目標已提前兩年完成。從現在中國發展情況看，本世紀末達到人均 800 至 1,000 美元，看來是沒有問題的。」

第六章

雲散雨霽，關係恢復正常

　　《中日和平友好條約》的締結為中日友好合作關係的全面發展奠定了政治和法律基礎。從 1978 年到 1988 年的 10 年間，堪稱中日關係大發展的時期，其間兩國各個領域的交流和合作，從廣度和深度而言都是兩千年中日關係史上任何時期無法比擬的，但是，至 1989 年，中日關係卻遇到了困難，經歷了一番曲折。

第一節　風波百日後，日要人相繼訪華

　　1989 年春夏之交的北京政治風波之後，日本政府參與西方國家對中國的制裁，凍結了兩國之間部長級以上的高層往來和一些合作項目，限制日本人來華，推遲原定秋季開始提供的第三批政府貸款談判，使兩國關係一度處於停滯狀態。但是，在制裁中國的西方國家中，日本一直扮演着一個不太情願的角色，只是為了保持西方的團結，才不得不維持一致。就在政治風波發生不久，宇野宗佑首相在國會答辯中表示，在制裁問題上，必須意識到日中關係與美中關係截然不同，中國是日本的重要鄰國，不應該以情緒代替理智，表明了冷靜的態度。在 7 月中旬的西方七國首腦會議上，宇野發言時主張不應該在國際上鼓吹孤立中國。

　　綜合分析各種因素，7 月 6 日至 12 日在北京召開的中國駐外使節會議確定打開缺口、着重做日本工作的方針，爭取和推動日本在逐步取消制裁方面先走一步，在西方國家中起個帶頭作用。任務明確後，我國駐日本使館積極開展工作。時任大使楊振亞、公使唐家璇（後來任外交部長、國務委員）、王毅（後來任外交部長、國務委員）等外交官，一齊出動，採取登門拜訪、演講、座談等多種方式，與日本各界廣泛接觸，深入地做宣傳解釋工作，收到良好效果。前首相竹下登說，在歷史發展過程中，各國出現這樣那樣的問題是常有的，重要的是日中友好不能改變。他表示，願為改善和發展日中關係盡力。一

些人士説，觀察中國問題要冷靜客觀，多聽聽中國朋友的聲音。

正在這時，日本政局有變，日本首相易人，7月24日宇野宗佑辭職，8月9日海部俊樹出任首相。他重視同中國的關係，對同中國恢復正常交往採取積極的態度，加之海部屬自民黨內小派系，實力雄厚的竹下派對其影響較大。竹下登前首相主動對楊大使説，對海部首相如果有甚麼話不便説，可以來找他。因此，我駐日使館就繼續保有溝通的渠道。

這樣，北京政治風波百日之後 , 即9月17日至19日，日本著名政治家、日中友好議員聯盟會長伊東正義率日中友好議員聯盟代表團訪華。這是西方大國向中國派出的第一個訪華團。日本的這一舉措表明日本的對華政策與歐美存在差異，引起了全世界的關注。

伊東行前對楊大使説，自己曾多次訪問中國，但這次心情有些沉重，自民黨內不少人反對，勸他此時不要訪華，但他認為日中友好不能停留在口頭上，只有在出現困難的時候訪華，通過坦誠交流，增進相互了解，才是真正的日中友好。

伊東此訪受到高規格的接待。中央軍委主席鄧小平在人民大會堂福建廳會見伊東一行，稱讚伊東和訪華團其他成員都是多年來致力於日中友好的中國人民的老朋友，説老朋友來了不能不見。中日友好十分重要，對中國十分重要，對日本也十分重要。友好對兩國人民有利，對世界和平與發展有利。

鄧小平還説，不管國際上有甚麼變化，也不管日本和中國國內有甚麼變化，中日友好不能變，也不會變。中日兩國世世代代友好下去是大家的願望。伊東表示完全贊成鄧小平主席的看法。

中國共產黨總書記江澤民應伊東要求，介紹了中國的內外政策和經濟形勢。

總理李鵬在會見伊東時説：「中日友好關係來之不易，我們不願意看到它受到損害，而希望它繼續向前發展。」

伊東轉達了海部俊樹首相對李鵬總理的問候。伊東說，他此次來華前，海部首相表示他本人重視對華關係，並希望伊東此行成為對兩國關係有意義的一次訪問。

9月25日，日本政府宣佈全部解除有關日本人訪華的限制，中日間人員來往首先恢復正常。

11月9日至13日，以日本經濟團體聯合會會長齋藤英四郎為最高顧問、日中經濟協會會長河合良一為團長的日中經濟協會代表團訪華，鄧小平軍委主席、江澤民總書記、李鵬總理、田紀雲副總理分別會見了訪華團。

鄧小平主席在會見中告訴客人，這是他告別政治生涯之前正式會見的最後一個訪華團。在談到中日合作時，鄧小平主席坦誠地說：「兩國合作具有深厚的基礎，這種合作要長期堅持下去。我們發展中日友好的方針不會改變。日本要自慎，不要自大；中國要自強，不要自卑。只有這樣，友誼才是永恆的，合作才是永恆的。」鄧小平主席稱讚在座的日本朋友為發展中日合作關係做了很多工作，盡了很大努力。

李鵬總理在會見中說，代表團的訪華說明，中日兩國人民的友好交往和兩國之間的經濟、技術、貿易的合作關係沒有中斷，而且存在着繼續發展的可能性。中日兩國經濟界有着多領域、多層次的廣泛聯繫。中日兩國包括貸款在內的經濟技術和貿易關係的發展不僅對中國的建設有利，從長遠觀點看，對日本也是有利的。齋藤等日本客人表示，日本經濟界人士希望中國穩定，因為中國的政治、經濟穩定不僅對中國有利，而且對日本乃至整個亞洲都有利。

11月27日至12月1日，日本國際貿易促進協會會長櫻內義雄率團訪華，鄧小平作為老朋友應約禮節性會見櫻內義雄及部分隨行人員。他對櫻內義雄等人訪華給予高度評價，說：「在國際壟斷資本對我國實行制裁時，你們帶了這麼大一個代表團來我國訪問，這是真正友情的表現。中國有句古話，叫作患難見真情。雖然我們並不算處於患難之

中，但你們此時來我國訪問的真情是可貴的。現在同情和支持我們的人比要制裁我們的人多得多，我們沒有孤立感。」

鄧小平在這次會見中，還講了一段語重心長的話。他說：「我雖然退休了，但還是關注着中日兩國關係的發展。我們兩國畢竟是近鄰，我對中日友好有一種特殊的感情。即使在日本軍國主義發動侵華戰爭時，也有很多日本人在反對侵略。講歷史要全面，既要講日本侵華的歷史，也要講日本人民、日本眾多友好人士為中日友好奮鬥的歷史，這些人多得很呢！你們這麼大的一個代表團來中國訪問，肯定有人會不高興的，但是你們的勇敢行動證明，日本人民同中國人民一樣，是希望中日兩國世世代代友好下去的。對一小撮不甘心中日友好的人，唯一的辦法就是用不斷加強友好、發展合作來回答他們。」

江澤民總書記、李鵬總理、鄒家華國務委員、錢其琛外長分別會見了訪華團一行。李鵬總理在會見中表示，中國歡迎外國經濟界人士來華進行多種形式合作的政策沒有改變，希望長期致力於中日友好的日本各界人士以長遠的眼光，採取積極的態度為克服目前兩國關係中的阻力，恢復和發展兩國友好合作關係邁出勇敢的一步。櫻內等日本客人表示，中國政局日趨穩定，新的領導集體的團結給他們留下了深刻印象，他們將繼續為發展日中經濟合作做出努力。

12月28日，日本政府正式決定邀請國務委員兼國家計委主任鄒家華於1990年1月16日至25日訪問日本，參加日本國際貿易促進協會成立35週年的慶祝活動。這是中國領導人在北京政治風波後首次應邀訪日，具有特殊意義。

第二節　新年伊始，互訪頻繁進行

進入1990年，中日關係明顯好轉。1月16日至25日，國務委員

兼國家計委主任鄒家華如期訪日，會見了海部俊樹首相、中山太郎外相等日本政府領導人和政界知名人士，出席了日本國際貿易促進協會成立 35 週年的慶祝活動，並同日本各界人士進行了廣泛的接觸。

鄒家華向海部介紹了中國的政治、經濟形勢和改革開放政策；表示願同日方共同努力，發展中日友好合作關係；希望中日關係在新的一年裡能恢復它應有的勃勃生機。

海部説，中日兩國正處在一個非常重要的時期，希望兩國關係在加強相互理解的基礎上，朝着好的方向發展。

中山外相在飯倉公館會見和宴請鄒家華時表示，日本無意把自己的價值觀強加給與日本社會制度不同的中國，也無意據此制定對華政策；日本政府希望通過雙方的共同努力，使兩國關係早日恢復正常。

鄒家華訪問期間，在東京新大谷飯店向 800 多位日本各界人士發表了題為《中國經濟調整時期課題和改革開放政策》演講，受到歡迎和好評。

其後，高層互訪增多。前首相宇野宗佑、自民黨政調會會長渡邊美智雄相繼訪華。

同年 6 月底、7 月初，李鐵映國務委員訪日。

7 月 9 日，海部首相在休斯敦西方七國首腦會議上，再次強調不應在國際上孤立中國，同時告訴美國和其他西方國家，日本準備恢復對中國的第三批貸款，説日方允諾的事情不能自食其言。他還説，中國繼續堅持改革開放政策，規勸美歐各國也改善同中國的關係。會前，海部首相召集中曾根、竹下等四位前首相，聽取意見。到會者一致主張改善同中國的關係，認為日本應自主判斷，多向其他國家做説服工作。

7 月 16 日，日本外務省審議官小和田恆作為首相特使來華，向中方正式轉達日本政府關於恢復第三批政府貸款的決定。

11 月，日本內閣會議正式決定解凍第三批日元貸款，雙方舉行了

換文儀式。這表明，中國打破了西方的共同制裁，率先恢復了中日關係。

11 月中旬，吳學謙副總理作為中國政府代表，赴日出席日本明仁天皇的即位典禮。在同海部首相會見時，吳學謙對其為恢復和改善中日關係所做的努力表示感謝，並希望中日關係能進一步發展。海部表示，日本政府願意進一步發展同中國的友好合作關係。為此，希望雙方共同做出努力。

1991 年 4 月和 6 月，日本外相中山太郎和國務委員兼外長錢其琛先後互訪，就進一步恢復和發展兩國友好合作關係以及雙方共同關心的國際問題交換意見。錢外長訪日期間，中日雙方還就海部首相訪華進行討論並取得一致意見。中山表示，海部首相熱切期待於當年 8 月訪華，日本政府非常重視這次訪問。錢其琛説：「中國政府高度重視海部首相對中國的訪問，並將努力使這次訪問取得成功。我們希望通過海部首相訪華，雙方能為今後 10 年的中日關係確定正確的方向，使兩國關係順利過渡到 21 世紀。」

雙方就紀念中日邦交正常化 20 週年問題達成了一些原則協議，認為中日邦交正常化 20 年來，兩國友好合作關係在各個領域都取得了重要進展，值得兩國政府和人民共同紀念。雙方初步商定，將通過兩國最高領導人互訪和舉辦一些大型文化交流活動，促進和發展兩國人民的相互了解和傳統友誼。

錢其琛在會見海部首相時，對海部首相和日本政府迄今為支持中國改革開放和現代化經濟建設所做出的努力表示感謝。錢其琛強調中日關係十分重要，中日發展長期睦鄰友好合作，將為亞太地區乃至世界和平與發展產生積極影響。

海部首相則期待 8 月對中國的訪問，並表示 1992 年是中日邦交正常化 20 週年，是一個十分重要的年頭，希望以相互信賴為基礎，不斷發展兩國友好合作。海部首相還説，他本人十分珍惜日中友好關係並一貫支持中國的改革開放政策，願為此提供力所能及的合作。

第三節　海部首相訪華，關係全面恢復

　　1991 年 8 月 10 日至 13 日，海部俊樹首相對中國進行正式訪問，受到中國政府和人民的熱烈歡迎。海部下飛機後，陪同團團長、機械電子工業部部長何光遠等立即迎上前去，同他熱烈握手。下午 4 時，李鵬總理在人民大會堂東門外廣場主持隆重儀式，歡迎海部首相。

　　這是一次具有特殊意義的訪問。海部是 1989 年春夏之交的北京政治風波後第一位訪華的西方國家政府首腦，顯示出日本政府繼續發展日中關係的積極姿態，而中國也非常需要在制裁鏈條最薄弱的一環，尋求更大的突破。海部訪華，標誌着中日關係在經過一段曲折後完全恢復正常。這也是中國打破西方無理制裁的重大勝利。

　　10 日下午，李鵬總理與海部首相會談。開始時，海部就中國遭受嚴重水災表示慰問，説專機進入上海上空不久，就看到華東地區遭災的情景，特地讓駕駛員降低高度，從 11,000 米降到 4,500 米，看到災害比想像的要大，所以日本政府決定追加提供 150 萬美元的緊急援助。

　　海部在會談中説，日中友好一直是日本外交的支柱。歷史表明，日中兩國交惡，不僅對兩國人民不利，而且也不利於亞太地區的和平與穩定。穩定發展日中關係，對亞太地區和世界的穩定與繁榮，都具有重要意義。在當前的國際形勢下，日中加強對話與合作日益重要。因此，願意通過這次訪問，進一步推動日中兩國關係的發展。海部表示，日本打算在今後 5 年內邀請 1,000 名中國青年訪日。

　　李鵬總理説：「中日實現邦交正常化以來，兩國關係的發展總的來説是順利的。兩國簽署的《中日聯合聲明》和《中日和平友好條約》兩個重要文件，對兩國關係的發展有着重要的指導作用。李鵬指出，1989 年之後，兩國關係一度出現了一些曲折，但我們高興地看到，兩國關係已經恢復正常。我們對日本政府和海部首相本人為恢復和發展兩國關係所做的積極努力表示讚賞。中國重視中日關係，並很高興地

迎接明年中口邦交正常化 20 週年的到來。」

在談及日台關係時，可能是針對不久前發生的日本取消李登輝訪日事件，海部首相明確表示，日本處理同台灣的關係時，將嚴格按照《日中聯合聲明》和《日中和平友好條約》辦事，日台之間只維持民間的實務關係，這種關係是非官方的、地區性的。日本的這一方針沒有變化。李鵬對日方的上述立場表示讚賞。

11 日上午，海部首相在《獻花曲》伴奏下，向人民英雄紀念碑敬獻花圈。之後，參觀了中日合作建成的中國康復研究中心。這座中心由日方提供無償援助和專家指導、中國殘疾人福利基金會募集基金於 1988 年 10 月建成，至海部首相參觀時，已接待門診患者約 10 萬人，住院患者約 2,300 人。海部首相夫婦來到一個 7 歲的小孩王晗面前，用中文向他問好。正在聚精會神地畫畫的小王晗，看到貴賓便甜甜地問好。醫護人員介紹說，小王晗來自四川，因腦外傷致殘，經過治療，現已得到較好的恢復。王晗把他的「作品」送給首相，首相夫人回贈了精美的畫冊。參觀結束時，海部揮毫題詞「日中友好」四個大字留念。

11 日下午 3 時，海部首相在中日青年交流中心向首都各界發表了題為《新的世界和日中關係》的政策演講。站在莊嚴的講台上，面向中國各界 800 多名人士，重申了他扎實地發展日中和平友好關係的決心，並寄希望於日中兩國青年一代。他說，未來的日中友好，應該由日中兩國青年一代去創造，通過直接交往和相互學習，在相互充分了解對方長處的基礎上，建立成熟的友好合作關係。他指出，確立國家間的相互理解和信賴絕不是件容易的事情，而且前途絕不會是平坦的。他表示，他本人今後要更加努力，使眾多人士用血汗鑄成的兩國關係的長城堅不可摧。海部的演講贏得全場陣陣熱烈掌聲。

其後，海部會見中外記者。在回答日本記者關於歷史問題的提問時，海部表示，日本作為一個和平國家，必須對過去那一段歷史進行

很好的總結，要在深刻反省的基礎上，作為和平國家向前發展。日本作為和平國家的信念沒有任何改變，今後也決心繼續堅持和維護這一信念。他説，日本國民應當對此痛下決心，一直銘記在心，正確認識過去的歷史，特別是要讓年輕人有正確的認識。

11 日晚，中日友好協會舉行盛大宴會。國家副主席、中日友協名譽會長王震在宴會上向海部贈送了我國青年畫家袁熙坤為海部畫的肖像。這是海部訪華前，畫家專程去東京，到首相官邸畫的。

12 日上午，江澤民總書記在中南海會見海部首相時，海部介紹了他兩次在西方七國首腦會議上強調不應孤立中國，以及日中關係應繼續向前發展的情況。江總書記對此表示讚賞，並高度評價了海部首相的積極努力。

在談及中日合作時，江澤民總書記説，中日兩國在經濟、文化、科技等方面合作的潛力很大，兩國合作有許多有利條件。江總書記還指出：「世界已經進入 20 世紀最後 10 年，我們認為，各國採取甚麼樣的社會制度，這應當由各國人民根據本國的國情和歷史發展來做出決定。中國希望有一個和平的國際環境，來建設自己的國家。」長達一個半小時的會見，氣氛輕鬆，賓主談笑風生。

這天晚上，楊尚昆國家主席在釣魚台國賓館養源齋會見並宴請海部首相時説：「海部首相的來訪標誌着兩國關係的全面恢復，我們感到很高興，並希望這次訪問將會把中日兩國關係推進到一個新的水平。總之一句話，我們兩國要把關係搞好。」海部表示贊同，説當今世界很不安定，日中兩國作為亞太地區的重要國家，一定要加強對話和合作，把兩國關係搞好。

海部訪華期間，中日兩國政府還簽署了關於向中國文化無償贈款的換文。

第四節　江總書記訪日，喜慶復交 20 週年

1992 年是中日邦交正常化 20 週年。4 月 6 日至 10 日，江澤民總書記應邀訪問日本，將中日兩國紀念邦交正常化的活動引入高潮。江總書記會見了日本天皇明仁，與宮澤喜一首相舉行會談，並同日本各政黨的領導人以及朝野各界的老朋友和新朋友，進行了廣泛的接觸。

在與宮澤首相的會談以及宮澤舉行的歡迎宴會上，江總書記高度評價中日邦交正常化以來兩國關係的發展。他說，20 年來，在《中日聯合聲明》和《中日和平友好條約》的基礎上，經過兩國政府和人民的共同努力，中日友好合作關係取得了長足的發展。兩國領導人的不斷互訪，官方和民間的頻繁往來，有力地促進了彼此之間的相互理解和信任，推動了政治、經濟、文化、科技等各個領域的交流與合作。

江澤民總書記說：「中日友好合作的潛力巨大。中日兩國是一衣帶水的鄰邦，文化傳統接近，經濟技術互補，共同利益廣泛。只要共同努力，合作前景十分廣闊。我們將遵循鄧小平同志倡導的改革開放方針，集中力量發展經濟，將積極吸取和借鑒包括日本在內的世界各國的成功經驗。中國堅持改革開放，加快經濟發展，將會有力地推動兩國技術合作與交流，使中日友好關係在更高層次上向縱深發展。對兩國關係中現存的以及可能出現的問題，雙方要以大局為重，妥善處理。在《中日聯合聲明》和《中日和平友好條約》的基礎上，發展長期穩定的中日友好合作關係，是中國外交的一項基本政策。中國政府和人民願意同日本政府和人民一道，把中日友好合作關係不斷推向前進。」

宮澤首相說，同意江總書記對日中關係 20 年來發展狀況的評價。他說，日中兩國有兩千年的交往，日本在文化上受中國的影響很大。中國實行改革開放，經濟有了突飛猛進的發展，日本感到十分高興。

宮澤特別強調稱，今天的日中關係不僅是日中兩國之間或地區性

的關係，而且已進入「世界中的日中關係」的時代。對日本來說，日中關係和日美關係同等重要。

宮澤還說：「自蘇聯解體後，正在重建國際新秩序的當今世界，要求日中兩國在國際社會的和平與穩定方面發揮重要的作用。為此，我們願意同中國相互合作，為在亞洲、太平洋地區創造和平環境做出貢獻，並更加積極地支持各國為發展本國社會經濟的努力。日本期待中國今後進一步推進改革開放政策，以實現長期穩定的發展。同時，日本願意對中國的現代化努力，繼續給予力所能及的合作。」

4月7日下午，江澤民在外長錢其琛、中央辦公廳主任溫家寶陪同下，去探望身患重病的前首相田中角榮。20年前，他剛就任首相，就訪問北京，談判實現了中日邦交正常化。江澤民對田中說：「中國有句古話：『飲水不忘掘井人。』中國人民不會忘記你與毛澤東主席和周恩來總理共同揭開了中日關係的新篇章，使兩國關係正常化，可謂利在當代，功繫千古。」

田中的女兒田中真紀子，代父親讀了一篇講話，其中說到田中的政治信條是「決斷與實行」，在20年前那種形勢下，他是豁出生命訪問中國的。他確信，只要相互信賴，就可超越政治制度的不同，完成邦交正常化。他說，正是由於毛主席和周總理博大的胸懷，邦交正常化才得以實現。

翌日，江澤民在迎賓館與福田赳夫、鈴木善幸、中曾根康弘、竹下登、宇野宗佑、海部俊樹6位前首相共進早餐，回顧以往，展望未來。江澤民引用王羲之《蘭亭集序》中的名句「群賢畢至」來形容這次聚會，還說：「日本是中國一衣帶水的鄰邦，中國的改革開放為兩國經濟文化等各個領域友好合作關係的發展創造了十分有利的條件，希望各位朋友繼續為中日友好做貢獻。」福田赳夫說：「20年前我就說過，日中關係已經架起一座橋樑，希望20年後這座橋樑變成經得起各種重壓的鐵橋。今天的日中關係已經取得了喜人的發展，重要的是必須進

一步鞏固它，發展它。」

在東京期間，江澤民總書記還在日本廣播協會大廳發表演講，就當時國際形勢、中日關係以及中國的對外方針政策，做了全面而深刻的闡述。演講受到日本政界、經濟界、文化藝術界以及旅日華僑、留學生等 2,500 多人的熱烈歡迎。日本廣播協會還通過電視衛星實況轉播。

江澤民總書記對日本的訪問達到了預期目的，取得了圓滿成功，對鞏固和發展兩國長期穩定的友好合作，具有重要的現實意義和深遠的影響。

第七章
日本天皇首次訪華

第一節　明仁天皇訪華成行

應中國國家主席楊尚昆的邀請，1992年10月23日至28日，日本天皇明仁偕皇后美智子對中國進行友好訪問，受到中國政府和人民的熱情歡迎和隆重接待。這次訪問進展順利，富有成果，中日雙方都感到十分滿意。

明仁天皇原是皇太子。他的父親裕仁天皇因患十二指腸癌醫治無效，於1989年1月7日晨6時33分逝世。是日上午10時1分，通過舉行傳統的「繼承之禮」，把象徵皇位的鏡（八尺鏡）、劍（天叢雲劍）、璽（曲玉、日本國璽、天皇玉璽）交付皇太子，宣告明仁皇太子即位，成為第125代天皇。當天下午2時，內閣官房長官小淵惠三宣佈更改年號，將「昭和」改為「平成」，從1月8日起，日本正式進入平成年代。「平成」之典出自中國《史記·五帝本紀》及《書經·大禹謨》「內平外成」「地平天成」二語。1990年11月12日，明仁天皇和皇后美智子在皇宮舉行即位典禮，正式登基。

日本戰後憲法規定，天皇是「國家和國民整體的象徵，其地位以主權所在的全體國民的意志為依據」。憲法雖規定天皇有權公佈憲法修正案、法律、政令及條約，召集國會、解散國會，公佈舉行國會議員的選舉等權力，但這些權力的行使，必須「根據內閣的建議與承認」，「天皇只能行使本憲法所規定的有關國事行為，並無國政的權能」。從而，天皇便由戰前的「神聖不可侵犯」的專制君主變為「日本國的象徵」，從明治憲法體制下處於總攬國家大權的頂點地位，降至新憲法體制中處於無任何實際權力的象徵性地位。

儘管如此，天皇仍要處理許多政務，尤其是外交事務。他代表國家出訪和接待外國訪日的國家元首、重要賓客，因此，可以認為天皇的地位相當於國家元首。天皇出訪的對象國需由日本政府選擇和決定，這種訪問往往反映了兩國關係發展的水平。

　　明仁天皇夫婦在中日邦交正常化 20 週年之際對中國的訪問，在兩千多年的中日交流史上首開了天皇訪華紀錄，意義非同尋常，象徵性地說明了中日間自 1972 年實現邦交正常化後，兩國關係有了長足的發展，進入了一個新時期。

　　由於歷史原因，天皇訪華一直是個敏感的問題。中日邦交正常化後，裕仁天皇曾多次流露過訪華的心願。《中日和平友好條約》締結後，裕仁天皇在幾次會見中國領導人時，仍表達了訪華的願望，但日本政府一直採取謹慎的態度，每次都要求中方不要就此事公開報道。

　　20 世紀 80 年代中曾根康弘執政時，曾試探邀請李先念國家主席訪日的可能性。中方綜合考慮各種因素，尤其是鑒於日本侵華歷史，認為天皇應首先訪華，對這段歷史做出交代，而中國國家主席不宜先去。於是，中方表示希望天皇先行訪華。此後，日方又以裕仁天皇年事已高為由，試探中方可否邀請皇太子代表裕仁天皇訪華。

　　1989 年，裕仁天皇病故，明仁皇太子即位，為解決天皇訪華懸案提供了新的機遇。1989 年 4 月，明仁天皇在皇宮會見訪日中的李鵬總理。明仁天皇對兩國間一段不幸的歷史表示遺憾。李鵬總理表示歡迎天皇在方便時訪問中國。

　　1991 年 6 月國務委員兼外交部部長錢其琛訪日時，與日外務大臣中山太郎探討了天皇訪華問題。是年 8 月，海部俊樹首相訪華時，李鵬總理再次表明希望天皇訪華。1992 年是中日邦交正常化實現 20 週年。新年伊始，日本副總理兼外務大臣渡邊美智雄來訪中國，就慶祝邦交正常化 20 週年活動，特別是高層互訪事交換意見。1 月 4 日，錢其琛與渡邊美智雄會談商定，上半年江澤民總書記訪日，全國人大常委會委員長萬里也於年內訪日。錢其琛表示希望天皇在這值得紀念的年頭裡訪華。隨後，江澤民總書記和李鵬總理會見渡邊時，也都表示希望天皇年內訪華。

　　這年 4 月，江澤民總書記訪日時會見明仁天皇，當面表示歡迎天

皇皇后在秋季訪華。與宮澤喜一首相會談時，正式重申了中方對天皇的訪華邀請。他向宮澤說明：中方邀請天皇訪華，是出於增進兩國人民世世代代友好下去的真誠願望，沒有其他目的。處事一向圓通的宮澤則笑嘻嘻地表示「將予以積極研究」，並未做肯定的回應。

宮澤如此表態，事出有因。一段時間以來，日本國內圍繞天皇訪華一事議論紛紛。右翼勢力堅決反對，甚至搞了不少小動作。政界和其他各界既有贊成也有反對的聲音，而認為需要慎重考慮的佔多數，他們主要擔心天皇訪華被「政治利用」，或在歷史問題上被強迫表態，成為「謝罪天皇」。

鑒於這種狀況，我駐日使館向國內提出「此時無聲勝有聲」之建議，採取冷處理方式，不再緊逼日方表態。5月下旬萬里訪日時，只字不提天皇訪華事。這樣做的結果是日方主動找上門來。就在萬里6月1日離開大阪回國前，日本外務省亞洲局局長谷野作太郎專程趕到大阪，就天皇訪華事向隨行的徐敦信副部長做解釋，稱當前的麻煩主要在於自民黨內還有反對勢力，但媒體的論調出現積極變化，有的大報還發表社論表示贊成。他特別說明，宮澤首相和渡邊外相正在積極爭取各方面支持，估計在7月底參議院選舉後才能得出結論。

8月5日，宮澤首相在輿論的風向變化、「贊成論」壓過「慎重論」的形勢下，召開由前首相等組成的自民黨最高顧問懇談會，爭取他們的支持。8月25日，宮澤內閣開會終於做出同意天皇訪華的正式決定。中日兩國政府同時發表天皇將於10月訪華的消息。

第二節　天皇會見記者表期待

為配合天皇訪華，日本外務省特地邀請中國新聞代表團訪日，10月12日下午，天皇和皇后在皇宮正殿的連翠南廳舉行茶會，會見中國

新聞代表團和部分中國駐日媒體記者。10月15日下午，日本外務省為天皇皇后訪華安排了記者見面會，包括人民日報駐日首席記者張國成和新華社東京分社社長劉文玉在內的各國駐日記者代表受邀參加。

明仁天皇在談及此次訪華的意義時說：「日本和中國地理上相近，有着長期友好交往的歷史。日本人從小就學習中國的文化，並根據漢字創造了假名。像這樣，中國文化從許多方面培育了日本文化。因此，日中兩國的異同很難分清。由於兩國關係密切，因此對於關心兩國關係的人來說，進一步加深相互理解，增進友好，是極為重要的。」

在談到對中國的印象和訪華準備時，天皇說：「我從小就聽到過有關中國的傳說，也讀過有關中國的書，對中國很關心。我從中國古代的典籍和歷史中也學到了很多東西。在我喜歡的格言中就有『忠恕』一詞，這個詞出自《論語》，意思是自己誠實，體諒他人。還有，我小時候，時任東宮大夫穗積寫了一本《新譯孟子》，我很有興趣讀了這本書。日本人就是這樣得到了中國的恩惠。我對從遠古時代就產生了這樣文化的中國懷着深深的敬意。另外，我接觸過許多中國人，我感到他們都非常親切。」

美智子皇后說：「我上小學時，在音樂課上曾學過一首描寫長江的歌。歌詞是滔滔大河，不捨晝夜，浩蕩奔流，滋潤着大陸的沃野……唱着這支歌，頓感心中無限的寬闊，這種感受至今記憶猶新。如今，想起這支歌就想到了中國和生活在那裡的人們。」

在談及日本皇室與中國的關係時，天皇說：「從古代起，天皇就派出遣隋使、遣唐使和許多留學生到中國，努力學習中國的文化。遣唐使的派遣停止後，隨着日本權力轉移到將軍手裡，與中國的關係停止了。儘管如此，中國文化還是給日本皇室以深刻的影響。例如，天皇即位典禮上穿的禮服式樣，直至孝明天皇，都是來自中國。明治以後，日本受到各種變動的影響，日中關係也發生了變化，其間也出現了不幸的歷史。日中邦交正常化後，兩國關係日益密切，我對此感到非常

高興。我希望兩國關係能超越過去，並希望兩國建立起以相互信賴為基礎的持久的友好關係。」

對即將啟程的中國之行，天皇寄予熱切的期待。他説：「在訪問期間，我樂於會見儘可能多的中國人。」「實地觀察曾對日本文化產生過巨大影響的未知之中國，並加深對中國的理解，對於思考中國的未來具有深刻的意義。這次訪問地包括西安。我想在那裡緬懷古時的遣唐使。」皇后也難掩對中國之行的興趣，她説：「中國是我至今沒有訪問過的國家。因此，中國的一切對我來説都是第一次，一切都很新鮮。」

第三節　天皇夫婦訪華，受到熱烈歡迎

1992 年 10 月 23 日東京時間上午 10 時 25 分，明仁天皇、皇后乘坐專機飛離東京羽田機場，開始了他們的訪華之旅。臨行前，機場舉行了歡送儀式。德仁皇太子和皇族、宮澤首相、眾參兩院議長、最高法院院長和中國駐日使館臨時代辦王毅出席。

天皇乘坐的波音 747 大型專機於北京時間下午 1 時 30 分在北京首都機場降落。當他們走下舷梯時，受到中方陪同團團長、國務委員兼國家科委主任宋健的熱烈歡迎。宋健任陪同團團長是中國政府的精心安排，因為考慮到天皇還是一位造詣頗深的自然科學家。

北京歡迎尊貴的客人，天安門前長安街的燈柱上懸掛着中日兩國國旗，通往釣魚台國賓館的道路上掛起了彩旗。在天皇和皇后下榻的國賓館 18 號樓前，由北京市中小學生組成的鼓樂隊奏起了迎賓曲，300 多名少年兒童揮動鮮花和彩帶，歡迎來自東瀛的客人。天皇和皇后被熱情的歡迎氣氛所打動，他們不住地招手，皇后還用中文説「你好」，使小朋友們感到很親切。

歡迎儀式當天下午 4 時在人民大會堂東門外廣場舉行。禮炮鳴 21 響以及軍樂隊高奏兩國國歌之後，天皇在楊尚昆主席的陪同下，接受中國人民解放軍陸海空三軍儀仗隊榮譽禮，並檢閱了儀仗隊的行進儀式。身穿白色西服套裝的美智子皇后佇立在人民大會堂東門外的台階下，接受了這一最高禮遇。

歡迎儀式結束後，楊尚昆國家主席在人民大會堂會見明仁天皇夫婦，在誠摯友好的氣氛中進行了親切的談話。楊主席代表中國政府和人民對天皇夫婦來訪表示熱烈歡迎。他說，陛下來訪是中日關係中的一件大事，也是兩國交往史上的第一次，意義重大。楊主席強調指出，陛下的這次訪問標誌着中日友好關係進入了一個新的發展階段，對增進兩國人民的相互理解和傳統友誼並進一步推動中日關係的發展，必將產生積極和深遠的影響。

明仁天皇說：「在中日邦交正常化 20 週年之際，承蒙主席的邀請，我們前來貴國訪問，感到十分高興。兩國關係有着悠久的歷史，近 20 年來兩國關係不斷發展，我感到十分高興。」他還介紹這次帶來的禮物是特地請著名畫家平山郁夫畫的法隆寺。他說，法隆寺是古代日本吸收中國文化修建的，是日本現存的最古老木質結構建築。人們認為，天皇的禮物是用以表示他不忘中日兩國的歷史文化淵源之深。

第四節　國宴講話，賓主抒胸臆

傍晚 6 時 30 分，身穿黑色禮服的天皇和身着奶油色和服的皇后在人民大會堂北門前走下座車，前來參加楊尚昆主席在這裡舉行的盛大國宴。明仁天皇夫婦在新疆廳門口受到楊尚昆主席等中方要人的迎接，在新疆廳，會見了對中日友好做出貢獻的約 30 位中方人士。

宴會上，楊尚昆主席首先發表講話，代表中國政府和中國人民，

並以他個人的名義，對天皇、皇后的來訪表示熱烈歡迎。他説：「中華民族和日本民族都是偉大的民族。勤勞和智慧的兩國人民在長期的友好交往中互相學習、互相幫助，結下了深厚的友誼，為人類的東方文明做出了可貴的貢獻。」「令人遺憾的是，在近代史上，中日關係有過一段不幸時期，中國人民蒙受了巨大的災難。『前事不忘，後事之師』，牢記歷史教訓，符合兩國人民的根本利益。」

楊尚昆主席接着論述了中日邦交正常化20年來兩國關係的巨大發展，強調「天皇、皇后兩位陛下的這次訪問，將進一步增進兩國人民的相互理解和傳統友誼，將兩國的睦鄰友好合作關係推向新的深度和廣度」。

明仁天皇在講話中首先提到了遣隋使和遣唐使，強調中國文化對日本的深刻影響，説日本國民長期以來一直對中國的文化懷着深深的敬意和親近感。明仁還談及他自己受到中國文化薰陶的情況，説他從小就讀過李白的詩，對《三國志》也頗感興趣。

接着，天皇就日本侵華歷史鄭重表示：「在兩國關係悠久的歷史上，曾經有過一段我國給中國人民帶來深重苦難的不幸時期，我對此深感痛心。戰爭結束後，我國國民基於不再重演這種戰爭的深刻反省，下定決心，走和平國家的道路，開始了國家的復興。」

對日本侵華歷史如何表態，是天皇訪華最敏感的政治問題。明仁天皇與其父裕仁天皇不同，第二次世界大戰結束時他僅12歲，與侵華戰爭無直接瓜葛。他在中國的土地上，就中日間那段不幸的歷史做上述公開表示，算是日本天皇對中日間歷史問題的交代。

天皇講話後回到座位上，楊尚昆主席端起酒杯，禮貌地對他説：「謝謝您親切的講話。」

宴會進行了約一個半小時。席間，楊尚昆主席和明仁天皇進行了愉快的交談。當楊尚昆主席説到唐朝是中日間交流的鼎盛時期時，天皇説：「直到孝明天皇時代，歷代天皇都是穿中國式的禮服登基的。」

第五節　長城秋色美，交流情更濃

10 月 24 日上午，天皇和皇后在宋健和夫人王雨生陪同下，興致勃勃地遊覽了萬里長城。兩人手拉着手一直登上北段的第三烽火台。此前，八達嶺長城已接待了 177 位國家元首和政府首腦，日本天皇是第 178 位貴賓。

同日下午，熱衷於海洋生物研究的明仁天皇在宋健的陪伴下，來到中國科學院院部二樓的科藝廳，同 42 位中國科學家歡聚一堂，共敍兩國科技合作發展前景。

中國科學院院長周光召致歡迎詞說，20 年來，中國科學院同日本科技界在沙漠、冰川、植物、宇宙線和加速器等許多領域開展了卓有成效的合作，並表示希望天皇的來訪將進一步促進中日間的科技交流。

明仁天皇說，回顧科學發展的歷史，最重要的一點是，在探討自然界真理的科學領域，學術交流要超越國界。他希望日中科學家加強交流與合作，為世界科學的發展做出貢獻。他向中國科學院贈送了一批書籍，其中包括他參加編著的《日本產魚類大圖鑑》。

明仁天皇見到古脊椎與古人類研究所的張彌曼教授時，顯得格外高興。1986 年，明仁還是皇太子的時候，曾邀請張教授介紹過中國總鰭魚類的研究情況。從此，他們一直保持着學術交往。

明仁天皇還饒有興趣地觀看了專門為他準備的舊石器、古人類和魚類化石展覽。中國科學院向他贈送了魚化石。

美智子皇后對北京北海幼兒園的訪問，也受到了熱烈的歡迎。在音樂教室，孩子們表演中國秧歌舞，演唱日本歌曲《紅蜻蜓》與《幸福拍手歌》。在美工教室，孩子們把他們的繪畫贈送給美智子，令美智子很感動。臨別時，美智子說北海幼兒園給她留下了深刻的印象，此訪讓她感到非常愉快。

下午 5 時許，李鵬總理和夫人朱琳前往國賓館會見天皇夫婦。李

鵬總理表示熱烈歡迎天皇和皇后陛下來訪，並愉快地回憶起三年前訪
日時與天皇會見的情景。天皇表示很高興再次見到李鵬總理，並感謝
中國政府和人民的熱情接待。李鵬總理親切地介紹了天皇和皇后要去
訪問的西安和上海的情況後說：「這樣，兩陛下既可看到我國古都的風
貌，又可以了解改革開放給中國帶來的變化。」李鵬總理表示，相信天
皇這次訪華將促進中日友好關係的發展。

第六節　總書記設盛宴，賓主盡開顏

24 日晚，中國共產黨總書記江澤民在釣魚台國賓館會見並宴請了
明仁天皇夫婦。賓主為他們能在北京第二次見面感到高興。

江澤民對天皇和皇后訪華表示誠摯的歡迎。他說：「中日兩國人民
的友好交往可以追溯到公元前 1 世紀。兩國人民在相互往來和文化交
流方面，留下了許多動人的佳話，鑒真和尚矢志東渡日本，李白和阿
倍仲麻呂的友誼，至今仍被兩國人民傳頌。」

江澤民愉快地回顧了中日邦交正常化 20 年來中日關係的發展，並
說：「20 年的實踐證明，中日友好符合兩國人民的根本利益，也有利於
亞太地區乃至世界的和平、穩定與發展。兩陛下的這次訪問將會推動
兩國睦鄰友好合作關係，使它向着新的深度和廣度發展。」

江澤民還高屋建瓴地指出：「在我們看來，對於中日關係，一要以
史為戒，二要向前看，三要世世代代友好下去。」

天皇聽後表示有同感。他說：「日中兩國要回顧過去，展望未來。
加強兩國友好關係十分重要。」

晚宴在釣魚台國賓館 17 號樓芳菲苑舉行，中日雙方約 40 人出席。

25 日是天皇夫婦在北京訪問的最後一天。上午，客人饒有興趣地
參觀了故宮博物院，領略了這座明、清兩個朝代的紫禁城的風采。天

皇夫婦仔細觀看了幾個大殿的木結構特色、皇帝龍座等內部裝飾陳設。在養心齋，當他們得知這是西太后垂簾聽政的地方和皇帝的臥室後，便好奇地詢問當時的取暖和飲食是怎麼解決的。在漱芳齋，他們懷着濃厚的興趣欣賞北宋畫家張擇端的《清明上河圖》，圖中栩栩如生的市場交易和生活場景，令他們心馳神往，留戀不捨。天皇看到世界現存的帝王宮殿中規模最大的這座宮殿保存得如此完好，驚歎不已，在宮殿群中流連了一個小時才離去。參觀結束時，故宮博物院向天皇贈送《國寶》畫冊，作為紀念。

中午，日本駐華大使橋本恕和夫人在中國大飯店舉行盛大招待會，慶祝天皇夫婦訪華成功。天皇夫婦親切地會見了為中日友好事業做出貢獻的 50 多位中方人士，同他們一一握手，互致問候。天皇興致勃勃地發表講話，他說：「日中兩國地理相近，歷史上交流悠久，增進相互理解，增進友好，非常重要，我在這裡看到中國的文物，就想到中國文化對日本的影響，太感興趣了，很值得玩味啊。」他還說，現在兩國關係如此之好，離不開在座的各位的努力，表示深深的感謝，並鼓勵各位為日中關係的進一步發展做出新的努力。天皇的講話博得與會者熱烈的掌聲。

下午 3 時，楊尚昆主席到釣魚台國賓館與天皇和皇后話別。天皇夫婦臨時改變了在大廳裡等候的禮賓安排，執意走到大門口迎接楊主席。楊主席稱讚天皇和皇后在北京的各項日程都進行得很順利，也很圓滿，希望訪問達到加深彼此了解、促進睦鄰友好的目的。

天皇彬彬有禮地說，幾天來受到了熱情、周到的接待，訪問順利，為此感到高興。關於兩國今後的關係，天皇說，國之交在於民相親，如果每個國民都努力去做，長此以往，定會開花結果。

楊尚昆主席向天皇和皇后贈送了他們訪問北京的影集，並在影集上簽上自己的名字。天皇高興地說：「這將是一種永久的紀念。」

第七節　難忘西安、上海之行

天皇夫婦 25 日離開北京後,先後去西安、上海訪問。

被譽為「天然歷史博物館」的古都西安是天皇和皇后期待訪問已久之地。動身來華之前曾多次向記者表示,這次訪問的目的之一就是要到唐都長安親自體味日中兩國悠久的交往史,緬懷開拓友好交流的先人使者。

黃昏時分,天皇夫婦乘坐的專機降落在咸陽機場時,受到陝西省省長白清才的歡迎。天真的兒童向天皇夫婦獻上鮮花。抵達下榻的凱悅飯店時,天皇未直接進門,而是拉着美智子皇后的手向外面走去。原來他注意到飯店外面聚集了不少自發前來歡迎的群眾。天皇夫婦滿面笑容,向人群揮手致意。

26 日,明仁天皇夫婦首先登臨了對奈良、平安時代的日本文化產生強烈影響的長安舊跡大雁塔,緬懷遣唐使的功績。巍峨的大雁塔昔日曾迎接一批批來自日本的遣唐使、留學僧。天皇夫婦今天登臨大雁塔二層,環視四周,聽身穿紅色袈裟的住持介紹大明宮、玄奘院遠景,彷彿時空倒轉,又看到了大批僧俗先人跋涉入唐的盛況。

在參觀被譽為「中國古代書法藝術寶庫」的碑林博物館時,明仁天皇在《開成石經》碑系列中,看到了自己即位後的年號「平成」的語源,即《尚書·大禹謨》石刻上的「地平天成」四個字,深感中日關係之源遠流長。當王館長解釋說「地平即平定洪水,天成即地潤而豐」時,天皇還詳細地詢問了這碑的時代背景,並稱,西安的碑林在日本頗有名氣,今天能親臨目睹,真是太好了!

下午,天皇、皇后又到陝西歷史博物館參觀。從百萬年前的藍田猿人到唐墓壁畫,從秦俑銅車到唐三彩,數不清的稀世國寶和珍貴文物,令天皇夫婦目不暇接,驚歎不已。對音樂造詣頗深的美智子皇后看到彷彿在大漠中浩蕩行進的唐三彩駱駝背上,坐着 7 名樂俑,愉快

地演奏豎琴、笛子、排簫、拍板、笙等樂器，驚喜地說，以前在歐洲訪問時曾見過排簫，沒想到中國也有排簫，太不可思議了！接着，他們又看到反映中外交流的《客使圖》，圖中三名唐朝官員正在迎接外國使節，其中一名使節酷似日本人，駐足仔細端詳半天，以至於超過了原定的時間。可皇后說，這麼多珍寶，看得太快，多可惜呀！她與天皇決定索性取消了休息時間，繼續參觀。離開時，意猶未盡，依依不捨。

　　下午 4 時，天皇、皇后興致勃勃地登上明代西城門，受到數百名少年兒童載歌載舞的歡迎。歷經 600 載風雨的西城門，雄偉氣勢不減當年，不禁令人肅然起敬。這座城門西去數公里就是世界著名的絲綢之路的起點。天皇、皇后來到箭樓北側，登上瞭望台，極目遠眺西方，發思古之幽情，彷彿看到了長安西市國際交易的繁華景象。

　　當晚，在白省長為他們舉行的宴會上，天皇若有所思，深情地自言自語，說今天所到之處都是遣唐使當年去過的地方吧。皇后說，今天看到了許多文物，非常高興，只是時間太短了。晚宴後，陝西省歌舞劇院專門為天皇夫婦演出了一台唐代宮廷歌舞，在身着朝服、頭戴龍冠的「唐朝宮廷樂官」主持下，《漢宮秋月》《春夜喜雨》《望鄉詩》等一曲曲悠揚悅耳的唐樂，響徹大廳，天皇夫婦陶醉其中，不斷熱烈鼓掌。演出結束時，他們同演員們一一握手，表示感謝。天皇對白省長說，過了一個非常愉快的夜晚。

　　翌日上午，天皇夫婦離開西安去上海訪問。登機前，天皇緊握白省長的手，說這次訪問非常愉快，十分感謝陝西省和西安市的盛情接待，並請白省長轉達他們對陝西人民的問候。

　　27 日中午，天皇和皇后從西安飛抵上海，下榻西郊賓館。在上海期間，天皇和皇后還參觀了南浦大橋和浦東新區，領略這座大城市改革開放新貌，並訪問了南匯縣周浦鄉沈西村的新建農家，同農民親切交談。

　　天皇在下榻的賓館會見了 13 位上海知名人士。其中的上海水產大

學教授伍漢霖同明仁天皇一樣，都是研究蝦虎魚類的，在天皇還是皇
太子的時候，他們就進行了長達 13 年的學術交流，倆人重逢，格外親
切。明仁表示，日中有 1/3 以上的魚類相同，因此，需要加強合作和研
究成果的交流。

在上海交通大學校園裡，天皇和皇后看到一群群年輕學子，分外
高興。學生們同他們互相提問，無拘無束地交談，不時發出爽朗的笑
聲。皇后說，這些學生很有吸引力，自己也變得年輕了，彷彿又回到
了 35 年前的大學時代。

27 日晚，黃菊市長在新錦江飯店設宴款待天皇夫婦。宴會後，天
皇、皇后遊覽燈光璀璨、夜色闌珊的南京路、外灘時，受到市民們自
發的夾道歡迎。男女老幼，紛紛向車隊招手、鼓掌，有的還高呼「你
好」。天皇和皇后高興萬分，讓車子慢行，不停地向眾人招手致意，並
打開車內燈，讓外面的人群看得更清楚些。

28 日下午 1 時半，天皇一行圓滿結束了對中國歷史性的訪問，從
上海乘專機回國。在虹橋機場，黃菊市長把一本記錄他們訪問上海的
影集贈送給天皇和皇后。數百名少年兒童載歌載舞，熱烈歡送。天皇
登機前對陪同訪問的國務委員兼國家科委主任宋健說：「這次訪問很有
意義，受到了中國人民的熱情歡迎。中國政府為我這次訪問做了周到
的安排，給予友好接待，對此再次表示感謝。」

在回國的專機上，天皇回味這次難忘的華夏之旅，俯瞰扶桑山河，
不禁詩興大發，賦詩一首：

別華夏兮把家還，覽山川兮雲霧間。
紅霞艷兮映白雪，富士峰兮色斑斕。

第八章
中國國家元首江澤民訪日本

第一節　飛抵東京，受到熱烈歡迎

應日本政府邀請，中國國家主席江澤民於 1998 年 11 月 25 日抵達東京，開始對日本進行為期 6 天的國事訪問。這是中日兩千年交往中中國國家元首首次訪問日本，對 21 世紀中日關係的發展意義重大，可以說是確定未來兩國關係基調的一次重要訪問。這次訪問原定於同年 9 月成行，因中國東北和長江流域夏季同時發生嚴重水災，江澤民主席親自坐鎮指揮抗洪救災鬥爭，訪問推後了兩個多月。

25 日 17 時 50 分（東京時間），江澤民主席乘坐的波音 747-400 專機在東京羽田機場降落，受到國賓禮遇。當專機停穩後，日本外務省儀典長河村武和、中國駐日本大使陳健登上飛機，向江澤民主席和夫人王冶坪致以問候。江澤民主席和夫人走下飛機舷梯時，機場響起 21 響禮炮聲。

江澤民主席在機場發表了書面講話。他說，1998 年是《中日和平友好條約》締結 20 週年。值此中日關係承前啟後、繼往開來的重要時期，認真總結中日關係的歷史經驗，對發展未來的兩國友好合作具有重要的意義。

同機抵達的陪同人員有國務院副總理錢其琛及夫人周寒瓊，中共中央書記處書記、中央辦公廳主任曾慶紅，中央政策研究室主任滕文生，中國科學院院長路甬祥和中央辦公廳副主任、中央警衛局局長由喜貴。

先期抵達的陪同人員外交部部長唐家璇，國家發展計劃委員會主任曾培炎，對外貿易經濟合作部部長石廣生，國家環境保護總局局長解振華和外交部部長助理王毅以及陪同人員陳健大使和夫人姚文卿，也到機場迎接。

日方到機場迎接的有外相高村正彥、日本駐中國大使谷野作太郎等。

當晚，日本首相小淵惠三夫婦在江澤民主席夫婦下榻的迎賓館和風別館舉行非正式晚宴，為江澤民主席夫婦接風洗塵。

席間，小淵首相首先向江澤民主席和夫人王冶坪表示歡迎，並預祝江主席的訪問取得圓滿成功。江主席感謝小淵首相的熱情款待。雙方在輕鬆愉快的氣氛中進行了親切的交談。

出席這個晚宴的客人還有錢其琛夫婦、陳健夫婦。日方出席作陪的有前首相、最高外交顧問橋本龍太郎夫婦和谷野作太郎大使夫婦。

同日晚，曾慶紅主任、唐家璇外長還應邀出席了日本內閣官房長官野中廣務的宴請。

第二節 作為國賓，受到天皇最高禮遇

11 月 26 日下午，江澤民主席出席了明仁天皇在迎賓館廣場舉行的盛大的歡迎儀式。

歡迎儀式結束後，江澤民主席和夫人分別在天皇和皇后陪同下乘車前往日本皇宮。在皇宮的「竹間」，雙方會見並進行了友好的談話。

天皇表示，他為能接待江澤民主席到日本進行國事訪問，感到由衷的高興。他認為，這次訪問對兩國友好關係的發展具有劃時代的意義，並希望通過這次訪問進一步密切兩國關係。他愉快地回憶起 6 年前對中國的訪問，並對中國政府和人民給予的熱情友好接待，再次表示感謝。他還對中國 1998 年遭受百年不遇的特大洪災，再次表示慰問，對中國人民在江澤民主席領導下戰勝洪災，表示敬意。

江澤民主席感謝天皇和皇后給予他和夫人的熱情歡迎。他說，天皇和皇后陛下 1992 年在中日邦交正常化 20 週年時對中國進行的友好訪問很成功，對兩國關係的發展起了重要的推動作用。江澤民還對天皇在中國發生特大洪災時給他發來慰問電，今天又再次慰問，表示感謝。

江澤民說：「6 年前，我是作為中國共產黨總書記對貴國進行友好訪問的。今年是《中日和平友好條約》締結 20 週年，我作為中國國家主席首次訪問貴國。我願意同貴國朝野各界在總結過去的基礎上，共同探討和構築面向 21 世紀的中日友好合作關係框架。」

會見時，江澤民代表中國人民向天皇陛下贈送了珍貴的禮物 —— 朱鸝。江澤民說：「聽說陛下對鳥類頗有研究，這次訪日想贈送一對朱鸝，我把照片帶來了。我願藉此表達中國人民對日本人民的友好情誼，希望它們能夠成為中日友好新的象徵。」天皇看了照片後說，日本國民看到如此珍貴的鳥，一定會非常高興，我深表感謝。

朱鸝是一種國際保護鳥，當時僅有 137 只。江澤民主席贈送的這一對朱鸝均係人工繁殖，它們於 1999 年 1 月底被送往日本新潟縣新穗村的佐渡朱鸝保護中心落戶。

26 日晚，日本天皇明仁和皇后美智在皇宮豐明殿舉行盛大宴會，歡迎江澤民主席和夫人王冶坪訪問日本。

在宴會上，天皇首先致辭表示歡迎江澤民主席的來訪，並期待着江澤民主席在日本逗留期間，能會見日本各界人士，並同他們進行友好的對話，以加深相互理解。他認為，這有利於兩國友好關係的進一步發展。他懇切希望日中兩國今後攜手致力於解決共同面臨的問題，為改善地球環境，為人類的福利，為世界和平繼續做出貢獻。

江澤民主席致答辭感謝天皇的盛情接待，並代表中國人民向日本人民致以親切的問候。

他說：「中國和日本是一衣帶水的鄰邦，兩國人民在兩千多年的交往中結下了深厚情誼。長期以來，兩國人民相互學習、互相借鑒，促進了各自國家的發展。但不幸的是，在近代歷史上，日本軍國主義走上了對外侵略擴張的歧途，給中國和亞洲其他國家的人民帶來了浩劫，也使日本人民深受其害。『前事不忘，後事之師』，對於這一慘痛的歷史教訓，我們應該永遠記取。」

江澤民接着説：「我們欣慰地看到，經過兩國老一輩政治家和各界有識之士的共同努力，1972 年兩國實現了邦交正常化，1978 年又締結了和平友好條約，中日關係在新的歷史條件下得到了廣泛發展，對亞洲和世界的和平與發展也產生了積極影響。」

他又説：「我作為中國國家主席首次訪問日本，目的是同貴國朝野各界一道，在總結過去的基礎上，共商兩國長遠友好的大計。」江澤民最後表示相信，只要中日雙方共同努力，就一定可以在新世紀建立一個健康、持久、穩定的中日睦鄰友好合作關係。

第三節　與小淵會談，確定未來關係框架

江澤民主席會見天皇后，於 26 日下午在迎賓館同日本首相小淵惠三舉行會談，就兩國關係中的一些重要問題和雙方關心的問題，廣泛地交換了意見。雙方一致認為，這次會談是重要的，也是有益的，將對兩國關係的發展起到積極的促進作用。

江澤民全面闡述了中方對歷史問題和台灣問題的立場。關於歷史問題，江澤民説：「縱觀中日兩國兩千年的關係史，友好與合作是主流。但近代，日本軍國主義發動了多次給中國人民帶來深重災難的侵略戰爭。坦率地講，在多國列強中，日本是加害中國最重的國家。儘管如此，我們一直主張侵略戰爭的責任應由軍國主義分子來負，廣大日本人民同樣也是受害者，應同他們和睦相處，發展世代友好。這一既定政策不會變化。但是，在歷史問題上採取向前看的態度，前提必須是正視和承認歷史，這也是《中日聯合聲明》和《中日和平友好條約》之所以簽訂的重要政治基礎之一。」

江澤民接着説，回顧中日邦交正常化 26 年的歷程，不能不遺憾地指出，日本國內不斷有人在歷史問題上製造事端，否認甚至歪曲歷史

事實。這些都極大地傷害了戰爭受害國人民包括中國人民的感情，干擾了中日關係的正常發展。中方從維護歷史真相和中日關係政治基礎的大局出發，不能不做出必要的反應。

江澤民強調，日本軍國主義的橫行曾給中日兩國人民都帶來了災難，也使中日傳統友好關係遭到嚴重損害。軍國主義是中日兩國人民的共同敵人，是完全違背人類和平與進步的歷史逆流，兩國人民應當共同予以堅決反對。日本政府對此採取明確的態度，首先對日本繼續堅持和平發展的道路有利，也將贏得包括中國在內的周邊鄰國的諒解和信任，並且有助於日本在國際和地區事務中進一步發揮積極作用。

江澤民還希望日本政府能夠認真總結這方面的經驗教訓，真正遏制否認和歪曲歷史的勢力。

對此，小淵首相回應說，為發展面向未來的兩國關係，首先有必要正視過去的歷史，日中兩國在過去有過不幸的關係。1995 年發表的日本內閣總理大臣談話，對日本過去的殖民統治和侵略表明了深切的反省和由衷道歉。小淵強調，日本政府在此再次向中國表示反省和道歉。他說，日本基於對過去的誠懇認識，第二次世界大戰以後一直堅持走和平發展道路，今後也不走軍事大國道路。小淵說，作為政治家，他認識到自身承擔的責任，願為日中兩國的長遠友好繼續做出不懈努力。

關於台灣問題，江澤民說，在台灣問題上，日本是有負於中華民族的。日本曾通過武力吞併台灣並進行了長達 50 年的殖民統治。日本政府在《中日聯合聲明》中，明確承認中華人民共和國政府是代表中國的唯一合法政府，充分尊重和理解中國政府關於台灣是中華人民共和國不可分割的一部分的立場。1978 年締結的《中日和平友好條約》又確認了《中日聯合聲明》的各項原則。這不僅進一步從政治上和法律上解決了台灣地位問題，而且為正確處理涉台問題確立了明確的指導原則。

江澤民接着説：「必須指出，日本國內在台灣問題上仍存在一些錯誤的認識。我們希望日方切實尊重中國政府關於台灣問題的立場，恪守在《中日聯合聲明》中就台灣問題做出的鄭重承諾，妥善處理台灣問題。」

小淵説，日本深刻地認識到台灣問題對中國的重要性。自日中邦交正常化以來，在台灣問題上，日本一直遵循《日中聯合聲明》確定的只有一個中國的原則，並願在此基礎上全力以赴地發展日中關係。他説，日本不支持台灣獨立，這一點已明確表示過，今後也不會變。同時，日本對台灣也沒有任何野心。日本在台灣問題上將恪守《日中聯合聲明》和《日中和平友好條約》所確立的各項原則。小淵希望海峽兩岸之間的交流進一步取得進展，並希望台灣問題通過對話和平解決。

江澤民説，中日關係正常化以來，兩國關係發展的主流和趨勢是好的，經過雙方共同努力，中日關係已奠定了較扎實的基礎。雙方通過《中日聯合聲明》和《中日和平友好條約》奠定了兩國關係的重要政治基礎；中日兩國人民長期培育起來的傳統友誼，在新的歷史條件下進一步得到發揚和光大；兩國交流與合作呈全面發展的良好勢頭；中日兩國政府都高度重視中日關係，明確將發展兩國長期穩定的睦鄰友好合作關係作為各自的一項國策。

江澤民又説，當前國際形勢發生了重大而深刻的變化，多極化發展趨勢日益明朗，和平與發展仍是當今時代的主題。中國是世界上最大的發展中國家，日本是亞洲唯一的發達國家，兩國承擔着維護和平和促進發展的重要責任。中日兩國適應時代發展潮流，對兩國關係做出跨世紀的定位，具有重要意義。

江澤民接着説：「我高興地看到，雙方經過協商，現在已就兩國建立致力於和平與發展的友好合作夥伴關係達成一致。在此，我願同小淵首相共同加以確認。中方也願意同日方一道，為實現這一目標做出應有的努力。」

小淵説，21 世紀即將到來，回顧日中邦交正常化 26 年的歷史，兩國關係取得了重大的進展。江澤民主席此次訪問期間，兩國宣佈建立致力於和平與發展的友好合作夥伴關係，這將為兩國關係長期穩定的發展確定新的框架。

會談中，雙方談到了加強兩國青少年交流的問題。雙方商定，將簽署這方面的框架合作計劃。江澤民説：「青年是民族的未來，人類的希望。珍惜今天來之不易的兩國友好，進而面向長遠未來，我們更應寄希望於兩國青年一代。為此，加強兩國青少年之間的交流，進一步增進相互了解，加深彼此信任，十分重要。」他希望這一計劃能夠帶動兩國各個領域的青少年交流呈現更加活躍的局面。

雙方還討論了加強兩國經貿、科技、環保領域的合作問題。在談到中國加入世界貿易組織的問題時，江澤民説，中國加入世貿組織不僅符合中國的利益，而且對世界多邊貿易體制和各貿易夥伴也是有利的。他對日方在中國加入世貿組織問題上採取的積極態度和為此做出的努力，表示讚賞。小淵表示，日方將繼續積極支持中國早日加入世貿組織。

會談後，中日兩國發表了《關於建立致力於和平與發展的友好合作夥伴關係的聯合宣言》和《關於加強雙邊合作、國際領域的合作的聯合新聞公報》。

第四節　廣泛接觸各界，力促友好發展

江澤民主席在東京訪問期間，本着「不忘老朋友，廣交新朋友」的精神，與日本各界人士進行了廣泛的接觸，增進了相互理解和友誼。

26 日上午，江澤民在迎賓館花鳥廳舉行早餐會，款待六位前首相。他們是中曾根康弘、竹下登、海部俊樹、羽田孜、村山富市和橋

本龍太郎。席間，江澤民同他們進行了親切友好的交談。

江澤民說：「今天有機會同六位日本前首相坐在一起，可謂高朋滿座。各位先生擔任首相期間都為推動中日關係發展做出了積極貢獻，卸任後，仍繼續關心和支持中日友好，我們對此表示讚賞。」

中曾根代表各位前首相對江澤民主席在繁忙的日程中會見他們，表示衷心感謝，並表示非常高興能在《日中和平友好條約》締結 20 週年之際迎接中國國家主席訪日。中曾根說：「村山前首相在 1995 年代表日本政府就過去歷史表示反省和道歉的講話，代表了我們大家的想法，希望在此基礎上面向 21 世紀，建立和平合作的兩國關係。」

江澤民說，古人云：「以史為鑒，可以知興替。」中日兩國之間的交往可追溯到兩千多年前。特別是本世紀中由於軍國主義的侵略帶來的那段慘痛歷史以及中日關係終於化干戈為玉帛的曲折歷程表明，實現世代友好這一目標，最重要的是要正確認識和對待歷史。

各位前首相對此表示贊同。村山富市表示，我們贊同「前事不忘，後事之師」，正確認識歷史是日中兩國建立信任的基礎，我們期待以江主席這次訪問為契機，揭開日中關係新的一頁。

接着，江澤民又在迎賓館羽衣廳會見了曾為中日邦交正常化和締結《中日和平友好條約》做出貢獻的老朋友和已故老朋友的家屬。

江澤民對有機會同他們見面感到特別高興。他說：「各位都是為中日邦交正常化和締結《中日和平友好條約》做出貢獻的功臣和功臣的家屬。我們的周恩來總理生前曾經說過：『飲水不忘掘井人』，正是出於這種心情，我特意在這次訪問期間安排了這場活動。」

江澤民說：「各位都是歷史的見證人。中日友好的今天來之不易，是你們和你們的先輩為之不畏艱難、積極努力的結晶。這一業績，中日兩國人民永遠不會忘懷。」

參加會見的有中日建交時的內閣官房長官二階堂進，有《中日和平友好條約》締結時的首相福田赳夫的兒子福田康夫、外相園田直的

遺孀園田天光光及兒子園田博之等。

江澤民稱讚幾位老朋友為中日友好立過汗馬功勞。他還說:「特別令人高興的是,在座的還有一些老朋友的後代,從你們身上可以看出,中日友好後繼有人。」他希望老一代「老驥伏櫪,志在千里」,期待新一代「青出於藍而勝於藍」,使中日友好事業代代相傳。

二階堂進代表參加會見的所有日本朋友講話,對江澤民主席來日本進行國事訪問表示熱烈歡迎。他針對日本國內的有關動向,強調表示:「在面向 21 世紀時,日本對過去的歷史進行反省,是十分重要的。我已十幾次訪問中國,每次訪問都會對此有愈加深切的認識。為了世界和平,日中兩國應在各個層次加強交往,加深理解,應在各個領域發展全面的關係。」

江澤民對朋友們的講話深表贊同。他說,只有正確對待歷史,才能面對未來。

27 日晨,江澤民主席出席了日本眾、參兩院議長在眾議院議長官邸為他舉行的歡迎早餐會。

27 日上午,江澤民主席在下榻的迎賓館分別會見了日本政黨領導人。他們是自民黨領導人森喜朗、深谷隆司、池田行彥,民主黨代表菅直人,公明黨黨首神崎武法,自由黨黨首小澤一郎,共產黨委員長不破哲三,社民黨黨首土井多賀子。

27 日中午,江澤民主席出席了日中友好七團體在東京新高輪王子飯店舉行的歡迎招待會,受到出席招待會的各界友好人士 1,500 多人的熱烈歡迎。

28 日,江澤民主席應邀出席了日本經濟團體舉行的歡迎午餐會,受到日本經濟團體聯合會、日本商工會議所、日本經營者團體聯盟、經濟同友會、日本貿易會及日中經濟協會 170 多名經濟界人士的歡迎。

日本經濟團體聯合會會長今井敬代表各經濟團體致辭,認為這次由兩國政府發表的聯合宣言,在指明 21 世紀中日關係發展方向方面具

有重要意義。日中兩國不僅要在政治和經濟領域加強合作，還應該以密切的關係為基礎，展望未來，在諸如國際貨幣系統、環境能源和科學技術開發等全球性問題上攜起手來。這是 21 世紀賦予日中兩國的責任。

江澤民講話表示希望兩國經濟界着眼於長遠，努力開拓合作的新領域。他希望雙方今後要着重加強在高新科技和產業技術領域、環境保護領域以及中國中西部地區經濟發展中的合作。

江澤民談到了亞洲一些國家發生的金融危機。他說：「我們注意到日本正在為應對金融危機制定新的對策。我們期待日本作為本地區的唯一發達國家，進一步承擔責任，為亞洲的經濟穩定做出積極的貢獻。」

江澤民還說，中日經貿合作經過幾代人的努力，已取得了長足發展。一個互利互補、形式多樣、穩定發展的框架已經形成。雙方已互為重要貿易夥伴。兩國政府資金合作順利，民間投融資增長迅速。中日經貿合作的發展，符合兩國人民的利益，也為世界和地區經濟的發展做出積極貢獻。

江澤民還強調指出：「中日兩國都是對亞洲和世界經濟有着重要影響的國家。我們應同亞洲及世界上其他國家一道，加強對話與協調，為推動建立起公正合理的國際經濟新秩序而不懈努力。」

第五節　面向青年，發表演講

11 月 28 日上午，江澤民主席在日本著名的早稻田大學禮堂發表了題為「以史為鑒，開闢未來」的重要演講，受到 1,000 多名師生的熱烈歡迎。

奧島校長在致歡迎詞中稱，早稻田大學與中國有着悠久的交往

史，該校 1882 年創立後不久，即接受了清政府派遣的公費留學生，成為日本最早接受中國留學生的大學。李大釗、廖仲愷、彭湃等不少革命志士早年也曾在該校學習過。目前在該校學習的中國留學生約 300 多名。該校還與上海交通大學等院校建立了交流合作關係。

江澤民在熱烈的掌聲中走上講台並發表了精彩的演講。他在全面回顧和總結了中日關係史正反兩方面的經驗和教訓的基礎上強調指出，不同民族、不同國家之間的交往，只有在和平友好的氣氛中按照人民的意願來進行，才會對他們的共同發展和整個人類進步事業，產生巨大的推動作用，而任何以武力侵略、奴役別國人民，或者把自己的文化和生活方式強加於其他民族，都必然帶來浩劫和災難，是注定要失敗的。這個人類曾經付出慘痛代價才得到的基本教訓，值得我們的今人和後人格外珍重。在當今世界上，各個民族、各個國家之間的交往，應該堅持相互尊重、相互借鑒，平等互利，友好相處，以促進我們居住的這個星球上的所有國家，在豐富多彩的發展中不斷地實現共同進步。

他說：「總結過去，展望未來，可以得出幾點重要的認識。」

一是「要百倍珍惜和維護中日兩國人民歷盡艱辛共同努力建立起來的睦鄰友好關係」。「無論是現在還是將來，我們兩國的人民和政治家們，都要繼續精心培育和發展這種友好關係。有利於中日友好的事，要竭盡全力去做。不利於中日友好的事，決不要去做。」

二是「要正視中日關係史上出現的那段不幸經歷，從中真正吸取歷史教訓」。「無論從日本的國家利益出發，還是從促進亞洲和世界的和平與發展出發，日本都應堅持走和平發展的道路，用正確的歷史觀引導國民和青年一代，而絕不能允許任何形式的軍國主義思潮和勢力重新抬頭。」

三是「要隨着時代的前進推動中日兩國關係不斷向前發展」。「我們應該以長遠的觀點來審視中日關係，順應歷史潮流，把握時代主題，排除各種干擾，嚴格按照國際關係的基本準則辦事。」

江澤民還向與會者闡述了中國的對外政策。他説：「中國人民將始終不渝地奉行獨立自主的和平外交政策，努力構築一個長期和平穩定的國際環境，特別是良好的周邊環境。中國是維護地區和世界和平的堅定力量。即使中國發展了，也絕不會欺負別人。中國永遠不稱霸。『親仁善鄰，國之寶也。』我們堅持在和平共處五項原則的基礎上同所有鄰國和世界各國發展友好合作，為維護世界和平、促進共同發展的崇高事業而不斷做出新的貢獻。」

演講臨結束時，江澤民深情地説：「美好的未來要去創造，未來終究屬於年輕一代。我衷心希望中日兩國青年相互學習，加深了解，增進友誼，發展合作，為實現兩國人民世世代代友好的崇高目標，為促進亞洲和世界的和平、繁榮與進步而共同努力。」

最後，他引用曾在早稻田大學學習過的李大釗的一句名言，作為給中日兩國青年的贈言，而結束了他的演講。這句話是：「為世界進文明，為人類造幸福，以青春之我，創建青春之人類。」

演講結束後，江澤民給早稻田大學揮毫題詞：「加強文化交流，促進中日友好。」

第六節　會見記者，增信釋疑

11 月 28 日下午，江澤民主席應邀來到東京的日本記者俱樂部，面對 400 多名記者，舉行了一場別開生面的記者招待會。

他向記者們講述了訪問的情況，説訪問雖還沒有結束，但可以説，經過雙方共同努力，這次訪問已經取得了重要的成果，將有助於推動中日關係向前發展。

日本共同社記者問，這次發表的聯合宣言既然是繼《日中聯合聲明》和《日中和平友好條約》簽署以來又一個重要的日中雙邊關係文

件，為甚麼沒有由雙方簽署呢？

江澤民答稱：「中日雙方在討論發表聯合宣言的過程中，並未考慮過要簽署宣言的問題。中方與許多國家都發表過類似的共同文件，大多數也都沒有簽署。我想強調的是，文件無論簽字與否，一經發表都是一種莊嚴的承諾，都應予以恪守。」

當新華社記者問如何評價這次訪問的成果和如何展望中日關係的未來時，江主席說：「這次訪問的最重要成果是，雙方本着『以史為鑒、面向未來』的精神，在認真總結兩國關係經驗教訓的基礎上，一致同意建立致力於和平與發展的友好合作夥伴關係。我相信，只要兩國領導人從跨世紀的戰略高度出發，就定能將一個健康、穩定的中日關係帶入 21 世紀。」

日本《讀賣新聞》記者問，江澤民主席這次在日本不同場合多次談到對歷史的認識問題，強調「前事不忘，後事之師」。您是否認為日本存在着復活軍國主義的危險？

江澤民答稱：「中國古人說過：『以史為鑒，可以知興替。』歷史是客觀事實，不可能改變。唯一正確的態度，是正視歷史，從中吸取經驗教訓，從而更好地面向未來，開闢未來。我不能不指出的是，日本國內總是有一些人，包括一些身居高位的人經常歪曲歷史、美化歷史，傷害了包括中國人民在內的亞洲受害國人民的感情，我們對此不得不做出反應。這也說明，如何正確對待歷史，一直是日本沒有解決好的一個問題。我們認為，日本本着對歷史負責的態度，遏制這些人的錯誤言行，並用正確的歷史觀加強對青少年一代的教育和引導，這對中日關係長遠發展有利，最終對日本也有好處。」

中國香港鳳凰衛視台記者問及這次發表的聯合宣言中，日本再次表明了對台灣問題的立場，這對中日關係的發展會有甚麼影響時，江澤民答稱：「日本在 1972 年的《中日聯合聲明》中已就台灣問題做出了鄭重承諾。在這次我同小淵首相的會談以及之後發表的聯合宣言中，

日方再次就台灣問題做出重要表態。應該說,在如何處理台灣問題上,中日之間已經有了充分和明確的指導原則。台灣問題是中國的內政,事關中國主權和統一大業。正確對待和處理這一問題是中日關係發展的政治基礎。中國有句古話:『與朋友交,可無信乎?』我們希望日方能夠信守自己所做的承諾:『言必信,行必果。』」

中國台灣電視台記者問,最近江主席會見了台灣海基會董事長辜振甫先生後,對台灣的看法和印象是否與過去有所不同?

江澤民告稱:「我和辜振甫先生不是第一次見面,我們在亞太經合組織會議上見過幾次。新中國成立後,辜先生沒有來過北京,但他對北京很熟悉,也喜歡京劇,我們在一起的話題是很多的。但最重要的是如何促進兩岸早日統一。」

江澤民面對全場的記者,以堅定有力的口吻指出:「台灣問題是中國的內政,是中國內戰遺留下來的問題。1995 年我曾就台灣問題發表過八點意見。在這個問題上,我們的立場很清楚,就是『和平統一,一國兩制』。但是,我們不承諾放棄使用武力。這絕對不是針對台灣人民的,而是針對台灣島內一切分裂主義勢力的。我們堅持一個中國,堅決反對台灣獨立。」

第七節　訪問仙台,憑弔魯迅

11 月 28 日下午,江澤民主席一行結束在東京的訪問,乘新幹線專列前往仙台訪問。

江澤民主席抵達仙台當晚,出席了宮城縣知事淺野史郎為他舉行的晚宴。

江澤民主席在晚宴上講話說,仙台是中國人民熟悉的城市,中國現代文豪魯迅先生曾經在這裡學習和生活過,他同許多日本朋友有過

密切的交往。魯迅先生同藤野嚴九郎先生結下的深厚情誼，在中日友好史上成為佳話。當地的廣瀨川畔、青葉山下建立的魯迅紀念碑，不僅是對魯迅先生的深切懷念，也體現了對中國人民的友好感情。

淺野知事在致歡迎詞時說：「在晚秋時節，江澤民主席閣下和夫人光臨宮城縣，使宮城縣民感到光榮和自豪。」「魯迅先生與藤野先生交往的美談廣為流傳。現在，在宮城縣的大學學習的中國留學生有 400 多名，在他們之中一定會出現 21 世紀的魯迅先生。我們也要培養出第二個、第三個『藤野先生』。」他表示，宮城縣民將盡可能地去幫助中國留學生，以此加深兩國友好關係。

29 日上午，江澤民主席和夫人在仙台市市長藤井黎陪同下，瞻仰了位於仙台市西郊的魯迅先生紀念碑。紀念碑坐落在青葉山下、廣瀨川畔，掩映在一片蒼松翠柏之中。紀念碑高 5 米，寬 2 米，用 10 噸當地產的玄昌石建成，上方鑲嵌着直徑約 1 米的青銅魯迅頭像。碑的正面鐫刻着郭沫若先生題寫的「魯迅之碑」四個大字以及由仙台東北大學教授內田道夫先生撰寫的碑文。江澤民主席夫婦聽完藤井黎關於紀念碑修建經過的介紹後，靜默肅立，向紀念碑三鞠躬，然後走上前去，將兩束鮮花輕輕地擺放在碑座，向這位偉人致以崇高的敬意。

接着，江澤民在紀念碑附近揮鍬培土，栽下一棵紅梅樹，並淋灑了清水。江澤民對眾人說：「這棵樹是中日兩國人民世代友好的象徵，我們要精心培育，讓中日友誼之樹開出豔麗的花朵。」

離開魯迅紀念碑，江澤民一行驅車來到仙台東北大學，在阿部博之校長陪同下，參觀了該校史料館有關魯迅的展覽。展品中有魯迅當年入學時的照會公函、在校成績單、考勤表、魯迅與同窗好友的合影等寶貴資料。此外，還有藤野先生的照片以及藤野批改過的魯迅解剖學筆記的照片。

參觀完畢，江澤民將自己手書的一首題為《訪仙台》的古體詩贈送給仙台東北大學。

第八節　北海道之行，走進尋常百姓家

29 日中午，江澤民主席結束對仙台的訪問後，前往白雪皚皚的北海道訪問，這是他訪日行程的最後一站。

前往機場迎接的有日本外務省政務次官町村信孝、北海道知事堀達也、札幌市長桂信雄、中國駐札幌總領事王泰平和夫人方慧聰以及華僑和留學生代表等。江澤民一行抵達下榻飯店時，一群小學生揮動手中的鮮花，歡呼雀躍，歡迎客人的到來。

當天下午，江澤民主席參觀了石狩郡當別町的養花大戶池田悟家和位於江別市郊的町村牧場，讚揚了他們艱苦創業、鑽研科學、德業並進的精神。

在池田家的客廳裡，江澤民主席同池田全家人親切交談。參觀溫室時，江主席細心地向主人了解花卉栽培管理情況。當他了解到現年 47 歲的池田悟是當地的花卉農藝師，目前有 4 座大型鋼骨溫室、35 座塑料大棚和 1 個冷庫，種養的鮮花遠銷九州，年平均銷售額為 1 億日元時，對池田的勤勞致富精神和科學種花的技術，給予高度評價。池田將自家生產的鮮花獻給江澤民主席，江澤民主席高興地用日語說：「真漂亮！」

離開池田家時雖暮色蒼茫，江主席不顧連日訪問的勞累，又興致勃勃地來到町村牧場訪問。這座牧場創建於 1917 年，經過幾代人的努力，目前已成為集飼養奶牛、奶製品加工一體化的現代化養牛大戶。飼養的奶牛有 360 頭，年產鮮奶量為 1,650 噸，並生產黃油、奶酪、冰淇淋等高附加值的乳製品，年銷售額為 3.5 億日元。

牧場主人町村末吉對江澤民主席的來訪表示熱烈歡迎。他向江主席介紹他的家庭成員。他的孫女為歡迎江主席畫了一幅《日中友好》的畫，親手送給了江爺爺。町村先生激動地說：「今天是我們町村家創業 80 年來最輝煌的一天。」町村還熱情地請客人品嘗自家生產的冰淇淋。

　　江澤民主席和代表團主要成員與主人團坐在榻榻米上聊家常，還應主人的要求在一幀色紙上寫下「江澤民一九九八年十一月訪町村先生之家」幾個大字。隨後，他還在主人陪同下，參觀了機械化擠奶設施，並走進巨大牛棚，認真地向主人了解了奶牛的飼養情況及夏冬季節不同的管理方法。晚上，江主席一行應邀出席了北海道和札幌市政府聯合舉行的盛大歡迎宴會。

　　翌日，江主席在下榻飯店會見著名治沙專家遠山正瑛等六位為中國的發展做出了寶貴貢獻的日本專家，感謝他們對中國發展所做出的貢獻後，結束對札幌的訪問乘專機回國。

第九節　訪問成果，發表聯合宣言

　　江澤民主席這次對日本的國事訪問，是中國最高領導人在世紀之交進行的一次具有深遠意義的重要外交行動。

　　江澤民主席是在中日關係處於承前啟後、繼往開來的歷史時期訪問日本的。江主席在這次訪問中，以長遠的觀點和戰略的高度，總結過去，展望未來。

　　江澤民主席在訪問中就歷史問題全面、深刻、坦誠地闡述了看法，強調只有以史為鑒，才能正確地走向未來，表示中方願意在歷史問題上採取向前看的態度，但前提必須是正視和承認歷史。過去日本軍國主義侵略中國的歷史事實不容抹殺。指出日本應當堅持走和平發展的道路，決不允許任何形式的軍國主義思潮和勢力重新抬頭。中日兩國人民只有和睦相處，互相尊重，珍惜和維護來之不易的傳統友好關係，防止歷史悲劇重演，兩國才能永遠做好鄰居，兩國人民才能世代友好下去。

　　江澤民主席訪日期間強調歷史問題不是算歷史舊賬，而是從歷史

的角度總結經驗教訓，使 21 世紀的中日關係順利發展。這也有利於日本在地區和國際事務中擺正自己的位置，發揮健康的作用。

經過會談，在歷史問題上，日本政府首次承認過去對中國的侵略，並再次就侵華戰爭給中國人民造成的重大災難，表示深刻反省和道歉。雙方確認，正視過去以及正確認識歷史，是發展中日關係的重要基礎。

中日關係中的涉台問題也是這次首腦會談的一個重要議題。中方堅持原則，通過會談取得了好的成果。日方保證繼續遵守日本在《中日聯合聲明》中表明的關於台灣問題的立場，重申中國只有一個，日本將繼續只同台灣維持民間和地區性往來。

江澤民主席和小淵首相通過會談，發表了聯合宣言，這是繼《中日聯合聲明》《中日和平友好條約》之後，指導兩國關係發展的第三個重要文件。雙方宣佈建立致力於和平與發展的友好合作夥伴關係。這一重要定位指明了中日關係的前進方向。

對於江澤民這次對日本的訪問，究竟取得了甚麼樣的外交成果，日本有不同的看法。日本報界有人把江澤民主席這次訪日稱之為「教訓日本之旅」，對產生的影響稱之為「江澤民震蕩」，對中方強調歷史問題表示嚴重不滿、厭煩和反感，有力地說明到 20 世紀末期，日本國內政治氛圍已經發生了顯著變化，否定歷史、美化侵略的右翼勢力抬頭，民族主義思潮高漲，輿論界變調，成為中日政治關係趨冷的背景和根源。

第九章

戰後日本的軌跡

第一節　佔領政治的開始

　　戰後日本的政治是根據《波茨坦公告》開鑼的。天皇和日本政府的國家統治權從屬於駐日盟軍最高司令的管理權，日本被盟國佔領。關於日本統治階級直到決定投降之前最為擔心的未來的「國體」問題，盟國認為，日本最終的政治形態應該依據日本國民自由表明的意志來決定。

　　根據這個原則，盟軍開始進駐日本本土，於 1945 年 10 月在東京設立了駐日盟軍總司令部（G.H.Q.）。盟軍並不對日本實行軍政，而是採取間接的統治方式，即由最高司令官對日本政府發出指令和勸告的方式，來推行其佔領政策。其佔領政策的根本方針表面上由最高決策機關遠東委員會決定後，經過 G.H.Q. 諮詢機構對日理事會的審議，實質上是美國駐太平洋軍隊的單獨佔領，根本談不上是盟軍的共同佔領。日本的戰後政治就是在這種狀況下重新出發的。

佔領政治構圖：

遠東委員會

［本部　華盛頓］

成員國（11 國）：美國、英國、蘇聯、中國、法國、荷蘭、加拿大、澳大利亞、印度、新西蘭、菲律賓

主席國：美國

　　戰爭一結束，美國便單獨佔領日本。駐日盟軍最高統帥道格拉斯・麥克阿瑟（1880 – 1964）成了日本的太上皇。這位曾在第二次世界大戰期間統帥盟軍在南太平洋同日軍作戰的美國將軍，在 8 月 15 日即日本投降的當天，被杜魯門總統任命為駐日盟軍總司令。他要按照美國的意志，對日本進行一番徹底的改造，給日本制定了一部憲法。日本儘管心裡不服，卻表現得對美國百依百順，且一味討好，甚至於到了為佔領日本的美國大兵開妓院的地步。

　　1945 年 8 月 18 日，即日本宣佈投降的第三天，日本政府就以內務省為中心，決定建立為美國佔領軍提供性服務的「特殊慰安設施」，作為「戰後處理的國家緊急措施之一」。為此，成立了「特殊慰安設施協會（RAA）」，立即着手募集慰安婦。18 日，內務省的橋本政美警保局長向各府縣的長官（當時稱縣知事為長官）發出募集為佔領軍服務的女人的指示。各地的警察署長為了完成任務，四處奔波求助，請求當地提供「為了國家而賣淫」的女人。結果，募集到 1,360 個慰安婦，趕在 1945 年 8 月 30 日第一批佔領軍登陸日本之前，日本政府便在美軍登陸必須經過的京濱國道旁的大森開設了第一家慰安設施 —— 小町園。隨後，在東京都內的銀座、赤羽、小岩和立川、調布、福生、青梅等處陸續開張了 33 家特殊慰安設施，前後募集了 2 萬到 5 萬名慰安婦。在美軍駐紮的其他 20 座城市也設立了不少同樣的設施。只是因為性病在美軍軍營裡蔓延，至 1946 年 3 月，公開的慰安所在盟軍最高司令部干預下解散。

　　同年 12 月，「慰安設施」剛剛廢止不久，日本內務省就公然聲稱女性有賣淫權，在城市裡劃定了紅燈區，推定有 55,000 至 70,000 名女性隨之當了妓女。她們以向美國佔領者提供性服務為時尚，只要是佔領軍，她們都熱心服務，與征服者「交際」成了締造「最親密的國際關係」的有效手段，她們也成了「時髦的女人」。她們出於「工作」的需要，學會了特殊的語言本領，獨創出妓女日語與大兵英語的混合語。她們常常是邊講着這種「時髦」的語言，邊挽着美國大兵的胳膊在街上張張揚揚，或坐在美軍吉普車上招搖過市。

　　美國學者約翰・達維爾在評論當時的情形時寫道：「在來到日本的美國人的頭腦中，這個戰敗國本身就變得像一個女人一樣。曾經是仇敵的日本人，從該死的猛獸，突然令人吃驚地變成了可以隨手取樂的柔順的異國人，而且，這種『樂趣』讓你一觸即得。妓女就是個典型。昨天還是危險的男性化的敵人日本，轉瞬之間變成了白人征服者可隨

心所欲地玩弄的女人。而且，在此同時，不管是妓女還是良家的日本女性，常常超越人種差別，相互關照和示敬，進而萌發愛情。從這種意義上說，這種男女關係正表現出美日國家關係的特點。」

麥克阿瑟於 1945 年 8 月 30 日下午 2 時 5 分從馬尼拉飛抵厚木機場。他雖然身為佔領軍最高統帥，但下飛機時，並沒有帶警衛，一個人穿着軍便裝，戴着一副墨鏡，右手端着煙斗，就悠然地走下舷梯了。

踏上日本的土地伊始，他對記者説了一句頗值玩味的話。他説：「從墨爾本（二戰期間麥克阿瑟作為西南太平洋的盟軍司令在墨爾本指揮美國、澳大利亞、荷蘭、新西蘭等各國軍隊同日軍作戰。——作者注）到東京，很不尋常，是一條非常漫長而且困難的里程。但是，到此一切都結束了。」

對這個「白臉天皇」麥克阿瑟的身世經歷，日本人並不了解。而日本人更關心的是，他作為駐日盟軍最高司令，會如何佔領日本？

就在舉國注目之下，日本投降簽字儀式於 9 月 2 日上午 9 時在「密蘇里」號戰艦的甲板上舉行了。日本政府代表重光葵、軍方代表梅津美治郎參謀總長在投降書上簽了字。

選擇「密蘇里」號作為受降艦隻，並不是偶然的巧合，密蘇里是時任美國總統杜魯門的出生州。關於日本事務，杜魯門在日本投降前曾做出兩個決斷：一是向日本兩座城市投擲原子彈，二是堅持了其前任羅斯福總統要求日本「無條件投降」的方針。

意味深長的是，受降那天，「密蘇里」號上懸掛的兩面美國國旗，一面是 1941 年 12 月 7 日日本偷襲珍珠港時飄揚在白宮上空的那面星條旗，另一面則是美國提督帕利乘坐的「潑哈頓」號旗艦上懸掛的有 31 顆星的星條旗。1853 年，帕利率領一支由冒着黑煤煙的「黑船」和帆船組成的小小船隊來到日本，迫使日本門戶開放，結束了日本鎖國 200 多年的歷史。

在投降書上簽字的政府代表重光葵，本是一名外交官。1932 年，

他挨了一個反抗殖民主義統治的朝鮮人的炸彈，失去了一條腿。這一天，他來到搖晃着的「密蘇里」號的甲板上，無精打采，一瘸一拐地走着，成了投降後的日本的生動寫照。

按說，裕仁天皇應來出席這個不同尋常的儀式，至少，應有皇室或宮內省的代表在場。但因盟國主要是美國的安排，天皇及相關者誰也沒有到場。這一點，令勝敗雙方都驚愕萬分。像曾經當過美國駐日大使的約瑟夫·格爾，雖然是個徹頭徹尾的日本皇室擁護者，也以為天皇在投降書上簽字是順理成章的。而且，天皇本人在得知自己「倖免」之後，也認為會讓皇室或皇族的代表去代替他簽字的。沒讓天皇簽字投降，對日本來說，是一個吉兆，因為它暗示戰勝國可能不追究天皇的戰爭責任。

在這個受降儀式上，麥克阿瑟發表了僅有 3 分鐘的演說。他說：「……我們代表地球上大多數的人民會聚在這裡，並不是懷着不信任、惡意和憎惡相聚的。……讓我們從過去的流血和殺戮中走出來，鑄就一個以信仰和理解為基礎的世界；讓我們在自由、寬容和正義的旗幟下，締造一個可實現人類的尊嚴及其理想的更好的世界。這是我的願望，也是全人類的願望。」

麥克阿瑟從菲律賓來日後，先是住進橫濱的新格蘭德飯店，沒過多久便遷居東京，住進美國大使館。遷居那天，麥克阿瑟及其一行出動了一個車隊。車隊從橫濱到東京，穿行了 35 公里的廢墟，開進美國使館大院。麥克阿瑟站在使館辦公大樓的台階上，檢閱了美軍第 11 空降師的一支儀仗隊。然後，他吩咐說：「把我們的國旗展開，讓它在東京的陽光下光榮地飄揚吧……」這面國旗就是 1941 年 12 月 7 日在白宮上空和一週前舉行受降儀式時在「密蘇里」號上飄揚的那面旗幟。隨着國旗的升起，響起了軍號聲。

麥克阿瑟將大使館作為他的官邸，另選中「一號大樓」即附近一家日本大保險公司的辦公樓作為盟軍最高總司令部的駐地。安頓下來後，

麥克阿瑟就開始了一種非常固定的生活，除每天到近旁的盟軍最高司令部上班外，深居簡出。可是，從盟軍最高司令部後來接二連三的舉措看，他到日本之後，就進入了十分緊張的工作狀態。據說他每週工作七天，每天都工作到很晚，而且從不過節假日，甚至連聖誕節和復活節也不例外。除了偶爾到機場去迎送重要官員外，從未在日本旅行過，也不參加晚會和招待會。在他駐日本5年多的時間裡，他只有兩次離開過日本：1946年7月4日，他飛往馬尼拉參加菲律賓獨立日的慶祝活動；1948年8月15日飛往漢城（今改稱首爾），參加大韓民國宣告成立的儀式。這兩次出訪都是一天的日程。

麥克阿瑟的第一個任務是使日本非軍事化，其中包括7項主要計劃：遣散軍事人員，銷毀軍事裝備，粉碎軍事工業體系（財閥），清洗國家機關和重要工業中的軍國主義分子（或極端民族主義分子），審判戰犯，廢除神道，以及對日本的警察制度進行全面的改革。

遣散軍事人員。日本投降時，有近700萬穿軍服的日本人。其中約半數在日本本土，另一半及300萬日本平民在海外。盟軍最高司令部責成由原日本陸、海軍司令部組成遣散軍事人員局，花一年多時間基本上完成了此項任務。同時，遣散軍事人員局還釋放了被日本人抓來當勞工的150萬中國人和朝鮮人。其中約100萬人要求回國而被送了回去，其餘50萬人留在了日本。

銷毀軍事裝備。日本投降時，在日本全國各地和台灣等地，軍事裝備和補給品堆積如山。例如在日本有12,000架各種型號的飛機，其中4,000架可以使用，還有無數的坦克、步槍及其他戰爭工具。美國佔領軍用幾個月的時間搜遍日本，炸毀了彈藥庫，燒毀了飛機，或把武器扔進大海。生產戰爭物資的工廠被關閉，海軍基地和造船廠被摧毀。機場被犁掉，或被重新整修以供佔領軍使用。

解散財閥。二戰前和戰爭期間，日本約80%的工業和金融財富被三菱、三井等很少幾個財閥控制着。麥克阿瑟認為它們跟德國的克虜

伯卡特爾一樣是專制主義、軍國主義和帝國主義化的。他下令解散這一龐大而複雜的社團式組織，起初擬解散 1,200 家公司。但是這個計劃在美國非常不得人心。美國國內認為，日本經濟沒有財閥或某種有益的形式就無法運轉，擔心此舉會導致日本經濟復蘇無限期推遲，更擔心會增加美國對日經援負擔，便把解散財閥的計劃削減了，最終 1,200 家公司中只有 9 家被解散。

整肅。根據《波茨坦公告》的規定，1946 年 1 月，盟軍最高司令部開始了一項所謂「整肅」的清洗計劃。目的是禁止一切軍國主義分子和帝國主義分子或極端民族主義分子擔任公職或工業領域的關鍵性職務。結果，有 20 萬人被禁止擔任公職，約有 1,300 個政治性或半政治性、極端民族主義的組織被解散了。但是，由於麥克阿瑟對波茨坦的決定是否明智「感到懷疑」，在實行中「儘量地寬容」，這個清洗計劃與在德國實行的「非納粹化」計劃不同，它不是懲罰性的。被清洗的 20 萬人中，沒有人被打入監獄或被罰款，佔領結束後，一些人便被恢復了名譽，又堂而皇之地出現在社會上。

審判戰犯。戰犯被分成甲、乙、丙三級。東條英機等 25 人作為甲級戰犯，受到由 11 個國家的法官組成的東京國際軍事法庭的審判，6 名將軍和 1 名文職官員被處以絞刑，16 人被判處無期徒刑，另外 2 人被判處較輕的徒刑。乙級戰犯是 20 多名高級將軍，他們受到了盟軍最高司令部軍事法庭的審判，除 2 人外，其他人都被宣判無罪。4,200 名丙級戰犯受到了各種盟軍軍事法庭的審判，700 人被判處死刑，400 人被宣判無罪，其餘的被關進監獄服各種徒刑。美國人承認審判是在「寬大為懷的憐憫中」收場的。

廢除神道。鑒於以推崇天皇和自我犧牲為主要特徵的神道，作為日本的國教，在戰爭中成為日本軍國主義分子煽動民族主義狂熱的手段，宣傳「一個人在戰鬥中死去，就可成為軍神」云云，起了很壞的作用。盟軍最高司令部在 1945 年 12 月 15 日就明令廢除神道，禁止日本

政府支持神道或其他別的宗教。教科書中凡是提到神道的地方全被刪去；公共建築物上的所有相關標誌都被拆除；神道節被廢除，約 8,000 處神道紀念碑被推倒；天皇的畫像從學校摘走，學生們也被禁止向皇宮的方向鞠躬。根據麥克阿瑟的旨意，裕仁天皇於 1946 年 1 月 1 日發表《人間宣言》，將自己由神變成人。他告訴日本人民，他不是神聖的，也從來沒有神聖過，而這一切都不過是可悲的「神話」。此後，天皇在麥克阿瑟的「鼓勵」下，揭開神秘的面紗，像歐洲的君主那樣巡視日本，觀看體育運動會，出席音樂會及其他公眾集會，成了一位普通的君主。

警察改革。鑒於日本警察在戰爭期間被用來殘酷鎮壓人民，煽動戰爭情緒，酷似德國納粹的蓋世太保。在美國佔領初期，麥克阿瑟曾下令摧毀全國性的警察組織，而將警察部隊分散於各地，讓它們僅向當地政府負責。可是，這只是個虎頭蛇尾的改革，1951 年簽訂和約後，一個全國性的強有力的警察組織又重新建立起來了。

麥克阿瑟和他領導的盟軍最高司令部在實施上述改革的同時，還實施了使日本民主化的計劃。主要步驟有 5 項：制定一部新憲法，建立地方政治自治機構，進行土地改革，進行勞工和經濟改革，進行教育改革。

新憲法。盟軍最高司令部和日本當局經過大量的內部辯論，為日本制定了一部新憲法。最後的結果是介乎於英國和美國憲法之間的產物。相對於戰前《大日本帝國憲法》將天皇奉為國家主義者，新憲法開宗明義規定國家主權屬於全體國民。它把天皇降低到了作為日本「象徵」的地位，把真正的主權授予人民。它建立了像美國政府那樣的一個三位一體的全國政權，即立法機構、司法機構和行政機構。立法機構即日本國會，是「最高國家權力機關」，是「國家唯一的立法機構」。日本國會的兩個機構被稱為參議院（類似美國的參議院）和眾議院，每個機構的所有成員都由公眾選舉產生，任期分別為 6 年和 4 年。日本國

會的眾議院選舉首相,而首相(像英國一樣)直接對國會負責。首相的大多數內閣成員也是國會議員。憲法還包括不少於 31 條保障人民權利的條款:宗教自由、集會自由、演講自由、出版自由,等等。

這部被稱為「和平憲法」的新憲法是在防範日本再度走上軍國主義老路的設定下制定的,最重要的特點是,含有著名的非戰爭條款即第 9 條的內容,規定日本永遠放棄以戰爭或武力作為解決國際紛爭的手段,不再保有陸海空軍及其他戰爭手段,並且不承認國家之交戰權,從而徹底否定日本的軍備和戰爭權。

這部憲法是由天皇和麥克阿瑟於 1946 年 3 月 6 日頒佈的。在麥克阿瑟的要求下,這部憲法於 1946 年 4 月 10 日交由日本國民在第一次大選中投票表決,結果得到了壓倒多數的支持,於 1947 年 5 月 3 日生效。

建立地方政治機構。日本的地方政府(都、道、府、縣)以前受到中央政府的嚴格控制,權力集中在臭名昭著的內務省。地方行政人員是由中央政府任命而不是選舉產生。按規定,人民受居民協會的管理,中央政府的命令就是通過這一機構下達的。麥克阿瑟下令將內務省和居民協會徹底革除。地方政府通過公民選舉產生,地方立法機構也由公民選出,通過或廢除與其所在地區有關的法律。

土地改革。日本原來是封建主義的農業經濟,一半耕地由佃農從地主手裡租種。在麥克阿瑟的授意下,日本國會通過了一系列新法律,主要是要求政府購買約 500 萬英畝(約合 202 萬公頃)的農田,然後再根據一項長期協定賣給佃農。到 1950 年,日本 85% 的可耕土地由自由的、獨立的、自負盈虧的農民擁有。麥克阿瑟此舉被認為是他的所有改革措施中最成功的。

勞工改革。由於新憲法明確規定,所有人不論男女都有工作的「權利和義務」,並保障工人進行組織的權利和「集體爭取提高工資待遇和採取集體行動」的權利。日本國會通過了一項自由勞工法,規定保護工人的權利並賦予他們罷工的權利。戰後初期,日本工會組織雨後春

筍般出現，到 1949 年，1,500 萬名工人中近乎一半成了約 35,000 個工會的成員。這些工會組織極端活躍，幾乎到了無法控制的地步。於是，麥克阿瑟採取了相反的措施，向日本國會施壓，使國會通過了限制性的勞工法，由於遭到強烈反對，又不得不折中行事。

教育改革。日本原來的教育制度在文部省的控制下，嚴格而帶有歧視性。小學是 6 年，是義務制和男女合校制；中學為 5 年，是男女分校制；最後是 3 年的高中和 3 至 4 年的大學，僅收男生。只有 3.5% 的學生可以升到十一年級以上，只有 1% 的人可以上大學。盟軍最高司令部徹底廢除了這一學制，代之建立了一個着重於智力開發的美國式的制度。它延長了義務學制；實行新的鼓勵獨立思考的教學方法；頒發了新的教科書，從中剔除了虛假的宣傳、對天皇的崇拜和軍國主義的內容；給許多反對軍國主義的教師恢復了名譽。

麥克阿瑟一系列大刀闊斧的改革措施，給日本帶來了巨大的衝擊。令美國人都十分吃驚的是，日本人在美軍佔領當局如此苛刻的舉措面前，卻表現得唯命是從，而無一反抗和怠慢。

豈止如此！

11 月 12 日，日本《讀賣新聞》為迎合佔領當局，竟發表文章，大肆鼓吹廢除漢字，採用羅馬字，煞有介事地寫道：「廢除漢字有助於清除存在於我們腦海中的封建意識，追隨乾淨利落的美式效率」，説甚麼「欲建設文化國家，確立民主政治，就必須廢除漢字，採用簡單的拼音文字（羅馬字），這才能提高國民的知識水平」。

當然，當時在日本國中，迎合、討好者並非《讀賣新聞》一家！

麥克阿瑟駐在日本 5 年 8 個月期間，裕仁天皇先後拜會過麥克阿瑟 11 次。麥克阿瑟從一開始就拒絕去皇宮會見天皇，而是等待裕仁到美國大使館向他致意。

麥克阿瑟剛到日本不久，他的一些參謀人員建言説，為了顯示一下權威，應該把 44 歲的天皇傳到盟軍最高司令部來。麥卡阿瑟拒絕

了這個建議。他說：「這樣做將會傷害日本人民的感情，因為在他們看來，這樣做是折磨天皇。」

對此，美國作家小克萊‧布萊爾分析說：「更為重要的是，麥克阿瑟不願意貶低天皇的身份。他打算利用天皇對日本人的神秘影響，來促進實現他重建這個國家的偉大宏圖。他決定等待，相信天皇會不請自來。」

果然，天皇很快就要求會見麥克阿瑟。1945 年 9 月 27 日，即日本正式投降的第四個星期，天皇就帶着一名翻譯上門拜訪了。次日，東京各大報早刊登載的麥克阿瑟與天皇第一次會見的照片，對外界了解當時的日美關係，比任何文字都具有象徵性和說服力。照片上，麥克阿瑟照例穿着沒戴軍銜的軍便裝，敞着領口，一隻手隨意地插在口袋裡，另一隻手搭在臀部，兩眼直盯着鏡頭，臉上毫無表情。裕仁則鄭重其事地穿着燕尾大禮服和帶條紋的褲子，僵直地站在他身旁，整整比他矮了一個腦袋。照片刊出的第二天，麥克阿瑟得意地對《芝加哥論壇報》記者說：「日本已淪為四流國家，不可能東山再起了！」

1951 年 4 月 16 日，麥克阿瑟離開日本回國。離開前夕，天皇專程前往話別。天皇告辭時，麥克阿瑟破例送到汽車旁。不用說，這是他給天皇的第一次也是最後一次禮遇。吉田茂首相也去造訪麥克阿瑟，感謝他做出的「偉大貢獻」。

麥克阿瑟走的那天，日本廣播協會電視進行實況轉播，學校放假，約 20 萬人手持日本和美國國旗，站在通往羽田機場的道路兩旁，為他送行。日本政府的全體閣員則前往羽田機場送別。日本前首相、時任大臣秘書的宮澤喜一回憶道：「雖然給一個佔領者送行，心裡並無多少惜別之情，大家都無言地站在微妙的氣氛裡。可是，當麥克阿瑟登上舷梯的瞬間，有一位大臣舉起雙手，高呼『麥克阿瑟元帥萬歲』時，其他閣員也不約而同地振臂高呼萬歲。」此後，日本國會立即通過感謝麥克阿瑟的決議。

第二節　美國對日政策大轉彎

戰後日本對美國的態度，贏得美國的好感。其好感首先體現在麥克阿瑟主持制定的戰後新憲法中。這部憲法對日本最大的照顧則是保留了天皇制。雖然規定「主權在民」，天皇只是「國家統合的象徵」，但是，畢竟沒有按許多國家的要求，將裕仁天皇作為甲級戰犯，追究其戰爭責任，且將天皇制保留了下來。

戰後，亞洲各國人民，還有英國人、蘇聯人以及不少的美國人紛紛要求處死天皇。但麥克阿瑟認為，那樣做的結果對美國不利，會在日本引起嚴重的騷亂和暴動。他曾經告訴美國政府說，如果裕仁被逮捕並作為戰犯受到審判，他和盟軍最高司令部將需要「一百萬增援部隊」。麥克阿瑟考慮到天皇對日本人擁有的神秘力量，採取了借重天皇的權威來「改造」日本的策略，公然稱讚天皇是「新民主主義的領導人」，暗中廢止了日本內部曾經討論過的讓天皇退位的方案。

麥克阿瑟不僅決意在法律上免於追究天皇的戰爭責任，而且決意免除天皇對於那場殘酷戰爭的道德責任。美國學者約翰·達維爾（John W. Dower）說：「普遍認為，如果美國佔領軍當局不做出這樣的決斷，美國政府是不可能對天皇優待到如此程度的。」

他還說：「不讓進行關於天皇戰爭責任的正式取證調查，是美國佔領軍當局故意安排的。」「儘管關於天皇積極參與了日本侵略行為的事實，當時已經不容忽視，至少天皇的道德責任是明擺着的。然而，這個關於天皇責任的問題，美國人不僅僅是睜一隻眼閉一隻眼，甚至予以否定。因此，整個的『戰爭責任』問題，幾乎變成了不經之談。」

隨着冷戰的開始，美國改變了徹底改造日本的初衷，不僅決定不追究裕仁天皇的戰爭責任，保留天皇制，而且對戰犯的審判也草草收場，並於 1951 年 9 月 8 日在舊金山與日本媾和，締結了《對日和約》《日美安全保障條約》。

二戰後不久，東西方冷戰開始，世界以美蘇為首，分成兩大陣營；中國共產黨領導的新中國成立，宣告「蘇聯一邊倒」；在日本國內，日本共產黨的力量迅速發展，工人運動蓬勃發展，日本出現了走向社會主義的勢頭。在這種情勢下，美國佔領當局的對日政策發生變化，佔領初期高喊民主化、徹底改造舊日本、建立新日本的美國，政策開始大轉彎了。

象徵性的舉措是，在新憲法公佈的前一天，麥克阿瑟致函吉田首相，表示自 1947 年 5 月 3 日即新憲法實施之日起，允許國會、最高法院、首相官邸、皇宮懸掛日本國旗，不再設任何限制。日本戰敗後處於被佔領狀態，是不准懸掛象徵侵略的日本旗的。由此，美國佔領當局先是解除政府、官廳掛旗的限制，從 1949 年 1 月 1 日起，日本全國各地都可不受任何限制地懸掛日章旗了。

遠東國際軍事法庭進行的「東京審判」也是在日本國內和世界形勢發生了巨變的情況下開始的。1945 年 7 月 26 日，中、美、英三國發表《波茨坦公告》，隨後蘇聯也副署。該文件第十項稱：「吾人無意奴役日本民族，或消滅其國家，但對於戰罪人犯，包括虐待吾人俘虜者在內，將處以嚴厲的法律制裁。」同年 9 月 2 日，日本在投降書上亦載明：「我們為天皇、日本政府及其繼承者承允忠實履行《波茨坦公告》之各項條款。」這當然包括審判日本戰犯在內。同年 12 月，蘇、美、英外長在莫斯科開會，做出如下決議：盟國駐日最高統帥應採取一切必要措施，以實現日本的投降條件，佔領並管制日本，其中包括懲辦日本戰犯。中國後來也同意這個決議。根據這些規定，盟國授權遠東盟軍最高司令麥克阿瑟於 1946 年 1 月 19 日發佈了《特別通告》和《遠東國際軍事法庭憲章》，規定了任務、組成、訴訟程序和法庭對下列各種罪行有管轄權：破壞和平罪（即發動侵略戰爭罪）、違反戰爭法的罪行、違反人道罪。遠東國際軍事法庭從 1946 年 5 月 3 日開庭，直至 1948 年 11 月 12 日宣告判決為止，歷時兩年半。檢察和被告雙方共

提出 419 名證人，文件 4,300 餘件，判決書長達 1,213 頁。東京審判於 1948 年 11 月 12 日宣判，東條英機、土肥原賢二、廣田弘毅、板垣征四郎、木村兵太郎、松井石根、武藤章等七人被判死刑，荒木貞夫、橋本欣五郎、畑俊六、平沼騏一郎、星野直樹、木戶幸一、小磯國昭、南次郎、岡敬純、大島浩、佐藤賢了、島田繁太郎、鈴木貞一、賀屋興宣、白鳥敏夫、梅津美治郎等 16 人被判無期徒刑，東鄉茂德被判有期徒刑 20 年，重光葵被判有期徒刑 7 年。第一批受審的被告原為 28 名，其中的松岡洋右和永野修身在審判過程中死去，大川周明因發精神病被宣告停止審判，實際被判處的計 25 名。同年 12 月 23 日凌晨，上述被判處死刑的 7 名罪犯在東京的巢鴨監獄被處以絞刑，這些惡貫滿盈的罪犯終於受到了應有的懲罰。

　　但是，由於美國的祖護，東京審判並沒有徹底清算日本的戰犯罪行。曾參與遠東國際軍事法庭工作的周錫卿說：「（美國）祖護的地方很多，例如，當時有人建議同時審判鮎川、岩崎、中島、藤原、池田等參與戰爭的財閥，但遭到否決。雖然拘捕過一些財閥頭目，卻很快就免予起訴釋放了。原先被捕在押的甲級戰犯更多，但後來除上述 28 人外，全都被釋放了，其中包括直接與侵華戰爭有關的派遣軍總司令西尾壽造、華北派遣軍司令多田駿，還有偽滿洲國總務廳長岸信介等。」周錫卿說：「這是麥克阿瑟在對 7 人處刑後的第二天下達的命令。」

　　周錫卿說：「臭名昭著的岡村寧次一直逍遙法外。對中國俘虜進行生物武器試驗（即 731 部隊）的戰犯被捕後在美國受到包庇。美國人甚至答應，只要他們說出通過他們的犯罪行為所得到的全部知識，就不予起訴。」「到 1949 年 10 月，宣佈結束對乙、丙級戰犯的審判。到 1950 年 3 月 7 日，頒佈《第 5 號指令》，規定所有依據判決書仍在日本服刑的戰犯都可以在刑滿前『宣誓釋放』，這就等於廢除了遠東國際軍事法庭的判決。不久，重光葵、荒木貞夫、畑俊六、賀屋興宣等戰犯都被釋放，有的重新回到政界，爬上高位。」周錫卿認為，正是由於對

日本戰犯罪行未徹底清算，所以直到現在還有不少日本政界要人對當年進行的侵略戰爭不認賬並企圖翻案。

另據英國的一份調查材料揭露，16 名被判無期徒刑和 1 名被判 20 年徒刑的戰犯，沒有一個人的服刑期超過 10 年。而且，在 1950 年，麥克阿瑟還發佈了一項命令：刑期不滿 10 年的戰犯都可以獲得假釋。英國《每日電訊報》的記者本·芬頓指出：「發佈此項命令的目的是，在朝鮮戰爭的關鍵階段，增強日本在西方勢力範圍內的地位。」的確，美國此舉是不希望把日本推到共產圈內，而要把它築造成共產主義的防波堤。1948 年 1 月，美國陸軍司令肯尼斯·羅亞爾在華盛頓的一次演說，把美國的這一意圖說得一清二楚。他說：「要把今後的日本，變成亞洲阻擋共產主義侵入的防波堤，把日本變成對美國的亞洲政策有用的國家。」為此，要放鬆迄今嚴厲的對日佔領政策，把它培育成一個「更健全的自由國家」。

正在東京審判開庭審判的關鍵時刻，美國政府於 1948 年 3 月派特使喬治·凱南赴日，於 1 日、5 日、21 日三次向麥克阿瑟傳達美國政府的指示，要求他改變嚴厲的對日佔領政策：一是不再擴大改革和整肅的範圍；二是不再清算日本所幹的壞事，儘早結束遠東國際軍事法庭等機構對戰犯的審判；三是把發展日本經濟、貿易放在第一位，而不是搞改革，以消除日本國民的不滿情緒；四是着眼於日本的獨立，準備與日本媾和，強化警察，確保美軍在沖繩、橫須賀的軍事基地，儘量將盟軍最高司令部的權限委讓於日本政府。

美國政府關於「強化警察」的真實意圖在於「重整軍備」，重新武裝日本，但估計麥克阿瑟會強烈反對，凱南沒有直說。

不出所料，麥克阿瑟果然對重新武裝日本表示堅決反對。他舉出了五點理由：

一是認為這與美國在國際上的約諾大相徑庭；二是認為這樣做等於放棄迄今的佔領政策的根本原則；三是認為日本人現在沒有能力獨

自建立武裝力量；四是認為重新武裝將給瀕臨崩潰的日本經濟造成毀滅性打擊；五是認為日本國民衷心支持放棄戰爭的和平憲法，應尊重他們的意願。由於麥克阿瑟堅持己見，雙方爭吵厲害，因此，麥克阿瑟遭到杜魯門總統的厭惡。

同年 10 月，美國政府制定了一份包含 20 項內容的《國家安全保障會議文件》，對應把日本變成甚麼樣的國家，為此美國應怎麼辦，做了明確而詳細的規定，其中主要內容是：注意不要使日本的民主化搞過頭，解除把軍國主義分子開除公職的規定，強化警察力量（實行重新武裝），置重點於經濟的復興和穩定。

這份文件是以總統令的形式發表的，麥克阿瑟不得不服從。於是，盟軍最高司令部的佔領政策來了一個 180 度的大轉彎，變為以恢復日本經濟為中心，而把「民主改革」放到一邊去了。

接着於 1948 年 12 月，美國政府向麥克阿瑟發出了「穩定日本經濟九項原則」的指示。為此，美國政府於 1949 年 2 月派銀行家約瑟夫·道奇來日落實這九項原則。

道奇來日後，採取強制手段執行九項原則，提出「道奇指南」，徹底地抑制了日本戰後出現的通貨膨脹，使日本人的日常生活趨於穩定。

正在這個時候，日本身邊的中國發生了天翻地覆的變化，共產黨領導的新中國誕生了。這對美國是個嚴重打擊，意味着它將中國培植成蔣介石親美政權統治下的中國的企圖破產。毛澤東宣佈對蘇「一邊倒」，與蘇結盟，在美國看來，等於一個新的敵人出現在它的面前。

事情至此，日本作為對付共產主義防波堤和橋頭堡的作用更加重要。這成為促使美國改變對日政策的巨大動因。1950 年 6 月，朝鮮戰爭的爆發，以美蘇為首的東西兩大陣營之對壘更加分明，中國被捲入，中美關係決定性的惡化。與此相關聯，美國對日本的期待更高了。

美國記者約翰·根瑟當時曾寫道：「朝鮮戰爭開始，日本一夜之間便從史無前例的、和平的社會、政治、經濟改革的舞台，變成了被武

裝起來的、美國在亞洲的軍事及政治上的橋頭堡。」

1950 年 6 月朝鮮戰爭爆發兩週之後，盟軍最高司令官麥克阿瑟指令日本政府成立由 75,000 人組成的國家警察預備隊，成為重新武裝日本的開始。1952 年，日本政府將警察預備隊改組為保安隊，增設海上警備隊，並設置保安廳。1954 年，保安隊改組為具備陸海空三種武裝力量的自衛隊，改保安廳為防衛廳。

作為成立自衛隊法律根據的《自衛隊法》明文規定：「自衛隊旨在保衛國家之和平與獨立、國家之安全，以防衛對國家之直接侵略與間接侵略為主要任務。」

也就是在這種大背景下，盟軍最高司令部從 1950 年開始，對日本共產黨和工會，由暗中施壓到公開鎮壓。

同年 6 月 6 日，麥克阿瑟致信吉田茂首相，指示「將德田球一、野坂參三、志賀義雄、伊藤律、神山茂夫、宮本顯治等 24 名日本共產黨的主要幹部開除公職」，致使這些人都不得不轉入地下。接着，這些人因繼續從事地下活動遭通緝。7 月 18 日，日共機關報《赤旗》被勒令無限期停止發行。這樣，在戰後初期極為活躍的日共，遭到了徹底的鎮壓。

這種鎮壓不僅僅是針對共產黨領導層的。日本政府秉承盟軍最高司令部的旨意，對普通的日共黨員、日共的同情者，甚至於「稍帶赤色的分子」，都採取了取締的方針。基於此，盟軍最高司令部首先於 7 月 24 日下達命令，開除新聞機構裡的日共黨員及其同情者。接着，日本政府於 9 月 1 日決定開除公務員中的日共黨員和同情者。凡是被視為「赤色分子」的人，一律開除。結果，到 1950 年 12 月，全國被開除 12,168 人。以此為標誌，日本從 1950 年起完全右轉，當初佔領軍實行的改革已經銷聲匿跡了。

第三節 「白臉天皇」麥克阿瑟

回顧日本被佔領時期的那段歷史，人們可以發現一個人在其中留下的巨大印記，這個人就是麥克阿瑟。美國作家小克萊·布萊爾在他的著作《麥克阿瑟》中說：「在美國歷史上，從來沒有哪一個人像麥克阿瑟在戰後的日本那樣被賦予如此重大的責任，面臨那樣巨大的挑戰。德國被分成四個佔領區，而日本仍是一個完整的國家。作為駐日盟軍最高司令官，年已 65 歲的麥克阿瑟是一個擁有 7,500 萬人口的國家的絕對統治者。他是獨裁者，是殖民地總督，是日本幕府時期的將軍，是沙皇。」

主觀上說，在佔領初期，麥克阿瑟和他領導下的一幫「改革者」們，以救世主自居，對在日本實行「非軍事化和民主化」，懷有一股非凡的熱情。客觀上說，二戰剛剛結束時的美國，忙於處理歐洲事務，無暇東顧，使麥克阿瑟的最高司令部獲得了相當大的行動自由。

麥克阿瑟是在華盛頓的政策籌劃者們正將注意力集中於蘇聯的東歐政策和西歐的復興政策上時，作為太上皇君臨日本的。他領導的盟軍最高司令部由許多美國軍人和文官組成，1946 年佔領初期約有 1,500 人，1948 年高峰時多達 3,200 人。這個凌駕於日本政府之上的機構，不僅制定政治、經濟、社會、文化領域的基本政策，而且負責實施，以「行政指導」之名，行發號施令之實。

麥克阿瑟到達日本後，不僅保留了天皇，而且做出了保留日本政府的決定。在德國，國家被佔領了，納粹政府徹底被粉碎了，暫時由四國佔領軍官員組成的政府所取代，而日本政府在投降時是完整的，並且一直如此。這樣，麥克阿瑟是通過以首相為首的現行行政機構對日本進行統治的。從一開始，他就採取了由盟軍最高司令部「建議」「指導」而不是命令的做法，而當日本人清楚地理解盟軍最高司令部的「建議」「指導」實際上就是命令時，這種「鐵拳戴天鵝絨手套」的做法，使

事情變得更易於為日本人接受了。而對麥克阿瑟來說，這種做法不僅絲毫不會削弱他的權力，反倒使其政策的推行變得容易了。

1951 年，麥克阿瑟就他自己在日本行使的權力，在美國上院做證時說：「我不僅擁有總統在美國擁有的那種行政權，而且擁有立法權。我的命令就是法律。」

麥克阿瑟統率的百萬人規模的佔領軍，包括文武官員及其眷屬在內，是一個地地道道的特權集團、特權階級、特權人種。他們把東京的中心大街變成了一個「小美國」，不少美國人索性管它叫「麥克阿瑟大街」。從 1945 年佔領的頭一年開始，每年的聖誕節都作為重大節日，將其裝飾一新；佔領軍在其接管的許多建築物上，懸掛美國國旗；滿街上都是美國吉普車、軍用大轎車和從美國運來的新車。在交通流量大的日比谷路口，由美國軍警和日本警察一起指揮，而日本警察總是在美國軍警打出手勢之後，才跟着動作，大街上這道風景線，恰是當時的日美關係的生動寫照。

在這個「國中之國」中，實行人種隔離政策。許多商店、劇場、飯店、建築物、列車，一些地區和高爾夫球場等遊樂設施，都對日本人寫上「禁止入內」的標記。在物資極端匱乏、日本人為填飽肚子不得不往黑市跑的年代，美國佔領軍有他們自己的商店，裡面不僅有各種生活用品，還充斥着五花八門的奢侈品。

佔領軍用罐頭、巧克力、香煙、酒、口紅和尼龍襪子等物品做禮物，與日本女性交際，尋歡作樂。這些美國貨魅力無比。據記載，當時竟有日本女子甘願用自己的貞操與一雙尼龍襪子交換。這種作為特權象徵的美國商店，直到 70 年後的今天，在東京和各駐日美軍基地中仍然存在。美軍運輸機把美國貨運到日本時，日本的海關是無權過問的，因為它被稱為「軍用物資」。

盟軍最高司令部的文武官員們住進從日本人手裡接收過來的高級住宅裡。這些人在本國過的不過是中產階級的生活，而到日本以後，

他們一般都雇用三五個用人，有的甚至雇到六個，以此來誇耀他們這些統治者的地位和權勢。問題是這些用人的薪水，都由日本政府全額負擔。

儘管當時日本人的住房情況相當糟糕，日本政府為滿足佔領軍的需要，仍拿出很多預算，按照美國的生活水平，給他們修造住房和相關設施。如一個美國軍官住進被佔領軍接收的房子以後，裡面的水電設施都要更新，內部要重新裝修，電話、取暖、衛生設備也都要換成最新式的。雖然當時的交通十分緊張，以至於發生過母親懷裡的嬰兒因擁擠而窒息的事件，日本政府卻為佔領軍準備了寬敞的專用列車，供他們免費享用。

事實上，日本支付佔領軍的費用，在佔領開始時竟佔日本國家預算的 1/3。而且，這並不是一時的負擔。直到今天，駐日美軍的開支仍由日本政府埋單。

不言而喻，佔領軍的每一個成員都享有治外法權。美國人一旦犯罪，只能由美方處理，日本當局是不能過問的，而且不准媒體報道。儘管強姦日本婦女等案件時有發生，但是媒體不能報道，受害者更不可能得到任何補償。實際上，在很長一段時期內，媒體對大大小小太上皇們的任何批判，都是被禁止報道的。

日本戰後社會一個非常尷尬的現象是許多混血兒問世。他們是佔領軍的後代，但他們無從知道究竟誰是自己的父親，因為幾乎沒有人認自己的孩子。許多混血兒生下來就被拋棄，不少人是在孤兒院長大的。他們只知道自己的母親是日本人，父親是美國人，但永遠不可能知道他們的父母姓甚名誰。這些混血兒被普通的日本人視為野種，無一不遭白眼。

戰後日本，出現了數萬名身為佔領軍「戰後新娘」和「臨時夫人」的日本女性，她們中的絕大多數，命運是很慘的。那些「臨時丈夫」奉調離開日本的時刻，往往就是他與這個「臨時夫人」和孩子永遠「拜拜」

的時刻。美國社會學家的研究證實，由於存在種族歧視和文化差異，美國佔領軍與被佔領國的女人的婚姻，成功率是很低的。例如，珀爾‧巴克的書中描寫了一位日本姑娘隨美國大兵丈夫到了他的家鄉弗吉尼亞，因忍受不了當地強烈的排擠，又不得不返回日本。

第四節　與美結盟的選擇

冷戰成為日本在世界舞台上轉變角色的階梯。正是冷戰的開始，日本的戰略價值得到美國的青睞，使它從一個戰敗國變成美國的寵兒。日本堪稱冷戰的最大受益者，日本戰後的成功故事，也可謂一部冷戰故事。

1951 年簽訂的《舊金山和約》意味着日本與美國等西方交戰國單獨媾和的成立。1949 至 1950 年，日本面臨單獨媾和還是全面媾和的選擇，日本國內圍繞這個問題發生了嚴重分歧，激烈的爭論達到白熱化的程度。時任東京大學校長的南原繁主張全面媾和，而當時的首相吉田茂則大罵南原繁是「曲學阿世」，即歪曲學術真理、趨炎附勢之徒。因為全面媾和意味着獲取全體參戰國的認可，而當時冷戰已經開始，如果要以蘇聯為首的社會主義國家都參加進來，很難達成一致，而單獨媾和則等於搭美國的便車，方便可行。該和約和《日美安保條約》1952 年 4 月 28 日生效後，日本獲得名義上的獨立，並與美結成了軍事同盟關係。

1951 年 9 月 4 日傍晚 7 時，美國全權代表、國務卿艾奇遜主持的對日媾和會議在舊金山歌劇院開始舉行。參加國 52 個。葛羅米柯率領的蘇聯代表團和波蘭、捷克斯洛伐克代表團也出席了會議。日本代表團總人數為 71 人，全權代表是吉田茂首相。

會議上，蘇聯等東方三國要求改變議事規則，要求邀請中國參會，

要求撤回美英兩國提案，並提出一份修正案，以至於採取了拖延審議的行動。由於美國對蘇聯可能進行的「妨礙」早有準備，並以美國艾奇遜為中心確定了對策，蘇聯的要求未被採納。

會議的第二天，葛羅米柯發言強烈譴責，指出「這個（媾和條約的）美英草案根本不是和平的條約，而是為了在遠東發動新戰爭的條約」。

9 月 8 日上午 10 時，舉行和約簽字儀式時，葛羅米柯與波蘭、捷克斯洛伐克代表一起拒絕出席。結果，在和約上簽字的是 49 個國家。

值得注目的是，就在和約簽訂的當天下午 5 時，吉田茂去舊金山郊外的美軍第六兵團的營地，以美軍繼續在日本本土和沖繩駐留為條件，與美國簽訂了《日美安全保障條約》。這樣，從和約簽訂之日起，日本雖在表面上結束了被佔領的歷史，到第二年（1952 年）和約生效，日本實現了完全獨立，但實際上仍處在美國的掌控之下。

舊金山和約謳歌日美「信任與和解」，雙方都着眼於防止出現歷史上常見的「勝者」與「敗者」間報復的循環。不言而喻，這是冷戰下的美國戰略訴求使然。國際上曾有過慣例，一個國家在和平恢復後 90 天以內，佔領者必須撤走。按此，對日和約生效後 90 天之內，美軍是必須撤走的。事實上，70 年後的今天，被稱為「國中之國」的美軍基地，在日本仍有多處。

探究造成這種局面的原因，還要從冷戰說起。

冷戰開始，日本擔心美軍撤走後，蘇聯進來，日本外務省就開始研究對策。1947 年 9 月 12 日，社會黨的片山哲內閣時期，以蘆田均外相為中心，擬制了一份「媾和後的日本」計劃，表示希望媾和條約中明確載入「美軍駐留，保衛日本」的內容。為了避開其他國家對美國的不滿和反對，日本政府在一份秘密文件中表示，可採取由日本政府要求美國政府保衛日本的形式。

據說，在外務省擬出這個方案一週之後，裕仁天皇往見麥克阿瑟，將這個方案作為他自己的想法提了出來。據當時的翻譯寺崎英成的筆

記：「天皇希望美國繼續佔領沖繩等島嶼。依天皇之見，這種佔領，對美國有利，日本也可得到保護。……天皇進而認為，美國佔領沖繩（及要求佔領其他島嶼），應採取主權留給日本，長期即 25 年到 50 年甚至更長時間出借給美國的形式。」

美國聽到這個想法，十分高興，認為是個好主意。後來在沖繩建立軍事基地，使其成為關島、沖繩、台灣弧形鏈條基地的中樞。

1950 年 2 月，《中蘇友好互助同盟條約》簽訂，標誌中國加入蘇聯陣營。美國感到形勢嚴重，越發看中日本的地位和作用，加速了重新武裝日本的進程。吉田茂首相也利用有利的時機，不顧日本國內要求全面媾和的呼聲，為爭取與美國單獨媾和，與美國進行秘密交易。

據日本前首相宮澤喜一回憶，1950 年 4 月，池田勇人大藏大臣訪美之前，吉田首相曾交給他一項秘密使命，即要他在會見華盛頓政要時，就媾和的條件摸摸底。吉田知道，美國在日本獨立後，也希望繼續保留在日本的軍事基地。尤其是美國軍方，有很強烈的要求。於是，吉田就讓池田向美方傳話：1. 希望以多數媾和（實為與美國單獨媾和）的方式締結和約，而不是全面媾和；2. 和約締結後，承認美軍駐留日本；3. 如果美方難於啟齒，也可研究採取由日本政府提出請求的方式來解決。

美國當然求之不得，雙方迅速達成默契。接着，便加緊推進片面媾和的進程。為此，杜魯門總統於 1950 年 5 月 18 日任命杜勒斯為負責遠東事務的國務院顧問，並把他作為自己的特使，派到日本來處理媾和問題。

杜勒斯是個徹頭徹尾的反共主義者。他在離開美國啟程時曾說，對日媾和「不能重複凡爾賽的錯誤」。第一次世界大戰後簽訂的對德媾和條約——《凡爾賽和約》，對德國提出了十分苛刻的條件，結果導致希特拉利用德國人的民族情緒，又挑起第二次世界大戰，禍害了整個歐洲。

杜勒斯從 1950 年 6 月抵日以來，到 1951 年末，約一年半的時間裡，先後 4 度訪日，與吉田茂首相就媾和條約問題進行了 5 次秘密磋商。杜勒斯的使命是通過媾和，重新武裝日本，並使日本加入美國陣營，企圖以此作為與日本單獨媾和的條件。

吉田反對大規模重整軍備。僵持的結果，吉田表示「日本將從長計議，慢慢地、分階段地朝着擁有軍備的方向前進，而不是現在就重新武裝」。

杜勒斯勉強答應。事實上，吉田政府在 1950 年 12 月 29 日，就按着麥克阿瑟的旨意，完成了「警察預備隊」的組建工作，還起用軍國主義時代的陸軍大佐 10 人、海軍大佐 1 人為「警察預備隊」的主要負責人。這支隊伍成為「自衛隊」的前身。

後來，日本按承諾於 1952 年成立保安廳，警察預備隊改為保安隊。1954 年 6 月，《防衛廳設置法》成立，《自衛隊法》公佈，保安隊又變成自衛隊，擁有 15 萬人規模（現在約 24 萬多人）。

回顧日本外交史，日本每一次結盟，幾乎都是無一例外地選擇了它所認為的世界第一強國。19 世紀末 20 世紀初，它與世界頭號強國英國結盟；二戰中，德國在歐洲不可一世，日本又與德國結盟。二戰後，日本與美國結盟，其外交政策思想在後來自民黨的政策闡述中得到最好的詮釋。1978 年該黨在闡述日本的「綜合安全保障」政策時，就提出不加入「弱者的同盟」，而加入「強者的同盟」，與強者為伍。

從哲學思想看，這與日本人對德川家康的偶像崇拜有關。

這個江戶幕府的德川家康在隨時可能被織田信長殺害時，曾問過妻子：「如果我被織田殺害，你怎麼辦？」

妻子說：「我會帶孩子一起切腹自殺，絕不屈辱求生。」

德川說：「你錯了，德川家人都死光了，誰復仇呢？若是我死了，你要屈辱地活着，即使賣身，你也要為了扶養德川家的幼苗而去屈辱地做。當然，我也會忍受一切屈辱。」

　　德川妻子回答要帶孩子切腹自殺，這種觀念是符合武士道精神的。而德川的「屈辱地忍耐，屈辱地等待」哲學，並不符合武士道精神。所以，日本在明治維新時非常憎惡江戶幕府的德川家族，對德川的活法引以為恥。

　　但到二戰以後，日本在尊嚴掃地、飽受屈辱之下，悟出一個道理：為了日本的將來，就要像德川家康那樣屈辱地活着，屈辱地等待，以屈求伸。正是受上述政治和哲學的支配，1946 年上任的吉田茂首相立即奉行親美政策。

　　吉田茂是一個與皇室關係密切的貴族家庭的長子，曾在牛津大學受過教育，能說一口流利的英語。他從 1946 至 1947 年、1948 至 1954 年兩度擔任首相，其間，他按照美國的旨意，致力於將日本建成對付蘇聯和中國的「不沉的航空母艦」。在人事上，他按着美國的要求挑選了三屆內閣成員，使戰前和戰爭期間佔上風的保守反動分子，包括一些甲級戰犯重新上台。1951 年 8 月，吉田表示日本政府希望美國軍事基地留在日本。翌月，他在舊金山簽署了《日美安保條約》，允許美國在日本駐軍。他不惜通過把日本置於美國的保護傘下，以及通過不公開地實行重新武裝，與美國的冷戰政策保持一致，來遷就美國的對日政策，正是吉田「以屈求伸」的政治和哲學思想的實踐。他希望通過遷就美國，給日本帶來機會，從而使日本有朝一日東山再起。

　　他認準了緊傍美國這條路。他甚至強調：「置日本外交的根本基調於對美親善的大原則，今後也不會改變，也不應改變。這不僅僅是戰後暫時狀態的惰性，而是關乎捍衛明治以來的日本外交的大道。」

　　他自辯道：「這不是主義、思想的問題，也不是人們常說的那種隸屬關係。這樣做，是最便捷而有效的。總而言之，這是一條增進日本國民利益的捷徑。」

第五節 「重經濟，輕軍備」路線開花

　　在吉田的戰略思想指導下，日本同美國結成同盟，接受美國的軍事保護，從而得以奉行「輕軍備」路線，埋頭於恢復和發展經濟。可以說，日本從 1950 年到 20 世紀 80 年代初期的歷史，其主要內容是創造了經濟奇跡。

　　1950 年 6 月 25 日，朝鮮戰爭爆發，給日本帶來「天賜良機」，對日本經濟來說，簡直等於吹來了「神風」。這場戰爭使日本成為美軍的後勤補給基地、運兵站和美國空軍的前進基地，不僅運輸糧食、彈藥，還成了治療傷員、保養、修理武器的場所，發揮了美國「不沉的航空母艦」的作用。美國在二年的朝鮮戰爭中的「特需」，據統計，合同金額超過 11.36 億美元。正是這種「特需」帶來了戰後日本的景氣，帶動日本經濟迅速恢復。企業因此恢復了元氣，而且通過特需訂貨，在美國的指導下，掌握了大量生產方式和品質管理的訣竅，奠定了日本經濟騰飛的基礎。

　　1953 年朝鮮戰爭停戰時，日本人就恢復了正常的生活。1954 年，國民所得超過戰前（1934–1936 年）最高水平，百姓生活安定，收入增加。至 1956 年，日本整個產業的生產指數超過戰前的最高水平（指 1944 年），出口激增，國際收支扭虧為盈，國民生產總值（GNP）的增長率達 10%。同年 12 月，日本加入聯合國。據此，日本政府 1956 年發表的《經濟白皮書》，宣告日本「已經度過戰後階段」。

　　以此為轉機，日本人的意識開始抹去戰敗的傷痕，對未來增強了信心。全國上下，在吉田茂的「重經濟、輕軍備」的路線指引下，埋頭苦幹，致力於經濟建設，千方百計發展對外貿易，創造了高速增長的奇跡。1955 年至 1960 年五年間，GNP 的年均增長率達 10.4%。

　　1964 年，日本加入國際貨幣基金組織（IMF）；同年，加入經濟合作與發展組織（OECD），以此為標誌，進入了發達國家的行列。這年

的 9 月 7 日，池田勇人首相在東京召開的世界銀行大會上說：「收入倍增計劃給了日本國民以信心」，「戰後 19 年的高速增長，使日本的國民收入接近西歐的水平」。這樣，戰敗國日本，在日本人的意識中，一躍又成了「大國」。同年，在日本全國興高采烈的氛圍中，東京成功地舉辦了奧運會。這個首次在亞洲舉行的奧運會為日本掙足了面子，成為戰後恢復了經濟的日本回歸世界的慶典。

順便說一句，自 1959 年國際奧委會在慕尼黑做出 1964 年的奧運會在東京召開的決定之後，日本為了在全世界樹立自己的形象，傾全國之力來籌備，不僅對東京進行大規模的城市建設和改造，將其打造成世界級的大都市，而且花 30 億美元巨資修建體育場館，成為日後奧運會競相追求豪華場館設施的先驅。

當時的日本，極力追求經濟增長，在收入翻番的路線上迅跑。方便麵、方便咖啡、招工難、大量消費社會、自家車、買車貸款、太平洋工業地帶、能源革命等新詞彙接踵出現。由於生活富裕了，1964 年實行日本人海外旅遊自由化，隨之出現了出國旅遊熱。

10 月 1 日，即在東京奧運會開幕前 10 天，連接東京、大阪的東海道新幹線通車了。伴着《超特快進行曲》的旋律，「光 1 號」列車從東京的八重洲車站駛出，時速 200 公里，3 小時就到了大阪。

總之，1964 年是日本戰後揚眉吐氣、向世界顯示實力的一年，具有劃時代的意義。戰敗的「戰後」結束了，從此，進入了另一個「戰後」，更快，更高，更強 —— 日本另一個戰後的戰鬥開始了！

6 年之後，正當日本經濟的持續高速增長奇跡成為世界熱話題時，具有標誌性意義的世界博覽會又於 1970 年 3 月在日本第二大城市大阪開幕。日本政府為此出資 20 億美元，吸引 77 個國家參加。這屆世博會的主題是人類的進步與和諧。由於官民一體的努力，世博會取得了極大的成功，參觀人數創造了世博會史上的最高紀錄，成為世博會史上的經典之作。

日本通過世博會進一步打開了國門，意味着日本跨入了世界經濟大國的行列。日本著名作家安部公房說：「1970 年大阪世博會的成功舉辦，正是日本國家現代化到來的標誌。」筆者當時曾去會場採訪，其聲勢之浩大，氣氛之熱烈，觀眾之踴躍，尤其是日本展館內容之豐富、精彩，至今難忘。

10 年之後，日本無可爭辯地躍居為世界第二經濟大國，做了 G7（發達 7 國集團）的創始成員國。「MADE IN JAPAN」即標有「日本造」的商品，成了高級品的代名詞。

1977 年，日本超過瑞典，躍居世界第一長壽國。1979 年，美國學者埃茲拉・沃格爾（傅高義）的大作《日本名列第一》出版，更使全世界對「日本奇跡」有了進一步的認識。

從 1950 年到 1973 年，日本的年均經濟增長率超過 10%。這麼長時間的高增長，在此前的世界經濟增長史上，是絕無僅有的。此後，日本的經濟規模繼續擴大，至 1980 年，其汽車生產數量突破 1,100 萬輛，首次超過美國，居世界第一位。這是一直追趕美國的戰後日本所夢寐以求的。

經歷了高速增長的日本社會，實現了城市化、電氣化、新幹線、高速公路以及私家車普及化等巨大變化，家庭結構也經歷了高學歷化、小家庭化和婦女進入社會的變化。收入的普遍上升，導致「一億中產階級」產生。也就是從這時候起，日本人開始自信自傲起來。隨着日元大幅升值，日本人大把大把地甩出日元，或去購買美國黃金地段曼哈頓的地皮，或收購畢加索的原作，或搶購歐洲的歷史名城、名堡、名建築。大批鄉下人帶着鼓鼓囊囊的錢包，到海外旅遊。

1983 年 4 月 15 日，亞洲第一座迪士尼樂園在東京的千葉縣浦安市開張，10 天之內就有 80 多萬遊客光顧，樂園成了一棵大搖錢樹。整個 80 年代，股票暴漲，房產高騰。1980 年至 1989 年，日經股票平均上揚 31.3%；國土面積僅為美國 1/25 的日本，其地價總值卻相當於

美國的 4 倍。若按單位面積計算，日本則為美國的 100 倍。

整個 80 年代，日本到處都是一派繁榮景象，首都東京更是日日車水馬龍，夜夜燈火輝煌。一位酒吧老闆說，那時候一到夜間，連廁所裡都擠滿了來喝酒的人。由於人太多，有人匆匆喝下一杯威士忌，付了 5 萬日元便出門找另一家酒吧去了。有的人只要屁股挨到梳化，就消費 10 萬日元。極度繁榮之下，日本政府在 1984 年發行了一千、五千和一萬日元的新鈔票。

對於富裕給日本人生活帶來的變化，薩姆‧詹姆森在 1985 年 2 月 26 日的美國《洛杉磯時報》上有篇細密而精彩的描述，這裡不妨摘錄幾段如下：

> 20 世紀 60 年代初，一般日本家庭不僅沒有汽車、電話、電冰箱和電爐，甚至沒有浴室……東京多數人不得不到公共浴室洗澡。
>
> 從此以後，日本迅速地富起來了，富裕使日本人的物質生活發生巨大變化，以往罕見的奢侈品成了日常用品，同時也給人們的心理以深刻影響。
>
> 一般日本人 1984 年收入 15,000 美元，為 1960 年的平均工資的 13 倍。日本的國民生產總值在同一時期增加了 17 倍，達到 12,000 億美元。
>
> 富裕帶來過去因受貧窮限制而不可能有的文明禮貌。在 60 年代，不少日本人就像一群暴徒。例如，要想買一張火車或地鐵月票，必須拼命從人群中擠到售票窗口。現在有許多售票機，日本人有禮貌地排在不長的隊列裡。
>
> 60 年代初，東京是世界最骯髒的城市之一，今天它進入最清潔城市的行列。
>
> 由於公路畫了分道線，街道用柵欄與人行道隔開，交通秩序明顯好轉。現在，車輛在自己的路線內行駛，不再像過去那樣橫衝直

闊了。行人也不再在快車道上行走，以防出事。

有人說，揮霍也成了一種生活方式。例如，給舊鞋換新底和後跟已經不時興了。20世紀60年代初經常修鞋的人，現在有一半不願意修了。

日本一些企業家過去把衣服放在床墊下壓平；外出時從公共汽車轉乘地鐵或火車，而不坐出租車。現在，他們已經放棄了這些省錢辦法。他們不在乎用高價購買昂貴的高爾夫球裝備。今天，每4個就業的職工中，就有一人有一套高爾夫球具。

甚至在廚房裡也可以看到日本的新面貌。越來越多的年輕主婦除了最簡單的飯菜外，甚麼也不會做。這樣，全國都出現了向家庭配送食品的公司。

今天日本的平均教育水平高於美國。多數日本人不願幹髒活，女傭幾乎找不到了。許多方面的服務質量明顯下降。修理費常比買新的還貴。

富裕之後，甚至公眾抗議的方向都從政治轉向了經濟。20年前日本人甚至聞所未聞的權利，如不讓鄰居的建築物擋住陽光的「接受陽光權」，現在經常有人要求了。

個人時間的增加使各種娛樂業蓬勃發展。日本現在是全世界出國旅行人數最多的國家之一，它直到1964年才准許個人出國旅行，那年的人數為128,000人。1984年，日本有400多萬人出國旅行，其中83%純粹是為了玩。

雖然創造了經濟奇跡，成為「經濟大國」，但在外人看來，日本這個國家仍是個「政治小國」。在近兩千年的歷史中，日本很少在世界格局中發揮重要作用，對國際秩序的形成也幾乎沒有積極地參與。古代同大陸的交流，都是按着東亞的超級大國中國鋪設的路子去做的。它走出德川時代240年的鎖國，復歸國際社會時，歐美列強已經建立了

國際秩序。第二次世界大戰後，日本重新復歸國際社會時，世界已經形成了東西兩個陣營的冷戰結構，日本加入了以美國為首的西方陣營。歷史上，日本主動出來建立國際秩序只有一次，那就是 20 世紀上半葉以「東亞新秩序」為號召，企圖建立所謂「大東亞共榮圈」。但是，結果以日本的徹底失敗而告終了。對日本人來說，世界結構和國際秩序總是外界賦予的，而不是自己創建的，日本人考慮的只是如何利用它的問題。所以，即使冷戰結構消失和海灣戰爭爆發之後，日本並未積極參與締造新的國際秩序，甚至可以說它連興趣也沒有。日本有些人高喊要開展「自主外交」，但對通過「自主外交」要建立甚麼樣的世界結構和國際秩序，並沒有明確的想法。

話是這麼說，可這並不意味着戰後日本沒有一個堅持一貫的基本方針，那就是追隨美國，這是個一直沒有改變的方針。日本外務省所說的「以聯合國為中心的外交」，不過是追隨美國的外交的代名詞，因為在日本看來，聯合國總是被美國掌控的多數意志所左右的。然而，這並不是日本自身的選擇，而是日本敗於二戰、被美國佔領的結果。在美國的佔領下，日本沒有另作選擇的餘地。但是，後來日本人自己認為，日本的「厄運」變成了「幸運」。因此，日本戰後很快復興，經濟迅猛發展，技術水平迅速提高，出口大為增加，以低成本獲取了和平和發展。最重要的是，除了堅持追隨美國的基本方針以外，在國際事務上，不再需要獨自做出重大的決斷，一切唯美國馬首是瞻就行了。海灣戰爭以後，美國要求日本「分擔國際責任」，那並不是要求日本「分擔決策責任」。直到 21 世紀初，美國關於國際政治的第一商量對象是英國，而不是日本。

日本對美國的追隨，給日美雙方都帶來了利益。美國由此在東亞獲得了戰略據點，使它得以在冷戰對峙中處於優勢。日本由此獲得了穩定的糧食、資源供應和巨大的輸出市場，實現了經濟大發展。這種貸借關係起初對美國有利，後來則慢慢地變得對日本更為有利。

第六節　邁出走向政治大國的步伐

　　一直凝視着日本發展的「新加坡國父」李光耀，早在 1969 年與尼克遜總統會談時，就言及了日本走向政治大國的可能性。他說：「日本這個國家並不是只滿足於生產和推銷半導體的國家。」

　　果然不出所料。到 20 世紀 80 年代，中曾根就提出了「戰後政治總決算」和「國際國家」的政治口號，其意圖在於摘掉戰敗國的帽子，走向政治大國。

　　生於 1918 年 5 月 27 日的中曾根康弘畢業於東京帝國大學法律系，1941 年畢業後進入內務省任職，上班不到 10 天，即應徵入伍，任海軍軍需中尉，參加了太平洋戰爭。隨後，又以中尉會計身份被派往菲律賓和中國台灣。二戰結束時，他在海軍省軍務局任職。1945 年 10 月重回內務省工作，先後擔任過香川縣警務課課長和警視廳檢察官。1947 年當選眾議員，走上政壇後一直為話題人物，被稱為「少壯軍官」、反吉田茂的「急先鋒」、「全副盔甲的青年武士」、「標新立異的人」。

　　中曾根具有濃厚的民族主義色彩。1954 年，他毛遂自薦當了黨的憲法調查會理事，被視為「促進修改憲法的頭號熱心人」，他還譜寫了《修改憲法之歌》。他宣傳日本的歷史培養了「非常進取的民族性」，確定了「以天皇為中心的國家觀」和「武士道精神」；他主張「使明治天皇的思想適應當代」，強調建立「自主防衛」為主、「日美安全條約」為輔的體制，建立具有新精神秩序的經濟大國，樹立與美蘇大國平起平坐的政治大國地位。中曾根政權從 1982 年 11 月到 1987 年 11 月，長達5 年，在當時是戰後僅次於佐藤、吉田政權的長期政權。

　　為了實現其政治大國的戰略目標，中曾根首先從經濟、社會領域入手，大刀闊斧地進行了國鐵和電話電報公社的民營化、行政財政改革、教育改革等一系列的改革。

　　他的自我宣傳是：「我要徹底改掉的是，明治以來的中央集權官僚政府，戰後經濟高速增長下臃腫的政府及其種種限制，而且，要從根本上改變日本只顧自己、逃避國際化、怠於開放和貢獻的形象。」

　　他宣稱：「日本正迫於走向與明治維新、麥克阿瑟改革並列的『第三次開國』。如不進行大刀闊斧的改革，21 世紀的繁榮是不可想像的。有人說日本是一朵脆弱的花朵（指美國的布熱津斯基著書《脆弱的花朵——日本》），正是如此。在遠東的日本正走向孤立，其前途岌岌可危。」

　　從表面上看，中曾根搞的這一套，似乎是對吉田戰略的絕對否定。實際上，則是對吉田戰略批判地繼承。在哲學上，可謂批判的揚棄。從日本的文化史和日本的發展史看，這是順理成章的。它恰恰淋漓盡致地表現出日本這個民族敏感於時代變遷、時刻抱有危機感和不斷追求進取的特點。

　　「戰後政治總決算」被定位在「第三次開國」的思路裡。這只能是「文明開化」，而不是「尊皇攘夷」，是進步，而不是倒退。至少，對日本統治層來說如此。

　　中曾根是要效仿當時的美國總統列根、英國首相戴卓爾夫人奉行的追求「小政府」、重視市場的新自由主義。如果說吉田茂是借麥克阿瑟之威，推行其經濟大國路線，中曾根則是欲借列根、戴卓爾夫人的新自由主義，激活經濟，並殺出一條通向政治大國的血路。

　　20 世紀 80 年代中期，中曾根通過有意識地親近美國總統朗奴·列根和密切日美關係，極力塑造日本的大國形象，並在實際上使他的「國際化」戰略取得了不小的進展。1983 年 5 月，中曾根在美國弗吉尼亞州的威廉斯堡參加峰會時的照片，具有象徵性意義。會上，發達國家領導人合影時，身材高大的中曾根風光滿面地站在中央，朗奴·列根和瑪嘉烈·戴卓爾則站在他的兩側。這張照片第二天刊登在日本各大報上，使一向慣於看到自己的領導人站在邊上的日本民眾精神振奮，並

引以為豪。他們發現自己的國家「長高了」。美國人看了這張照片也發了議論，如學者約翰·內森就説：「如果説 1945 年麥克阿瑟和裕仁那張聲名不佳的照片代表了被美軍佔領的年代，那麼，中曾根的照片則象徵着經歷了同樣戲劇性變化的日美關係。」

中曾根是戰後正式參拜供奉着甲級戰犯的靖國神社的第一個現職首相，給世人留下「反動」的印象。這只是問題的一面。

事實表明，他是一個有平衡的國際感覺的政治家。為了國家利益，當腳下的路一時走不通的時候，他會立即停下，而不是硬往死胡同裡鑽。在同亞洲鄰國取得歷史和解方面，中曾根的做法是現實主義的。

1983 年 1 月 11 日，中曾根作為日本首相，戰後首次正式訪問了韓國。日韓兩國雖然於 1965 年就簽訂了和約，恢復了邦交，但直到中曾根這次訪韓和翌年韓國總統全斗煥訪日，兩國首腦從未互訪，雙方的關係也未真正實現正常化。中曾根此訪是日本外交的一個突破，使金浦空港戰後第一次飄起日本的太陽旗，吹奏了《君之代》。會談的氣氛不錯。歡迎晚宴後，在迎賓館裡舉行了氣氛輕鬆的「二次會」。全斗煥總統和中曾根首相並肩而坐。中曾根用韓語唱了一首韓國歌曲《黃襯衫》，全斗煥則用日語唱了日本歌曲《知床旅情》。輿論認為，首腦互訪「使日韓兩國關係向前跨進了一步」，「進入新時代」。

中曾根執政期間，中日雙邊合作與交流有持續發展。

他在任期間，曾於 1984 年 3 月和 1986 年 11 月兩次訪華。1984 年訪華，受到中方的最高禮遇。機場安排了歡迎隊伍，少先隊員獻花，領導人迎接。歡迎儀式上，鳴禮炮和檢閱三軍儀仗隊，這些禮儀「文革」期間取消了，這是首次恢復。胡耀邦總書記在中南海設家宴歡迎中曾根全家，開創了中國領導人設家宴款待外國元首的先例。

中曾根抵達北京的第二天，鄧小平就會見了他，談了兩個多小時，超過預定時間 40 分鐘。在這次會見中，鄧小平高瞻遠矚，深謀遠慮，發表了規劃和設計中日關係未來的談話，意義重大，影響深遠。鄧小

平向日本發出了十分明確的信息，說：「我們總的方針是世世代代同日本友好下去，這一方針是毛主席、周總理多次重申的政策，這個政策不會因為中國領導人變動而改變，中日兩國沒有理由不友好下去。」

鄧小平對中曾根說：「胡耀邦（去年）在東京同你們之間做了一個有遠見的決策（指成立中日友好21世紀委員會。1983年胡耀邦同志訪日時，中曾根首相為響應胡耀邦同志關於謀求中日睦鄰友好關係長期穩定發展的主張而提議設立的。1984年3月23日，中曾根首相訪華期間，中日雙方一致同意設立中日友好21世紀委員會。該委員會是中國和日本兩國政府的諮詢機構，由兩國各界知名人士組成），就是要實現面向21世紀的友好。但這是一個形象的說法，22世紀、23世紀也要友好下去，是世世代代永遠友好下去。誰要反對它，我們就要以更加友好的行動來回答他，這件事的重要性超過了我們之間的任何一件事情。正是在這個意義上，我們特別歡迎你和安倍（晉太郎）來訪。」

鄧小平強調指出：「我們看中日關係，應該向前看，應該從歷史的長遠眼光看問題。希望今後交往更緊密一些，這是我們的共同願望。」「發展中日友好合作關係，不是十年、二十年的事情，要以長遠的戰略眼光來看待。中日兩國政治家，應該把中日關係看遠一點，短視是有害的，是不可取的。從亞洲和太平洋地區的形勢來說，中日兩國必須搞好關係，擴大一點說，我們兩國關係搞好了，對整個國際局勢也有意義。」

在這次會見中，鄧小平還花時間談到兩國加強經濟合作問題。他說：「我相信，我們兩國發展合作的前景是良好的。我們要向你們學習的東西很多。我們要實現四個現代化，需要朋友的幫助。」

鄧小平特別把合作提到「使命」的高度，講到甚麼是「大局」、甚麼是「細節」的問題。他說：「中日兩國要友好合作，這是歷史賦予我們雙方的使命。儘管某些時候對某些問題，中日雙方會有不同的看法，甚至產生一些困難，但對中日友好的大局來說，都是暫時的、細節的

問題，都是能夠解決的。」

中曾根 1985 年 8 月 15 日第二次參拜靖國神社，中日間引起軒然大波。經過鬥爭，他改弦更張，翌年就停止了參拜，並作為首相於當年第二次訪華，使中日關係得以繼續保持發展勢頭。

為何停止參拜？他自有其考慮。不妨看看他 1986 年 9 月 16 日在日本眾議院全體會議上的答辯吧。

他說：「在國際關係上，以為只是我國的想法正確，是錯誤的。單方面的道理是危險的。正確的政策是，要考慮到亞洲各國的國民感情，按國際通用的常識和通常的想法去做。我認為，這樣做的最終結果，是符合國家利益的。如果日本在亞洲孤立了，那些當年滿以為自己是為了亞洲而戰死疆場的將士們、英靈們會高興嗎？我認為，（不去參拜）英靈們也會理解的。」

中曾根重視同中國的關係，主張加強同中國的關係，當然是為了給自己的國家營造一個良好的生存和發展環境。

他在 1992 年就預言：「中國在 21 世紀，將作為一個無可爭辯的大國，不僅在亞太地區，而且在全世界，增大發言權。」

他認為：「中國的動向，不單單是亞洲、太平洋地區的問題，而是全世界最大的課題……到一定階段，也許會有人出來，在鄧小平改革的基礎上，搞更大的改革。必須用這種中長期的眼光來看待中國。」

「21 世紀，（中國）總有一天會加入 G8（先進八國集團）。屆時，這個集團的性質就會改變。現在，G8 像個同好會，到那時，將變成政治協商會議。」

他也深知日本過去的侵華戰爭留下的「負遺產」有多大。他說：「應該知道，因日本的帝國主義性質的膨脹和侵略而使受害國產生的怨恨，在戰爭結束一百年、三代人之內是消除不了的。我們在下一個 50 年，必須進一步走克制和謙讓之路。」

中曾根任內，沒能達到他的「總決算」目標。戰後日本，猶如一艘

開足馬力的大船，產生了相當大的慣性和惰性，欲想掉頭，需要足夠的時間和條件。

中曾根政權之後的 14 年內，日本這艘大船，在波濤洶湧的大海上，經受了戰後最嚴峻的考驗。

1989 年，東歐劇變。1991 年，蘇聯解體。持續 40 多年的冷戰被認為結束了，但世界和平並未到來。國際力量的失衡，導致不穩定、不確定因素增加，國際風雲變幻莫測。海灣危機爆發了。世界各地，內戰四起。

日本國內，政局動蕩不已。各種政治勢力分化改組，合縱連橫，上演了一幕幕悲歡離合的精彩大戲。在走馬燈似的政壇上，先後有竹下登、宇野宗佑、海部俊樹、宮澤喜一、細川護熙、羽田孜、村山富市、橋本龍太郎、小淵惠三、森喜朗等十名首相出掌政權。最長者兩年半，最短者不足兩個月。自民黨「萬年掌朝」的神話被打破，社稷之大權一度旁落於聯合起來的反對勢力手中。

在上述持續動蕩的政局中，小澤一郎的政治改革和橋本龍太郎的行政改革具有承前啟後的意義。小澤批判 1955 年形成的自民黨、社會黨所謂保守、革新兩黨體制，試圖改變自民黨一黨統治的局面。他於 1993 年率領他的夥伴，脫離了自民黨。大選的結果，自民黨雖然保住第一黨的地位，但在國會中的席位不到半數。小澤糾合八個黨派，組建了細川護熙政權，把自民黨趕下台。而且，小澤推行以小選舉區制為中心內容的選舉制度改革，企圖造成兩大政黨輪流執政的政治結構。這個選舉制度的改革，使派閥政治走向衰退。

小澤的改革很快夭折後，1996 年誕生的橋本內閣着手進行了全面的行政改革。他推進大規模的政府機構合併重組，強化了首相官邸的機能。橋本執政期間，還通過與克林頓總統發表聯合宣言，改變了《日美安保條約》的內涵，擴大了日本在安全保障方面的國際作用，並改變了日本民眾戰後形成的「一國和平」意識，為日本後來派兵海外，奠定

了思想基礎。此舉是中曾根和小澤曾經想做而沒有做到的。不過，橋本內閣因在經濟上無力回天，執政時間不長就下台了。

儘管如此，日本仍一直追求着中曾根在 20 世紀 80 年代提出的「戰後政治總決算」和「國際國家」的政治目標。1995 年即日本戰敗 50 週年時，仍對日本政治具有巨大影響的中曾根前首相對媒體發表談話，極力鼓吹「第三次開國論」。他說：「現在迎來了戰後 50 年，我們將受到檢驗的是有沒有『向新時代挑戰』的宏偉藍圖，能否把國際的觀點納入國家的政策。我想，這就是要『脫離 1955 年體制』，『向新時代挑戰』，這是『第三次開國』。」

中曾根特別指出：「現在如何協調聯合國與日本憲法的關係是個大問題。憲法問題到底該怎麼辦？集體安全保障的一環，即集體自衛權的問題該怎麼辦？日本遲早要面對這些問題。」（見日本《讀賣》月刊 1995 年 9 月號刊登的「加快第三次開國 —— 中曾根前首相談戰後 50 年」）

第七節　小泉純一郎的政治目標

2001 年 4 月，小泉純一郎接替森喜朗出任日本首相。他 1942 年 1 月 8 日出生於神奈川縣的一個官宦人家，祖父和父親均當過內閣大臣；慶應大學經濟學部畢業後，曾去英國倫敦大學留學；1972 年首次當選國會議員之前，曾擔任福田赳夫的秘書三年。

小泉被認為是一位敢於直言和堅持己見的政治家。1992 年任郵政大臣時，因主張郵政事業民營化遭到反對，受到各方關注。1998 年參加自民黨總裁競選，雖然敗給了小淵惠三，但其影響力卻與日俱增。小泉政權出世時，曾被海內外人士看作「短命政權」。可是，時間證明這種預測錯了。小泉內閣從 2001 年 4 月登場，到 2006 年 9 月 26 日落

幕，執政 5 年 5 個月，是僅次於佐藤榮作、吉田茂兩個內閣的戰後第三個長期政權。

小泉是以改革為號召上台的，聲稱「沒有改革，就沒有經濟增長」，為實現改革目標，不惜搞垮他自己任總裁的自民黨。5 年多來，他一直大力推行結構改革，大大地變革了支撐戰後日本的政治、社會格局，特別是在內政方面。他在執政期間，處理了被許多人認為不可能解決的銀行的不良債權問題，削減了公共事業，從而引導陷入長期滯脹漩渦的日本經濟走向再生，使日本經濟重新走上增長的軌道。除經濟、社會領域的改革外，他還執意把修改憲法、修改教育基本法提上日程，以構築「脫戰後」國家戰略。

小泉説到做到。2005 年 8 月，因為自民黨內有些人抵抗、造反，導致被他視為改革核心內容的郵政民營化議案在參議院遭否決。小泉孤注一擲，竟然不顧黨內的勸阻和反對，冒着搞垮自民黨的風險，毅然解散眾議院，舉行大選，搞了一次政壇大洗牌。投票結果，以小泉為總裁的自民黨獲大勝，更加鞏固了小泉的執政基礎，使他有可能繼續朝着既定的「脫戰後」國家戰略目標狂奔。

儘管小泉被稱為「怪人」，他的性格、政治手腕與中曾根迥然不同，但從其政治取向看，他跟中曾根是一脈相承的，也是小澤和橋本改革路線的繼承和發展。他正在努力完成中曾根沒有完成的「戰後政治總決算」和「國際國家」的目標。因此，不妨説在日本保守化的潮流中，中曾根是 20 世紀 80 年代的旗手，小泉則是 21 世紀的領軍人物。

小泉執政 5 年多來，不僅修改了吉田茂的「重經濟，輕軍備」的和平發展路線，而且修正了 20 世紀 70 年代以來歷屆政府奉行的「日本既是西方一員，又是亞洲一國」的國際協調路線，更加露骨地緊貼、緊跟美國，表現出明顯的脫亞入美傾向。

「脫亞論」是支配小泉首相行動的思想體系。從這個角度説，他是一個復古者，可謂「當代的福澤諭吉」。

福澤諭吉（1835-1901 年），就是正在流通的一萬元日幣票面上的那張臉。他是日本明治維新時期發起學習西方運動的核心人物，在日本被奉為「啟蒙運動之父」「明治三傑之一」。此人是一個武士的兒子，少時接受過儒教和漢學經典的傳統教育，後來投身於「蘭學」（18-19 世紀日本為了掌握西方科學技術，曾經努力學習荷蘭語，當時他們把西方科學技術統稱為「蘭學」，即日本鎖國時代通過荷蘭傳入的西方科學文化知識叫作蘭學）的研究。他曾三次作為幕府政府的代表出訪歐洲。1868 年，他在江戶（現在的東京）創建了一所荷蘭語和英語蘭學塾，該學塾是慶應大學的前身。他的「東亞盟主」論、「脫亞入歐」論，在一定程度上，成為日本軍國主義思想的源頭。

明治十八年（1886 年），福澤諭吉撰寫《脫亞論》一書，成為日本戰前行動的指南。他主張，在現代化起步階段，日本必須拋開亞洲的鄰國，尤其是中國，去學習西方的模式。該書指出：「我日本之國土雖處亞洲東緣，然其國民之精神卻已脫離亞洲之固陋，而轉向西洋之文明。然此處有不幸之鄰邦，一稱支那，一稱朝鮮。為今日之謀，我國不應猶豫踟躕，與其坐等鄰國文明開化，退而與之共同復興亞洲，不如脫離其行伍，而與西洋各文明國共進退。與此支那、朝鮮相處之法，毋庸以鄰國之故致格外之體念，當遵西洋人與其相處之方處之。與惡友相睦，則難免惡名。我等心中當謝絕亞洲東方之惡友。」

《脫亞論》的價值觀因日本在二戰中的慘敗一度消退。但隨着冷戰後一極獨霸格局的出現，《脫亞論》在日本又以將「西洋」改為「美國」的面目死灰復燃了。以小泉為首的日本保守勢力的行動，充分證明了這一點。他一再聲稱，日美關係是日本外交的基本，認為日本只要與美國的關係好，與其他國家的關係都不在話下；認為日本同亞洲國家的關係以日美關係為依歸，日美關係好，同亞洲國家的關係就不會壞到哪裡去。

正是在這種思想指導下，小泉改變了日美同盟的內涵，在「履行

國際責任」的名義下，大力加強日美軍事同盟，把中國台灣納入日美聯防的範圍，還派遣軍艦游弋印度洋，派兵遠征伊拉克。在美國的戰略棋盤上，小泉已經把日本變成亞洲的英國。

在這種思想指導下，他實際上並不重視同中、韓等亞洲國家的關係。他口頭上有時也表示重視，但只是表白而已。不僅如此，他一再刺激、怠於改善同中、韓的關係，使其保持緊張，也不無製造「假想敵國」，以大力推進其由戰敗國變為「普通國家」的國內體制改革、加速建立備戰體系的深層考慮。他一再參拜靖國神社，正是旨在用「靖國」思想來整合國民意識，為曾因被軍國主義利用而聲名狼藉的「愛國心」正名，喚起新生代日本人對日本在明治以後形成的「霸道文明」+「忠君愛國」國家精神的嚮往，以重新確立國家觀，為推行他的「脫戰後」戰略奠定思想基礎。

從小泉在 2005 年 9 月 11 日大選後闡述的執政方針看，小泉並非甚麼「怪人」，而正像他自己所說的，是個「正常人」。他要把日本帶到甚麼路上，他自己十分清楚。他的一舉一動都是為了實現他心中的目標，且不說這條路對日本的弊利禍福如何。

從文化的角度看，小泉政治明顯地體現了大和民族那種時刻懷有危機感，追求進取，爭強好勝，野心勃勃而不滿足於現狀的傳統特徵。

小泉政權一直維持高支持率，絕非偶然。人們不應該把他的威望看作僅僅是靠他的政治戲法獲得的。正是因為他敏感地掌握了相當多數國民的脈搏，他的政治指向反映了他們的政治訴求，他才贏得了長期政權，而且在這次大選中贏得了喜出望外的戰果。

歷史即使不會重演，也會驚人地相似。遙想近代日本史軌跡，從發動中日甲午戰爭、日俄戰爭，到殖民統治朝鮮，到侵略中國東北，到發動全面侵華戰爭，到發動太平洋戰爭，無一不得到日本國民主流的支持。儘管有識之士大有人在，懷有良知而不惑者不乏其人，但當統治集團的思想一旦得勢，統治集團的思想便成為民眾的主流思想。

環顧小泉執政時期日本國中的所謂右傾保守社會思潮，與當年的日本何其相似乃爾。

從日本投降到如今，70個春秋過去了，在統治集團的思想主導下，日本全國上下不再滿足於一個經濟大國的現實。徹底甩掉戰敗國的帽子，恢復戰前一等國的地位，已經是日本國中的主流訴求。日本社會黨垮台，日本社民黨等所謂革新勢力日漸萎縮，正是因為他們的政策主張，已經不能反映現時日本國中的主流訴求。

從中曾根提出「戰後政治總決算」，到小泉主政5年後，日本的「脫戰後」戰略目標正在一步步變成現實。一個「戰敗國」正在蛻變，一個「普通國家」正在復活。而這個「普通國家」究竟為何物，在日本，在海外，都被打了不少的問號。

由於日本為政者對日本近代歷史的認識很成問題，由於現時的日本政治中具有濃厚的復舊色彩，人們擔心日本的走向是順理成章的，亞洲鄰國的警覺也在情理之中。

東亞的國際關係的確不同於歐洲的國際關係。英、法並不擔心德國走老路，因為德國政府對納粹德國的立場堅定，而亞洲國家則擔心日本回歸戰前走老路，期待它繼續走和平發展的道路。

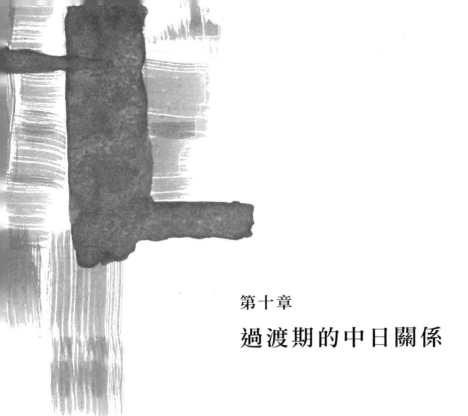

第十章

過渡期的中日關係

第一節　小泉純一郎掌權，中日關係冷卻

　　小泉掌政後，日本與中、韓等亞洲國家的關係冷卻。根本的原因在於小泉對歷史問題的認識，根本的責任在於日本，根本的出路在於日本認真聽取亞洲國家的聲音，以誠意去化解糾葛，釀成信賴，以行動去贏得信任。

　　中日關係正常化以來，在歷史問題上的鬥爭時起時伏。1982年，日本文部省在對初、高中及職業學校的教科書進行審定時，提出了在記述第一次和第二次世界大戰的歷史事實時要淡化日本侵略的修改原則。因而，文部省審定通過的教科書中，把日本對別國的侵略，改成了含糊其詞的「進出」或「進入」，把日本軍隊侵略中國華北說成是「進入」華北。特別是關於日本軍隊在中國南京進行了慘絕人寰的大屠殺一事，將原來的「在佔領南京之際，日軍殺害了中國軍民，並進行了強姦、掠奪、放火，這一南京大屠殺遭到了國際上的譴責，據說中國犧牲者達20萬人之多」一段，修改成「在佔領南京時，遭到中國軍隊的頑強抵抗，日本軍隊也蒙受相當大的損失，由此使激怒了的日本軍隊在佔領南京時，殺害了多數的中國軍民，受到了國際的譴責」。這種對歷史的蓄意歪曲自然激起了中國人民和亞洲各國人民的極大憤怒，也遭到了日本國內人民的譴責。1982年7月26日和8月5日，中國外交部亞洲司長和副外長先後向日本駐華公使和大使進行了嚴正的交涉，指出承認不承認日本軍國主義侵略中國的事實，是中日關係中的一個原則問題，要求日本政府採取切實措施，糾正這一錯誤。日本方面在中國的強烈要求下，終於表示要糾正這一錯誤。

　　但1986年日本文部省又故伎重演，把由「保衛日本國民會議」編寫的嚴重歪曲歷史事實、為軍國主義翻案的《新編日本史》審定為合格。這自然遭到中國人民、亞洲各國人民和日本人民的反對。在中國政府嚴正交涉後，日本政府才對這本教科書做了修改。

日本內閣大臣參拜靖國神社也是嚴重傷害中國人民感情的事件。從 1975 年起，日本歷屆首相（除池田勇人外）都以「私人身份」前往靖國神社參拜。進入 80 年代後，不僅首相，幾乎所有內閣大臣都在 8 月 15 日「終戰紀念日」去參拜該神社。1985 年 8 月 15 日，當時的日本首相中曾根康弘更是帶領內閣成員集體「正式參拜」了靖國神社。日本政界要人的舉動極大地傷害了中國人民的感情，激起中國人民的憤怒，中國政府理所當然地對此表示反對和提出批評。

此後，日本政府領導人表示不再去參拜。但到 1996 年，日本首相橋本龍太郎突破日本多年來的自我約束，又參拜了靖國神社。是年 9 月 30 日，日本自由民主黨更是公然地把「實現首相和閣僚正式參拜靖國神社」寫入選舉公約。這些行徑再次激起中國人民的憤怒，中國外交部發言人兩次對此表示嚴屬譴責。

小泉 2001 年 4 月上台後，堅持每年參拜一次靖國神社。從 2001 年 8 月 13 日第一次參拜始，就遭到中、韓等亞洲國家的強烈反對。但他仍一意孤行，到 2006 年，已累計參拜 6 次之多。這是導致中日關係惡化的直接原因。

中國方面並不希望因靖國神社問題影響兩國間的正常來往，影響兩國關係大局，並為此做出了自己的努力。

2001 年，中日間因台灣前領導人李登輝訪日問題、教科書問題和小泉首相參拜靖國神社問題，關係緊張。為打開僵局，中國政府邀請小泉首相於 10 月 8 日訪華。

在這次當日往返的、極其短暫的訪問中，小泉首相一下飛機，便直奔位於北京西南郊約 15 公里處的盧溝橋和中國人民抗日戰爭紀念館。他以嚴肅的表情參觀了紀念館之後，揮毫題寫「忠恕」二字留念。對此，中國記者當時的理解是「日本對中國人民因那場戰爭而受到的災難之深重和被害者的心情，有了誠心誠意的理解」。

小泉首相離開紀念館之前，還向媒體表示：「今天得到訪問紀念

的機會，進一步體會到那場戰爭的悲慘。我向因那場戰爭而失去寶貴生命的中國人民表示衷心的哀悼和歉意。」

就在這次訪問中，朱鎔基總理和江澤民國家主席先後會見了小泉首相，高度評價了他去抗日戰爭紀念館參觀之舉，雙方談得很好。

在朱鎔基總理和小泉的會談中，總理語重心長地説：「我想，在紀念館裡，閣下對日本發動的侵略戰爭給中國人民帶來的深重災難有了理解，也會明白中國人民的傷痛至今仍未痊癒。如果不重視解決這個問題，要從根本上改善日本同包括中國在內的亞洲各國的關係，是非常困難的。」「我們希望日本政府對這個問題採取正確的態度。」

對此，小泉首相説：「通過訪問，我認識到，那段歷史不僅影響現在，而且會影響未來。我們對那段歷史表示深刻反省，對日中關係，以至於日本與亞洲各國的關係都非常重視。」

小泉首相會見江澤民主席時，首先表示：「參觀紀念館的展覽後，進一步痛感那場戰爭的悲慘。我向因那場戰爭而犧牲的中國人民表示衷心的歉意和哀悼之意。」又稱：「這次，我親自目睹紀念館展示的那些殘酷的場面，更加認識到戰爭給人們帶來的創傷是難以估量的。我們必須對歷史進行反省，同時必須找到通向未來的道路。決不能重蹈戰爭的覆轍。」他還補充説：「當時，日本聽不進國際社會的意見，一意孤行，結果導致了那樣的事態。今天，日本必須反省過去，謀求同國際社會的協調。」

江主席坦誠地表示：「小泉首相就任首相以來，對中日關係表示了積極的姿態。但是，重要的是行動。小泉首相這次親自到盧溝橋和抗日戰爭紀念館參觀，具有重要意義。如何對待歷史問題是中日關係的政治基礎，是通向未來的出發點。」

至此，中日關係可以説恢復到正常狀態了。在此背景下，同年10月，江澤民主席在上海舉行的亞太經合組織（APEC）會議期間，朱鎔基總理在文萊舉行的東盟加中日韓（ASEAN+3）會議期間，又分別會

晤了小泉首相。

為慶祝中日邦交正常化 30 週年，翌年（2002 年）4 月 2 日至 9 日，中國人大常委會委員長李鵬訪問日本，拉開中日邦交正常化「中國年」「日本年」的帷幕。

同月 12 日，小泉首相訪問海南省，出席博鰲亞洲論壇，並在會上發表講演，指出中國的發展不是威脅，而是機遇。可是，他回國不久，便於 4 月 21 日第二次參拜靖國神社。

這次參拜嚴重刺激了中國人民的感情，也使世人大長見識。原來小泉這個人既能一本正經地去抗日戰爭紀念館，鄭重其事地向受害者表示哀悼和懺悔，又不耽誤參拜供奉着加害者的靖國神社。

由於這次參拜，他自我封殺了訪問中國的道路。本來，那年正值中日邦交正常化 30 週年，9 月下旬有多批日本客人前往北京，參加盛大的紀念活動，對小泉來說，是個訪華的好機會。但是，由於當時的氣氛，中國領導人在沒有得到小泉不再參拜的許諾的情況下，不得不考慮廣大民眾激昂的情緒，無法邀請他到訪。

儘管如此，中國領導人仍從兩國關係大局出發，同意在第三國利用國際會議場合，會見小泉首相。

於是，朱鎔基總理 9 月在丹麥舉行的亞歐會議（ASEM）期間，江澤民主席 10 月在墨西哥舉行的 APEC 期間又應約分別會見小泉首相。

遺憾的是，中國領導人同他一次次會晤都沒有產生任何效果。2003 年 1 月 14 日，小泉首相又第三次參拜靖國神社。

中國古語有云：「事不過三。」這在中國是常識，也是中國人容忍壞事的極限。1963 年 4 月，時任總理的周恩來在談到中國外交政策所依據的哲學思想時，提到了「退避三舍」，即你來我先退，給你警告；再來，再退，再給警告，但事不過三……有人可能視我可欺，逼我到牆角，我只好還擊。小泉上任後，不顧中國人民的強烈反對，也不顧中

國領導人好言相勸,悍然第三次參拜。

　　這之後,中國新一屆領導人仍然抱着很大的耐心,繼續與小泉首相對話。於是,胡錦濤主席5月應約在俄羅斯與小泉首相會晤。10月,溫家寶總理應約於印尼(ASEAN+3)、胡錦濤主席應約於泰國(APEC)又分別會晤小泉首相。

　　中方的誠意得到的是,2004年1月1日,小泉首相第四次參拜靖國神社。儘管如此,中方繼續堅持對話。於是,11月,胡錦濤主席應約於智利(APEC)、溫家寶總理應約於老撾(ASEAN+3)分別會晤小泉首相。

　　2005年4月,胡錦濤主席應約在印尼的雅加達(亞非首腦會議)會見小泉首相,提出改善中日關係的五點主張。可是,10月17日,小泉首相又做出了他自己認為的「適當判斷」,第五次參拜靖國神社。

　　如果說,在此之前,人們對他停止參拜還或多或少抱有希望的話,這第五次參拜使人們良好的願望徹底破滅了。在小泉第五次參拜之後,不僅中國人、韓國人清楚地看到小泉任內同日本的關係難以改善,日本國內也普遍認為,欲修復同中、韓兩國的關係,只好等他下台之後再說了。不以小泉為對手,成為最現實的選擇。

　　中國、韓國都是有尊嚴的國家,不可能無限度地任由小泉的耍弄。中韓兩國的領導人都不能不考慮各自國內激憤的民情,在事關政治基礎的原則問題上,沒有讓步的餘地。

　　通過對話和協商來解決國與國之間存在的問題,是中國的一貫主張。中日之間在靖國神社問題上的高層對話已進行了20年,小泉出任首相後,這個問題突出起來,雙方的對話密度更高,次數已難以計數。中國領導人仁至義盡而無果,只好靜觀等待。2005年11月在釜山舉行的APEC會議和12月在吉隆坡舉行的東亞峰會本來都是中日領導人聚首的機會,但是由於不具備會晤的條件和氣氛,只能擦肩而過。

中日關係的改善需要雙方良性互動，需要人民間加強交流，增進了解和互信，更需要政治家的正確決斷。中方希望日本領導人回到中日雙方共同達成的三個政治文件的原則上來，為會談創造良好的氣氛和條件。這樣，坐下來談才有意義。

第二節　小泉純一郎第六次參拜的意圖

令人遺憾的是，就在中日、日韓關係因小泉一再參拜靖國神社而陷入十分困難的境地，許多國家的領導人和各方人士都希望出現轉機的時候；在日本國內，包括執政黨內部，朝野各界反對參拜的呼聲空前高漲，許多群眾團體或集會走上街頭，要求小泉不再參拜，而輿論調查結果也表明，反對參拜者已超過半數的情況下；在一份證實裕仁天皇 1978 年後不再參拜，是因為甲級戰犯被合祀在靖國神社中的材料被媒體披露之後；在參拜靖國神社問題成為下屆自民黨總裁競選爭論的焦點，有的候選人公開表示一旦當選不去參拜，有的人則暗示不去參拜的形勢下；在不少甲級戰犯的遺屬、後代也顧全大局，主張分祀（把甲級戰犯的名冊從靖國神社搬出來）的情況下；在一些政治家為解決靖國神社問題而提出具有積極意義的方案以後，小泉竟然於 2006 年 8 月 15 日一大早，跑到靖國神社去進行他首相任上的第六次參拜。

這次參拜與前五次不同，是在日本無條件投降、世界人民取得反法西斯鬥爭勝利的「8·15」這個「正日子」進行的；而且，採取了正式參拜的形式。小泉振振有詞地說，他之所以這樣做，是因為「反正我甚麼時候去、怎麼去，都要受到（中、韓的）批判」，從而把自己打扮成一個「英雄」，擺出了逞強好勝、不惜與亞洲人民對抗到底的架勢。

小泉這種不管不顧、破罐破摔的做法，看似強人示以強勢，實則

表現了其內心的虛弱和其外交賭博慘敗後的哀鳴。他從 2001 年第一次參拜以來，屢遭批判而不止，一直心存僥倖地走邊緣，搞外交賭博，誤以為參拜多了，造成既成事實，中國也好，韓國也好，自然也就認了。為此，他或避開「正日子」參拜，或「以平民身份」非正式參拜，千方百計地想蒙混過關。他當初並沒有想到，幾年下來之後，自己竟會走進了死胡同。

他在自己的首相任期行將結束時，索性選擇「堂堂正正」地到靖國神社走上一遭，這毫不足怪，而是合乎邏輯的結局。

首先，他有明確的施政目標，他要徹底摘掉日本戰敗國的帽子，把日本變成一個「普通國家」、一個能夠向海外派兵打仗的國家。為此，他要打破戰後以來的禁區，抹掉日本人頭腦中「日本在歷史上曾幹了壞事」的所謂「自虐史觀」，重塑日本人的精神。於是，否定遠東國際軍事法庭審判的結論，利用參拜靖國神社的方式，把甲級戰犯正名為「為國捐軀的戰沒者」，對他而言，就成了非做不可的事了。

第二，小泉決意在他自己下台的一個月前正式參拜，是為了立一個「首相參拜」的規矩，使「首相參拜」程式化，從而為繼任的新首相指一條路，以完成他未竟的「事業」。對小泉而言，這是他下台前要做的政治交代，要給後任留下的政治遺產。

第三，小泉一不做，二不休，與他個人一意孤行的性格有關，更有深刻的國內背景和一定社會基礎。他在任六年，以改革之名，行獨裁之實，大大加強了首相的權力，把他自己變成了一個「說一不二、誰的話都不聽、誰的賬都不買」的唯我獨尊的人。他玩弄權術，招降納叛，剔除異己，改造了他身處其中的執政黨，大大強化了自己的執政基礎。他緊緊抓住並最大限度地利用輿論工具，為自己營造了一個有利的施政環境。經過六年的苦心經營，他在相當程度上改變了國內的政治氣氛，「脫戰後」思潮蔓延，戰前的「皇國史觀」死灰復燃，狹隘的民族主義情緒陡升。這些，反過來又成為小泉大行其道的社會基礎，

成了他的內閣一直得以維持較高支持率的原因。在靖國神社問題上，他之所以一意孤行，正是日本國內政治空氣變化的集中反映。

小泉在任期間的第六次參拜，理所當然地遭到國內外的反對。在日本國內，反對的聲音高過以往，所有在野黨同聲抗議；許多民間團體發表聲明、舉行集會或憤然走上街頭；在執政黨內部，不僅公明黨譴責，自民黨內許多元老、資深議員乃至現職大臣都紛紛表明譴責態度。不僅中國、韓國做出了強烈的反應，俄羅斯、新加坡、馬來西亞和印度尼西亞等不少國家的政府都出來說話，要求日本尊重受害國人民的感情和尊嚴。另一方面，小泉的行徑也鼓勵了日本國內的右翼勢力，進一步煽起了民族情緒，為之拍手叫好者不乏其人，也有相當多的民眾受到迷惑而認同。但日本各大媒體的調查都表明，超過一半的被調查者都擔心日本與中、韓的關係惡化，希望下任首相改弦更張，以實際行動修復同鄰國的關係。

情況表明，小泉給其後任留下的遺產是負的遺產，是給其後任出了一個大難題。

第三節　靖國神社問題的本質

中國反對日本主要領導人參拜供奉着 14 名甲級戰犯的靖國神社的立場是堅定不移的。鄧小平說過：「這個問題比起經濟糾紛等問題來，更本質，更重要。」這是為了維護中日關係的政治基礎，維護反法西斯的價值觀，維護世界人民的共識。

第二次世界大戰以後，遠東國際軍事法庭對 28 名日本甲級戰犯進行了審判，其中 14 名目前祭祀在靖國神社中。他們都是對外侵略戰爭的發動者和指揮者，其中絕大部分人是侵略中國的元兇，犯下滔天罪行。

在靖國神社中供奉的甲級戰犯

姓名	生卒年	出生地	簡歷、罪行	判決結果
東條英機	1884–1948	東京	陸軍大將、首相 戰爭狂人、頭號戰犯 1935年關東軍憲兵司令 1937年關東軍參謀長 1941年首相兼陸軍大臣 同年發動太平洋戰爭	絞刑
板垣征四郎	1885–1948	岩手	陸軍大將「九一八」事變主犯 1931年與石原莞爾共同策劃「九一八」事變 1936年關東軍參謀長 1939年中國派遣軍總參謀長	絞刑
土肥原賢二	1883–1948	岡山	陸軍大將 侵華陰謀家 從1913年任奉天特務機關長開始，在中國30餘年，參與策劃 「九一八」事變、炮製偽「滿洲國」 1939年北滿洲第五軍司令官 炮製汪精衛僞政權	絞刑
松井石根	1878–1948	愛知	陸軍大將 南京大屠殺元兇 1937年上海派遣軍司令官 中中國方面軍司令官	絞刑

姓名	生卒年	出生地	簡歷、罪行	判決結果
木村兵太郎	1888－1948	埼玉	陸軍次官、大將　殺人不眨眼的屠夫 1939 年侵華日軍第 32 師團師團長 1940 年關東軍參謀長 1944 年駐緬甸方面軍司令官，製造仰光大屠殺，被稱為「緬甸屠夫」	絞刑
梅津美治郎	1882－1949	大分縣中津市	陸軍大將　殘殺東北民民的劊子手 1934 年中國駐屯軍司令官 1939 年關東軍司令官，駐偽「滿洲國」特命全權大使	無期徒刑，獄中病死
武藤章	1892－1948	熊本	陸軍中將　擴大侵華戰爭「謀士」 1937 年中中國方面軍副參謀長、指揮南京大屠殺 1938 年北中國方面軍副參謀長 1942－1945 年駐蘇菲律賓門啓臘第二守備師團長、製造了「馬尼拉大慘案」	絞刑
永野修身	1880－1947	高知市	海軍大臣、元帥、天皇軍事顧問　偷襲珍珠港的下令者 上海「一‧二八」事變製造者 1941 年初海軍令部部長，指示山本五十六制定海軍「南進」計劃 1941 年 12 月簽署偷襲珍珠港的作戰命令	審判中病死
小磯國昭	1880－1950	山形	陸軍大將、首相　鎮壓中朝人民的罪魁 1932 年關東軍參謀長 1942 年朝鮮總督 1944 年 7 月首相	無期徒刑，獄中病死

（續前表）

姓名	生卒年	出生地	簡歷、罪行	判決結果
平沼騏一郎	1867－1952	岡山縣津山市	天皇制司法官僚的總代表，「日本法西斯教父」1923年司法省司法大臣 1939年首相 1940年內務大臣和國務大臣	無期徒刑，獄外病死
廣田弘毅	1878－1948	福岡	1932年日本外務大臣 1935年10月提出企圖吞併中國的「廣田三原則」1936年3月出任首相，是發動對華全面侵略戰爭的主謀之一	絞刑
東鄉茂德	1882－1950	鹿兒島	瘋狂侵略擴張的策劃者 1941年東條內閣的外相兼拓務相，參與太平洋戰爭的籌劃和準備 1945年鈴木內閣的外相兼大東亞大臣，參與指導太平洋戰爭及對華戰爭	20年有期徒刑，服刑期間病死
松岡洋右	1880－1946	山口	侵華輿論製造者 1935年南滿洲鐵道株式會社總裁 1940年日本外相，簽署意日三國軍事同盟條約、與汪偽政權締結《關於日華基本關係條約》	獄中病死
白鳥敏夫	1883－1949	千葉	對外侵略的吹鼓手 1914年駐華天領事官補 1930年外務省情報部長 1938年駐意大利大使，力促政府與德、意結成三國軍事同盟	無期徒刑，獄中病死

追溯甲級戰犯合祀於靖國神社的經緯，靖國神社問題的癥結何在，就很清楚了。

靖國神社位於東京千代田區九段，原名「東京招魂社」，是明治天皇為祭祀「戊辰之役」（1868 年初推翻舊幕府、建立明治新政府的國內戰爭）中陣亡的將士，於明治二年（1869 年）6 月建立的。明治十二年（1879 年），明治天皇將其更名為現名。

據神社當局解釋，「靖」與「安」同義，「靖國」意為「使國家平安，永享和平」。現在，裡面合祀着 246.65 萬餘所謂「英靈」。其中包括明治維新前後日本國內歷次戰爭中的死者，更多的是在中日甲午戰爭、日俄戰爭、第一次世界大戰、侵佔中國東北、全面侵華戰爭和大東亞戰爭（第二次世界大戰）中的死者，包括甲級戰犯，他們被視為「為國捐軀的人」。

戰前，靖國神社是國家神道的據點，軍國主義的精神支柱，自1887 年起，成為名副其實的日本陸、海軍的宗教設施、軍事設施，對培育軍國主義精神、灌輸侵略戰爭意識，起了重要作用。戰前，歷屆首相，特別是第二次世界大戰期間，都把靖國神社作為祈禱戰爭勝利和宣傳侵略戰爭有力的場所，大加利用。也就是說，靖國神社成為國家動員民眾參加侵略戰爭的設施，「以生命奉獻給神國」的人被供奉其中，成為一種無上的光榮。於是，一些死者的遺屬便認為，把死者的名冊放進神社合祀，是死者「光榮戰死的證據」。

事實上，並不是所有遺屬都希望把他們的親人的亡靈合祀在靖國神社的。戰後合祀其中的名單，是日本政府送進去的，事先並未通知遺屬，也未徵求遺屬的意見。但是，靖國神社是根據明治天皇的旨意開始合祀的，據說有一條規定是，一旦名單被送進去了，便不能撤出。

1945 年 8 月 15 日，日本無條件投降。

同年 12 月 15 日，美國佔領當局以駐日盟軍總司令部（GHQ）的名義發佈命令，切斷國家神道、神社神道與政府的一切關係，禁止國

家神道體制，實行政教分離。

1946 年 1 月 1 日，天皇發表「人間宣言」，宣佈他自己由「神」變成人，國家神道的教義實質上失去存在的根據。

同年 9 月 7 日，靖國神社根據《宗教法人令》登記，變成一個宗教法人。

同年 11 月 3 日，美國主持制定的《日本國憲法》公佈（1947 年 5 月 3 日開始施行），其中，明文載入了「政教分離」的原則，明確規定「國家及其國家機關也不得進行宗教教育及其他任何宗教活動」（憲法第 20 條 3 項）；規定「任何宗教團體也不能接受國家授予的特權，或行使政治上的權力」（憲法第 20 條 1 項後段）。

1951 年 4 月 3 日，《宗教法人令》廢止，《宗教法人法》施行，對宗教團體、組織、設施的性質、活動範圍等做了嚴格的規定。

根據憲法及有關法律規定，靖國神社的性質和作用都被改變，已經不是戰前意義上的靖國神社了，它當然也不應當進行任何政治活動，或被國家權力加以政治利用。但是，後來的情況表明，它並非一般的宗教法人組織，而是被作為肯定和美化侵略戰爭歷史、進而復活國家主義的機器了。在那裡，包括東條英機等 14 名甲級戰犯在內，把所有的戰死者都作為「英靈」，加以肯定，加以讚美，宣傳他們給日本「帶來了戰後的和平和繁榮」，應「感謝」他們的「恩惠」，而不問侵略的歷史和戰爭的責任問題。

早在 20 世紀 50 年代初期，在全國戰死者組織的強烈要求下，日本厚生省援護局就開始選定合祀名單。當時，厚生省曾發出通知，選定工作所需費用由國家負擔。日本政府的這種做法曾遭到國會內外的強烈反對和追究，但厚生勞動省卻詭稱此舉並不違反憲法，而繼續選定工作，並把「因公死去的軍人及軍屬」作為入選的標準。

1946 年至 1948 年，遠東國際軍事法庭審判日本戰犯，東條英機前首相等 28 人被起訴。法庭 1946 年 5 月開庭，1948 年 11 月，除審

判期間死去者外，其餘 25 名被告全部被判有罪。東條等 7 名甲級戰犯被處以絞刑，還另有 7 人也被判為甲級戰犯。

1951 年，日美媾和，簽訂《舊金山和約》。其中的第 11 條，是日本接受遠東國際軍事法庭審判的結果。

可就在《舊金山和約》簽訂三天之後，日本政府發出「法務總裁通知」，聲稱被遠東國際軍事法庭判定的罪犯，在日本國內不按戰犯對待。

在日本政府這種政策下，日本颳起了要求釋放戰犯和復權運動的妖風，聲稱「甲、乙、丙級戰犯全是犧牲者」。

接着，日本國會於 1952 年修改了《戰傷病者戰死者等遺屬援護法》，把發放養老金、慰問金的範圍從軍人、軍屬擴大到被處死的戰犯的遺屬，把被判死刑和囚死獄中的人都作為「因公務而死去的人」。1953 年事實上恢復了被《波茨坦公告》勒令廢除的舊軍人撫卹金。1954 年，通過修改《撫卹金法》，開始對囚死獄中或被處死者的遺屬發放生活補助費。1955 年，再度修改《撫卹金法》，規定對受審判刑者發放撫卹金時，把他們被監禁的時間計入在職時間之內。

1955 年，東條內閣的大藏大臣、甲級戰犯賀屋興宣被釋放。乙、丙級戰犯也隨之釋放。

1959 年，厚生省將死去的乙、丙級戰犯的名簿分批送進靖國神社合祀，計 1,000 人。為避免引起反對，送交工作是在極端秘密的情況下進行的。

1966 年 2 月，日本政府開始暗中策劃將甲級戰犯也放進靖國神社合祀。

1969 年，自民黨川島正次郎等 241 名議員向國會提出《靖國神社法案》，至 1973 年，先後提出 5 次，均被否決成為廢案。

1974 年，因自民黨單獨強行表決，該法案在眾議院通過。但因參議院未決，自動作廢。

在上述背景下，1970 年，參議員青木一男（生於 1889 年，卒於

1982 年。此人原是東條英機內閣的大東亞相,日本戰敗後作為甲級戰犯嫌疑人被捕,後來由於美國改變政策,免於起訴,被釋放後,當了靖國神社最高決策機構「崇敬者總代會」的總代)極力主張將甲級戰犯合祀。他毫不掩飾地說:「如不合祀,就等於承認東京審判的結果。」又威脅說:「如因為他們是戰爭負責人就不合祀,神社可要負重大責任噢!」

由此,在 1970 年 6 月 30 日的「崇敬者總代會」上,決定了伺機將甲級戰犯的名簿送進靖國神社,具體時間可由宮司定奪的方針。但因當時的靖國神社宮司築波藤麿(舊皇族出身,歷史學家)反對,一直頂着未辦。

1975 年,三木武夫首相參拜靖國神社,成為日本戰後第一個參拜靖國神社的首相。

1978 年夏,松平永芳(舊軍人,當過海軍少佐、一等陸佐,戰後曾在自衛隊內任職)接替築波任新宮司。此人上任伊始,既未徵得遺屬的同意,也未了解天皇的意向,就偷偷摸摸地把甲級戰犯作為「昭和殉難者」「英靈」,把他們的名簿放進靖國神社合祀了。

松平新宮司此舉引起裕仁天皇的不滿。《日本經濟新聞》根據新發現的「富田筆記」,於 2006 年 7 月 20 日在頭版頭條位置報道稱:1988 年,裕仁天皇曾對當時的宮內廳長官富田朝彥說:「(關於在靖國神社裡合祀甲級戰犯事)聽說築波(指築波藤麿宮司)處理得很慎重,松平的兒子、現在的宮司(指松平永芳,他是日本戰敗時在任的最後一個宮內大臣松平慶民的兒子)是怎麼想的?這麼輕率。我認為松平是個和平信念很強的人,可他的兒子不知老人心。所以,我從那以後,就沒參拜過。這是我的心。」

裕仁天皇戰後曾 8 次參拜靖國神社,但自 1975 年參拜後,就未再去參拜過。《日本經濟新聞》根據上述新發現的材料認為,甲級戰犯合祀於靖國神社,是裕仁天皇終止參拜的原因。基於同樣的原因,後來

的明仁天皇 1989 年繼位後，也從未參拜過。

1985 年 8 月 15 日，中曾根康弘首相開始正式參拜，遭到國內的強烈反對和中、韓兩國的強烈抗議，引起軒然大波。（此後，直到 1996 年 7 月 29 日橋本龍太郎首相參拜，一直沒有首相參拜。）

1986 年，中曾根內閣的官房長官後藤田正晴宣佈：首相中止參拜。

後來，後藤田先生在接受日本廣播協會（NHK）記者採訪時說：「日本既然接受了《舊金山和約》，就應堅持那個立場，不能不守信義。」他明確表示，反對小泉首相參拜靖國神社，並一直主張將甲級戰犯從靖國神社裡撤出來。（2005 年 8 月 14 日，NHK 播放的特別節目《思考靖國問題》）

NHK 這個節目的主持人指出，靖國神社成為問題，是日本自身造成的。戰後 60 年了，至今仍未解決，是因日本自身的矛盾沒有解決，是因當初對《舊金山和約》和在國內實行了雙重標準所致。

二戰結束 60 週年之際，日本著名的哲學家梅原猛與神戶大學教授五百旗頭真舉行對談，也指出了靖國問題的癥結所在。

梅原稱：「在靖國神社那裡，沒有對戰爭的反省。到供奉着東條英機原首相的靖國神社去參拜，在那裡說不再發動戰爭，這是可笑的。還有，作為人之常情，祭拜在戰爭中死去的人，是可以理解的，但那裡面包括殺了許多鄰國人的人。考慮鄰國人的心情，義不容辭。」

五百旗頭說：「雖說靖國問題大部分屬國內問題，但因它與過去日本發動侵略戰爭傷害了鄰國相關聯，就不可避免地成為國際問題。雖然中國執拗的態度教人無可奈何，但日本絕不能對做過損害了鄰國人的尊嚴的事心安理得，無動於衷。東南亞、美歐也對一再參拜靖國神社的（小泉）首相冷眼相看。」

他還說：「如果不能將別國的尊嚴與本國的尊嚴同樣看待，良好的關係是絕對不能持久的。」（《朝日新聞》對談《戰後 60 年日本亞洲世界》2005 年 1 月 7 日）

第四節 「政冷經涼」，相互理解倒退

2001 年小泉政權登台後，中日政治關係不暢，經濟合作關係受到的影響明顯，出現了由「政冷經熱」走向「政冷經涼」的局面。

ODA 即政府資金合作領域所受影響最為明顯。ODA 的初期貸款是採用一攬子協議方式。但由於小泉領導的執政黨內部分議員施壓，日本從 2001 年開始實施單年度協議方式，貸款額減少了，合作內容也從基礎設施建設轉換為環保、醫療、人才培養等領域。由於日本國內不斷爆出「中國不領情」「中國把 ODA 用於軍事」等雜音，並以「外交政治關係不好」為由，2004 財政年度向中國提供的貸款降至 860 億日元（7.35 億美元）。

關於 2005 財政年度的貸款，日本由於不滿中國在東海問題上的新建議，曾一度凍結，直到 2006 年 6 月 6 日，日本政府才決定解除凍結。不過，決定提供的數額僅為約 740 億日元，又比上年度減少了 120 個億。此後，日本多次表示，將在 2008 年停止這種長期低息貸款。

情況表明，小泉政府已不顧日本向中國提供 ODA 的特殊歷史背景，且改變了大平正芳首相的初衷，把 ODA 當作一張牌打了。

日本有一句家喻戶曉、老幼皆知的話，叫「有終之美」。做事善始善終，這本是日本人崇尚的美德。可小泉政治之下，已經顧不上這麼多了。

其實，日本向中國提供 ODA，對日本也帶來不少好處和利益，是一種互惠雙贏的安排。在這個問題上，雙方完全可以通過協商，獲得圓滿解決。為甚麼 20 多年來一直做得很好、令中國人心存感激的事情，不去求個「有終之美」呢？

中日貿易 2001 年後，也受到政治關係的影響。2000–2004 的 5 年間，中國對外貿易年均增長 26% 以上，而中日貿易增長只有 20.8%。從 2004 年開始，日本從中國的第一大貿易夥伴，退居為歐盟、美國之

後的第三位。

更為嚴重的是，小泉執政 5 年來，兩國人民間的相互理解，不僅未隨着兩國實務關係的發展而加深，反而出現倒退。對於不少日本人來說，中國從一個由遠而漸近的國家，又變成一個近而又遠的國家。

日本人對太平洋戰爭、對侵華戰爭性質的模糊認識，是導致他們對中國感情變化的根源。出現這種局面，是日本戰後一些為政者和一些遺老遺少肆無忌憚地堅持錯誤的立場和觀點，並通過教育和輿論引導的結果，而近年來，這種傾向一再加碼。正是因為錯誤的導向，在日本國民中，存在以下誤區：

美英同罪史觀或美英同罪論：認為不僅是日本侵略過別的國家，英、美、法、荷蘭等歐美諸國都進行過侵略和掠奪，不應只說日本的壞話。

自衛戰爭史觀或自衛戰爭論：認為日本發動「大東亞戰爭」（日本對太平洋戰爭的稱呼）實屬無奈。因為當時美國（America）、英國（Britan）、中國（China）、荷蘭（Datch）四國形成了所謂「ABCD 包圍圈」，威脅了日本的安全。為打破包圍，日本不得不拿起武器。這也是日本軍國主義在太平洋戰爭爆發前大肆宣揚的「理論」。

解放戰爭史觀：認為日本進行「大東亞戰爭」的結果是使亞洲其他民族獲得了獨立，把他們從歐美列強的統治下解放出來，因此，那場戰爭是「正義之舉」。

殉國史觀或英靈史觀：認為日本以前進行的對外戰爭是為神聖的天皇、為自己的國家進行的「聖戰」，不能將其說成「侵略戰爭」，反對將那些為「聖戰」犧牲的「護國英靈」說成侵略者。

還有相當一部分日本人認為，日本在二戰中不是敗給中國，而是敗給美國。不後悔戰爭，但懷悔戰敗，懷悔在那場戰爭中，在沒有鞏固侵華戰爭所取得的「偉大勝利」的情況下，過早地與強大美國攤牌，從而導致了失敗；認為同美國的戰爭，不是精神上的失敗，而是物質

上的失敗，輸的是武器、技術和國力。

日本人一般都知道日本過去對中國和其他亞洲國家做了壞事，但因為日本在戰爭中死了 300 萬人（二戰時日本人口約 8,000 萬），且同亞洲各國的戰爭發生在海外，戰敗時，許許多多身在海外的日本人曾吃過不少苦頭；而日本國內的二戰痕跡都是美國留下的，一提及二戰，很多日本人便想到與美國的戰爭，想到在同美國的戰爭中，很多人戰死，許多城市化為焦土，1945 年 3 月 10 日的東京大空襲，一天之內就有 10 萬人失去生命，尤其是廣島、長崎受到原子彈的打擊，日本成為唯一的原子彈受害國，以至於無條件投降，全國被佔領，感到自己也是受害者，他們的「加害者」意識不如「受害者」的意識那麼強烈。

許多日本人認為日本已多次向中國道歉，所以，不少人對中國仍然不斷要求日本反省、道歉，感到厭煩，感情上有抵觸情緒，有人甚至提出疑問：到底到甚麼程度中國才能滿意呢？

抱怨世界上只有中、韓兩國反對參拜靖國神社問題；認為參拜靖國神社是出於日本獨特的「人死罪消」生死觀，屬於文化範疇的問題，是日本的內政問題；認為中國反對日本領導人參拜，是對日本打歷史牌，干涉了日本的內政；認為中國部分民眾中表現出的不滿情緒和過激行為是 20 世紀 90 年代以來，中國政府開展反日教育導致的。

上述觀點有很大的迷惑性，乍聽起來似乎蠻有道理，但問題的癥結恰恰就在這裡。以道歉為例，本來在 1972 年中日關係正常化的時候，通過發表《中日聯合聲明》，雙方已就歷史問題達成了和解，舊的一頁算是翻過去了。可是，樹欲靜而風不止，後來在日本國內，不斷曝出歪曲美化侵略歷史，甚至具有挑釁性的言行，嚴重傷害了中國人民的感情。對此，中國的公眾和輿論不能不做出強烈反應，中國政府不能不表明嚴正的立場。回顧 20 世紀 80 年代以來的情況，從教科書問題，到一些政治家歪曲美化歷史的言論問題，到參拜靖國神社問題，每每都是日方挑起來的，事關中日關係的政治基礎，傷筋動骨了，中

方能不說話嗎？能不要求日本政府做出表態嗎？

又如，日本輿論指責中國近年來的愛國主義教育使中國人民仇恨日本，這顯然不是事實。中國的教科書中雖有抗日的內容，但那是對歷史事實的表述，並沒有刻意煽動人民仇恨日本。實際上，以前中國教科書中抗日的內容比現在還多。北京的「抗日戰爭紀念館」、南京的「南京大屠殺紀念館」等紀念物的立意，在於警示國人「不忘國恥」，激發其「愛我中華，振興中華」的熱情；在於「以史為鑒，面向未來」，加深認識「中日兩國和則兩利，鬥則兩傷」的經驗教訓，永不再戰，世代友好下去。中國人從百年近代史中得出的血淚教訓是：落後就要挨打。反言之，振興中華是為了不再受欺負、受奴役，讓中國這個國家與世界各國平等相處，讓每個中國人都能過上好日子，而不是為了算舊賬、圖報復。「和為貴」「己所不欲，勿施於人」，中國人民熱愛和平，絕不會把自己曾經吃過的苦頭強加到別人頭上。中日兩國唯一正確的選擇就是兩個字：友好。

第五節　艱苦努力，實現關係轉圜

對於如何打破中日關係的僵局，中國領導人一直非常重視。2005年2月，時任中共中央總書記、國家主席胡錦濤對負責外交事務的國務委員唐家璇說，中日關係正處在一個十字路口，日本是中國的重要鄰國，也是經貿合作重要夥伴之一，要從戰略高度認識穩定中日關係的重要性。胡錦濤主席強調，要實現中日關係的穩定發展，一個巴掌拍不響，只有中方努力還不行，需要調動日方的積極性。

同年3月，溫家寶總理在「兩會」記者招待會上，就改善中日關係提出三項原則：以史為鑒，面向未來；堅持一個中國原則；加強合作，共同發展。他還提出三條具體建議：積極創造條件，促進中日高層互

訪；雙方的外交部門共同着手進行加強中日友好的戰略性研究；妥善處理歷史遺留問題。

為落實中央指示，唐家璇多次召集外交部同志研究下一步該怎麼走，經常是一談就談到下半夜。後經中央批准，在繼續同小泉進行鬥爭的同時，抓緊做日本各界的工作，以經促政，以文（化）促情，以民促官，為中日關係轉圜積累資源，創造條件。

方針既定，立即行動。首先由中日友好協會出面邀請日中友好七團體負責人訪華。胡錦濤主席會見他們，推心置腹地說：「近年來中日關係出現困難的局面，是我們不願看到的。之所以如此，坦率地講，責任不在中國方面，也不在日本人民，癥結在於日本個別領導人堅持參拜供奉有甲級戰犯的靖國神社，傷害了包括中國人民在內的受害國人民的感情，損害了中日關係的政治基礎。」

胡錦濤主席強調要本着對歷史、對人民、對未來高度負責的態度妥善處理中日關係中出現的問題，並重申了中國對日政策。他說，中國政府在對日關係上的立場是明確的、一貫的、堅定不移的。中國政府將始終從戰略高度和長遠角度看待中日關係，致力於兩國和平共處、世代友好、互利合作、共同發展；中國政府將堅持《中日聯合聲明》等三個政治文件的原則，妥善處理兩國間存在的問題，維護中日友好的大局；中國政府將堅定奉行「與鄰為善，以鄰為伴」的周邊外交方針，積極推進雙方在廣泛領域的交流與合作，增進兩國人民間的友好感情。

說完這些話，胡錦濤主席特別加重語氣說：「我願明確表示，只要日本領導人明確做出不再參拜供奉有甲級戰犯的靖國神社的決斷，我願就改善和發展中日關係與日本領導人進行會晤和對話。」當時，兩國領導人會晤已完全中斷，胡主席就是要借這個機會向日本領導人傳話，向日本人民傳話，告訴他們，只要靖國神社問題得到解決，兩國領導人會晤就可恢復。

為使日本各界更好地理解胡錦濤主席講話精神，2006 年 5 月 1

日，唐家璇國務委員會見來華訪問的日本執政黨自民黨幹事長武部勤，詳細詮釋了胡錦濤主席講話的內涵，表示希望日本各界認真領會、深刻理解胡錦濤主席所表達的誠意與善意，共同努力促進中日關係的轉圜。

與此同時，中國還相繼啟動了兩國議會、政黨間的交流，建立了兩國青少年友好交流機制，組織高中生互訪。

其間，中方積極開展文化交流，在日本舉辦「中國文化節」，並為中日經貿合作搭建平台，提供支持。2006 年 3 月，啟動了中日財長對話機制；5 月在東京召開了首屆中日節能環保論壇；9 月，溫家寶總理特地會見訪華的日中經濟協會代表團，強調中方重視發展兩國經貿關係，希望進一步拓展合作領域。

中方堅持不懈的工作，為打破中日關係僵局創造了必要的環境和條件，日本政權更迭則為兩國關係轉圜提供了重要契機。日本國內也將目標鎖定在 9 月首相易人，雙方都希望把握機遇，實現轉圜。就在首相更迭前夕，日方提出希望新首相誕生後首相上台前舉行第六輪中日戰略對話。日方提出此建議旨在新首相上台前就改善關係達成共識，為新首相順利執政鋪平道路。9 月 20 日，安倍晉三當選自民黨總裁，9 月 22 日，時任外交部副部長戴秉國赴日，與日本外務次官谷內正太郎進行第六次戰略對話。谷內外表溫文爾雅，一副紳士派頭。他兒時家境貧寒，因此砥礪出堅毅的性格，後來長期的外交生涯，更使他成為一個不會輕易被說服的談判對手。這次高強度的談判果然進行得非常艱難，日方反覆無常，給出的方案時好時壞，導致雙方到了幾乎談崩、不歡而散的地步。經過反覆較量，終於就克服影響中日關係的現實政治障礙達成了一致。專家認為，「就克服影響中日關係的現實政治障礙達成了一致」，意味着日方在安倍參拜靖國神社問題上做了「不去參拜」的承諾。否則，怎麼談得上「克服影響兩國關係的政治困難」呢？

第六節　安倍首相的「破冰之旅」

2006 年 9 月 26 日，安倍晉三繼小泉純一郎之後出任第 90 任首相。安倍 1954 年 9 月 21 日生於東京，52 歲登上首相寶座，是戰後日本最年輕的首相。他的上台，在日本政壇具有劃時代的意義，標誌着日本已進入二戰後出生的少壯派政治家掌權的時代。

安倍出身於政治名門，祖父安倍寬是戰前的眾議院議員，外祖父岸信介是未曾被定刑的二戰甲級戰犯，其後於 1957 年成為日本首相，叔外祖父佐藤榮作也是日本首相，父親安倍晉太郎曾任日本外相，可謂「官三代」。

青年時代的安倍就是日本政壇上公認的鷹派人物，民族主義色彩濃厚。1995 年眾議院通過對日本當年的殖民主義統治表示「深刻反省」的決議時，他以缺席表示不滿；1997 年，他參與組建「思考日本前途和歷史教育的年輕議員會」，認為日本歷史教科書中否定侵略歷史的敘述屬於「自虐史觀」，應予修訂；他作為國會議員，在歷史教科書、「慰安婦」等歷史認識問題上，屢有過激的發言。2005 年 8 月國會通過《戰後 60 年決議》時，他身為內閣官房副長官，也中途退席；他甚至否定遠東國際軍事法庭審判的結論，否定關於「二戰」的國際共識，堅決主張參拜靖國神社。他的言論表明其美化當年的侵略戰爭的立場超過小泉。人們擔心，他的歷史觀和戰爭觀，有可能引導日本回歸戰前軍國主義路線。

從安倍迄今尤其是競選自民黨總裁、首相期間的言論看，他的政治思想與中曾根康弘、小泉純一郎一脈相承，即通過「擺脫戰後體制，結束戰後日本」，徹底甩掉戰敗國的帽子，徹底擺脫戰後憲法的束縛，徹底改變戰後「非武裝、放棄戰爭」的路線，重振日本的政治大國地位。安倍競選期間發表著書，表示他的目標是把日本建成「美麗國家」，其三大支柱是：重振教育、行使集體自衛權、修改憲法。

　　由此，安倍內閣的誕生曾引起日本各在野黨的高度警惕。社民黨黨首福島瑞穗認為「安倍內閣將成為『否定戰後的內閣』，在戰後歷屆的自民黨總裁中，是離戰爭最近的」。新黨日本代表田中康夫說安倍內閣是「第三屆岸信介內閣的開始，最保守的自民黨勢力捲土重來」。民主黨代表小澤一郎認為，安倍「與其說是小泉純一郎的繼承人，倒不如說有些地方很像他」。日本主流輿論也提出了「安倍內閣是小泉內閣的複製版」，是「岸信介內閣死灰復燃」的看法。

　　不過，安倍是個現實主義者。他上任後，面對其前任小泉純一郎留給他的負遺產，不得不採取現實政策，擺脫在亞洲孤立的局面。2006 年 9 月 26 日，他上台後在國會發表的第一個抱負演說，就強調他自己將根據新思維，轉換外交方針，以貫徹自己的主張。

　　那時，他剛剛坐上首相的交椅，立足未穩，在國內外眾目睽睽之下，不能不面對現實，綜合各種因素，採取比較穩健、務實的態度和比較現實而靈活的做法。回顧西方國家政治史，一個政治人物上台後，為鞏固政權，打破外交僵局，說與上台前不同的話、做與上台前不同的事，以打造自己的新形象，這是屢見不鮮的。對他們而言，「政治」是把玩的東西，是戲法，是魔術，是為其權力服務的。

　　安倍上台兩週以內就匆忙出訪，並把第一個訪問對象定為中國，表明了他迫切打開日中關係僵局的意願。安倍 2006 年 10 月 8、9 日對中國的正式訪問，是日本首相時隔 5 年的首次訪問，標誌着中日關係出現轉機，為改善冷卻的雙邊關係創造了條件。這次訪問是在雙方經過緊鑼密鼓的、水面下的折衝樽俎，達成關於克服影響兩國關係的政治困難，促進兩國關係健康穩定發展的共識後實現的。中日之間因小泉在任期間一再參拜靖國神社，首腦互訪中斷了五年。2005 年之後，兩國領導人甚至中斷了在國際場合的接觸，致使兩國關係陷於困境。日本政權更迭、安倍出任新首相，客觀上為中日關係的改善提供了機會，而關鍵是中日雙方都緊緊抓住了這個機會，趁熱打鐵，使安

倍訪華成為可能。

安倍的訪問受到中方隆重的接待和誠摯的歡迎。儘管安倍到訪那天正值中共十六屆六中全會開幕之日，國家主席胡錦濤、總理溫家寶和人大常委會委員長吳邦國仍分別與他會見和會談，深入地交換了意見，並取得了廣泛的共識。

在這次中日首腦會談中，胡錦濤等中方領導人堅持原則，在明言指出靖國神社問題是影響中日關係的政治障礙、是影響中日高層交往的癥結所在的情況下，採用巧妙的表達方式，對安倍表示了中國政府在這一重大問題上不變的立場。

安倍在會談中，雖然在靖國神社問題上仍採取了「模糊手法」，對「去還是不去」諱莫如深，但應該說對中方的嚴重關切做了適當的回應。他說：「日本曾經給亞洲各國人民帶來了巨大的損害和痛苦，留下了種種傷痕，我對此深表反省。這一立場今後也不會改變。在此基礎上，日本 60 多年來選擇了和平發展。今後也將堅持這一方向。日方絕不讚美軍國主義，也不美化甲級戰犯。我將按照雙方關於克服影響兩國關係的政治困難、促進日中關係健康穩定發展的共識來妥善處理歷史問題。」

會談後發表的聯合新聞公報，集中地體現了中日首腦會談的巨大成果，是一個雙贏的公報，不僅重申了兩國關係中過去達成的重要原則，而且達成了新的共識，對發展和提升兩國關係具有重大的意義。

首先，雙方確認雙邊關係的重要性和共同責任，認為是「兩國最重要的雙邊關係之一」，「推動雙邊關係健康穩定地持續發展，符合兩國基本利益」；「共同為亞洲及世界的和平、穩定與發展做出建設性貢獻，是新時代賦予兩國和兩國關係的新的莊嚴責任」。

第二，確認《中日聯合聲明》《中日和平友好條約》《中日聯合宣言》三個綱領性文件對中日關係的規範和約束作用。雙方同意「繼續遵守上述三個文件的各項原則，正視歷史，面向未來，妥善處理影響兩國

關係發展的問題」。

第三，繼 1998 年之後，對兩國關係做了新的定位，雙方同意「努力構築基於共同戰略利益的互惠關係，實現中日兩國和平共處、世代友好、互利合作、共同發展的崇高目標」。

第四，同意恢復首腦交往和對話；加強各領域的交流和合作；加速東海問題的協商進程，堅持共同開發的方向；開始共同歷史研究，加強在聯合國改革問題上的對話，「讓政治和經濟兩個車輪強力運轉，把中日關係推向更高層次」。

識時務者為俊傑。安倍新首相執政後的行動表明，他在處理對華關係上，採取了現實、理性而明智的做法。在他執政一年就突然辭去首相職務後，日本國內外的輿論一致認為，他這一年在國內並不順，主要亮點是在外交方面，打開日中、日韓政治關係的僵局，算是他最突出的政績了。

第七節　溫家寶總理的「融冰之旅」

為鞏固兩國關係回暖的勢頭，安倍首相訪華半年之後，溫家寶總理應邀於 2007 年 4 月 11 日抵達東京，開始對日本進行為期三天的正式訪問。此訪是中日高層互訪停頓後，中國總理 7 年來首次踏上日本的土地，備受各方關注。2006 年 10 月，安倍晉三在當選日本首相後的第 12 天就訪問了中國。安倍晉三首相訪華標誌着中日政治關係僵冷局面被打破，堪稱是一次「破冰之旅」。故此，溫家寶總理把他這次訪日喻為「融冰之旅」，希望能進一步促進兩國關係的改善和發展。

溫家寶總理出訪前一週，在中南海紫光閣會見駐北京的日本媒體人士時，特別談到「這次訪問日本，責任重大，有一種使命感」，表示了對此次訪日的重視。他說：「我期待着同日本領導人就兩國關係的重

大問題達成共識，增進互信，推進兩國關係的發展；我期待着同日本人民接觸，更多地了解日本新的發展情況，也讓日本人民更多地了解中國，增進互信和友誼，為促進中日友好盡一份心力，做出自己應有的貢獻；我期待着這次訪問取得成功，真正成為一次『融冰之旅』。」溫家寶總理這「三項期待」道出了他這次「融冰之旅」的主要目的。

訪問期間，溫家寶會見了日本明仁天皇，與日本首相安倍晉三舉行了會談，發表了聯合新聞公報，雙方明確了中日戰略互惠關係的內涵，制定了加強兩國各領域合作的一系列措施，還與日本國會、政黨領導人舉行了會談，並與日本民眾進行了廣泛交流。

溫家寶總理 12 日在皇宮會見明仁天皇時，雙方共同回顧了中日關係的發展，一致認為中日兩國人民和睦相處，對兩國有利，對亞洲和世界有利。雙方都希望共同努力，推動兩國實現和平共處、世代友好、互利合作、共同發展。

同日，溫家寶總理在日本國會發表了題為《為了友誼與合作》的演講，這是此訪最大的亮點。他對這次演講非常重視，為準備講稿，傾注了很多精力。春節期間，溫家寶總理同遼寧人民一起過年時，聽到當地群眾講述抗日戰爭結束後不久，中國人民全力幫助 105 萬日本僑民從遼寧省葫蘆島港平安返回家園這段歷史，回京後，就從外交部檔案館調取這份歷史資料。後來，把這段歷史寫進了他的演講稿。

溫家寶總理的演講用大量事例深情地回顧了自秦漢以來中日交往的歷史，全面闡述了中方的對日政策，展望兩國關係的未來，提出增進互信，履行承諾；顧全大局，求同存異；平等互利，共同發展；着眼未來，加強交流；密切磋商，應對挑戰等五點原則。溫家寶總理在日本國會的演講引用日本的諺語「儘管風在呼嘯，山卻不會移動」，引喻中日關係經歷過風雨和曲折，但中日兩國人民友好的根基不會動搖，引起日本國會議員們的廣泛共鳴。

日方對溫家寶總理的演講非常重視，包括安倍首相和日本內閣政

要在內的 480 名眾參兩院國會議員聆聽了溫家寶總理這篇情理交融的演講，日本廣播協會（NHK) 進行現場直播。由此，中國的聲音傳遍了日本列島，受到各方高度評價。安倍說：「這是一次可以載入史冊的演講。」參議院議長扇千景說：「今天在日本國會，日中之間的冰已經融化。」一位議員表示，溫家寶總理關於日中關係的講話發出了真誠的聲音、溫暖的聲音、有力的聲音。

溫家寶總理同安倍首相會談，就構築中日戰略互惠關係的內涵達成重要共識，規劃了雙方合作領域。溫家寶總理從政治、經濟、安全、文化及地區和國際事務五個方面深入闡述了構建中日戰略互惠關係的內涵。2007 年 4 月 11 日在東京發表的《中日聯合新聞公報》，集中體現了中日戰略互惠關係的基本精神、基本內涵和為構築戰略互惠關係開展具體合作達成的成果。

訪問期間，溫家寶總理與日本領導人共同出席了中日文化體育交流年中方開幕式，希望文化交流成為增進雙方人民理解、友誼的紐帶。他將青年人之間的交往視作兩國關係的未來。他去立命館大學，與日本學生親切交談，還穿上寓意中日邦交正常化 35 週年的 35 號球衣，與學校棒球隊一塊打球，展露了他青年時代棒球投手的風采；他還與日本市民一道晨跑鍛煉，走訪日本農戶，到田裡邊栽種邊與農民聊家常，了解他們的工作和生活情況，傾聽他們對發展雙邊友好關係的看法，增進了兩國人民對中國的了解和友好情感。在日本嵐山，溫家寶總理與中國遊客駐足交談，勉勵大家努力促進中日人民間的理解和友誼。溫家寶總理真摯、平易、親和的風格深深感動了兩國人民，他們真誠希望加深了解和認識，不斷發展雙邊關係。通過訪問，中國代表團深切體會到加深友誼、開展合作是中日兩國人民的共同願望。

正像溫家寶總理所說，人們的直接接觸和心靈交流是最重要的。訪問加強了互信，規劃了未來，深化了合作，增進了友誼。冰雪消融，春意漸濃，中國與日本的關係，正迎來又一個春天。

第八節　福田首相的「迎春之旅」

應中國國務院總理溫家寶邀請，日本首相福田康夫於 2007 年 12 月 27 日抵達北京，對中國進行為期 4 天的正式訪問，被稱為「迎春之旅」。福田首相此次訪華是繼日本前首相安倍晉三的「破冰之旅」和中國國務院總理溫家寶的「融冰之旅」後，中日雙方進一步改善和發展中日關係的又一個重要舉措，對推動中日關係健康、穩定向前發展具有重要意義。

福田出發前曾表示，希望與中國領導人進行坦誠的交流和心心相印的對話，並建立起個人信賴關係。福田在年底繁忙情況下訪問中國，表明他的一種期待心情和態度。

2007 年 9 月 25 日當選為日本新首相的福田康夫是一位沉穩老練、有國際平衡感的政治家。受其父、前首相福田赳夫之外交理念影響，認為日本既是「西方一員」，又是「亞洲一國」，重視日本同亞洲國家的關係，主張在日美同盟基礎上，奉行在亞洲和美國之間求取平衡的共鳴外交。

福田赳夫 1977 年擔任首相期間，曾提出被稱為「福田主義」的亞洲政策主張，其內容為日本不做軍事大國；重視心心相印的交往；基於對等的夥伴關係，強化日本與東盟的關係，從而宣示了日本堅持走和平發展道路和重視亞洲外交的立場。第二年，福田赳夫就下決心，與中國簽訂了《中日和平友好條約》。

福田康夫以其父任職首相期間與中國締結和平友好條約為榮，從政後一直與中國保持密切交往。他擔任小泉內閣官房長官期間，就積極主張和推動建立替代靖國神社的國立追悼設施，以化解日本與亞洲國家的糾葛；卸任後，對小泉接連參拜靖國神社持公開的批判態度。他積極主張保持和發展日本與中、韓的關係，稱「沒有必要做出讓對方討厭的事情」，「與韓國和中國的爭鬥沒有任何好處」。

在競選首相期間，他重申重視日本與亞洲國家的關係，尤其非常明確地表示，當選後不會參拜靖國神社，將致力於保持日中穩定而良好的關係。他在上任後的首次施政演說中，強調「日本將致力於與中國構建基於共同戰略利益的互惠關係，共同為實現亞洲的和平與穩定做出貢獻」。

2008 年 5 月 22 日，即上台 8 個月之後，福田康夫發表被稱為「新福田主義」的演說，全面闡述其亞洲外交的方針，包括以下 5 項內容：

一、東盟。全力支持東盟在 2015 年組建共同體的努力。日本將在今後 30 年，努力幫助消除亞洲的差距。

二、強化日美同盟。將把日美同盟作為亞太地區的共同財富加以強化。

三、和平合作國家。日本將作為「和平合作國家」為實現世界和平盡心盡力，將奉行「防災合作外交」，儘快建立「亞洲防災防疫網」，以便亞洲國家聯合起來共同開展緊急救援行動，應付大規模的災害和疫情。

四、年輕人的交流。迅速擴大亞太地區大學間的交流。

五、氣候變化問題。儘快達成後京都議定書的框架協議，努力實現低碳社會。

輿論早在福田上台初期就預測，福田政權下的日本外交將從小泉奉行的「脫亞入美」、安倍奉行的「價值觀外交」，向「平衡外交」回擺，奉行以國際協調和合作為基調的外交政策，不會像他的前兩任那樣故意煽動民族主義情緒，突出政治體制及價值觀差異的對抗性。

「新福田主義」出台表明，福田認識到與其父 31 年前發表「福田主義」時相比，世界局勢已發生了巨大的變化，一方面，全球化使地球變得越來越小，各國間共同利益增多，而需要共同應對的挑戰也增多了；另一方面，亞洲一些新興國家崛起，改變了區域內國家的力量對比，往昔日本獨佔鰲頭的區域經濟地圖被不斷刷新，而亞太地區已佔世界經濟總量的 60%，日本亟須一種新的外交理念去適應世界和亞太地區

的變化，並通過開展日美同盟和亞洲外交並舉的共鳴外交，發揮自身的經濟、技術優勢，加強與亞洲國家的合作，顯示日本的存在，挽回日本在亞洲的頹勢。

中國作為日本的近鄰，是日本最重要的雙邊關係之一。與中國能否保持和發展良好的關係，當然是日本亞洲外交的試金石。為理順同中國的關係，福田組閣時，起用二階俊博、谷垣禎一等對華關係促進派進入自民黨主要領導班子和任命日中友好議員聯盟會長高村正彥為外相，從組織上為開展亞洲尤其是對華外交做了相應的佈局。

因此，福田出掌政權增加了中日關係的穩定性。福田在敏感的靖國神社問題上的明確態度，可以避免中日關係因該問題備受干擾，甚至於大起大落。福田發展對華關係的積極態度，使處在恢復中的中日關係繼續保持恢復進而發展的勢頭。

訪問期間，福田康夫受到了中方高規格的接待。國家主席胡錦濤會見他，強調發展長期穩定、睦鄰友好的中日關係，實現和平共處、世代友好、互利合作、共同發展的大目標，既是兩國人民的共同心願和期待，也是兩國領導人和政治家的共同責任和使命。胡錦濤希望雙方抓住機遇，增進理解和互信，妥善處理兩國間的重大敏感問題，努力構築和發展中日戰略互惠關係，共同開創中日睦鄰友好與互利合作的新局面。

其後，胡錦濤主席在釣魚台國賓館養源齋小範圍設宴款待他，賓主開懷交談，話題廣泛，氣氛輕鬆。他們從日本的《論語》熱談到未成年人教育，從各自的興趣愛好談到中國的未來。福田說：「如果中國發展不順利，對日本來說不是件好事情。我們是不同的國家，但從某種意義上講，我們是命運共同體。」

福田首相邀請胡錦濤主席明年春天櫻花盛開的季節訪日。他幽默地說，現在越來越搞不清楚櫻花到底甚麼時候開了，待胡錦濤主席訪日的時間確定後，櫻花就會放心地開了。胡錦濤主席笑着回答道：「我

對明年春天的日本之行同樣十分期待。」

28 日上午，溫家寶總理與福田首相舉行會談，氣氛很好。福田開門見山地説，此次訪問願與溫家寶總理就日中關係深入交換意見，進行心與心的溝通，決心使 2008 年成為日中關係的「飛躍之年」。雙方就構築和發展中日兩國戰略互惠關係達成廣泛共識，並規劃了兩國關係未來發展，就保持領導人互訪，開展能源、環保、金融等重點領域合作，擴大人文交流，東海問題，加強防務交流和政治安全對話等進行了商討。

會談中，福田首相主動談及歷史問題。越是不堪回首的歷史，越應該正視，並讓下一代了解，這是我們這一代人的責任。在此基礎上，才能避免錯誤重演。他表示，日本將堅持繼續走和平國家的道路，在此基礎上，與中國建立面向未來的關係。關於台灣問題，他明確表示，日方不搞「兩個中國」或「一中一台」，不支持「台獨」，不支持台灣「加入」聯合國，不支持「入聯公投」。這一立場得到中方的讚賞。

溫家寶總理舉行歡迎午宴。席間，溫家寶總理將一幅特別的掛軸贈送給他。這是為歡迎他的來訪，特意將他的父親福田赳夫前首相 1981 年訪華時在西安興慶公園的漢語題詞「日中友好是世界和平」製成的複製品，福田首相十分驚喜，連聲道謝。

訪華期間，福田首相在不同場合也多次強調日中兩國應該建立「創造性夥伴關係」。「創造性夥伴關係」是一種基調，是對雙邊關係未來發展的一個框架設定，表明日本願意與中國重回某種夥伴關係的建設層面，而夥伴關係的建設需要創造性。對待歷史問題、經貿和安全等層面的競爭以及戰略互惠關係都需要創造性的思維、創造性的對待、創造性的解決。

除高層會晤，福田的行程還涵蓋了經濟、文化、體育等多個領域。打棒球、北大演講、走訪企業、參觀孔廟……為期 4 天的訪問始終讓人感受着融融暖意，「中日友好」也成為福田此行的關鍵詞。

福田首相此次訪華主要有三個積極點：合作、感情、文化。中日

雙方此次就能源、環保、金融等重點領域合作達成共識，並發表了關於推動環境能源領域合作的聯合公報。日方充分認識到，與中國廣泛開展互利合作，對於雙方都有積極意義。

訪問孔子故里曲阜時，福田康夫揮毫題寫「溫故創新」四個漢字，為他歲末的「迎春之旅」畫上圓滿的句號。中國和日本的關係歷史悠久，日本文化受包括儒學在內的中國文化的影響良深。從這種意義上說，福田專程訪問孔子故里，是一種日本文化上的「尋根之旅」，發出了繼往開來、繼承和發揚友好傳統的信號，這對中日關係的長遠發展會產生重要影響。

2007 年是中日邦交正常化 35 週年，有人用「柳暗花明又一春」形容 2007 年的中日關係，從春天的溫家寶訪日，到歲末的福田訪華，一個「春」字讓這一年的中日關係倍感溫馨。

曾記得，四月溫家寶總理在大雨中抵達東京。他對安倍首相說：「好雨知時節。」當時，他省去了後半句「當春乃發生」。正是那次融冰之旅，為恢復中的中日關係注入了新的動力。

溫家寶在東京午餐會時，吟誦了自創的漢俳：「和風化細雨，櫻花吐豔迎朋友，冬去春來早。」

12 月 29 日，溫家寶在與福田康夫的早餐會上，又吟了一首自創的俳句：「常憶融冰旅，梅花瑞雪兆新歲，明年春更好。」

2008 年是《中日和平友好條約》簽署 30 週年，也是雙方商定的「中日青少年友好交流年」。在北京一所小學參觀時，福田在一個學生的書法作品「中日友好」旁意味深長地添上了「世代」二字，開啟了 2008 年 4,000 名中日青年交流的暢通之門。福田多次提到「梅花櫻花總相伴」，更是表達了對未來兩國友誼生生不息的願望。

經過這次取得圓滿成功的「迎春之旅」，福田康夫在展望未來中日關係發展時表示，希望 2008 年能成為「日中關係迅速發展載入史冊的一年」，也是「日中關係飛躍的元年」。

第九節　胡錦濤主席的「暖春之旅」

2008 年 5 月 6 日至 10 日，應日本國政府邀請，國家主席胡錦濤對日本進行了國事訪問，被稱為「暖春之旅」。胡錦濤主席的這次訪問是中國國家元首時隔 10 年首次訪日。

東海問題懸而未決，「毒餃子事件」又節外生枝，加之部分日本輿論體對西藏問題的過度渲染，在胡錦濤訪日之前，曾有不少日本輿論認為，此次來訪時機不夠理想，對其結果也心存疑慮。但在訪問的 5 天裡，胡錦濤會老友、見政要、訪高校、探古蹟，用坦誠與溫暖將之前的疑慮稀釋，取得豐碩成果，達到了預期的目的。中日兩國人民高興，兩國輿論高度評價，國際輿論反應積極。

日本政府高度重視胡錦濤主席的訪問，給予了高規格禮遇和熱情友好接待。胡錦濤主席到達日本的當晚，福田首相在位於東京日比谷公園內的百年老店「松本樓」，舉行了小型歡迎會。原來，松本樓是中日友好的見證。他的經營者小坂文乃的曾祖父梅屋莊吉是孫中山的好友，早年曾經傾注全部心血幫助孫中山進行革命。此外，松本樓和福田家也緣分頗深 —— 那裡是福田康夫首相父母舉辦結婚儀式的地方。當晚松本樓的法國大餐是由福田首相私費宴請的。第二天晚上，明仁天皇皇后在皇宮內舉行了盛大的歡迎晚宴，同樣也是法餐。這也是只有國賓才能享受到的待遇。兩頓法餐後，在第三天福田首相官邸的晚餐會上，日本料理登場了。但那天的料理中規中矩，裡面加入了很多中國菜的口味。

訪問期間，胡錦濤主席會見了日本明仁天皇，同福田康夫首相舉行了富有成果的會談，會見了眾參兩院議長、朝野主要政黨領導人及老朋友，並與兩國經濟界領導人、友好團體主要負責人以及青少年和民眾進行了廣泛接觸。在短短的 5 天時間裡，胡錦濤主席密集出席了 55 場活動。日本各界以高度熱情熱烈歡迎胡錦濤主席到訪，高度評價

此訪的重大意義。

胡錦濤主席抵日伊始即會見了松村謙三、西園寺公一、宇都宮德馬、岡崎嘉平太等多位曾為中日友好事業做出突出貢獻的友好人士的後代以及為中日關係做出重要貢獻的前政要田中角榮、福田赳夫、大平正芳和園田直的親屬，在體現中國人民「飲水不忘掘井人」的優良傳統的同時，又向兩國人民傳達出「中日友好來之不易，應倍加珍惜」的強烈信息。他充分肯定老一代日中友好人士為促進中日友好事業建立的功績，勉勵他們繼承傳統，繼續為中日友好事業做出貢獻。胡錦濤主席代表中國政府和中國人民高度評價那些為中日關係、中日友好事業做出貢獻的日本友人，令他們的家屬及後代深受感動，紛紛表示會繼承先輩遺志，為發展兩國關係，促進中日友好事業特別是推動兩國青少年交流而積極努力。前外相園田直的夫人園田天光光女士已是耄耋之年，依舊在積極推動中日兩國青少年書法交流。友人們不僅自己親力親為，還表示會讓自己的後代繼續從事日中友好事業。這種真摯的感情代表了日本民眾對發展日中友好關係的熱切願望和積極努力。

胡錦濤主席還會見了 3,000 名訪華團成員小野寺喜一郎、芹洋子、穗積一成等民間友好人士。1984 年，日本 3,000 名青年應邀來華，與中國青年進行大聯歡，是中日友好交往史上的一大盛事，在兩國青年中播下了友好的種子。胡錦濤主席時任共青團中央書記處書記、全國青聯主席，是這次活動的組織者，全程帶隊，與日本朋友朝夕相處，促膝交談，建立了深厚的友誼。

胡錦濤主席還專程看望與我三代領導人有過友好交往的松山芭蕾舞團創始人清水正夫一家，受到該團全體演員的熱烈歡迎，那一張張熱情洋溢的笑臉，那一聲聲真誠無比的「你好」，那熟悉的旋律和優美的舞蹈，令每一位在場的人都感受到中日人民間的深情厚誼。清水正夫對記者說：「我畢生從事日中友好和文化交流，今天，中國最高領導人來看望我們，並發表了熱情洋溢的講話，我感到無上光榮。這也是

對所有從事日中友好事業人士的鼓勵和肯定。」

隨後，胡錦濤主席前往早稻田大學發表演講，用細緻準確、有針對性的表達，明確闡明中國政府的立場與主張，消除日本社會對中國的誤解。他全面闡述中方在歷史問題上的立場，一句「記住歷史不是延續仇恨」，博得日本從政界到民間的喝彩。他深情地說，兩國青年是中日友好的生力軍，中日友好的未來要靠兩國青少年開創；希望大家共同努力，讓中日友好的種子廣泛播撒，讓中日友好的旗幟代代相傳。一番充滿真摯情感的話語在聽眾中引起強烈反響。演講後胡錦濤主席出席「中日青少年友好交流年」日方開幕式，與「瓷娃娃」福原愛打乒乓、和小學生同讀古詩、對日企青年員工問寒問暖，既表達了對兩國青少年的強烈期待，又展現中國最高領導人平易近人的人格魅力，大大縮短了日本民眾與中國高層領導人之間的距離。

胡錦濤主席還利用訪日的機會宣傳了即將在北京舉行的奧運會。他說，北京奧運會屬於中國人民，屬於亞洲人民，屬於世界人民。中國將把北京奧運會辦成一屆高水平、有特色的奧運會。

胡錦濤主席的「暖春之旅」，為中日關係進一步改善和發展送來了和煦的春風，為加強兩國在政治、經濟、文化等各個領域的交流與合作開闢了新的美好前景。

胡錦濤主席訪日期間，雙方通過會談，發表了《中日關於全面推進戰略互惠關係的聯合聲明》。這是中日邦交正常化以來第四個重要政治文件，也是首份由兩國最高領導人簽署的政治文件，集中體現了胡主席這次訪問的成果。

雙方確認，中日互為合作夥伴，互不構成威脅，相互支持對方的和平發展，堅持通過對話和談判處理兩國間的問題，決定密切高層交往和政治層面交流，建立兩國領導人互訪機制，加強政府、政黨、議會等各領域交流和對話機制，在安全防務領域繼續開展對話交流，從而確定了兩國關係長遠發展的指導原則，規劃了兩國關係的未來發展。

雙方還發表了《中日兩國政府關於加強交流與合作的聯合新聞公報》，其內容十分豐富，洋洋 70 個項目涵蓋了政治、經濟、文化、防務及人事等各個領域。

這次首腦會談的顯著特點是雙方都以長遠的、全球的眼光，從兩國關係大局出發，求大同，存小異，就全面推進戰略互惠關係達成一致。雙方一致認為，認識不同、產生矛盾都屬正常，關鍵是要有友好合作的信念，着眼大局，把握大方向，不受一事一時的形勢所左右，導致兩國關係忽進忽退；出現分歧和矛盾時，應冷靜對待，慎重處理，防止情緒化，激化矛盾。

日本輿論紛紛發表評論，高度評價集中體現胡錦濤主席訪問成果的聯合聲明。《朝日新聞》5 月 8 日發表評論説，聯合聲明中提到兩國對世界的和平與發展負有重要責任，要加強在重要國際問題上的協調。這説明兩國的視野已從關注兩國友好和調整雙邊關係，擴大到了在國際事務中的合作。聯合聲明中説，和平友好是雙方唯一選擇，並指出雙方互不構成威脅，這是基於兩國對所面對現實的認識。這種現實主義通過兩國領導人會談表現出來，是此次會談的最大意義。

《每日新聞》5 月 8 日的評論説，聯合聲明確認兩國要構築相互信賴關係並在國際社會中分擔責任，這值得積極評價。此次兩國領導人簽署的聯合聲明，是繼《中日聯合聲明》等三個政治文件後雙方簽署的第四個政治文件，是要通過擴大相互利益進行合作來發展兩國關係。作為今後兩國關係的指針，這一文件具有重要意義。聯合聲明明確指出，日中關係是最重要的雙邊關係之一，兩國一致認為長期和平友好合作是雙方唯一選擇。

在日本廣播協會電視台 5 月 7 日下午播出的新聞節目中，該台評論員説，他實實在在感受到了兩國的友好氣氛。這位評論員認為，胡錦濤主席在中共十七大和再次當選國家主席後首次出訪就訪問日本，而且是專訪日本一國，體現了中方對日本的重視。在兩國間仍存在一

些問題的情況下，胡錦濤主席訪問日本，體現了中國發展中日友好的決心。

　　共同社 5 月 7 日的評論說，聯合聲明明確提出兩國對亞太地區及世界「肩負着莊嚴責任」，傳達了雙方建立經得起國際考驗的日中關係新局面的意願。

第十節　中日關係轉型期

　　戰後 70 多年來，中日關係經歷了三個演變和發展階段。第一個階段是從 1945 年日本投降、新中國成立到 1972 年實現邦交正常化，是兩國無邦交、敵對或稱對抗的階段，也是我們從民間入手，採取「民間先行，以民促官」的方針，以「漸進積累」的方式，為實現兩國關係正常化創造條件的時期。第二個階段是從 1972 年復交到 20 世紀 90 年代中期，是中日關係空前大發展時期。第三階段可從 20 世紀 90 年代中期以後算起，在 20 年的時間裡，中日關係處於由「特殊關係」向「普通關係」轉型的過渡時期。

　　20 世紀 70 年代實現邦交正常化以來，中日關係進入了歷史新時期。其後，儘管在台灣問題、歷史問題、釣魚島問題等方面產生過一些矛盾和摩擦，但總的說來，友好合作是兩國關係的主流，兩國關係經受住了國際形勢和各自國內政局變化的考驗，在各個領域都取得了長足的發展，各領域的交流與合作，盛況空前，給雙方都帶來巨大的利益，完全可以說取得了雙贏。

　　其間，雙方政治來往頻繁，兩國領導人經常利用雙邊和多邊機會進行對話。鄧小平先後於 1978 年 10 月和翌年 2 月兩度訪日。此後，日方有大平正芳首相（1979 年 12 月）、鈴木善幸首相（1982 年 9 月）、中曾根康弘首相（1984 年 3 月、1986 年 11 月）、竹下登首相（1988 年

8 月）、海部俊樹首相（1991 年 8 月）、明仁天皇和美智子皇后（1992 年 10 月）、細川護熙首相（1994 年 3 月）、村山富市首相（1995 年 5 月）、橋本龍太郎首相（1997 年 9 月）、小淵惠三首相（1999 年 7 月）、小泉純一郎首相（2001 年 10 月）、安倍晉三首相（2006 年 10 月、2018 年 10 月）、福田康夫首相（2007 年 12 月）、麻生太郎首相（2009 年 4 月）、野田佳彥首相（2011 年 12 月）先後訪華。2002 年 4 月，小泉純一郎首相出席海南博鰲論壇。中方有華國鋒總理（1980 年 5 月、7 月）、趙紫陽總理（1982 年 5 月）、胡耀邦總書記（1983 年 11 月）、彭真委員長（1985 年 4 月）、李鵬總理（1989 年 4 月）、江澤民總書記（1992 年 4 月）、萬里委員長（1992 年 5 月）、榮毅仁國家副主席（1994 年 10 月）、喬石委員長（1995 年 4 月）、李鵬總理（1997 年 11 月）、江澤民主席（1998 年 11 月）、朱鎔基總理（2000 年 10 月）、溫家寶總理（2007 年 4 月）、胡錦濤主席（2008 年 5 月）先後訪問了日本。1995 年 11 月，江澤民主席出席了在大阪召開的亞太經濟合作組織領導人非正式會議。

日本是我國主要資金合作夥伴。從 1979 年開始，日本政府對中國啟動政府開發援助（ODA），我國從 1979 年開始使用日元貸款。經雙方商定，2008 年前結束對華日元貸款。日本政府累計向中國政府承諾提供日元貸款約 33,164.86 億日元，用於 255 個項目的建設。截至 2013 年底，我國利用日元貸款協議金額 32,233 億日元，累計提款 28,260 億日元，已償還本息 20,850 億日元。截至 2011 年底，我國累計接受日本無償援助 1,566.3 億日元，技術合作 1,446 億日元。日本是向我國提供政府貸款和無償援助最多的國家，約佔外國政府向中國承諾貸款額的 50%，涉及項目包括道路、港口、發電站、地鐵等大型基礎設施和醫療保健、環保、教育領域的基礎設施，為中國的經濟發展、投資環境的改善、對外貿易的擴大和人民生活水平的提高，發揮了積極作用，特別是在改革開放的初期，發揮了重要的作用。對此，中方一直以客觀、積極的態度給以介紹和評價。進入 21 世紀後，ODA 項目從東部沿海

地區的基礎設施轉向環保和內陸地區的社會發展、人才培養、技術轉讓、人員交流、脫貧支援、對第三國跨國合作和東亞環保領域的合作。

中日貿易從 1972 年的 10 億美元發展到 2014 年的 3,124.4 億美元，增加 300 多倍。日本是中國內地主要貿易夥伴。從 1993 年到 2003 年，11 年來，日本一直是中國內地的第一大貿易夥伴；2004 年被歐盟、美國超過，退居第三；2011 年被東盟趕超，成為中國內地第四大貿易夥伴；2012 年被香港超過，退居第五大貿易夥伴。據日方統計，2009 年，中國首次超過美國，成為日本最大出口對象國，中國是日本最大貿易對象國。

日本是中國第三大商業外資來源地，中國是日本第二大對外投資對象國。日本直接對華投資從零開始，到 2005 年，已有 3 萬多家日資企業到中國落戶，投資金額達 400 多億美元。中國已成為日資企業在海外尤其是亞洲重要的生產據點、研發基地和銷售市場。截至 2012 年 2 月底，日本對華投資累計項目數 46,292 個，實際到位金額 812.3 億美元。截至 2013 年底，日本累計對華投資 955.6 億美元。2014 年日本對華投資金額 43.3 億美元。

1979 年 12 月，兩國簽署《中日文化交流協定》，確定了發展兩國文化、教育、學術、體育等方面交流的目標。在雙方共同努力下，中日文化交流與合作全面發展，呈現出官民並舉和多渠道、多形式的新局面，其範圍之廣、規模之大、數量之多、活動之頻繁、內容之豐富，在與中國有文化交流的國家當中處於領先地位。中日文化交流呈現以下特點：(1) 共同文化淵源深厚，文物、書法、詩歌、水墨畫、戲劇（京劇、歌舞伎）等傳統東方文化的交流獨樹一幟。(2) 民間交流佔據主體。據統計，目前民間文化交流約佔文化交流總量的 95% 以上。

近年來，雙方在商業展演、音樂影視、動漫遊戲等新興文化產業領域的交流與合作蓬勃發展。目前，日本已成為中國最重要的文化貿易夥伴之一。

中日兩國舉辦了眾多大型文化交流活動。2002 年中日邦交正常化 30 週年之際,中日兩國共同舉辦了「中日文化年」活動。2007 年為「中日文化體育交流年」,全年共舉辦 300 多場活動。2008 年為「中日青少年友好交流年」,雙方開展百餘項青少年友好交流活動,實現 4,000 名青少年互訪,涉及出入境團組人數達 12,000 多人次。2009 年 12 月,民主黨幹事長小澤一郎率領由 140 餘名年輕議員及 400 多名後援會成員組成的大型代表團訪華。2009 年 12 月,中國文化中心在日本東京掛牌成立。2010 年 2 月 7 日至 11 日,第五屆中日友好 21 世紀委員會第一次會議在北京和江蘇揚州舉行。2010 年 10 月 30 日至 11 月 5 日,第五屆中日友好 21 世紀委員會第二次會議在日本新潟舉行。2011 年 10 月 23 日至 25 日,第五屆中日友好 21 世紀委員會第三次會議在北京和湖南長沙舉行。2011 年 12 月日本首相野田佳彥訪華期間,兩國領導人將 2012 年確定為「中日國民交流友好年」。2012 年 2 月 16 日和 4 月 10 日,中日雙方分別在北京和東京舉辦「中日國民交流友好年」開幕式,並互派政府特使出席。2013 年 1 月 22 日—3 月 3 日、10 月 1 日—11 月 24 日,《書聖王羲之》大型特別展和《特別展上海博物館中國繪畫的至寶》分別在東京國立博物館盛大舉行。2014 年 6 月 5 日,第五屆中日友好 21 世紀委員會在日本長崎舉行中日關係研討會。10 月起,中國人民對外友好協會和日本民主音樂協會主辦的上海歌舞團舞劇《朱鷺》開始在日本巡演。12 月 3 日至 4 日,第五屆中日友好 21 世紀委員會全體會議在北京舉行。

2013 年中日雙邊人員往來為 471 萬人次,2014 年中日雙邊人員往來為 556.6 萬人次,同比上升 18.2%。其中,我國赴日公民 284.8 萬人次,同比增長 55.22%;日本來華人員 271.8 萬人次,同比下降 5.56%。兩國目前共締結友好城市 252 對。

科技交流與合作密切。中日邦交正常化以後,雙方於 1980 年簽署《中華人民共和國政府和日本國政府科學技術合作協定》,建立起政府

間科技合作關係。此後，兩國的科技交流與合作發展迅速，規模不斷
擴大，形成了多形式、多渠道、官民並舉的局面。特別是在應用技術
合作方面成績顯著，為我國社會經濟發展、科技進步起到了積極作用。

兩國間的教育和學術交流空前活躍。截至 2006 年，有近 11 萬
中國人在日本留學。據日方有關機關調查，在中國國內學習日語的中
國人，1998 年約為 24 萬人，2003 年增為約 39 萬人。中國國內的日
語教學機構共 936 所，其中大學有 475 所，高中以下 302 所，職業學
校有 159 所。2005 年，約有 145,270 名中國人參加日語能力考試，參
加人數居世界首位。據中方 2004 年統計，在中國的日本留學生為
19,059 人。

自胡錦濤主席 2008 年訪日以來，兩國關係進一步取得可喜的進
展。雙方高層保持密切往來，經貿等各領域的合作不斷加深。特別是
中國汶川發生大地震後，日本對中國抗震救災提供了寶貴援助；此後
北京舉辦奧運會和殘奧會，日本政府和人民也給予了熱情支持。這些
積極互動不僅增強了兩國和兩國人民之間的相互理解和友好情誼，而
且為加強雙方在各個領域的交往合作營造了更加有利的氛圍。

但是，1972 年實現的中日關係正常化，是我國領導人出於高度的
戰略謀劃和政治判斷，捐棄前嫌，以寬廣的胸懷與日本達成的和解；
所建立起來的關係，是以戰勝國的大度和戰敗國的歉疚為思想基礎的、
強調友好的「特殊關係」。

20 世紀 90 年代中期以後，圍繞中日關係的形勢發生了巨大的變
化，「特殊關係」難以為繼，「普通關係」勢在必行。其主要特點是從強
調友好到強調國家利益，以是否符合國家利益作為處理雙邊關係的標
準。一方面，日本戰後成長起來的新生代政治家進入權力中樞，他們
不像老一代政治家那樣有「戰爭罪惡感」「戰敗國意識」，在國內民族主
義情緒上升、右傾化思潮氾濫的背景下，亟欲摘掉「戰敗國」的帽子，
加緊走向政治大國，同時改變對我國的低姿態，意欲與我國建立以國

家利益為基礎的「普通關係」，進而在歷史和中國台灣等問題上，挑戰雙方達成的協議原則，導致中日關係矛盾和摩擦增多。另一方面，中國的崛起，導致東亞出現兩強並立的局面，打破了兩千多年來中日關係史上實力始終不對稱的格局，日本在戰後亞洲經濟地圖上獨佔鰲頭的地位受到挑戰。面對新現實，日本缺乏心理準備，失落感、危機感交集，乃至視中國為威脅或潛在威脅，成為中日間矛盾和摩擦增多的內在原因。

從兩國關係的發展階段看，在 20 世紀 90 年代中期以後，由於中日力量對比的變化，舊的平衡被打破，新的平衡尚未建立起來，彼此都尚在戰略上摸索定位對方，兩國關係尚未發育完全成熟，政治上的互信關係尚待確立，造成兩國關係存在不穩定性、不確定性，有不少變數。

在中日關係的過渡時期，從日方來說，因有歷史問題的存在，有實際利益的紛爭，不能適應兩國關係態勢的變化，即看不到兩國關係已經進入從「特殊關係」向「普通關係」過渡的階段，還因未找到正確定位對方國家的心理平衡點，兩國間頻發矛盾和摩擦是不可避免的。

第十一章
日本政局變化帶來新課題

第一節　民主黨政權下的內外政策取向

2009 年夏秋之交，日本政局發生了歷史性的變化，民主黨在 8 月 30 日舉行的日本國會眾議院選舉中一舉奪得總共 491 個議席中的 308 席，而長期執政的自民黨僅獲得 119 席。民主黨以在國會眾議院佔據絕對多數議席為資本，取代長期把持政權的自民黨，首次成為日本新的執政黨，民主黨黨首鳩山由紀夫成為新一任首相。

當時，日本國內外輿論普遍認為，本次日本易幟不是簡單的政黨輪替，而是 50 多年來日本自民黨執政機制的崩潰，認為民主黨的登場可以說是改朝換代，被稱為「幕後將軍」的民主黨幹事長小澤一郎則把日本政壇的這種變化稱作「解放」。

日本政局這種歷史性的變化經歷了 15 年的演變過程。1994 年以來，日本政治體制的演變日趨活躍，主要內因是自民黨派閥政治模式走到盡頭，不能適應冷戰後的形勢，過去是自民黨一黨獨大，無政策之爭，各派閥輪流執政，主要外因是冷戰結束的衝擊，日本戰後體制進入轉折期，實現追趕目標後政治體制面臨調整，目標是向兩大保守政黨體制過渡，經濟上向分權制過渡，外交上從依附向獨立發揮作用方向過渡。當時，日本輿論普遍認為，民主黨贏得這次大選上台執政，標誌着兩黨制的目標實現，15 年前開始的日本政治體制的演變告一段落。民主黨上台，日本民眾很興奮，支持率一度高達 80%。

民主黨新政權上台後，日本的內外政策都面臨大調整的課題。對內，主要是調整經濟政策。小泉執政時期引進美國式的自由主義經濟制度，提倡競爭，強調效率，大搞民營化，維護大企業的利益，導致地區差距、貧富差距拉大，許多民眾生活受到影響。小泉之後的自民黨政權也只是強調促進經濟增長，而沒有在改善民生方面下功夫，引起民眾不滿情緒有增無減，民主黨正是利用這種形勢上台的。

民主黨政權強調重分配、重民生，強調社會公平，照顧弱勢群體、

中小企業，與大企業的關係緊張。經團聯會會長御手洗認為重分配、放棄增長之路行不通，建議民主黨政府增加消費稅，未被理睬。經濟上，日本已經連續 5 個季度無增長，一度有所好轉，但無根本的改善。能否很快扭轉低迷的局面，走上穩定發展的軌道，是對民主黨新政權的考驗。

民主黨上台後勾畫的日本構築新型大國關係的藍圖雖然也把日美同盟定位為日本外交的基礎，但提出減少對美國的依賴，擺脫美國影響，把日美關係放在平等位置上，而不是放在從屬地位，使日美關係朝着「緊密而對等」的狀態發展，進而爭取日本「自主的外交話語權」；另一方面強調要調整對鄰國的外交，進而實現重返亞洲的目標。鳩山由紀夫首相提出「友愛外交」的理念，強調日本是個亞洲國家，「日本的生存之地在亞洲」，對鄰國示好，表示會奉行「親亞外交」，要推動創建東亞共同體。

從鳩山等人的言論看，民主黨對多極化加速發展的國際形勢，對中國在國際格局中的分量、地位、影響及中國之於日本的重要性，對亞洲的崛起之於日本的影響，都有敏銳的認知；對日美關係有深刻的反思；對日本在國際事務中被邊緣化的趨勢，有相當的危機感。因此，鳩山執政後，主觀上是要在對外政策上進行大幅度調整的。

第二節 民主黨政權下的對華關係

對中國來說，鳩山新政權的外交至少有兩點值得充分肯定。一是重視亞洲，主張深化日中關係。二是在十分敏感的、常常困擾兩國關係的歷史問題上態度明朗。這種積極的變化，對中日關係的發展提供了一個難得的歷史性機遇。

2009 年 9 月 21 日和 10 月 10 日，國家主席胡錦濤先後在紐約和

北京會晤日本新首相鳩山由紀夫，希望並相信鳩山首相任職期間中日關係會呈現更加積極發展的新氣象，迎來更加廣闊的發展前景，並表示，中國始終從戰略高度和長遠角度看待和發展中日關係，將繼續奉行中日友好政策，同日方一道致力於實現兩國和平共處、世代友好、互利合作、共同發展的大目標。通過這兩次會晤，日本政局劇變後的中日關係已經實現了平穩過渡，並且有了好的開局。據説，這兩次領導人會晤，相互感覺都不錯。過去見面時都有緊張感，心裡有事，這次都談得開。在 9 月 21 日的會見中，鳩山倡議從共同開發東海資源開始，深化兩國的地區合作，進而實現建設東亞共同體的目標。鳩山還高度評價新中國 60 年取得的成就，認為這主要源於中國內部的穩定，他的看法超過了福田康夫首相。福田也認為中國會超過日本，但認為中國問題多，未來是個未知數，可能動蕩甚至發生內亂。

　　10 月 10 日，中日韓三國領導人在北京開會，溫家寶總理與鳩山首相會談也談得不錯。鳩山表示，日本政府將忠實履行中日之間的四個政治文件。在歷史問題上，鳩山表示將以史為鑒，正視歷史，面向未來。他説，他有堅定的信念，在靖國神社問題上，中方完全可以消除擔憂。關於「毒餃子」事件，鳩山表示，應繼續調查，但不影響食品安全合作，可開始食品安全合作。關於節能減排，鳩山提出希望中國人均減排水平不要超過日本（目前是日本的 1/3）。關於東海問題，溫家寶總理強調從長計議，欲速則不達；鳩山表示希望東海成為友好、友愛之海，不是採取緊逼的態度。關於地區合作，鳩山強調建立東亞共同體。隨後，三國首腦會談發表了致力於建設東亞共同體的聯合聲明。

　　習近平副主席 2009 年 12 月 14 日起對日本進行正式訪問，這是中國領導人在民主黨執政後對日本進行的首次訪問。習近平副主席同鳩山首相會談，就中日關係和其他共同關心的國際和地區問題坦誠深入交換了意見，達成廣泛共識。雙方一致認為，應該進一步加大對發展兩國關係的戰略投入，深化雙邊合作，拓展在亞洲的合作，共同應對

全球性挑戰，推動中日戰略互惠關係得到更大發展。

　　民主黨雖然更加重視保持和發展同包括中國在內的亞洲國家的關係，但是這不等於他們執政以後，兩國之間不存在問題、不產生矛盾。有一些既存的關乎國家核心利益的問題，如東海問題的交涉，不會比與自民黨政權容易打交道，同時在人權等問題上，可能有時會製造麻煩，涉台問題在一定氣候下也會浮現出來。

　　同自民黨一樣，民主黨也有一個如何在戰略上定位中國的問題。民主黨內有若干勢力集團。這些集團的歷史淵源、人脈關係、代表的階層利益有所不同，在對華態度上也有所區別。民主黨上台執政時，中國這個鄰居的 GDP 馬上就要超過日本了，面對變化如此之快的現實，面對一個不可知的未來，日本的心情極為複雜，心態難以平衡，當然不能指望它一下子就適應這個形勢，更不能要求它一下子就接受你，放心地與你打交道，無保留地同你合作。這不僅因為民主黨的主流屬保守黨的類型，更主要的是它作為一個執政黨不能不從國家的立場去處理對外關係。如果民主黨在發展中日關係上步子過大，不能不受到來自美國和自民黨、日本社會上右傾保守勢力的牽制，何況民主黨作為執政黨，內部還有個統一意見的問題。

　　2011 年是中日關係恢復並有所發展的一年。2010 年 9 月發生釣魚島風波，使正在構建中的中日戰略互惠關係受到重挫，兩國政治關係迅速降溫。釣魚島風波後，雖然日本在對華政策上出現了一系列令人匪夷所思的現象，但中日關係基本格局沒有變。這是因為中國對日政策沒有變化，日本重視對華關係的基本政策也沒有變化，雙方都希望盡快修復因釣魚島風波而嚴重受創的關係，並繼續推進戰略互惠關係的進程。

　　日本在情緒化的反應過後，隨着時間的推移，逐漸回歸理性思維，認識到與中國關係的重要性，特別是日本經濟界看好中國。2010 年中日貿易總額達到 3,019 億美元，中國是它的第一大貿易夥伴，第一大

出口市場；截至 2007 年年底，日本對華直接投資累計項目數為 39,688 個，實際到位資金 617.2 億美元，中國是它的主要資本輸出市場；2010 年人員來往上，中日間達到約 539 萬人次，中國越來越成為它的旅遊大客源。

2011 年以來，由於中日間良性互動，關係不斷回暖。日本東北地區遭受歷史上空前的地震、海嘯和核泄漏復合災害後，中國政府和人民感同身受，立即行動起來，從物心兩面提供救援。震災後，中國迅速派遣國際救援隊趕往受災嚴重的岩手縣大船渡市，在降雪、嚴寒的環境下，連日竭盡全力開展搜救活動。胡錦濤主席到日本使館弔唁、慰問，這不但在中日關係史上屬首次，在中國外交史上也不多見。溫家寶總理致電慰問，還利用去東京出席第四次中日韓領導人會議的機會，赴宮城縣災區慰問日本民眾，表達中國政府和人民對日本人民的深切同情和對日本災後重建的支持。日方也積極開展震災外交，謀求恢復對華關係。菅直人首相給胡錦濤主席發送親筆信，就中國為日本大地震提供的援助深表感謝。他在信中表示日本今後也將把中國視為「最重要的國家」。菅直人首相還在《人民日報》上刊登了感謝援助的廣告「情誼紐帶」。中日兩國領導人的「救災外交」，又重新開啟高層溝通的大門。兩國相向而行，使關係有所升溫，國民感情有所改善。

在這種背景下，中日雙方都格外珍視 5 月 21 日、22 日在東京召開的中日韓第四次領導人會議的機會。通過這次會議，彼此關係的氣氛明顯改善，並使三方合作框架內的合作取得實質性進展。入秋以後，中日兩國高層頻繁交往。胡錦濤國家主席在夏威夷 APEC 會議期間會見了野田佳彥首相，溫家寶總理在東亞領導人系列會議期間與野田首相進行了晤談。11 月，日本外相玄葉光一郎訪華，溫家寶總理、戴秉國國務委員分別會見，楊潔篪外長與其舉行會談。2011 年 2 月和 12 月，舉行了兩次中日戰略對話。12 月，日本海上自衛隊護衛艦「霧雨」號應邀訪問青島。這是日本海上自衛隊艦艇時隔 3 年半第二次訪華。

2011 年日本政局穩中有變。民主黨繼續執政，但首相易主，野田佳彥取代菅直人上台執政。野田是民主黨政權 2009 年誕生後的第三任首相。民主黨執掌政權後，其對外政策隨着首相的更迭不斷演變。鳩山由紀夫被認為是「親華疏美」的首相，要拉開同美國的距離，與美平起平坐，同時加強同中國的關係，意欲建立日美中等邊三角形的關係，反映了日本民族爭取獨立的願望，但具有理想主義色彩。

菅直人首相在政治理念上，基本屬於自由派或「中左派」，是個中國通，與中國來往比較頻繁。1983 年，他作為 3,000 名日本青年的一員參加中日青年大聯歡，受胡耀邦總書記的邀請第一次訪華。此後，訪問中國數十次，每次都受到中國領導人的會見，與中國領導人建立了友情和信賴關係。他主張與中國發展良好外交關係，表示中日兩國友好並不僅僅局限於 21 世紀，而是應該把這種源遠流長的友好關係持續一千年、兩千年。

在歷史問題上，菅直人承認日本從 20 世紀 30 年代開始對中國進行的侵略戰爭是歷史事實，日本應當對過去的侵略戰爭、在亞洲的殖民統治問題進行深刻反省並表示道歉。菅直人上台伊始就公開聲明不會參拜靖國神社。6 月 15 日下午，他在日本參院全體會議上表示，靖國神社內合祀着甲級戰犯，首相和內閣成員的公職參拜是有問題的，表示在任期間不打算進行參拜。在台灣問題上，他聲稱希望中國儘早實現和平統一，公開主張台灣是中國領土的一部分。菅直人在東京工業大學演講時，公開表明「反對台灣獨立」。

菅直人吸取鳩山的教訓，在處理日美關係上更加現實和穩健。2010 年 6 月 3 日，他談及外交政策時，修正了鳩山前首相推進的「對等日美同盟」政策，明確地轉向了「日美同盟最優先」的政策，強調日美同盟關係是日本外交政策「基軸」，同時，「我們將重視發展日中關係；對日本的未來而言，這是正確選擇」。基此，2010 年，日本外交安全戰略進行重大調整，主要表現為對美外交傾斜、日美同盟的修復

與強化，對華外交強硬及加強安全防範。

新首相野田佳彥上台主政後，繼續奉行以保持和加強日美同盟關係為優先目標的對外政策。野田是「日本政治家的搖籃」松下政經塾出身的第一位首相，松下政經塾出身的政治家中偏右者不少。他生於1957年，出任首相時54歲，屬戰後派政治家，在民主黨內代表了一部分少壯派力量，是近年來最年輕的日本領導人之一。他問鼎首相寶座，標誌着日本政壇迎來一場世代交替，戰後派進入權力核心。野田主張修改和平憲法，聲稱「所謂的甲級戰犯均不是戰爭罪犯」，在釣魚島等問題上持強硬態度，要求中國在軍事上增加透明度。此人自稱「泥鰍」，善於水面下操作。他注重黨內外的協調，作風務實，是個現實主義者、利益優先的實用主義者。

野田曾幾度訪華，上台後表示重視對華關係，稱中國的發展是日本的機遇，發展對華關係是野田內閣的基本方針，宣佈任內不參拜靖國神社，以避免在中國佔據道義制高點的歷史問題上與中國發生衝突。他上台伊始，主動與溫家寶總理通電話，並達成繼續推進戰略互惠關係發展的共識。

野田首相於2011年12月25日、26日正式訪華，這是他出任首相後首次對外國進行的正式訪問，意在顯示對日中關係的高度重視，說明日本雖然在外交和軍事上緊跟美國，對我國防範和牽制的一面明顯，但又很重視對華溝通、協調和合作。

其間，胡錦濤國家主席、吳邦國人大常委會委員長會見了野田首相，溫家寶總理與之會談，就深化中日戰略互惠關係達成共識，表示將以2012年邦交正常化40週年為契機，努力增進政治互信，深化經貿合作，增進國民友好感情，加強在地區和國際事務上的協調與合作，推動兩國關係邁上新台階。中日雙方通過一系列的會見與會談，就落實讓東海成為「和平、合作與友好之海」的協議達成一致，同意將為管理海上危機而建立中日副外長級的磋商機制，並就日本購買中國國債及推動兩

國間貿易以日元和人民幣結算問題達成一致，就儘早啟動中日韓自由貿易協定談判、擴大青少年交流、在節能環保領域開展合作和簽署海上搜救協定達成原則共識，表明野田首相此訪是一次富有成果的訪問。

野田政府的政策取向表明，日本對華關係的發展趨勢是，經濟上倚重中國，安全上對中國戒備加深，拉緊與美國的同盟關係，附和美國對中國採取的「圍交政策」（congagement），既圍堵又交往。這是日本對華採取的方針。

第三節　民主黨政權對華政策變奏的背景

中國的崛起、中日力量對比變化和美國戰略重心東移是日本調整對華政策的背景。中國的 GDP 超過日本，雖然說在技術等領域與日本還存在不少差距，但經濟總量超過日本，對日本造成巨大的衝擊。2010 年釣魚島撞船事件的處理，實際上是綜合國力的較量。中方動真格了，強壓它放船放人，日本有嚴重的屈辱感和挫折感，它感到威脅，需要在政治和安全領域借重美國，平衡和鉗制中國，而高調返回亞洲的美國則利用這次機會加強了它在該地區外交和安全上的地位，獲得了繼續控制日本、還讓日本感謝它的絕好理由。挑動中日之爭，符合美國在亞洲的戰略利益。國際力量格局正發生深刻變化，美國一極獨霸力不從心，為加強對中國防範，美日相互借重的需要上升，美國在加緊拉攏日本，而日本則要「傍美防華」，二者一拍即合。

從地緣政治的角度講，日本之所以強化與美國的戰略軍事同盟，是想藉助於美國強大的軍事力量，堵嚇它意念中的敵手，使所謂「想對日本發動進攻的敵對國」考慮其後果，使其要冒更大的風險和代價而不敢輕易動手，實際上是企圖借美國的實力來對假想的地緣對手進行一種地緣遏制。

菅直人內閣的智囊、日本防衛大學校長五百旗頭真 2010 年在日本的《每日新聞》發表文章說：要讓在經濟力量和軍事力量即將超過日本的國家不能動手的方法，是採用兩種對策相結合。一是自助努力，通過提高自身防衛能力和運用政治、外交手段，將「問題國家」引入和平、合作的國際框架；二是讓日美同盟發揮作用，「以日美為中心的國際關係保持良好，任何國家都不能輕易動手」。還說：對於日本的安全，「最重要的是不把中國當作敵人，在互利基礎上維持一定的合作關係。從中國的角度看，雖然討厭卻又不能動手，日本能夠成為這樣一種存在就很偉大了」。上述這段話正是對民主黨政權的對華政策背景最好的詮釋。

民主黨上台執政以來，日本在同中國大力發展經貿關係的同時，明顯地加強了對中國的防範和鉗制。日本政府 2010 年 12 月公佈的 2011–2015 年新防衛計劃大綱，提出「動態防衛力量」的新概念。此前，日本的防衛概念是以冷戰時期的蘇聯為主敵，在全國各地部署兵力，防衛固定據點的「基礎性防衛力量」。「動態防衛力量」新概念即在必要時能夠迅速調動其他地區的部隊，提高自衛隊的機動性，增強戰鬥力。據此，日本自衛隊把駐守北海道的兵力調至九州，實施針對中國的軍演。過去這部分兵力用於防禦蘇聯、俄羅斯的威脅。

2011 年 6 月 21 日，美日兩國外交部部長和國防部部長在華盛頓舉行了新一輪安全保障協商委員會會議（簡稱「2 + 2」會議）。會後發表的題為「走向更加深入和廣泛的美日聯盟」的《聯合聲明》宣稱：「美國政府重申將運用全部軍事能力（包括核武器和常規武器）保衛日本和維護地區的和平與穩定。日本政府重申向美軍提供可以穩定使用的日本設施和領土以及支持美軍作戰行動的承諾。」這次會議對自民黨執政時期於 2005 和 2007 年召開的兩次「2 + 2」會議制定的共同戰略目標進行修改和更新，制定了新的美日共同戰略目標，突出共同應對所謂「中國威脅」。會議不僅繼續把台海問題列為美日同盟的共同戰略目

標之一，還把南海問題列為主要議題之一。日美兩國的媒體都報道說，《聯合聲明》所提及的所謂「保衛航行自由」就是針對南海問題提出的。實際上，美日的意圖不僅僅限於所謂「南海問題」，日本《東京新聞》社論稱，這次會議發表的是一個「牽制中國海軍進出海洋的聯合聲明」。美日兩國的媒體都明確指出，《聯合聲明》中所提出的「深化美日太空對話和建立關於網絡安全的雙邊戰略政策對話機制，也都是針對中國的」。關於《聯合聲明》中所列的共同戰略目標之一 ——「敦促某些國家不要在軍事上追求和獲得可能引起地區安全環境動盪的能力」，美日媒體指出這是針對中國的軍事現代化而言的。日本《讀賣新聞》報道稱：「這番話是對中國提升軍備行為的牽制。」《聯合聲明》宣佈的共同戰略目標中還敦促中國「遵守行為規則」，「要求中國在軍事現代化和活動中增加公開性和透明度」，表明民主黨政權下的日美軍事同盟比自民黨執政時期走得更遠，針對中國的指向更加明顯。

野田政權在未獲黨內外共識的情況下，匆忙決定加入美國旨在加強其在亞洲的經濟地位而倡導的《跨太平洋戰略經濟夥伴關係協定》（TPP）談判。日本的加入意味着對美國主導亞太經濟一體化的支持，與其說是出於日本經濟利益的考慮，不如說是基於地緣政治和安保戰略。此舉也被認為可能弱化中日韓三邊 FTA 談判在區域經濟合作中的作用。日本《每日新聞》認為：「TPP 的目的之一是通過在日美主導下制定亞太地區的自由貿易框架，牽制中國並逼其就範。」該報透露了日本開始加入該協定談判的深層考慮，稱：「日本政府人士的說法一致：儘管不便公開說出來，TPP 確實是對華戰略的一個環節。」野田首相的一位顧問對日本的意圖說得更加明白，他說：「日本加入 TPP 會談將有助於鞏固日本的戰略環境，讓中國覺得日本是一個強大的國家，不會被嚇倒」。野田首相的助理曾宣稱，日本有必要從抗衡中國這一外交戰略角度考慮加入 TPP 談判。他說，日本「要營造出在中國看來『日本不可輕視』的戰略環境」。他同時強調「我們要有『亞太地區秩序由

日美來構築」的積極觀點」。

另一個顯著動向是，野田內閣在倚重美國的基礎上，在中國與東南亞國家存在領海島嶼糾紛的背景下，頻頻與東南亞國家牽手，高調介入南海問題，試圖拉攏在南海問題上與中國存在爭議的菲律賓和越南，並聯手澳大利亞、韓國、印度和東盟牽制中國。

第四節　釣魚島爭端爆發，中日關係全面倒退

2010 年發生的釣魚島撞船事件剛剛平息，2012 年邦交正常化 40 週年之際，右翼政客、東京都知事石原慎太郎又發難了。他於 2012 年 4 月 6 日在美國發表講話，提出 2012 年內購買釣魚島產權，聲稱要開發釣魚島，在島上建設施等，並向社會募捐。據時任外相前原誠司揭露，石原私下還表示，為釣魚島可以「不惜一戰」。石原作為最典型的右翼勢力代表，此舉旨在煽動民意，製造中日民族對立，破壞日中關係，撈取個人政治資本；更在於給中國設陷阱，企圖把中國拉入武裝衝突，打斷中國的戰略機遇期，讓我們戰略上失敗。

自 4 月日本掀起「購島」鬧劇以來，中國領導人高度重視事態發展，多次在不同場合向日方表明中方嚴正立場。我國外交部和駐日使館向日方反覆密集交涉，要求日方立即停止一切單方面行動，回到通過對話協商管控分歧的正確軌道上來。

之後，野田政府以對釣魚島「實行平穩、穩定管理」，從而避免石原「購島」對中日關係可能造成的傷害為託詞，提出了政府購島的主張。日方當時通過多種渠道向我方解釋，希望我方理解。

9 月 9 日，胡錦濤主席在出席國際會議期間會見野田首相，嚴肅表明我國立場，規勸他要以維護中日關係大局為重，不要做出錯誤的決定，而野田政府竟不顧勸告，第二天就決定政府購島，11 日悍然宣

佈實施。日本政府的倒行逆施嚴重侵害中國領土主權，理所當然地引起中國政府及各地民眾的強烈反應。

2012 年 9 月，日本民主黨政權炮製「購島事件」，導致中日關係陷於邦交正常化以來最嚴重的危機。2012 年底大選後安倍晉三政權取代民主黨上台，中日關係不僅沒有緩解，反而更加緊張。

彼時的中日關係面臨釣魚島、歷史和軍事安全等三個突出問題。在釣魚島問題上，安倍政權上台後，不僅沒有糾正民主黨政權的錯誤，反而變本加厲，一口咬定「尖閣列島是日本固有領土」，「不存在主權爭議」，「從來沒有過擱置爭議的默契」，從而關閉了理性解決爭議的大門。與此同時，他不斷做出希望同中國舉行高層對話的外交姿態，並不斷製造輿論，混淆視聽，宣傳「不能實現首腦會談是因為中方預設了前提條件」，把關係不能恢復的責任推到中國身上。

在歷史問題上，安倍政權的一系列言行表明，它企圖否定和美化日本過去那段侵略歷史，搞翻案，開倒車，挑戰二戰後國際秩序，其消極動向引起國內外廣泛關注並遭到嚴厲譴責後，上台之初看似有所收斂，實則在窺探時機，以求一逞。

在安全戰略上，安倍政府為實現其修憲強軍目標，大肆渲染「中國威脅論」，無端指責中國要「用實力改變現狀」。以此為口實，他調整外交和安全政策，加強日美同盟，進行針對中國的軍事部署和軍演，並極力拉攏他國，拼湊對華包圍圈，把中國與朝鮮並列為日本的「安全課題」，防範、牽制和圍堵中國的意圖十分明顯。

2012 年 12 月，安倍內閣通過了首份《國家安全保障戰略》、新《防衛計劃大綱》及《中期防衛力量整備計劃》。美聯社指出，這三個火藥味十足的文件都把中國設定為假想敵，反映了安倍的「軍事野心」。共同社評稱，為達到牽制中國並強化日美同盟的目的，日本的安保政策由「專守防衛」轉為旨在擺脫現行憲法第 9 條束縛的「積極的和平主義」，迎來了重大轉變。

第十二章

關於釣魚島問題的鬥爭

釣魚島問題是中日關係中的一個懸案，它不是一般的領土主權爭端，而是中日間歷史問題的延伸。問題發端於日本軍國主義對中國的侵略擴張，是日本在鴉片戰爭後期趁火打劫、渾水摸魚造成的。

第一節　釣魚島屬於中國

釣魚島屬於中國。無論從地理上還是從中國歷史管轄實踐看，釣魚島一直是中國台灣島的附屬島嶼。

從地理位置上看，釣魚島、黃尾嶼、赤尾嶼與台灣島一起，都坐落在水深只有 200 米的大陸架上，與沖繩之間隔着一條 2,000 米深的海溝。按照《大陸架公約》確立的「同在一個大陸架上之島嶼歸該國所有」的原則，釣魚島毫無疑問屬於中國。

大量古代權威文獻證明，在 1895 年日本利用甲午戰爭之機竊取釣魚島之前，中國至少已先於日本 400 多年發現、命名並實際利用了這些島嶼。日本在明治維新以後，加快對外侵略擴張，1879 年吞併琉球之後不久，便密謀侵佔釣魚島，並於 1895 年 1 月 14 日召開內閣會議，秘密決定將釣魚島劃歸沖繩縣管轄。同年 4 月 17 日，又迫使中國簽訂不平等的《馬關條約》，割讓台灣全島及包括釣魚島在內的所有附屬各島嶼。

具體地説，釣魚島在明朝就已納入中國版圖與海上防區。1372 年，明太祖曾派遣楊載出使琉球國，從此中國與琉球建立其冊封與朝貢的關係。從那時起，近 500 年間，中國曾向琉球國派出 24 次冊封使，留下多卷的《使琉球錄》清楚地記載了途經釣魚島去琉球的海路情況。琉球王國共 36 島，從不包括釣魚島，這是古代中國與琉球共同確認的。

日本堅稱釣魚島是日本佔領的「無主地」，其「領有」的「根據」是

1884 年日本人古賀辰四郎發現了釣魚島，要求沖繩縣縣令允許他開拓，並稱這期間日本政府反覆調查證明這些島嶼是無人島，沒有清王朝統治的痕跡。稱日本是在 1895 年 1 月 14 日內閣會議決定編入沖繩縣的，不是通過甲午戰爭從中國奪取的，也不包括在《馬關條約》之中。

事實並非如此。日本的外交檔案第 18 卷、第 23 卷有清楚地記載。明治政府明知釣魚島並非無主地，而且附有中國的島名，卻仍然趁甲午戰爭勝局已定之機秘密竊佔。這與以和平方式公開擁有無主地的「先佔」原則毫不相干。根據日本外交檔案記載，1885 年 9 月 22 日，沖繩縣縣令西村舍三根據內務省的命令做了調查，調查的結果是：「該島……恐無疑係與《中山傳信錄》記載之釣魚台、黃尾嶼、赤尾嶼等屬同一島嶼。若屬同一地方，則顯然不僅也已為清國冊封原中山王使船所悉，且各附以名稱。」但是，這個結果出來之後他們並沒有善罷甘休，而是繼續調查。同年第二次調查以後，當時的外務卿井上馨又給內務卿山縣有朋寫信稱：「關於沖繩縣與清國福州之間散在的無人島、久米赤島以外二島事宜，該等島嶼亦接近清國國境……尤其是清國亦附有島名，近日清國報章等，刊載我政府擬佔據台灣附近清國所屬島嶼之傳聞，對我國抱有猜疑，且屢促清政府之注意。此刻若公然建立國標等舉措，必遭清國疑忌，故當前宜僅限於實際調查及詳細報告其港灣形狀，有無可待日後開發之土地物產等，而建國標及着手開發等，可待他日見機而作。」

從其第二次調查結果看，他們明知這個島嶼不是無主地，而且中國早就附有島名並警惕日本佔島，但還不罷休。後來沖繩縣縣令西村舍三奉命第三次秘密調查，其結論是：「這些島嶼未必與清國完全無關，萬一發生糾紛，如何處置，請速指示。」當時，日本對華戰爭準備尚未就緒，擔心觸動清政府，所以只好暫時作罷，結果一放就是十年。

然而，日本右翼勢力則刻意歪曲篡改日本竊取釣魚島的歷史。日本外務省也不談這段歷史。不僅如此，他們還通過對文獻的篡改和斷

章取義來欺騙日本公眾。日本沖繩縣「尖閣諸島防衛協會」會長惠忠久1996年出版的資料集便是一個例證。作者說那是他近二十幾年苦心研究的成果。其中有一段文字中間出現「中略……」「以下略……」等省略的部分。而被省略刪除的就是上述的內容，結果變成了：關於沖繩縣與清國福州之間散在的無人島、久米赤島以外二島事宜……當前宜僅限於實際調查及詳細報告其港灣形狀，有無可待日後開發之土地物產等，而建國標及着手開發等，可待他日見機而作。對照一下外務省檔案原件全文便不難看出，這純屬斷章取義的篡改和掩蓋歷史事實的自欺欺人。

直到甲午戰爭前兩個月即1894年5月12日，沖繩縣秘密調查釣魚島的最終結論是：自1885年之後沒有再做實地調查，故難有確報。「關於這些島嶼，沒有任何文字記載或口頭傳說佐證這些島嶼是本國的。」

甲午戰爭爆發後的1894年12月27日，日本內務大臣野村靖發密文給外務大臣陸奧宗光稱：「關於久場島、釣魚島建立所轄標椿事宜，今昔形勢已殊，有望提交內閣會議重議此事。」（日本外交文書第23卷）結果，1895年1月14日，日本明治政府不等甲午戰爭結束便迫不及待地通過「內閣決議」，單方面秘密決定批准把釣魚島編入沖繩縣屬，建立「標椿」。三個月以後《馬關條約》一簽署，台灣及其所有附屬島嶼被迫割讓給日本，無論《馬關條約》是否具體寫明，釣魚島自然包括其中。實際上，日本當時並沒有建所謂「標椿」。其原因之一或許是日本吞併台灣後已覺得無此必要了。如果當時日本認為《馬關條約》不能涵蓋釣魚島，肯定還會在該島建立標椿，以確立日本的統治權。直到20世紀60年代末期，日本才趁當時中蘇關係惡化之際派人登島建碑。

日本政府妄稱釣魚島是「日本固有領土」，隸屬沖繩縣管轄。但是，沖繩縣曾經是與中國長期保持宗藩關係的獨立國家——琉球王

國，而不是甚麼日本固有領土，更何況釣魚島並非琉球國土。因此，把釣魚島說成是「日本的固有領土」，這是強盜邏輯，根本站不住腳。

說釣魚島問題是歷史問題的延伸，還因為釣魚島作為台灣附屬島嶼，應根據《開羅宣言》《波茨坦公告》和《日本投降書》，二戰後將其交還中國。時至今日，仍未獲解決，是因為二戰後美國以託管名義非法佔領該島，並於 1972 年歸還沖繩施政權時，將其一併交給了日本，從而在中日間埋下了火種。儘管如此，美國從來沒說過釣魚島的主權屬於日本，而表示在主權問題上「不選邊站」。

關於釣魚島的歸屬問題，日本國內一直有不同於政府的看法。京都大學教授、著名歷史學家井上清在他的著書中，開宗明義就指出：「日本稱為尖閣列島、日本政府主張領有權的釣魚列島，在歷史上無疑是中國領土，」文章結尾時寫道：「要說現在的歸屬，正如本文最初所述，歷史學的結論只能是屬於中華人民共和國。」

2012 年 9 月 28 日即野田政權實施購島 17 日之後，包括日本著名作家、諾貝爾文學獎獲得者大江健三郎及前長崎市市長本島等、岡本厚在內的約 1,300 名知識界、文化界人士在東京發表題為「制止『領土問題』惡性循環」的《市民呼籲書》。呼籲書明確指出：「所謂『日本領有』釣魚島，與明治以來日本政府所推行的侵略、殖民政策不無關係，這難道不是日本執政者過於缺乏『罪惡意識』的表現嗎？」呼籲書進而指出：「我們不能忘記『領土』問題是以歷史為背景的這一事實，日本主動地去認識這一歷史問題，並加以反省和真誠地表態，才是最重要的。」

橫濱國立大學名譽教授村田忠禧著書《日中領土爭端的起源──從歷史檔案看釣魚島問題》稱：「作為歷史事實，被日本稱為尖閣列島的島嶼本來是屬於中國的，並不是屬於琉球的島嶼。日本在 1895 年佔有了這些地方，是在甲午戰爭勝利之際進行的趁火打劫，決不是堂堂正正的領有行為。」

日本外務省前國際情報局局長孫崎享公開發表文章說:「解決尖閣諸島問題的出發點,應該立足於這樣的事實:尖閣諸島是日中之間明確存在着爭奪領有權的爭議地。」

第二節　兩國領導人之間有無默契

釣魚島問題一直以來是兩國關係中的一個懸案。鑒於這個問題涉及國家主權,十分敏感,是很難解決的問題,1972 年的中日關係正常化談判和 1978 年締結和平友好條約時,中方領導人周恩來和鄧小平都不同意把這個問題作為談判議題,而主張留待以後解決。他們的建議是得到田中角榮首相、大平正芳外相、福田赳夫首相和園田直外相響應了的。正因為雙方都本着「求大同存小異」的精神,同意把這個問題掛起來了,而沒有把它作為談判的議題,所以,釣魚島問題沒有成為邦交正常化和締約的障礙,甚至在邦交正常化以後近 40 年的時間裡,也未成為兩國關係發展的障礙。歷史證明,兩國老一輩領導人當時的決定是着眼於兩國關係大局而做出的明智決定,是非常正確的,對兩國關係長期、穩定的發展做出了重要的貢獻。

令人遺憾的是,2010 年發生撞船事件之後,日本方面高調宣稱「日中之間不存在領土糾紛」。10 月 21 日,前原誠司外相在國會答辯中,談及鄧小平 1978 年 10 月表明的釣魚島主權問題「擱置論」,竟稱「那是鄧小平單方面的言辭,並非日本方面同意事項」。10 月 26 日,菅直人政權制定了答辯用內閣決議,稱「不存在擱置釣魚島主權的共識和承諾」。進而,在 2012 年 9 月 11 日,野田政權以此為依據,竟將釣魚島「國有化」,點燃了中日對抗的「燎原之火」。圍繞釣魚島問題,中日兩國的對抗從政府蔓延至民間,中日緊張關係到達極點。

那麼,在中日邦交正常化和中日和平友好條約談判過程中,圍繞

釣魚島問題的對話是如何進行的呢？到底中日之間圍繞釣魚島主權問題是否有「擱置」的默契？僅從日方的資料就可看出個究竟。日本龍谷大學民際學研究中心研究員、社會科學研究所客座研究員倪志敏先生通過查閱日本的國會答辯、外交檔案文書、新聞報道及當事者回憶錄等史料進行考證，撰寫《關於中日擱置釣魚島主權爭議的論證》一文，還原了歷史真相：

一、中日邦交正常化談判達成「擱置爭議」諒解和默契

1971 年 7 月，日本外務省整理的釣魚島問題絕密資料中稱：「圍繞尖閣群島主權問題，日華（中國台灣國民黨政府 —— 編者注）相互反駁，將給日華友好合作關係帶來消極影響，而且如果圍繞這一問題日華加深對抗，將為中共給日華友好關係打進楔子提供絕佳口實，因此日華雙方政府有必要極力避免將此問題作為重大問題處理。」可見日本政府希望將問題擱置。

1972 年 3 月 25 日，通產大臣田中角榮在國會回答關於釣魚島周邊資源開發問題質詢時稱：「對這一大陸架海洋開發問題，（中略）最終還需日本與中國等協商才是圓滿解決方策，現在政治上是如此考慮的。」

5 月 9 日，他又強調「台灣、中國大陸也有其立場」，並答稱：「大陸架問題、與台灣的問題、與大陸的問題、又與回歸日本之前的沖繩劃界問題等非常複雜的問題交織在一起，必須通過協商圓滿開發地下資源，這是事實」。

5 月 25 日，福田赳夫外相在關於釣魚島問題的質詢中答辯稱：「（中國）提出異議的話將很難辦，此事不宜鬧大。」從以上答辯可以看出，日本政府認識到存在釣魚島主權分歧問題。

另一方面，在 1972 年周恩來同竹入義勝會談中，周恩來總理

就解決釣魚島問題的現實方案首次提出「擱置論」。竹入義勝在手記中寫道:「我就尖閣群島的歸屬問題說:『從歷史上及文獻中,那都是日本的固有領土。』但周先生只是微笑。他說:『釣魚島自古以來就是中國的領土,我們的見解不會改變。這將陷入無休止的爭論,所以擱置起來,讓後代聰明人去解決吧。』他沒有讓步的意思。」

1972 年 11 月 6 日,大平外相在國會就「《日中和平友好條約》是否涉及領土問題」的質詢時,回答稱:「過去問題的處理在日中聯合聲明中已經解決。和平友好條約是面向未來的兩國友好關係的指針,請從這一角度判斷問題。」在締結《日中和平友好條約》談判時,「不觸及尖閣群島主權問題,顯示了『凍結』或『擱置』的方針」。並且在 1973 年 3 月 27 日,大平外相在國會回答關於釣魚島問題的質詢時指出:「為了不使此問題成為紛爭的火種,我們必須慎重考慮。」

1974 年 4 月,中國國家代主席董必武在與小川平四郎大使的會見中說:「中日之間不存在陸地邊界問題,但有台灣問題,也有釣魚島問題,釣魚島問題今後可以合理協商。」表明了中國積極的姿態。

同年 10 月 3 日,鄧小平副總理與黑田壽男為團長的日中友好協會(正統)訪華團的會談中說:「(《中日和平友好條約》)談判時,釣魚島主權問題擱置起來好,這些問題提出來,談多少年也解決不了。」明確提出了在《中日和平友好條約》談判時,擱置釣魚島主權問題。

另一方面,1974 年 4 月 2 日,美國眾院民主黨領袖曼斯菲爾德在眾院會議上指出:「現在中國對日本、中國、(中國)台灣三者圍繞主權問題爭論的釣魚島,及對南沙、西沙群島的主權主張,從歷史上看是最有根據的主權主張。」這是客觀分析的結果。

二、《中日和平友好條約》談判時再次確認「擱置爭議」

1978 年 4 月 12 日,發生大約 100 艘中國漁船接近釣魚島海域事件,引起日本強烈震動,此事件被大肆炒作。4 月 19 日,日本外相園田直在國會上回答關於這一事件的質詢時表示:「我認為應恢復到《日中聯合聲明》路線上來。」

4 月 20 日,自民黨幹事長大平正芳在京都舉行記者會見時,明確地說:「對於這個問題,日中雙方採取『不涉及』領土問題的方式,是一個顧全大局、顧全國家利益的現實性解決方法。」大平幹事長進一步強調:「沒有政治性解決之外的方法。枝葉也重要,但是根幹比枝葉更重要。不要因為這個問題損害日中關係。(中略)不要拿這個問題當兒戲。」並且明確提出:「尖閣群島的討論,要回到日中共同聲明『擱置爭議』的路線上來」。

4 月 21 日,大平幹事長在自民黨總務會上發言:「關於尖閣群島,既然日中兩國均主張擁有主權,雙方應該通過協商,從大局出發予以處理。具體做法,希望雙方以不涉及領有權問題的方式解決。」

當日的《讀賣新聞》發表了題為「對『尖閣』問題,首相應做出大局觀判斷」的社論,「尖閣群島領有權問題,在 1972 年日中邦交正常化之際,可以說是以『不涉及』方式處理的。」這表明「擱置爭議方式」也是日本最大報紙當時的認識。

4 月 27 日,日本首相福田赳夫與大平幹事長會談,二人一致認為應根據外交處理方針對待這個問題。

1978 年 8 月 10 日,鄧小平副總理接見為談判中日和平友好條約訪華的園田直外相。園田外相在會見中提出了尖閣列島問題,說「作為日本國的外相,我必須說一句話。關於尖閣群島,想必您知道日本的立場。故此希望不要再次發生類似(指中國漁船前往釣魚

島海域捕魚 —— 編者注）的事件」。對於園田外相的這個要求，鄧小平立即表明了基本姿態：「我也要說一句，把這個問題擱置一下，我們這一代人找不到解決問題的方法，但是我們的下一代、下下一代應該會找出解決方法的。」並且說：「擱置它 20 年、30 年嘛。」對此，園田外相回應道：「閣下，我明白了，不必再說了。」後來，園田外相在回憶錄中引用古諺，「打草驚蛇，將本利無收」，意即「一定要刨根問底，就是自尋煩惱了，那將一無所得」。

10 月 22 日，鄧小平副總理為出席《中日和平友好條約》批准書交換儀式訪問日本。10 月 25 日，在與福田赳夫首相的第二輪首腦會談中明確地表示：「我還要再說一點。中日兩國之間存在着各種各樣的問題。比如，在中國稱為釣魚島，在日本叫作尖閣群島的問題。這樣的問題，最好不要拿到這次會談的談判桌上來。我在北京時也對園田外務大臣說了，我們這一代人不夠聰明，也許解決不了這個問題，但是下一代人要比我們更加聰明，他們能夠解決這個問題吧。這個問題必須從大局上去看待。」

對此，福田首相是這樣回覆的：「很榮幸，我能夠與鄧小平副總理閣下就世界問題和日中兩國間的問題坦率地交換意見，非常感謝。我以為只有這樣，才能夠發展我們兩國的關係。重要的是我們必須堅守《日中和平友好條約》的精神。」由此，在中日首腦會談中再次確認了「擱置爭議方式」。

同日，鄧小平在日本記者俱樂部舉行的記者會見中，重申了「擱置爭議論」，並留下了一段眾所周知的名言：「『尖閣列島』，我們叫釣魚島，這個名字我們兩國叫法不同，雙方有着不同的看法，實現中日邦交正常化時，我們雙方約定不涉及這一問題。這次談《中日和平友好條約》的時候，雙方也約定不涉及這一問題。之所以這麼說，是因為一旦涉及這個問題，就很難說清楚。倒是有些人想在這個問題上挑一些刺，來障礙中日關係的發展。我們認為兩

國政府把這個問題避開是比較明智的，這樣的問題放一下不要緊。（中略）下一代比我們聰明，一定會找到彼此都能接受的方法。」

對於鄧小平就釣魚島問題的這個發言，日本外務省在絕密文件中如是評價：「關於尖閣群島一事，儘管日本方面沒有提出來，但是鄧副總理表明了立場，『我看還是不要提這個問題的好。』（中略）進而，鄧在記者會見時有這樣的表述：『不希望日中友好的人，就想提出這個問題。我看這個問題還是交給下一代的好』，可以說中國方面已盡力表明了所能表明的最大限度的態度。（隨後，符浩大使即向日本外務省中國課課長田島表示：『那是中國方面所能表達的底線。』）」

1979 年 5 月 30 日，園田外相在國會眾議院外務委員會回答關於釣魚島問題的質詢時答辯說：「（釣魚島問題）不僅僅關係到日中關係，而且在考慮日本的國家利益時，到底是維持現狀，擱置不動，符合國家利益，還是現在就把問題挑起來，符合國家利益？我考慮，還是擱置不動，就像鄧小平副主席所說的，20 年、30 年擱置起來不去動它，從日本獨自的利益來說，也是難能可貴的。」「如果做出刺激中國，炫耀實際控制的言行，中國作為國家將不得不表達不同立場。我希望不要出現那種情況。」他表示：「國家之間的交往與個人間的交往是一樣的，關係好了也會產生感情。日本有日本的面子，中國也有中國的面子。因此，對那種炫耀實效控制的言行，我堅決反對。」對日本的鷹派進行了有力牽制。

5 月 31 日，《讀賣新聞》在題為「不要讓尖閣問題成為引發糾紛的火種」的社論中指出：「尖閣群島領有權問題，在 1972 年兩國邦交正常化之時、在去年夏天簽訂《日中和平友好條約》之際雖然都是一個問題，但是均以所謂『不涉及』方式得以處理。總之，日中政府間達成諒解，即日中雙方均主張享有領土主權，承認現實中『存在』爭議，保留這一問題，以俟將來解決。中日間的這一諒解

雖未寫入聯合聲明及和平友好條約，但毫無疑問，這顯然是政府對政府的莊嚴『承諾』，既然做出了承諾，嚴格遵守才合條理。園田外相在國會的答辯，是遵循中日間承諾的坦率之言。」

三、中日圍繞共同開發釣魚島周邊石油資源的互動

由於《中日和平友好條約》簽訂，以及隨後誕生了大平正芳內閣，中日兩國政府出現了共同開發釣魚島周邊石油資源的動向。1978 年 8 月 18 日，園田外相在國會答辯中作了如下陳述：「因為簽訂了友好條約，希望今後在石油開發等方面進行合作。」表達了中日共同開發的意向。

對此，1979 年 5 月 31 日，鄧小平副總理在與鈴木善幸議員的會談中回應道：「以不涉及領土權進行共同開發。」

6 月 1 日發行的《朝日新聞》在報道了「自民黨首腦於 31 日晚也發言，『不應該單是相互主張領有權，應就渤海油田開發儘快舉行日中談判，同時應就共同開發尖閣群島周邊油田開始磋商』」。同時在評論中說：「與其相互主張領有權，還是繼續通過更為現實的處理方法推進日中友好才是上策。（中略）我們注意到自民黨首腦發言顯示出與確定邊界線相比較，更為重視協商共同開發。」

7 月 10 日，園田外相與森山欽司運輸大臣在內閣會議上發言：「領有權另當別論，希望推進與中國的共同開發。」顯示出積極致力於與能源開發問題相關的日中共同開發釣魚島周邊海域海底原油之意向。園田外相在內閣會議之後，立即向外務省事務當局發出「與中國方面進行正式交涉」的指示。

同日發行的《讀賣新聞》晚報在報道中分析，「兩位大臣發言之用意應該是擱置領有權爭議，由日中兩國進行開發吧」，進而介

紹了相關背景:「從迴避國際性糾紛的立場出發,雙方基本上在擱置領有權問題上達成一致,中國的鄧小平副總理也說了『解決爭議就交給子孫的智慧吧。』」

此後,日本方面為了應對能源問題,在推進與中國共同開發渤海灣石油問題進行協商的同時,繼續非正式地向中方提出了有關尖閣群島的共同開發問題。

同日發行的《朝日新聞》晚報也發表評論:「此前,兩國為了避免圍繞該群島領有權問題上的對立,在締結《日中和平友好條約》的談判中採用了『擱置尖閣群島爭議』的方式。但是在主要發達國家首腦會議(東京峰會)上,發出了旨在長期限制石油進口量的宣言。這對能源進口大國而言,事態十分嚴峻。經過綜合判斷,共同開發並非是一個可以永遠迴避的問題,因此顯示了欲與中國方面進行協商之姿態。」

7月15日,李先念副總理接見了以平岡徹男為團長的每日新聞訪華團,並在會談中表示贊同日本方面的提案:「共同開發是由日本朋友提議的,我們也贊成。我們贊成把領土問題擱置起來而先開發資源的做法。」

8月15日,外務事務次官高島益郎向大平首相彙報稱:「我們擬定的方針是,為解決日中兩國共同開發尖閣列島周邊海底油田問題,將以與中國方面就圍繞海洋法的基本思路交換意見為突破口,擬於本月下旬向對方提出。」並獲大平首相批准。據此,日方於8月23日,由駐華使館提議圍繞海洋法諸問題進行協商。11月8日至9日,舉行了日中關於海洋法問題非正式協商。

1980年4月23日,逝世之前的大平首相在國會的答辯中留下遺言:「日中共同開發石油、煤炭是一個大課題。總之,無論遲早,日中兩國均應積極推進此課題的協商。」

從引用的上述材料中可以得出如下結論：(1) 20 世紀 70 年代，日本政府承認中日間存在着釣魚島所有權問題的爭議；(2) 中日之間達成了「擱置爭議」之默契；(3) 中日兩國政府間還曾有過關於共同開發釣魚島周邊資源的接觸。

近年來，圍繞釣魚島歸屬問題，針對日方立場的變化倒退，我們同日方進行了尖銳的鬥爭。在有日本外務省官員參加的一些中日關係學術研討會上，筆者曾面對面地質問日方：「你們説釣魚島是日本固有領土，中日間不存在爭議。那麼，為甚麼建交和締約時日方都主動提出這個問題？既然是自己的東西，為何還要問鄰居這個東西怎麼辦，這不是很滑稽嘛！這在邏輯上是絕對説不通的，説明日本當時是承認存在分歧的。」對方啞口無言。

第三節　日本為甚麼翻臉不認賬

近年來，日本在釣魚島問題上不斷製造麻煩，與當前日本國內外形勢的變化有直接關係。

首先，在中國發展迅速，而日本經濟長期低迷、在亞洲的優勢地位後退的背景下，日本國內極端的民族主義和右翼勢力抬頭，越來越多的日本政客為撈取政治資本，大打「領土牌」。他們危機感加深，擔心中國武力奪島，感到現在不加強「有效管理」，以後更加困難。

日本自從明治維新以來一直是東亞甚至是亞洲的領頭雁，在政治、經濟和軍事等各個方面都保持着明顯的優勢。中國近年來經濟的發展以及國際地位和影響的增強，使戰後取得奇跡般發展的日本人心情頗為複雜，變得對自身未來不安和不自信，感到自己的戰略空間受到擠壓，在東北亞地區的主導權受到了威脅，從而感到擔憂和焦慮，產生了危機感，作為反射，不時做出民族主義的情緒化的反應，有些

人要對中國說「不」。21 世紀初小泉首相置中國人民的感情於不顧，一再參拜靖國神社以及日本政府近年來在釣魚島問題上一再莽撞行事，都是在這種大背景下發生的典型反應。

第二，從國際形勢來看，美國戰略重心東移亞太，對美日軍事同盟更加重視，使日本增加了自信，日本也獲得了聯手遏制中國的機遇。它要利用釣魚島問題渲染「中國威脅」，為其修憲強軍尋找根據，為其國家政治轉型服務。

日本戰後選擇了一條在美國保護下謀求發展的道路，《日美安保條約》的意義，絕不限於安全領域，實際上構成了戰後日本國家發展戰略的基礎。日本的這條特殊發展道路，使日本形成了對美國的深刻依賴。今天，日本在遏制中國發展方面與美國一拍即合，與美國一起，抗衡中國，仍是日美同盟的基本要求之一。它實際上是借美國的實力來對地緣對手進行一種地緣遏制。今後，至少在安全領域，日本將附和美國對中國採取的「圍交政策」（congagement），既圍堵又交往。

第三，日本這樣做是受巨大的利益驅使所致。釣魚島及其附屬島嶼位於中國台灣島的東北部，是台灣的附屬島嶼，由釣魚島、黃尾嶼、赤尾嶼、南小島、北小島、南嶼、北嶼、飛嶼等島礁組成，總面積約 5.69 平方千米。

釣魚島的戰略價值巨大，它不僅在於島嶼本身 6 平方公里的主權標誌，而且在於其潛在的經濟與軍事價值。釣魚島位於中國東海大陸架的東部邊緣，是近海和遠海漁業資源的交匯處，海產資源十分豐富，年可捕量達 15 萬噸，那裡還有珍貴的藥材。釣魚島之所以受到關注，是因為 1969 年聯合國海洋調查團發佈調查報告，稱該海域有可能蘊藏儲量巨大的石油和天然氣資源。據 1982 年估計，有 737 億~1,574 億桶石油和 2,000 億立方米的天然氣。有人曾經斷定，釣魚島附近水域的石油資源使其「有可能成為第二個中東」。

進入 20 世紀 90 年代，隨着《聯合國海洋法公約》簽訂後 200 海里

專屬經濟區制度的確立，日本海上擴張意識隨即膨脹，而日本實現擴張的策略就是佔領島嶼，從而獲取島嶼擁有的專屬經濟區。日本海洋產業研究會編寫的《邁向海洋開發利用新世紀》一書中，公然將一些有主權爭議和位置重要的島嶼，作為「對擴大與前蘇聯、朝鮮、韓國、中國等鄰國海洋經濟區的邊界線起到重要作用」的關鍵所在。該書還露骨地提出，假如達不到對這些島嶼的主權要求，「日本海洋經濟區只限於 4 個主島海岸 200 海里水域內」，日本將減少 200 萬平方千米海洋經濟區域，僅擁有 250 萬平方千米的管轄海域。

釣魚島歸屬牽涉到中日兩國在東海劃界的位置。按照《聯合國海洋法公約》規定，釣魚島及其附屬島嶼海域擁有 74 萬平方千米的「專屬經濟區」，這幾乎相當於中國與東南亞幾個國家在南沙群島領土和海洋爭執的總和。如果以釣魚島為基點，日本就可以與中國分割東海大陸架，進而要求 200 海里的專屬經濟區，意味着攸關我國利益的經濟資源大量喪失。

日本外務省也承認，如佔有釣魚島，日本就可以與中國分割東海大陸架，將大大增加其專屬經濟區的管轄範圍。1996 年以來，中日雙方曾舉行多輪海洋法磋商，就海洋劃界問題交換意見。我方主張根據大陸架自然延伸原則並考慮各種相關因素公平解決，日方則主張以等距離「中間線」原則解決，雙方劃界立場差距甚大。

在地緣政治上，釣魚島位於台灣和沖繩之間，處於西太平洋第一島鏈一線，是外海進入中國的跳板，也是中國海軍向太平洋縱深地區進出的門戶。如果日本完全控制了該海域，不僅中國海軍被扼住了咽喉，而且使其獲得進攻中國的理想前進基地。

東海也好，南海也好，日本鬧事，美國介入，不只是因為幾個島的問題，也不僅僅是航行權的問題，而是要把中國困死在近海，遏制中國成為海洋大國。

第四節　反制鬥爭取得顯著效果

在日本右翼勢力的誤導下，「中國威脅論」在日本國內頗有市場，有的老百姓都認為中國現在強大了，要用實力改變釣魚島現狀，要動武，要搶島奪島，對中國很不理解，很有情緒。他們認為 2008 年中國公務船「闖進」釣魚島領海就是一個信號（2008 年 12 月 8 日上午 8 點左右，中國海洋局下屬的東海海監執法編隊正式進入釣魚島 12 海里範圍實施維權巡航。9 時 40 分左右，「海監 46」號和「海監 51」號在釣魚島東北 17 千米海域停泊約一個小時，隨後開始環繞釣魚島順時針方向環行，最近處距離釣魚島約 1 海里）。中國公務船第一次進入領海後，日對釣魚島的控制明顯加強，對中國漁船的執法力度加強，登船檢查和驅趕的次數增多，直到 2010 年發生撞船事件。這也正是 2012 年石原慎太郎購島和日本政府對島實行國有化的背景，目的是宣示主權和強化對島的實際控制，要趁中國似強未強時，牢牢地把島控制在他的手裡。

出乎日方意料的是，自日本政府 2012 年 9 月非法購買中國釣魚島以來，中方以強勢姿態維護主權，從發表外交部聲明、公佈領海基線、實施維權巡航，到向聯合國提交東海部分海域大陸架劃界案，發表《釣魚島是中國的固有領土》白皮書，張志軍副外長舉行中外記者吹風會，以最嚴肅權威的方式公佈了中方在釣魚島主權權利鬥爭中的見解和立場，以翔實有力的證據揭穿日本「霸島」謊言，又劃設防空識別區，獲得有效監控東海空域的立足點，打出一套淋漓暢快的組合拳。通過這場為世界矚目的鬥爭，收到了非常顯著的效果：

(1) 通過外交戰、輿論戰，有效地宣示了中國對釣魚島的主權，有效地爭取了國際輿論，凝聚了海內外中華兒女的人心。

(2) 通過採取我國海監船、漁政船和飛機常態化巡航和劃設防空識別區等一系列的反制措施，打破了日本長期以來單方面排他性地控

制釣魚島的局面，造成了重疊管理的現實，中日間圍繞釣魚島問題的鬥爭迎來新局面。

(3) 我國一系列的反制措施，在日本引起反思和分化。一些不明真相的人，開始認真思考；有些人明確表示應承認存在領土爭議；一些人對中日關係目前的狀況表示擔心，呼籲日本政府採取措施，改善同中國的關係；一些主流媒體和經濟界頭面人物，公開譴責石原慎太郎挑起事端，破壞中日關係，應負責任，並認為野田政權處置不當，要求政府反省的聲音增多。野田政權及安倍政權受到國內外壓力，多次尋找與中國對話的機會，不肯讓步，又想緩和關係，騎虎難下，處境被動。

中國一以貫之的嚴正立場和切實有效的維權行動，打破了日方認為中方會繼續克制忍讓的幻想。日本原以為打一場筆墨官司了事，結果失算了，吃了大虧，非常被動。面對新形勢，日本只是口頭抗議而行動克制，並不敢動用武力，因為它不能不考慮後果。

釣魚島事件發生後，兩國外交當局有過一些接觸，但未達成共識，仍處於僵持狀態。在對我有利的態勢下，日本在一段時間裡不想與我們談，怕吃虧。它來了個「三不承認」，即不承認存在領土主權爭議；不承認曾與中國就主權爭議達成諒解；不承認兩國各有各的立場，主張回到 2006 年時的狀態。

2012 年 12 月下旬，日本舉行的大選導致政權更迭，安倍晉三為首相的自民黨和公明黨聯合政權取代野田佳彥為首相的民主黨政權。在上述背景下，安倍上台前後，一再放出修補日中關係的信號，表示將派特使訪華，重建戰略日中互惠關係。安倍高喊與我們接觸只是外交上的一種姿態，是為了應付國內外輿論的表面文章，實際上是耍兩面派，並沒有誠意。迴避實質問題，不承認存在爭議，那談甚麼呢？

安倍並不想解決釣魚島問題，他正是利用釣魚島問題對中國示強，獲得高支持率。他需要利用釣魚島問題保持中日緊張關係，證明

「中國威脅」的存在，以調動民意，為實現其修憲強軍的目標尋找理由。隨着民族主義情緒的上升，日本國內有一種氣氛，誰對外示強誰就有人氣。安倍正是抓住日本民眾這個心理。

第五節　釣魚島問題的出路

釣魚島問題凸現是中日間深層次矛盾的集中反映，是戰略摩擦的爆發點，也是美國構築對華包圍圈，讓日本積極參與其中的一步棋。日方在釣魚島問題上不承認主權爭議，是自欺欺人。日本非法「購買」釣魚島，打破了中日兩國老一代領導人達成的重要諒解，釣魚島的形勢已經發生了根本性的變化，日方不應再抱有霸佔釣魚島的幻想。日方應該做的是切實面對現實，承認釣魚島主權爭議，糾正錯誤，回到對話談判解決釣魚島爭議的軌道上來，這是唯一的出路。日本只有拿出誠意，與中國相向而行，才是正確的選擇。

對釣魚島爭端，要有戰略思維、大國思維。復舊不可取，速決不可能，完全收復做不到。要制定長遠戰略，要有打持久戰的準備。要佔據法律、道義、經濟、外交制高點，以我為主，主動應對。

爭取通過談判，在固化取得的成果的基礎上，達成新的共識，引導事態逐步平息。現在談不可能徹底解決問題，而是管控局勢，避免再升溫，更要防止擦槍走火，發生嚴重的流血衝突。要通過談判爭取使釣魚島問題軟着陸，避免釣魚島問題長期拖累中日關係。

對領土爭端，中國的基本立場是尋求政治解決。歷史上，國際關係中往往將戰爭作為政治手段的繼續，動輒用戰爭手段去解決問題。今天，我們必須學會用智慧化解矛盾，用對話尋求共識，用政治解決取代戰爭，在相互合作中尋找利益的匯合點，爭取實現雙贏，而儘量避免發生正面武力衝突。靠武力不能最終解決問題，只能產生更多的麻煩。

主張政治解決並不是懼怕戰爭。應對日本右傾化保存高度警惕，對日本右翼勢力的能量、危險性、挑釁性及破壞性不能低估。我們要固化釣魚島鬥爭中取得的階段性成果，爭取政治解決的同時，做好形勢升級的準備，做好應急突發事態的準備，並且做好美國介入的準備，做到有備而無患。

對於「島」問題最終如何解決，中日雙方都有不少議論。筆者認為，30 多年前鄧小平提出擱置爭議、共同開發的思想，仍不失為一種解決辦法。現在，對這種解決辦法日本政府並不認同，中國國內也有不少反對的聲音，稱「中國的領土為甚麼還要共同開發」？中日雙方還都有些極端的主張，認為為此可以「不惜一戰」。

筆者認為，最終還是要用「擱置爭議、共同開發」的辦法來解決。因為現在尚未找出比這個辦法更高明的辦法，恐怕再過二三十年也難以找到。更重要的是，這個辦法體現了用和平手段而不是用戰爭手段去解決國際爭端的主張和互利雙贏的方針，既維護了自身的利益，也照顧了對方的關切。

鄧小平的這個主張並非一家之言，美國前總統卡特就提出了「共同享有主權、共同開發」的主張。日本國內也有些人提出類似的主張，如日本外務省前高官孫崎享認為擱置爭議是對日本最有利的選擇，這個好處就是中日之間未來可以建立類似於歐盟共同體那樣面向未來的兩國合作關係。日本著名學者、橫濱國立大學教授村田忠禧認為，把釣魚島作為日中和平友好合作和共同發展的象徵，締結共同管理協議，是最妥當的解決之路。中國台灣的馬英九在任中國國民黨主席期間也認為擱置主權爭議、共同探討資源共享是解決釣魚島爭端的唯一辦法。他認為主權不可分割，但資源可以分享，可通過資源分享化解爭議。筆者相信，終有一天，中日雙方都會接受這個方案，使東海成為和平、友好、合作之海。

第十三章

安倍政權加速推進國家政治轉型

第一節　加劇政治右傾化

日本是個戰敗後重生的國家，囿於戰後體制的限制，發育不全，俗稱經濟大國，政治軍事小國，日本自稱為「非正常國家」。所謂「日本戰後體制」有三大支柱：一是以放棄戰爭為核心的和平憲法，二是重經濟、輕軍備的發展路線，三是既為日本提供保護傘又控制日本的《日美安保條約》。自 20 世紀 80 年代初中曾根內閣提出「戰後政治總決算」後，日本就開始表露出擺脫戰後體制的萌動，表明日本已不滿足於經濟大國地位，而要摘掉戰敗國的帽子，重建政治軍事大國地位，意味着日本進入政治轉型期。

安倍 2006 年第一次上台後，日本擺脫戰後體制而轉型的實踐駛入快車道。在他短短的一年任期中，做了 3 件大事：一是作為修改憲法的前奏，修改了素有《教育憲法》之稱的《教育基本法》，旨在消除戰敗國的「自虐心理」，重振大和民族精神；二是將防衛廳升格為防衛省，大幅提升了軍事因素在國政中的分量，意味着偏離重經濟輕軍備路線；三是強行通過國民投票法，為修改和平憲法做準備。

安倍於 2012 年底第二次上台後，日本政治右傾化加劇。日本政治右傾化是日本政界和社會上的右翼政治勢力力圖改變戰後和平發展道路、使國家政策右轉的政治傾向，主要表現是參拜靖國神社，修改教科書和教育基本法，為戰犯翻案，歪曲和美化侵略戰爭，否定侵略歷史；謀求修改戰後《日本國憲法》第 9 條和平條款，行使「集體自衛權」，向海外派兵；利用與鄰國的領土紛爭挑動民族情緒，奉行強硬外交，為擴充軍備、調整軍事政策製造藉口；以中國欲「以實力改變現狀」為口實，製造「中國威脅論」，調整外交和安全政策，加強日美同盟，進行針對中國的軍事部署和軍演，並極力拉攏他國，拼湊對華包圍圈，把中國與朝鮮並列為日本的「安全課題」，企圖壓制中國的崛起，保持在亞洲的第一國家地位。在日本的心目中，中國只能做第二位的國家。

為此，它要「挾美制華」，認為國力上美日合在一起與中國抗衡，中國則明顯處於劣勢。

日本政治右傾化是對日本戰後和平主義思潮的一種反動，與保守政黨中相對溫和的自由派的主張相比，具有強烈的民族主義色彩，與日本戰前的國家觀、歷史觀一脈相承，甚至與「皇國史觀」有相通之處，其要害是企圖通過否定侵略歷史和修改和平憲法，摘掉戰敗國的帽子，擺脫戰後國際秩序的束縛，成為可以擁有正規軍隊和向海外派兵打仗的「普通國家」，實現「政治大國」的目標。

按常理說，一個國家修改憲法是它的內政，每個國家也都可以擁有自己的軍備和自衛權。二戰已經結束 70 多年了，日本人要抬起頭來做一個普通國家的國民訴求也是不難理解的。問題是日本作為一個歷史上有「前科」的國家，其為政者不僅對那段歷史沒有正確的認識，而且還要「翻案」，要通過否定侵略歷史打翻身仗。

日本近年來的一系列動向表明，安倍作為日本右翼勢力的領軍人物，把日本右翼勢力多年來一直極力鼓吹的一些國粹主義的政治主張作為其政權的政策目標。安倍強調「不僅要清算強加給日本的憲法，更希望清算強加給日本的歷史觀」。他宣稱「侵略無定義」，執拗地參拜供奉着 14 名甲級戰犯的靖國神社，帶頭在日本政壇颳起「參拜風」。安倍的參拜絕非像他自己表白的「為了祈禱和平」，而是顛覆日本侵略史的戰略性舉措，旨在否定遠東國際軍事法庭審判的結論，更有通過參拜來恢復靖國神社的軍國主義精神支柱地位，以重振民族精神的企圖。

東京大學大學院綜合文化研究科教授高橋哲哉一針見血地指出：「安倍政權說要脫離『戰後體制』，還要通過制定『自主憲法』建立國防軍。這樣的政權之所以執拗地通過參拜靖國神社彰顯戰死者，正是因為他們要建設可以發動戰爭的國家體制。日本國民不能無視這一點，其他國家也不能無視這一點。」對於一個不願承認歷史錯誤的政府來

說，一旦掌握了可以對外戰爭的權力，那是很危險的，很可能破壞亞洲的和平與穩定。

第二節　值得關注的日本內政外交舉措

這樣說並非只是邏輯上的推理，而是安倍政權的現實表現。安倍2012年第二次上台後，利用國際上美國戰略重心東移亞太、更器重日本以及自民黨取得國會眾議院穩定多數議席的有利形勢，打出「奉行積極和平主義」的旗號，加速了修憲強軍的步伐，急於把日本變成一個可以擁有正規軍隊和向海外派兵打仗的「正常國家」，實現「政治軍事大國」的目標。為此，在內政外交上採取了一系列舉措，以下幾點尤其值得格外的關注。

一、強化權力，成為總統式首相

安倍第二次上台後，操縱國會於2013年11月通過了成立旨在強化首相權力的國家安全保障會議相關法案。設立日本的國家安全保障會議是安倍晉三在第一次擔任首相時的執政構想之一，同時也是一直夢想成為「總統式首相」的安倍本人的夙願。國家安全保障會議完全以美國國家安全保障會議為原型，它以總理大臣（首相）、外務大臣、防衛大臣、內閣官房長官為核心，其中總理大臣是最高負責人，這一人事結構被稱為「四大臣會合」，不禁令人聯想到二戰期間日本討論決定對外侵略擴張方針政策的「五相會議」。

國家安全保障會議是一個收集並分析外交及安全保障方面的情報、規劃和制定有關政策，擁有外交、安全保障政策指揮功能的新組織，被稱作安倍政權外交、安全保障政策的「司令塔」，下設「國家安

全保障局」為事務局，由一名首相輔佐官任局長，負責事務局日常事務。

　　國家安全保障會議成立後最初的成果就是與內閣共同決定通過了《國家安全保障戰略》，這個策定日本安全保障政策的文件強調日本有必要從「積極和平主義」立場出發，採取一系列戰略性步驟。據此，安倍政權緊鑼密鼓地立法樹規，於 2013 年 10 月向國會提出《特定秘密保護法》；2013 年 12 月 17 日修改了原《防衛計劃大綱》；2014 年 4 月 1 日通過了《防衛裝備轉移三原則》及其運用方針；2014 年 7 月 1 日通過了解禁集體自衛權的決議；2015 年 4 月 27 日，美日發表了新《美日防衛合作指針》；2015 年 5 月 15 日將一系列新安保相關法案提交國會審議，並獲通過。

　　從該機構運營情況看，對華關係以及相關領土問題、朝鮮核問題等都是由安倍直接定調，而交由安倍的親信、該機構的局長谷內正太郎負責落實的重要事項。

二、實施《特定秘密保護法》，強化政府對媒體和國民言論的控制

　　2013 年 10 月，安倍內閣向國會提《特定秘密保護法》，11 月、12 月分別獲得日本眾參兩院通過，2014 年 12 月 10 日正式生效。該法與安全保障會議設置相關法案和解禁集體自衛權同屬於重建戰前體制的重要舉措。

　　《特定秘密保護法》的要害是法律使用範圍根本性的擴大，以及「秘密」定義的寬泛性和不確定性，所指定的範圍過廣，並且曖昧不清，讓人無法判斷到底哪些情報屬於「特定秘密」，對於甚麼樣的行為屬於違法行為也沒有進行清晰地解釋。該法強化了內閣對軍事、外交等國家機密事項的管理，進一步擴大了首相的權力運作空間，被認為是日本政府「侵害日本國民的知情權」「侵犯隱私權」「堵住國民的雙眼、耳

朵和嘴巴，剝奪言論自由」「斷絕了公民參與政治的可能性」「影響媒體採訪和報道自由」的法律，使日本民主遭到破壞。

日本輿論指出，安倍政權此舉着眼於加強日本與美國等盟友的情報合作，日本當局在隱匿外交和軍情信息方面為所欲為，進而開啟日本通往「秘密國家」和「軍事國家」的道路，使日本回到二戰之前可以再次發動戰爭的狀態，標誌着安倍為戰爭所做準備邁出了實質性的一步。

為操縱輿論，安倍政權還加大了對媒體的控制，如對日本最大的、最具影響力的公共傳媒機構日本廣播協會（NHK）進行改組，從領導人到要害部門，安插了多名同安倍關係密切的右翼分子，使 NHK 變了顏色。

三、強行通過安保相關法，為行使集體自衛權開路

鑒於修憲門檻很高，不僅須在國會通過，還需要通過全民公決，一時難於實現，安倍採取了繞過修憲門檻而通過修改憲法解釋的「迂迴戰略」，在 2014 年 7 月採取「內閣決議」的方式，修改了憲法解釋，來達到解禁集體自衛權、向海外派兵打仗的目標。作為貫徹這一決議的後續工作，安倍內閣又於 2015 年 5 月 15 日將一項新安保法制相關法案提交國會審議。

為減少阻力，加快審議速度，安倍政府耍弄花招，將囊括《自衛隊法》《周邊事態法》《武力攻擊事態法》《聯合國維和行動合作法》《船舶檢查法》《美軍行動順暢法》《海上運輸管制法》《俘虜對待法》《特定公共設施利用法》《國家安全保障會議設置法》等 10 項與解禁集體自衛權相關的安保法修訂案和新設立的所謂《國際和平支援法》一起「打包」，冠以《和平安全法制整備法》的美稱。

7 月 16 日和 9 月 19 日，在日本民眾的強烈抗議聲中，日本執政聯盟憑藉多數議席，先後在國會眾參兩院強行表決通過了安倍政權提

交的安保相關法案。安倍竭力推出的這個安保法，乃非同尋常之法，其核心目的就是解除戰後日本「和平憲法」一直禁止集體自衛權的「魔咒」，為自衛隊「揚帆出海」開綠燈。它是一個衝破憲法的束縛、讓日本獲得戰爭權、可以向海外派兵打仗的法律，意味着將把日本重新引上戰爭之路。此法通過後，集體自衛權的行使就不限於日美同盟，而可根據需要到地球任何一個地方行使武力。由此，日本戰後「放棄戰爭」「專守防衛」的安保政策發生了根本變化，憲法第 9 條規定的「永遠放棄以國家名義發動戰爭的權利，不使用武力和武力威脅作為解決國際爭端的手段」，「不擁有陸、海、空軍和其他戰爭力量，不承認國家的交戰權」的和平條款就有其名無其實了。

安保相關法的成立，對安倍來説是「一箭三雕」：繞過修憲程序，顛覆了憲法第 9 條；重新打造能投入戰爭的日本；試圖對等化日美同盟關係。從《安保法案》與《日美防衛合作指針》修訂同步推進的節奏看，二者隱藏「危險關係」。《安保法案》實際上是為具體執行《日美防衛合作指針》這一「戰爭手冊」提供了法律依據。

四、廢除「文官統領」，為自衛隊「鬆綁」

安倍政權於 2015 年 3 月 6 日通過修訂《防衛省設置法》的內閣決議，決定在防衛部門取消旨在防範自衛隊「暴走」的「文官統領」制度。「文官統領」制度規定防衛省的文職官員相對於軍職官員具有優勢地位，這是基於日本帝國軍隊二戰期間恣意妄為的黑色歷史和日本憲法的和平理念，在戰後汲取教訓而設立的制度。

日本防衛省官員主要由兩部分組成，一是以統合幕僚長（相當於總參謀長）以及陸、海、空自衛隊幕僚長（參謀長）為首的軍職官員，又稱「軍服組」；一是以防衛省官房長、省內各部局局長為首的文職官員，也稱「西服組」。修改前的《防衛省設置法》第 12 條規定，防衛大

臣對「軍服組」下達指示指令或批准、督導各項軍事計劃方案時,「西服組」有輔佐防衛大臣的權限,即根據各自分管領域向防衛大臣提出相關建言,從而使「西服組」在防衛省決策層面的實際權限高於「軍服組」。但在通過的《防衛省設置法》修訂案中,把對防衛大臣的輔佐權從「西服組」擴大到「軍服組」,表面上二者地位對等,但實際剝奪了文職官員對軍職官員的制約權限。

這份修訂案還決定廢除掌管自衛隊作戰行動的防衛省文職部門「運用企劃局」,將其職能合併到統合幕僚監部(相當於總參謀部),這將意味着「軍服組」會成為自衛隊作戰等各項行動的主導核心。

廢除「文官統領」,意味着軍職官員實際成為自衛隊運行的主導力量,掌控日本軍事決策和執行。輿論認為,安倍政權一方面在法律層面為自衛隊海內外軍事行動鬆綁,另一方面在組織層面實際廢除防止自衛隊恣意妄為的一道重要防線,由於不少自衛隊高級軍職秉持錯誤的歷史觀、憲法觀、戰爭觀,使得自衛隊「脫韁」狂奔的危險性更大。

此外,修訂案決定在防衛省新設「防衛裝備廳」,統一負責武器採購、研發、更新換代、防衛裝備國際合作等軍需軍備相關業務。日本輿論和學者指出,這項「改革」實際上重新確立了軍職人員統領自衛隊的優勢地位,是對日本戰爭歷史教訓的徹底否定,使 2015 年成為自衛隊的「暴走」元年。

五、主導教育改革,為修憲開道

安倍在第一次執政期間修改了《教育基本法》,明確將「熱愛祖國和鄉土」「尊重傳統和文化」等表述寫入其中,「顛覆」了《教育基本法》尊重個性和自由的教育理念,民族主義成為核心價值。

安倍第二次上台後,一改過去以日本文部科學省為中心主導教育改革的做法,親自上陣主導「公共教育改革」,籌建了由多名極右人士

組成的「教育再生會議」，大力推行「日本教育再生改革」，重點改變教育委員會制度，強化中央政府對教育系統的管控和指導，以便在教育系統更好地貫徹和體現安倍政權的意志。比如，全面要求各學校使用「日章旗」和《君之代》。原本學校升國旗和唱國歌是件十分平常之事，但由於日本二戰前的教育是「忠君愛國」的國家主義教育，「日章旗」和《君之代》曾是日本軍國主義煽動國民奔赴戰場的工具，戰後日本因國民有強烈的抵觸情緒，一直未能這樣做。

日本近現代史上，曾有過兩次大的教育改革。第一次是在明治維新之後，另一次是在戰後初期。此次通過的《教育基本法》修改案，實際上是日本第三次教育改革，旨在擺脫戰敗國的心理，為實現政治大國鋪平道路，是安倍實施其「戰後總決算」的支柱政策之一。時任文部科學大臣伊吹承認，新教育基本法是「與自民黨新憲法的整合」，是將憲法修改首先在比較容易實現的教育領域所做的嘗試。安倍政權近年來，已通過對粉飾與美化侵略戰爭的育鵬社、自由社等出版的歷史教科書，注入對日本憲法制定過程的各種質疑，企圖誘導日本國民習以為常地接受修憲這個話題。

2013 年眾議院選舉時，自民黨就秉承安倍的旨意，提出了修改現行教科書有關歷史的表述中考慮鄰國情緒的「近鄰諸國條款」的綱領，並開啟了修改進程。20 世紀 80 年代初，日本文部省在審定歷史教科書時，把二戰時日軍「侵略」亞洲的表述修改為「進入」亞洲，引起國內進步力量的反對和中韓等國的強烈抗議。在國內外的壓力之下，日本文部省在教科書審定標準中追加了「近鄰諸國條款」，在表述與亞洲鄰國有關的近現代歷史事件時，從國際理解與國際協調的觀點出發，給予必要的考慮。該條款是日本國內進步力量及中韓等亞洲國家共同對抗日本保守勢力的成果，對制約日本歷史教科書右傾化發揮了重要作用。正因為如此，日本的保守勢力視其為眼中釘，稱該條款「將造成歷史教科書的自虐歷史觀」，欲除之而後快。

六、帶頭颳起參拜風，頑固堅持錯誤史觀

2013 年 12 月 26 日，安倍在迎來第二次上台執政一週年之際，悍然參拜靖國神社。這是他首次以首相身份參拜靖國神社，也是自 2006 年小泉純一郎參拜以來，日本在任首相時隔 7 年的參拜。其後，懾於國內外壓力，雖然未再參拜，卻一再通過奉送供品的方式做出心馳神往的表示。在安倍的帶動下，日本政界颳起參拜風，安倍內閣成員和大批國會議員成群結隊地參拜靖國神社。

安倍參拜靖國神社之後，又在日本戰敗 70 週年之際發表言不由衷的談話。2013 年，安倍在國會答辯時透露了發表戰後 70 年談話的想法，並表示「不會全盤繼承村山談話」。2014 年初，安倍訪歐時向媒體表示，日本不會就歷史問題效仿二戰後的德國向鄰國道歉。1995 年 8 月 15 日，時任日本首相的村山富市發表談話，就日本殖民統治和侵略，表示了真摯的道歉。但是日本的保守勢力認為，村山接受了二戰戰勝國強加給日本的歷史觀，只有將其徹底否定，日本才能夠找回自己在國際社會上的尊嚴和地位，有資格成為一個普通國家。

獲得保守勢力支持的安倍，欲在戰後 70 年之際發表和村山談話完全不同的歷史觀的談話的信息一出，立即引起國內外的關注。全世界的關心聚焦於安倍談話會不會提到「侵略」「殖民統治」「反省」「道歉」這 4 個關鍵詞上。在國內外壓力下，安倍的談話雖然說出了反省歷史錯誤的關鍵詞，卻沒有對日本軍國主義發動戰爭的侵略本質及責任問題做出交代，其道歉對象曖昧不清，且將 70 多年前日本發動侵略戰爭的原因歸結為當時的國際大環境，與「村山談話」和「小泉談話」的立場相比，無疑是巨大的倒退，表明這次安倍的戰後 70 週年談話，只不過是安倍及其智囊經過反覆權衡後，在維護自己的右翼歷史觀與敷衍受害國之間玩的一個平衡，是日本國內外多種力量激烈博弈之後妥協的結果。此番談話一出，立刻遭到日本社會強烈譴責，各界人士紛紛

批判安倍談話「仍然頑固堅持錯誤的歷史觀」，「在措辭上避重就輕，模糊主語」，「玩弄文字遊戲，毫無誠意可言」。

七、以修改憲法第 9 條為終極目標，曲線推進修憲進程

第二次世界大戰後，在聯合國軍最高司令部指導下，日本制定了現行的《日本國憲法》。憲法前言規定，日本「奉行和平發展路線」；第 9 條規定，日本「永遠放棄以國家名義發動戰爭的權力，不使用武力和武力威脅作為解決國際爭端的手段」，「不擁有陸、海、空軍和其他戰爭力量，不承認國家的交戰權」。《日本國憲法》是戰後日本進行非軍事化、民主化改革的重要成果，也是日本走和平發展道路的重要保證。憲法第 9 條「放棄戰爭」之規定，從法理上規避了日本重蹈軍國主義覆轍的可能性。

日本保守派勢力將新憲法稱為「麥克阿瑟憲法」，認為是「美國烏托邦式幻想與日本戰敗失去獨立相結合的產物」，自該憲法頒佈之日開始，一直謀求對其加以修改，早在 20 世紀 50 年代自民黨成立時，就將「修改憲法和自主制定憲法」作為立黨的目標之一。1958 年，安倍外祖父岸信介當選首相後，即成立了「憲法調查會」。21 世紀以來，日本國會成立憲法督查會，開始就修憲問題進行研究，提出過修改憲法的草案。2006 年安倍晉三第一次組閣時，其競選政治主張之一就是修憲。2007 年，日本國會通過與修改憲法程序有關的《國民投票（公決）法》。根據《國民投票法》的相關規定，經過眾議院和參議院兩院各三分之二同意通過的憲法修正案，在 60 至 180 日內須提交國民投票；18 週歲以上的日本國民擁有投票權，不設最低投票率限制，過半數贊成憲法修正案即正式通過。這被認為是從法律程序上降低了修憲的門檻。《國民投票（公決）法》的通過，使安倍政府的修憲邁出了第一步。

2012 年 4 月，自民黨發表了新修訂的《日本國憲法修正草案》。它

對現行憲法的全部條款進行重估，整體上以 11 章、110 條構成。其修改要點有：規定國旗國歌、寫明自衛權、保持國防軍、尊重家庭、保護環境的責任和義務、確保財政的健全性、新設緊急狀態的宣告、放寬修憲提案要件等。

安倍 2012 年重新上台後，明確表示修憲是自己的「歷史使命」，表現出任期內完成修憲的強烈意願，加速了修憲進程。為此，他重啟了第一任期內中斷的「關於重新構建安全保障法律基礎的懇談會」，企圖通過單獨立法允許行使「集體自衛權」。在受到不小阻力後，安倍乾脆強令法制局擬定新的「憲法解釋」，修改 1981 年以來被歷屆日本政府承認的有關「行使集體自衛權違憲」的「政府統一見解」，迂迴實現了「解釋性修憲」，在現實上突破了和平憲法的限制，並為其任內達成修憲目標鋪路。

安倍的終極目標在於修改包括放棄戰爭、不保持戰力和否認交戰權的第 9 條。在安倍看來，修改和平憲法第 9 條是為日本謀求軍事化提供正當性、在外交上謀求日美同盟關係中的對等地位，使日本成為正常國家、實現政治軍事大國夢的關鍵所在。

為減少阻力，安倍和極右分子石原慎太郎等提出憲法修改的路徑應先易後難，可能從保護公民隱私權和保護環境等涉及社會生活各個領域一些比較容易修改的地方先開始，然後逐步推進。

今後，安倍將力爭修改日本憲法第 96 條，降低修憲門檻，為今後修改第 9 條鋪平道路。日本憲法第 96 條規定，修改憲法的程序是：須經過國會兩院三分之二的議員同意後才能提出修憲動議，然後再舉行國民投票，獲得 50% 以上通過才可以修改憲法，而自民黨希望將修憲條件改為過半數議員贊成即可。

八、以中國為「假想敵」，調整防衛政策

2013 年 12 月 17 日，安倍內閣通過了《國家安全保障戰略》和面

向未來 10 年的新《防衛計劃大綱》及《中期防衛力整備計劃》。這三份文件內容龐雜,涉及政治、軍事、外交等多個領域,透露出以鄰為壑、擴充軍力的軍事發展方向。日本政府此次明確提出了着眼於中國崛起、將防衛重心從北方轉移至西南諸島的長期戰略,是自 1990 年初美蘇冷戰結束以來日本防衛政策的重大轉折點。

日本政府制定的首個安保戰略説,在「國家安全保障會議」指導下,實施戰略性國家安全保障政策,日本與擁有共同價值觀和戰略利益的韓國、澳大利亞、印度、東盟各國強化合作關係,制定新的武器出口政策,培養民眾愛國心等。

《防衛計劃大綱》是日本最高的國防方針,具有長期指導作用,決定了日本軍隊和國防政策的現狀和走向。1976 年日本制定《防衛計劃大綱》後,歷經 1995 年、2004 年、2010 年三次修改。從時間上可以看出,其修改週期越來越短,側面反映出日本防衛戰略調整的步伐明顯加快。新《防衛計劃大綱》最突出的特點是以「強有力地牽制中國」為主要特徵,以及在防衛方針上提出以「綜合機動防衛力量」代替「動態防衛力量」,並強調增設專屬部隊,增強島嶼防衛能力。

同日出台的《中期防衛力整備計劃》是基於新《防衛計劃大綱》而制定的,旨在強化日本海上和空中的控制能力。該計劃的特點是反映了日本在釣魚島與中國的對抗,提出引進新型空中預警機和無人偵察機,加強警戒監視體制等。日本一舉扭轉 10 年來的軍費削減態勢,確定從 2014 年到 2018 年的防衛預算約為 24.67 萬億日元 (約合人民幣 1.5 萬億元)。這意味着日本軍費增長和軍備引進擴大。

2015 年 4 月 27 日,美日兩國在華盛頓正式發表了其同盟歷史上的第三份指針 —— 新《美日防衛合作指針》。《美日防衛合作指針》是框定美日軍事安全合作的一份雙邊文件,迄今已分別於 1978 年和 1997 年先後發表過兩份。新指針是在日本於日美同盟中的地位不斷上升、自主防衛意識空前提升的背景下出台的,體現了日美加速推進軍事一

體化的總體趨勢。

新指針的最大特徵，一是極度擴大自衛隊活動範圍和任務，二是加深日美軍力一體化。與 1978 年冷戰時期制定的首份指針相比，1997年指針將日美防衛合作從「日本有事」擴大到與朝鮮半島局勢等相關的「周邊事態」，而新指針刪除了「周邊事態」這一地理上的限制，提出未來的日美防衛合作要突出日美同盟的「全球性質」。這在理論上意味着只要有「需要」，哪裡有美軍，哪裡就能有自衛隊的活動。正如日本政府官員此前所言：「自衛隊可以出現在地球的任何一個角落。」自衛隊活動範圍「全球化」同時，其軍事任務也將從「量變」到「質變」。日美軍力今後將在從「平時」「灰色地帶事態」到「戰時」的任何階段展開無縫合作。新指針出台後帶來的後果之一是，號稱「專守防衛」的日本自衛隊今後將協同美軍充當地區乃至世界警察，這意味着日本將徹底葬送戰後和平主義。

第一，新指針突出強調日美同盟的全球化屬性，除去了日美軍事合作的地理限制，大大拓展了日本對外使用武力的範圍和條件，允許日本武裝力量在全球扮演更具進攻性的角色。新指針將「日本以外國家遭受武力攻擊」視為保衛日本安全的範圍之內，將日本的安全視角延伸至了全球任何角落。

第二，雙方合作空間與領域大幅拓展，從傳統的空中作戰、海上作戰、反潛作戰、反導作戰、後勤支援等到太空網絡空間合作，再到裝備技術與情報合作，可謂全維立體、無所不包。

第三，雙方合作機制與行動樣式更加充實，提出要構建「無縫、強力、彈性、高效」的同盟協調與聯合應對機制，使自衛隊和美軍在作戰體系的融合上更加走向深入。

第四，日美合作分工更加明晰，新指針在「作戰構想」中，對制空、反導、制海、地面和跨域等 5 種行動樣式中的自衛隊作戰任務均明確冠以「自主實施」的行動原則，而美軍則只是「對自衛隊的作戰予以支

援，實施彌補自衛隊戰力不足的作戰」。

日美在修訂指針問題上一拍即合，實為各取所需。美國希望在本國國防預算削減背景下利用自衛隊填補力量空白和欠缺，將增強自衛隊軍力視為「亞太再平衡」戰略的重要一環。而從安倍政府來看，一則藉助美軍強化在領土爭端問題上的軍事威懾力，更重要的是「借船出海」，利用日美軍事同盟「全球化」，實現自衛隊不受限制地走出國門的軍事野心。

日本媒體援引一些美方官員的話報道說，與以往不同，這次修訂指針的日美協商中，日方表現得比美方更積極主動。觀察人士指出，鑒於安倍政權的右翼好戰色彩，日美軍事同盟強化「全球性質」，勢必進一步加深周邊國家對日本軍力和軍事活動擴張的疑慮。

新《美日防衛合作指針》在一定程度上改變了日本在美日同盟中的地位。如果說冷戰時期的美日同盟關係只是美主日從的一種產物，那麼近些年來，隨着美國全球戰略的調整，以及日本國家與軍事所謂正常化戰略的急速推進，美日同盟關係也越來越向着平等合作的方向轉變。從表面觀察，日本的某些舉動似乎是在迎合美國的「亞太再平衡」戰略，但從深層動因分析，毋寧說是日本的主動作為。新《美日防衛合作指針》對日本的真正意義，正在於此。

九、奉行「挾美制華」外交，企圖遲滯中國的發展

安倍第二次上台執政伊始，就在其施政演說中說：「外交的基本，不應只注視與周邊各國的雙邊關係，而應該像俯瞰地球儀一樣，俯瞰整個世界，立足於自由、民主主義、基本人權與法制等基本價值，開展戰略性外交。」表明安倍正步《脫亞論》的炮製者、日本近代啟蒙思想家福澤諭吉的後塵，欲推行以鄰為壑的外交。福澤諭吉的《脫亞論》直言不諱地宣稱：「作為當今之策，我國不應猶豫，與其坐等鄰國的開

明，共同振興亞洲，不如脫離其行列，而與西洋文明國共進退。對待支那（對中國的蔑稱 —— 筆者注）、朝鮮的方法，也不必因其為鄰國而特別予以同情，只要模仿西洋人對他們的態度方式對付即可。與壞朋友親近的人也難免近墨者黑，我們要從內心謝絕亞細亞東方的壞朋友。」福澤諭吉作為日本近代第一位軍國主義理論家和近代日本亞洲霸權思想的先驅，露骨地鼓吹對外侵略。他聲稱「戰爭有長久振奮人心的巨大力量」，「喚起國民報國心的方法，莫過於發動戰爭」，「振奮一國民心，凝聚整體力量的方法，莫過於對外戰爭」。這正是二戰前日本外交行動的指南。

近代以來，日本外交第一次抉擇是 19 世紀的「脫亞入歐」；第二次是二戰後的「脫亞入美」；第三次是 20 世紀 70 年代成為經濟大國後的「入美入亞」，強調日本既是「西方一員」，又是「亞洲一國」，從田中角榮、大平正芳到竹下登政權都是奉行這條外交路線。但進入 20 世紀 90 年代，隨着國內外形勢的變化，尤其是中國迅速崛起和日本加速旨在成為政治軍事大國的政治轉型進程，日本保守勢力認為中國成為日本發展戰略的最大障礙，將中國視為「威脅」，「西洋」改頭換面為「美國」的「脫亞論」又在日本死灰復燃，其「入亞入美」路線動搖。安倍第二次執政後，採取「靠攏美國疏遠中國」的方式推進「正常國家」進程，明確做出了「挾美制華」的第四次選擇，開展抗衡和制壓中國的外交，力圖遲滯中國的發展，以保持其亞洲老大的地位。安倍認為，日本力量不足，但聯手美國，便有優勢，中國只能是第二流的國家。

安倍大搞「價值觀外交」和「地球儀外交」，一方面為其推行「積極的和平主義」鳴鑼開道，為其躋身於安理會常任理事國拉票；一方面惡意炒作「中國威脅論」，極力挑撥和破壞中國和其他國家的關係，在全球尋找夥伴，推動建立日美澳「大亞洲」和「民主同盟」、歐亞大陸「自由與繁榮之弧」等，企圖拼湊遏制中國的包圍圈。

第三節　透視安倍政權

一、安倍第二次上台後，在奉行「積極和平主義」的旗號下，強勢推進
　　旨在擺脫戰後體制、成為「正常國家」的全面改革。安倍鼓吹的
　　「積極和平主義」以日本擺脫戰後和平憲法束縛、重建政治軍事大
　　國為目標，是日本戰後國家戰略由重經濟、輕軍備、主從日美同
　　盟向重政治、重軍備、平等日美同盟的安倍路線轉變的綱領，是
　　日本戰後國家戰略走向的一次大調整，其手段是通過修正歷史掩
　　蓋軍國主義罪行；通過立法加強對國民的控制和虛化憲法；通過
　　煽動民族主義鞏固政權；通過渲染「中國威脅論」擴充軍備；通過
　　強化日美同盟「借船出海」，趁機坐大；通過謀略外交構築對華包
　　圍圈，遏制中國崛起。

二、安倍擺脫戰後體制、成為「正常國家」的最終目標是恢復日本的大
　　國、強國「榮耀」，即當年「一等國」的地位。在美國亞太「戰略再
　　平衡」背景下，日本緊靠美國，加強同盟關係，看似心甘情願地被
　　美國利用，實則是處心積慮地對美國反利用。俗話說「拍馬是為
　　了騎馬」，當下，日本迎合美國的訴求，將美日雙邊軍事同盟提升
　　為全球同盟，固然有強化美國主導的安全秩序、制衡中國、確保
　　其自身安全的考量，更有換取美國為它鬆綁、藉機膨脹的用心。
　　今天的傍美，正是為了明天脫離美國的控制，與美國平起平坐，
　　進而走向獨立，以徹底擺脫戰後體制。

　　但是，這一意圖能否實現，存在很大的疑問。從戰後日美關係史
　　看，日美同盟從來就沒有對等過，從來都是以美國的國家利益為
　　出發點的。日本不過是美國的一個棋子，其地位隨着美國世界戰
　　略的變化而變化。從現實看，日本加強軍事同盟的結果固然是換
　　取鬆綁，爭取了更大的活動空間和機會。但是，美國會允許日本
　　真正與其平起平坐，甚至允許日本脫軌走到失控的地步嗎？僅從

美國在歷史問題上不斷敲打日本，以及美國仍限制日本掌握戰略性進攻武器，美軍要繼續保持在日本的軍事基地，且不斷加強在日本的軍事存在來看，至少近期內是不可能的。對日本來說，日美安保體制仍是一把「雙刃劍」。

三、安倍欲成為「正常國家」的訴求有一定的國民基礎。戰後 70 多年了，幾代人都生活在戰敗國歷史的陰影之下，而且至今仍未完全擺脫美國的控制，日本國民欲求民族獨立和國家正常化的心理和意願不難理解。問題在於安倍政權利用民意，赤裸裸地煽動民族主義情緒，企圖通過推翻歷史定案，復古倒退、挑戰戰後國際秩序的辦法，來實現「正常國家」的目標。這必然激起國內外的反對。現在，日本國內民眾分化，據一項民意調查，半數以上民眾反對安保相關法，60% 的受訪者認為日本和平憲法應保持原樣，幾乎是支持修憲者的兩倍，而且以多種多樣的方式開展反對活動。日本社會上爆發了近半個世紀以來規模最大的反對浪潮，其特點是不僅具有廣泛的群眾性和廣闊的地域性，還在於政治高層和社會上層的參與。日本共同社評稱，「日本國民已經覺醒」，反對的行動將持續下去。情況表明，日本國內不滿和反對安倍政權倒行逆施的力量正在增長，一場正義與邪惡、光明與黑暗、進步與反動的政治博弈還將持續下去，其本質是繼續走和平發展道路還是改變和平發展道路的問題。

四、受到國內外的牽制，安倍不僅不可能原原本本地復辟舊軍國主義，而且修憲的目標也將推遲實現。安倍通過修改憲法解釋解禁集體自衛權的暴舉，已提升了大多數民眾的警惕心理，增加了修憲的難度。然而，修憲的目標是不會改變的，安倍一定會千方百計地爭取任內實現，至少要朝着目標極力加以推進。

集體自衛權雖然解禁，但安倍政權對向海外派兵，短期內也將採取謹慎的態度，美國也會照顧日本面臨的內外苦境，不會馬上催促派

兵。但日本向海外派兵參戰只是時間問題，在美日形成全球同盟、美日實現軍事一體化的情況下，日本軍隊出現在世界任何一個角落都不奇怪。這將意味着日本不再是戰後憲法規定的那個日本了。

近現代史上，日本尋找藉口，人為製造乃至擴大事端的惡行，從甲午開戰、柳條湖事件到盧溝橋事變，國人領教得太多太多，遭受的屈辱和災難，罄竹難書。而如今，安倍政權在歷史問題上開倒車的同時，解禁集體自衛權，我國和國際社會有理由對日本的走向保持高度警惕。

五、安倍政權奉行以中國為「假想敵」的安全政策和「挾美制華」的外交政策，是美國的全球控制力弱化、中日力量對比逆轉，導致亞太均勢失衡和日本追求國家轉型戰略相互作用的結果，旨在挑起與中國的戰略競爭，遲滯中國的發展，實則為不甘其地位沉降的戰略掙扎，其本質是威懾與防範並舉。

安倍奉行「價值觀外交」和「地球儀外交」適應美國的「戰略再平衡」需要，幫助美國拓寬了介入中國周邊的可能性，並以此推進國內政治轉型進程，為其修憲強軍路線尋找藉口，表明安倍把「中國威脅論」當作其謀求實現國家戰略目標的一張「既便宜又好用的牌」。

安倍強硬的對華政策不會是一成不變的政策，他承擔不起與中國持續對抗的代價和後果，不得不面對現實做出調整。安倍在國內改革目標獲得重大突破後，將改善對華關係提上日程，不得不在恪守兩國關係的重大原則問題上重做承諾，使 2014 年下半年以後的中日關係續有改善。但由於中國要崛起、日本謀抑制，是中日矛盾的本質所在，中日關係已降至「戰略競爭關係」（國家間關係由高到低可分為盟國關係、友好國關係、普通關係、戰略競爭關係、敵對關係五個層級），安倍政權今後將奉行既交往又抗衡、既合作又競爭的兩手對華政策，兩國關係仍然脆弱、複雜而敏感，中日關係的改善是有限度的，必有曲折反覆，甚至不排除倒退的可能性。

第四節　安倍晉三參拜靖國神社遭譴責

安倍晉三第二次上台後，右派面目畢露，一再對第一次執政時未參拜靖國神社表示「痛悔不已」。2013 年底，他終於按捺不住，不顧國內外反對，悍然參拜供奉甲級戰犯的靖國神社，這是日本政治右傾化加劇的例證。

2013 年 12 月 26 日，安倍晉三於東京時間上午 11 時半左右參拜靖國神社。安倍於 2012 年 12 月 26 日就任首相一職，這次參拜恰為其上任一週年。這是安倍晉三作為首相首次參拜靖國神社，也是自 2006 年 8 月 15 日小泉純一郎參拜以來在任首相首次參拜。安倍這次參拜使處於隆冬的中日關係雪上加霜，猶如寒流來襲，更加寒氣逼人。

安倍參拜兩個小時之後，中國迅速做出反應，中國外交部發言人秦剛發表談話，表示強烈抗議和嚴厲譴責。接着，外交部部長王毅於 2013 年 12 月 26 日下午召見日本駐華大使木寺昌人，代表中國政府就日本首相安倍晉三參拜靖國神社提出嚴正交涉和強烈抗議。中國駐日大使程永華當天下午也到日本外務省抗議。

2013 年 12 月 28 日，國務委員楊潔篪就安倍參拜靖國神社發表義正詞嚴、措辭非常強硬的講話，強烈譴責安倍倒行逆施，要求他改正錯誤。楊潔篪表示，日本首相安倍晉三日前冒天下之大不韙，悍然參拜了供奉有二戰甲級戰犯的靖國神社。這是對曾經遭受日本軍國主義侵略和殖民統治的各國人民感情的肆意傷害，是對全世界愛好和平人民的公然挑釁，是對歷史正義和人類良知的粗暴踐踏，是對世界反法西斯戰爭勝利成果和以聯合國憲章為基礎的戰後國際秩序的狂妄挑戰。安倍的倒行逆施理所當然遭到了中國政府和人民以及國際社會的強烈反對和嚴厲譴責。

楊潔篪指出，靖國神社問題的實質是日本政府能否正確認識和深刻反省日本軍國主義對外侵略和殖民統治歷史。安倍身為日本首相參

拜靖國神社，這絕不是日本的內政，更不是甚麼個人問題，而是關乎侵略與反侵略、正義與邪惡、光明與黑暗的大是大非問題，是關乎日本領導人是否遵守聯合國憲章宗旨和原則、走和平發展道路的根本方向問題，是關乎日本同亞洲鄰國和國際社會關係政治基礎的重大原則問題。安倍的所作所為正在將日本推向一條損害各國人民和日本人民根本利益的危險道路，已經引起國際社會和日本各界有識之士的高度警惕。

楊潔篪強調，中國人民不可侮，亞洲人民和世界人民不可欺。安倍必須承認錯誤，必須糾正錯誤，必須採取實際行動消除其嚴重錯誤的惡劣影響。我們奉勸安倍打消任何幻想，改弦易轍，否則必將進一步失信於亞洲鄰國和國際社會，在歷史舞台上成為一個徹底的失敗者。

外媒稱，日本前首相小泉純一郎參拜靖國神社時，中國並未由副總理級官員單獨發表抗議講話，這顯示出中國政府強烈抗議的姿態。日本《朝日新聞》12 月 29 日報道認為，中國國務委員談話提升了抗議的級別，這是在向日本和中國國內顯示中方的強硬姿態。

安倍參拜靖國神社後煞有介事地表示，希望就其參拜行為當面向中、韓領導人做出說明，並構建同中、韓的友好關係。對此，中國外交部發言人秦剛 12 月 30 日在北京說，安倍自己關閉了同中國領導人對話的大門，中國人民不歡迎他，中國領導人不可能同這樣的日本領導人對話。

秦剛說，安倍上台以來，在對華關係上玩弄兩面派手法，接連採取損害中日關係大局、傷害中國人民感情的錯誤行動。此次又變本加厲，不顧中方堅決反對和嚴正交涉，執意參拜供奉有二戰甲級戰犯的靖國神社，公然背棄中日四個政治文件的原則和精神，嚴重破壞中日關係的政治基礎，其所謂「重視」發展對華關係、希望與中國領導人對話的虛偽性暴露無遺。安倍現在要做的是向中國政府和人民承認錯誤，改弦更張。

記者追問：中國人民不歡迎安倍，是否意味着中方將全面終止與日本領導人的高層接觸，今後不在任何雙多邊場合與其會面？

秦剛說，安倍在中日關係上打錯算盤，一錯再錯。他參拜供奉有二戰甲級戰犯的靖國神社，這些甲級戰犯是日本軍國主義侵略戰爭的策劃者、發動者和實施者，是遠東國際軍事法庭判決的歷史罪人，手上沾滿受害國人民的鮮血。他們是法西斯，是亞洲的「納粹」。安倍參拜甲級戰犯，實質上就是要顛覆東京審判，美化日本軍國主義對外侵略和殖民統治歷史，否定世界反法西斯戰爭成果及二戰後的國際秩序，是對人類良知的肆意踐踏和對公理正義的狂妄挑釁。對這樣的日本領導人，中國人民當然不歡迎，中國領導人也不可能同他對話。

又有記者問：中方是否將全面停止中日交往與合作，包括民間交往？

秦剛指出，安倍執意參拜靖國神社，蓄意破壞中日關係政治基礎，給中日兩國交往與合作製造了嚴重障礙，其所作所為違背中日兩國人民意願，終將損害日本自己的利益。中日關係出現今天這樣嚴峻局面，安倍難辭其咎。

秦剛表示，中日關係是重要的關係。連日來，日本國內越來越多的有識之士、新聞媒體和普通民眾對安倍的錯誤言行紛紛提出批評和質疑。他們是重視中日關係、愛護中日友好的。相信日本國內有良知、愛和平、重友好者大有人在。我們願同他們一道，本着「以史為鑒、面向未來」的精神，在中日四個政治文件基礎上共同維護歷史正義和中日關係大局。

安倍參拜靖國神社一事不僅激起了中、韓等亞洲國家的憤怒，也遭到了美國政府和媒體及學界的廣泛批評。以前美國對這類事件反應模糊，但這一次，美國駐日使館第一時間在網站上表示失望，美國務院發言人也在記者會上發出警告，稱美國對安倍晉三參拜靖國神社可能加劇日本與鄰國的緊張關係感到失望。美國最有影響力的報紙《紐

約時報》和《華盛頓郵報》均發表文章，集體批評安倍此舉使中日、日韓之間原本就頗為緊張的關係更加惡化。美國不少學者也紛紛撰文，要求政府對安倍內閣的急劇右傾化趨勢提高警惕，並檢討自身的相關政策。

共同社分析稱，安倍之所以決定參拜靖國神社，是擔憂繼續推遲將令支持自己的保守派失望，或將對政權根基造成影響。據分析，安倍認為即使不參拜，從現狀來看也難以在短期內改善同一直反對參拜的中韓兩國的關係。

安倍曾反覆表示對第一次執政期間未能參拜「悔恨至極」，一直在尋找參拜時機，直到執政滿一週年當天才做出決定。據稱，作為安倍心腹的內閣官房長官菅義偉及其他安倍身邊人士都反覆勸告他不要參拜，認為「參拜可能導致政權運營不穩」。菅義偉還請親近安倍的自民黨總裁特別助理萩生田光一奉勸安倍不要參拜，但安倍仍一意孤行。

幾個月來安倍一直聲稱，他有意通過對話緩解中日緊張局勢。但分析人士說，參拜靖國神社體現出一種不同的策略：安倍放棄了和解方案，轉而利用中日緊張關係來證明一個廣泛的右翼綱領的合理性，該綱領包括修憲和放寬對自衛隊的限制。

第十四章
中日關係改善符合兩國利益

第一節　艱苦交涉，達成「四點原則共識」

懾於國內外壓力，安倍上台以後，在對華政策上一方面採取強硬政策，一方面不斷喊話呼籲實現首腦會談。安倍參拜靖國神社遭到中國嚴厲譴責，中方發言人曾宣佈不歡迎他後，他受到巨大壓力。2014年，隨着 APEC 北京會議臨近，安倍發動接觸攻勢，還多次派人來北京打探說項。其中有人直言，如果安倍首相來中國參會時，不能與習近平主席會見甚至連個手也不能握，那有多尷尬呀，袒露了日方的擔憂。

在中日領導人接觸問題上，中方態度很明確，希望日方繼續與中方相向而行，以實際行動為改善兩國關係做出努力，為兩國領導人接觸營造必要的環境。本着上述原則，兩國外交事務當局進行了多輪磋商並取得一定進展，在此基礎上，2014 年 11 月 7 日即距安倍啟程來華參加 APEC 會議兩天前，安倍首相指派他的心腹、日本國家安全保障局局長谷內正太郎急匆匆趕到北京。他一下飛機便徑直趕往釣魚台國賓館，與國務委員楊潔篪舉行秘密會談，直到翌日凌晨，雙方終於就處理和改善中日關係達成以下四點原則共識。

四點原則共識來之不易，是中日經過兩年多來的「較量」後兩國關係走向緩和的標誌，它反映了兩國尋求和解和維護地區穩定共同面向未來的努力，體現了中方從大局出發對改善和發展中日關係的真誠希望和最大誠意。

四點共識是在中方主導下達成的，拿到了我們過去想拿而未拿到的東西。國際輿論認為是日方做出了讓步。

四點共識的第一點是總綱，雙方確認將遵守中日四個政治文件的各項原則和精神，繼續發展中日戰略互惠關係。

第二點是歷史問題，載明「雙方本着『正視歷史、面向未來』的精神，就克服影響兩國關係政治障礙達成一些共識」，是用外交語言表明

日方在參拜靖國神社問題上做出某種承諾，看似模糊，實際清楚，是發出了不再參拜的重要信息。所謂「達成一些共識」是中方留有餘地，說明主動權始終抓在中方手裡，保留了中方保持壓力的主動權。

在四點原則共識達成之前，自民黨副總裁高村正彥訪華時，就說他認為安倍不會再參拜，當時中方未予回應，高村感到很失落。後來安倍又通過別的渠道向中方正式承諾不參拜。6 月 10 日，福田康夫也來了一趟，見了王毅外長和楊潔篪國務委員，談到不參拜事。在此情況下，中方決定進行正式外交接觸。

第三點是釣魚島問題，載明「雙方認識到圍繞釣魚島等東海海域近年來出現的緊張局勢存在不同主張，同意通過對話磋商防止局勢惡化，建立危機管控機制，避免發生不測事態」，雖然語言委婉，說明日方實際上承認釣魚島問題上存在主權爭議，並同意通過和平方式建立管控危機機制。這是雙方在釣魚島危機後第一次達成共識，是釣魚島鬥爭的重要成果。當然，上述措辭也為雙方各自解釋留下了空間，日方做出對己有利的解釋，在意料之中。

第四點載明「雙方同意利用各種多雙邊渠道逐步重啟政治、外交和安全對話，努力構建政治互信」，是說下一步如何改善關係，使兩國關係重新走上正常軌道。可以說，雙方達成四點原則共識，是朝着改善雙邊關係的方向邁出了重要一步，而基於這個原則共識基礎上的兩國領導人會晤，為使中日關係儘早地回到正常的狀態，提供了一種可能性或者說創造了必要條件。

達成四點原則共識後，谷內正太郎心中一塊石頭落了地，立即飛回東京向安倍彙報，四點原則共識則於 8 日下午雙方同時發表。安倍首相聽完彙報，吃了定心丸，遂於 9 日中午乘專機抵達北京。

第二節　兩度「習安會」成為關係改善的契機

在中日雙方就處理和改善中日關係達成上述四點原則共識的前提下，11 月 10 日，中國國家主席習近平在人民大會堂應約會見了安倍晉三首相。這是中日兩國首腦近兩年半來首次會見，也是第二屆安倍政府上台後的首次中日首腦會見。

這是一場非正式的會見，中方提出的條件堪稱「苛刻」。中方反覆強調 20 分鐘，不能延時（最後是 23~24 分鐘），還要求對方不要提敏感問題，要突出共識。在約 25 分鐘的會見中，習近平表示，中日互為近鄰，兩國關係穩定健康發展，符合兩國人民根本利益，符合國際社會普遍期待。中國政府一貫重視對日關係，主張在中日四個政治文件基礎上，本着「以史為鑒、面向未來」的精神，推動中日關係向前發展。

習近平嚴肅指出：這兩年，中日關係出現嚴重困難的是非曲直是清楚的。雙方已就處理和改善中日關係發表四點原則共識，希望日方切實按照共識精神妥善處理好有關問題。習近平強調，歷史問題事關 13 億多中國人民感情，關係到本地區和平、穩定、發展大局，日本只有信守中日雙邊政治文件和「村山談話」等歷屆政府做出的承諾，才能同亞洲鄰國發展面向未來的友好關係。

習近平希望日本繼續走和平發展道路，採取審慎的軍事安全政策，多做有利於增進同鄰國互信的事，為維護地區和平穩定發揮建設性作用。

安倍晉三表示，中國的和平發展對日本、對世界是重要機遇。日方願意落實雙方達成的四點原則共識，妥善處理有關問題，以此為新的起點，推進日中戰略互惠關係改善和發展。日本決心繼續走和平發展道路，本屆日本政府將繼續堅持以往歷屆日本政府在歷史問題上的認識。日方支持中方成功舉辦亞太經合組織領導人非正式會議。

時隔 5 個月即 2015 年 4 月 22 日，國家主席習近平又在出席紀念

萬隆會議 60 週年之際，在雅加達應約會見日本首相安倍晉三，雙方就中日關係交換意見。雖然會見時間不長，但內涵豐富，習主席指出了影響兩國關係的障礙所在，為兩國關係的改善指出了方向。習主席高屋建瓴地指出，處理中日關係的大原則，就是要嚴格遵循中日四個政治文件的精神，確保兩國關係沿着正確方向發展。2014 年雙方達成的四點原則共識集中體現了這一思想。歷史問題是事關中日關係政治基礎的重大原則問題。希望日方認真對待亞洲鄰國的關切，對外發出正視歷史的積極信息。

習近平主席倡導中日雙方彼此奉行積極的政策，表示中方願意同日方加強對話溝通，增信釋疑，努力將中日第四個政治文件中關於「中日互為合作夥伴、互不構成威脅」的共識轉化為廣泛的社會共識。雙方要繼續開展各領域交流，增進兩國人民的相互了解和認知。

安倍晉三表示「十分希望改善日中關係」，「日中關係發展有利於兩國人民和世界和平與發展」，「完全同意日中兩國發展互不構成威脅」，「日方願意落實雙方去年達成的四點原則共識，積極推進兩國各領域的交往與對話，增進兩國人民相互理解」。安倍稱，他和日本內閣已在多個場合承諾，願繼續堅持包括「村山談話」在內以往歷屆政府在歷史問題上的認識。這一立場不會改變。日本決心繼續走和平發展道路。

時間的推移證明，兩度「習安會」成為兩國關係改善的契機。2014 年 12 月初，中日兩國與湄公河流域國家關係為主題的「中日湄公河政策對話」舉行。2015 年 1 月以來，中日兩國相繼舉行了有關建立海上聯絡機制的防務部門工作磋商以及海洋事務高級別磋商。3 月 14 日，中國民政部部長李立國赴日出席聯合國世界減災大會，這是中國部長級官員 3 年來首次訪日。中日安全對話 3 月 19 日在日本東京舉行，這是 2011 年日本實施所謂釣魚島「國有化」後，時隔 4 年中日安全對話再次召開。3 月 21 日外交部部長王毅在首爾出席第七次中日韓外長會

之前會見日本外相岸田文雄。中國全國人大代表和日本眾院組成的「中日議會交流委員會」4 月 9 日在東京的國會議事堂重啟了中斷約 3 年的會議，標誌議會交流恢復。6 月 5 日，日本副首相兼財務相麻生太郎前往北京訪問，與中共政治局常委、國務院副總理張高麗舉行會談，並出席中日財長對話。到 2015 年上半年，兩國恢復了各領域、各層次的交流，雙方來往明顯增多。在備受關注的釣魚島問題上，雙方經過幾輪磋商，就建立管控機制取得了明顯進展，釣魚島問題降溫。關於建立釣魚島管控機制，日方的態度更積極，更迫切。7 月，中日舉行的第一次高級別政治對話，楊潔篪國務委員與谷內正太郎國安局局長在釣魚台國賓館進行了約 5 個半小時的會談，就堅持並發展對話機制達成一致。11 月 1 日，中日韓三國首腦會談在時隔三年半之後重啟。期間，李克強總理應約會見了安倍首相。

2017 年，中日兩國迎來了邦交正常化 45 週年，雙方舉行了豐富多彩的紀念活動。中日關係繼續保持改善勢頭。

9 月 8 日，中日邦交正常化 45 週年紀念招待會在京召開，中國全國人大常委會副委員長兼秘書長王晨出席。前國務委員、中日友好協會會長唐家璇，中國人民對外友好協會會長李小林，日本前眾議院議長、日本國際貿易促進協會會長河野洋平，日本前外相、田中角榮之女田中真紀子等人出席並致辭。

9 月 28 日，中國駐日本大使館舉行慶祝國慶 68 週年和紀念中日邦交正常化 45 週年招待會。日本首相安倍晉三出席並致辭，對中國國慶 68 週年送上祝福。日本自民黨幹事長二階俊博、外務大臣河野太郎、文部科學大臣林芳正、復興大臣吉野正芳、前首相福田康夫、前首相鳩山由紀夫以及日本政經各界、中日友好團體人士、在日華僑華人等逾 2,000 名嘉賓出席了招待會。

11 月 11 日，國家主席習近平在越南峴港正式會見日本首相安倍晉三。習近平指出，2017 年是中日邦交正常化 45 週年，明年將迎來

《中日和平友好條約》締結 40 週年。雙方要從兩國人民根本利益出發，準確把握和平、友好、合作大方向，通過堅持不懈努力，積累有利條件，推動中日關係持續改善，向好發展。

安倍晉三表示，日方願同中方一道努力，以明年《日中和平友好條約》締結 40 週年為契機，推動兩國戰略互惠關係繼續向前發展。日方希望同中方加強高層交往，開展互惠共贏的經貿合作。

日方頻頻示好「一帶一路」。2017 年 5 月，日本自民黨幹事長二階俊博帶團出席了「一帶一路」國際合作高峰論壇，並與國家主席習近平進行了約 17 分鐘的會見。二階向習主席轉交了日本首相安倍晉三親筆信。據悉，親筆信中釋放了對未來兩國關係發展的積極信號，安倍在信中表示，希望以日中邦交正常化 45 週年、《日中和平友好條約》締結 40 週年為契機，秉承推進兩國戰略互惠關係的理念，構建穩定友好的日中關係。希望今後加強雙方高層對話，在合適的機會下推動雙方首腦互訪。對於「一帶一路」倡議，安倍在信中希望加強兩國間的對話與合作。

11 月 4 日，安倍首相在菲律賓馬尼拉舉行的新聞發佈會上表示，2018 年將迎來《日中和平友好條約》締結 40 週年，將深化交流，把中日關係提升到一個新階段。他還表示，期待「一帶一路」建設能為世界的和平與繁榮做出貢獻，日本希望從這一觀點出發同中方進行合作。11 月 11 日，中日兩國領導人在越南峴港會見時，安倍也曾表示，日方希望同中方加強高層交往，開展互惠共贏的經貿合作，積極探討在互聯互通和「一帶一路」框架內合作。

12 月 4 日，安倍在中日兩國經濟人士於東京舉行的會議上致辭，也表現出了推進日中兩國經濟合作的意願。他就中國提出的「一帶一路」倡議發表評論，稱兩國「可以大力合作」。

12 月 19 日，安倍晉三在東京發表演講時表示，將以明年《日中和平友好條約》締結 40 週年為契機，推動日中高層加深交流，將日中關

係提升至一個新高度。

　　日本三大經濟團體聯袂訪華。11 月 20 日，由日中經濟協會、日本經濟團體聯合會、日本商工會議所組成的日本經濟界代表團自 20 日開始對中國進行為期 6 天的訪問，希望尋求兩國經貿領域合作新機遇。這是日本三大經濟團體自 1975 年以來的第 43 次例行訪華，雲集了眾多日本知名企業領導和高管，以 250 人的規模創下歷屆之最。李克強總理會見了代表團。

第三節　安倍晉三調整對華政策的動因

　　2018 年 1 月 22 日，日本首相安倍在國會發表施政演説，就日中關係高調表示，將從大局觀出發，發展穩定的友好關係，呼籲進行首腦間互訪。他還就「一帶一路」表示：「將展開合作，滿足亞洲的基礎設施需求。」2018 年新年伊始，安倍首相派日本外相河野太郎訪華。據認為，此行最主要的使命是落實安倍首相早些時候提出的兩國高層互訪路線圖，即 2018 年春在日本恢復舉辦中日韓峰會，李克強總理出席。安倍首相上半年正式訪華，邀請習近平主席下半年正式訪日，以「將日中關係提升至一個新高度」。

　　自 2017 年下半年以來，安倍在不同場合多次表達了推動日中關係發展的意願，表示要「將日中關係提升至一個新高度」。安倍的心腹、內閣官房長官菅義偉在接受日本各報社的年末採訪時，信誓旦旦地宣稱「日方是真心實意地想改善與中國的關係」。

　　人們不禁要問，2012 年重新掌政以來，一直把「中國威脅」掛在嘴上、處處與中國較勁的安倍為何搖身一變，大談起友好來，變得判若兩人？

　　其實，這毫不足奇。因為安倍是個現實主義者。儘管安倍是國際

公認的鷹派政治人物，一個歷史修正主義者，但人們還記得，2006 年他第一次掌政時，面臨中日關係因小泉六次參拜靖國神社而導致「政冷經涼」的嚴峻形勢，9 月 26 日在國會發表的第一個抱負演說，就強調他自己將根據新思維，轉換外交方針，以貫徹自己的主張。話音剛落，他就飛到中國，進行「破冰之旅」，實現了「第二次中日關係正常化」。

當下，隨着國際形勢的深刻變化和中國的和平崛起，日本在東亞地區的戰略選擇，正處於至關重要的十字路口。安倍作為日本的主政者，不能不面對現實，綜合各種因素，採取比較穩健、務實的態度和比較現實而靈活的做法。回顧西方國家政治史，一個政治人物上台後，為鞏固政權，打破外交僵局，翻手為雲，覆手為雨，說與上台前不同的話，做與上台前不同的事，這是屢見不鮮的。美國電視劇《紙牌屋》展現的一個美國政客形象，他就有多張面孔，當他認為需要以甚麼樣的面孔出現時，就會表演出甚麼樣的面孔。

筆者以為，暫且可以不去評論安倍對華示好是否出於「真心實意」，倒是應看看促使他調整對華政策的動因。應該說，安倍調整對華政策，既有外交因素，也有內政需要，是安倍幾年來對華政策碰壁的結果。儘管不少動作表明，安倍仍懷抱着強烈的對華戰略競爭意識，但為形勢所迫，他又不得不考慮在對華政策上做些許調整，或將採取日本媒體所謂的「融合路線」或曰「平衡政策」。

第四節　中日關係發生了階段性變化

2019 年，中華人民共和國成立 70 週年之際，日本也進入「令和時代」，中日關係在 2018 年重回正常軌道的基礎上，繼續保持積極向好的發展勢頭，各領域的交流與合作不斷擴大和深化，呈現全面改善的新氣象。

一、安倍以不同方式多次發出積極提升中日關係的信號

1月1日，日本首相安倍晉三發表新年致辭，表示 2019 年要強化與中國的雙邊關係、開啟「日中關係新時代」。

1月28日，安倍在眾議院全體會議上發表施政演説，將對華外交列為日本外交政策的三大優先方向之一，表示要將中日關係提升到新的階段。

2月4日（中國農曆春節除夕），安倍專門錄視頻向中國人民拜年。

4月25日，自民黨幹事長二階俊博作為安倍首相特使率領日本代表團出席第二屆「一帶一路」國際合作高峰論壇。二階帶來了安倍首相致習主席的的親署信。

5月7日，安倍首相偕夫人和多名內閣成員出席中國駐日本大使程永華的離任招待會，並發表講話。安倍表示，日中兩國對地區的和平與繁榮共同承擔着巨大責任，希望在政治、經濟、文化等所有領域發展關係，構建日中關係新時代。4月16日，安倍夫婦曾罕見地在首相官邸設宴，為程永華大使夫婦餞行，顯示出安倍對華關係的重視和對發展日中關係的強烈期待。

5月17日，安倍與到訪日本的中共中央政治局委員、中央外事工作委員會辦公室主任楊潔篪會談時表示：「希望使回到正常軌道的日中關係進一步發展，構建日中新時代。」

9月26日，安倍首相向中國發來視頻，祝賀新中國成立 70 週年。

10月2日，安倍在接受央視採訪時指出，目前日中兩國在各領域的合作更加多樣化，這進一步推動了兩國關係的發展，希望日中關係未來更加牢固。對於習近平主席明年春天對日本的國事訪問，安倍表示：「日本國民十分期待並祝此訪圓滿成功，我期待此次國事訪問掀開日中關係新篇章。」

10 月 4 日，安倍在臨時國會發表施政演說時，再次強調要開闢日中新時代。

11 月 25 日，安倍首相與正在訪日的王毅國務委員兼外交部長舉行會談。安倍就習近平主席 2020 年春季作為國賓訪問日本事，強調稱：「希望推進合作，使之成為一次契合日中新時代的有意義的訪問。」

12 月 22 日，行將來華出席第八次中日韓領導人會議的安倍首相在接受中國媒體書面採訪時表示，日中雙方高層互訪和交流具有重要意義，希望此行成為進一步鞏固日中紐帶的契機。

二、往來轉趨密切，中日關係呈現全面改善的新氣象

自李克強總理 2018 年 5 月訪日、安倍晉三 2018 年 10 月訪問中國後，中國與日本的官民往來轉趨密切，2019 年 4 月以來更是頻繁互動。

兩國外長頻繁接觸，成果顯著。4 月 14 日，日本外相河野太郎對中國進行正式訪問。中國國務委員兼外交部長王毅同河野外相共同主持第五次中日經濟高層對話，共同出席「中日青少年交流促進年」開幕式。

8 月 1 日，國務委員兼外長王毅在泰國曼谷會見日本外相河野太郎。8 月 20 日，王毅在北京會見來華出席第九次中日韓外長會的日本外相河野太郎。9 月 26 日，王毅在聯合國會見新任日本外相茂木敏充。

11 月 25 日，國務委員兼外交部長王毅在東京同日本外相茂木敏充共同主持中日高級別人文交流磋商機制首次會議。習近平主席和安倍晉三首相分別向會議發來賀信。習近平強調，當前，中日關係持續改善向好。希望中日雙方共同利用好這一機制，推動人文交流，促進民心相通，為構建和發展契合新時代要求的中日關係提供人文支撐。安倍希望機制為雙方構建契合新時代的日中關係夯實民意基礎，為開創日中關係新的未來作出貢獻。

會議就擴大人文交流達成 8 項重要共識 [①]，預示着中日間將形成一個多元互動、精彩紛呈的人文交流新格局。

安全領域交往恢復。4 月 21 日至 26 日，日本海上自衛隊時隔 7 年半派一艘護衛艦訪華，參加在青島舉行中國海軍節活動。

10 月 10 日，中國海軍一艘導彈驅逐艦抵達橫須賀港，參加日本在神奈川縣相模灣海域舉行的國際閱艦式（因颱風未舉行），並參加聯合訓練。這是中國海軍艦艇時隔 10 年再次訪日，也是首次參加自衛隊閱艦式。

12 月 18 日，日本防衛大臣河野太郎訪華，這是自 2009 年以來日本防衛大臣首次訪華。期間，中央軍委副主席許其亮、國務委員兼國防部長魏鳳和分別與其舉行會談。雙方均表示願持續加強防務交流與合作，增進了解互信，共同維護好地區和平穩定。河野參觀考察了人民解放軍部隊。

上述互動標誌中日關係在最敏感的安全領域的交流也告恢復，並呈現良好發展勢頭。

4 月 24 日至 29 日，日本執政黨自民黨幹事長二階俊博作為首相安倍晉三的特使於訪問中國。在中國政府舉辦的「一帶一路」國際合作高峰論壇上發表演講，並出席北京世界園藝博覽會開幕式。

5 月 16 日至 18 日，中共中央政治局委員、中央外事工作委員會辦公室主任楊潔篪應日本國家安全保障局長谷內正太郎邀請，訪問日

[①] 11 月 25 日，國務委員兼外交部長王毅在東京同日本外相茂木敏充共同主持中日高級別人文交流磋商機制首次會議。會議就擴大人文交流達成八項共識：確定 2020 年為「中日文化體育交流促進年」；恢復和擴大中日雙向修學旅行；均衡擴大兩國人員往來，爭取盡快突破 1500 萬人次，同時辦好中日旅遊論壇；推進影視、音樂、動漫、出版等文化產業合作及高水準藝術團交流互訪；相互支持辦好 2020 年東京奧運會和 2022 年北京冬奧會，以奧運合作為紐帶，提升兩國體育領域交流合作水準；支持新聞界開展互訪和交流合作；共用推進婦女事業的經驗，促進男女共同參與發展的合作；同意 2020 年適時在中國舉行中日高級別人文交流磋商機制第二次會議。

本，並同谷內局長舉行第六次中日高級別政治對話。楊潔篪會見安倍首相時表示，中方願同日方一道，推動兩國關係在正確軌道上穩步向前發展。中方支持日本辦好二十國集團領導人大阪峰會。

在兩國關係改善的背景下，中日重啟中斷了 7 年的戰略對話。8 月 10 日，外交部副部長樂玉成和日本外務事務次官秋葉剛男在日本長野共同主持新一輪中日戰略對話。雙方就中日關係及共同關心的國際地區問題坦誠深入地交換了意見。雙方再次確認，將積極落實中日領導人大阪會晤達成的重要共識，努力構建契合新時代要求的中日關係。

10 月 22 日，國家副主席王岐山作為國家主席習近平的特使出席日本德仁天皇即位慶典，並對日本進行了友好訪問。中國派出國家副主席王岐山赴日，規格明顯高於 1990 年的平成即位禮。日本政府關係人士將此解讀為中方對日中關係的重視。

23 日，王岐山副主席會見安倍首相時表示，雙方要恪守中日四個政治文件確立的各項原則，穩妥處理好歷史、台灣等問題，確保兩國關係沿着和平、友好、合作的正確軌道持續向前發展。

安倍首相表示，日方熱切期待習主席明年春天對日本進行國事訪問，願意妥善處理台灣等敏感問題。日方願與中方一道，共同努力構建面向未來和充滿活力的日中關係。

11 月 4 日，李克強總理在曼谷會見日本首相安倍晉三。李克強表示，中日雙方都有維護多邊主義和自由貿易的願望，應切實恪守中日四個政治文件，尊重彼此核心利益和重大關切，聚焦共同利益，妥善處理敏感問題，提升互信水平，打造更加健康、穩定、持久的中日關係。安倍晉三表示，日方願同中方加強對話溝通，深化務實合作，密切在國際地區事務中的協調。

12 月 6 日，中共中央政治局委員、中央外事工作委員會辦公室主任楊潔篪 6 日同日本國家安全保障局長北村滋在北京共同主持中日第

七次高級別政治對話。雙方一致表示，將共同努力，精心設計準備，營造和諧氛圍，確保明年兩國間重大政治外交議程順利進行。

同日，國家副主席王岐山在中南海會見日本國家安全保障局長北村滋，強調雙方應以兩國領導人重要共識為指引，立足當前、放眼長遠，以史鑒今、看清大局，釐清利害、保持定力，以更高超的氣度、格局和智慧把握好中日關係，為兩國下階段高層交往營造積極有利氛圍，推動兩國關係全面邁向新時代。北村滋表示，日方願為未來兩國領導人交往做好充分準備，創造良好氛圍。

12 月 25 日，李克強總理在成都與來華參加中日韓領導人會議的安倍首相會談。李總理希望日方同中方相向而行，為雙方開展更多高層交往營造良好條件和氛圍；希望在養老、證券、壽險、醫療等現代服務業領域深化合作，培育新的合作增長點；加強投資、創新、第三方市場等領域合作；擴大人文交流，為兩國關係發展夯實民意基礎。安倍首相希望雙方密切高層交往，加強溝通對話，共同開創日中關係新時代。他表示日方願同中方加強在應對老齡化、金融、旅遊、環保、減災、醫療等領域合作；願繼續合力推進在科技創新、第三方市場等領域合作。雙方都表示願與相關國家共同努力，推動儘快簽署高水平的 RCEP（區域全面經濟夥伴關係），推進中日韓自貿區談判進程。

經貿關係一直是維繫中日關係的紐帶，以經濟領域合作為中心的務實合作是發展中日關係的動力。面對反全球化、逆全球化風潮，中日兩國在反對貿易保護主義和經濟單邊主義、堅持多邊自由貿易、推動區域經濟合作等共同關心的重要議題上同頻共振。

2018 年 10 月安倍首相訪華期間，中日雙方簽署了包括 2,000 億元人民幣額度的雙邊本幣互換協議和擴大服務貿易合作等在內的十餘項合作協議，而且就中日兩國在一帶一路框架下開展第三方市場合作簽訂了 52 項協議，總額高達 180 億美元，上述協議 2019 年落實。

經過雙方共同努力，貿易和投資扭降為升。據統計，2018 年中日貿易額達 3,200 億美元，2019 年上半年中日貿易額已達到 1,511 億美元，日本對華投資接近 20 億美元，同比增長 8.5%。中國是日本最大的貿易夥伴，日本是中國第二大貿易對象國。

中日經貿關係呈現新特點，過去日本企業將中國視作生產工廠，現在更多把中國視為一個市場，而且與中國一起開闢海外市場。可以說，隨着中日內外經濟環境的變化和雙邊關係回歸正軌，中日經濟合作正走向全面轉型升級的新時期。

三、習‧安倍大阪、北京會晤是 2019 年中日關係最重要事件

2019 年中日關係最重要的事件是習近平主席同安倍晉三首相的兩次會晤。6 月 27 日，習近平主席在二十國集團（G20）領導人大阪峰會前夕會見日本首相安倍晉三，就雙邊關係以及全球和地區問題深入交換意見，就構建契合新時代要求的中日關係、習主席對日本進行國事訪問等，達成具有歷史意義的十點共識。①

---

① 6 月 27 日，習近平主席會見日本首相安倍晉三，達成十點共識：

　一、兩國領導人積極評價當前中日關係改善發展的良好勢頭。雙方認為，中日都進入發展的新時代，雙方共同利益和共同關切日益增多，兩國關係面臨新的發展機遇。雙方應共同致力於構建契合新時代要求的中日關係。

　二、兩國領導人重申，恪守中日四個政治文件確立的各項原則，踐行中日互為合作夥伴、互不構成威脅的政治共識，本着化競爭為協調的精神，推動中日關係沿着正確軌道持續向前發展。

　三、兩國領導人同意保持密切溝通，加強高層引領，不斷增進政治互信。安倍首相代表日本政府邀請習近平主席明年春天對日本進行國事訪問，習主席則接受邀請。

　四、兩國領導人同意，進一步深化兩國利益交融，加強在科技創新、智慧財產權保護、經貿投資、財政金融、醫療康養、養老照護、節能環保、旅遊觀光等廣泛領域互利合作。日方認為"一帶一路"倡議是聯結多樣化地區的富有潛力的構想。中方歡迎日方積極參與高品質共建「一帶一路」。雙方將繼續着力推動協力廠商市場合作取得扎實成果。雙方支援兩國企業擴大相互投資，確認為對方企業提供公平、非歧視、可預期的營商環境。（見下頁）

12 月 23 日，習近平在北京會見安倍晉三首相，在「十點共識」的基礎上，進一步高屋建瓴地指出構建新時代中日關係的共同戰略指引、必須堅守的根本原則和務實合作的方向。

習近平強調，當今世界正經歷百年未有之大變局。運籌新時代的中日關係，首先需要明確戰略共識。應堅持以全球大視野思考和謀劃兩國關係，堅持在相互尊重、求同存異基礎上加強溝通協調，積極推動構建攜手合作、互利雙贏的新格局。這應該成為雙方發展新時代中日關係的共同戰略指引。雙方要把握正確方向，恪守中日四個政治文件確立的各項原則，妥善處理有關重大敏感問題，鞏固兩國關係政治基礎。這是雙方發展新時代中日關係必須始終堅守的根本，任何時候都不能含糊和動搖。雙方應該踐行中日「互為合作夥伴、互不構成威

（接上頁）

五、 兩國領導人強調，中日都是亞洲文明發展的重要貢獻者，應傳承弘揚亞洲文明成果，宣導不同文明間開展平等對話、交流互鑒；應以深厚的歷史文化淵源為紐帶，持續加強人文領域交流合作。兩國領導人決定，2019 年內啟動中日高級別人文交流磋商機制。

六、 兩國領導人同意，積極開展中日民間友好交流，增進相互理解，促進民心相通。雙方要以 2019 年「中日青少年交流促進年」為契機，積極開展修學旅行等內容豐富、形式多樣的互訪交流活動，廣泛播撒友好種子。

七、 兩國領導人重申，中日將堅持走和平發展道路，共做和平發展的夥伴。雙方應加強安全領域交流與合作，積極推動構建建設性雙邊安全關係，逐步確立穩固的戰略互惠互信。兩國領導人同意雙方進一步加強外交和安全領域對話。

八、 兩國領導人同意，妥善處理敏感問題，建設性管控矛盾分歧。雙方將繼續推動落實東海問題原則共識，共同努力維護東海和平穩定，實現使東海成為和平、合作、友好之海的目標。

九、 兩國領導人認為，中日同為亞洲重要國家和世界主要經濟體，應共同維護多邊主義和自由貿易體制，積極引領區域一體化，推動構建開放型世界經濟，促進世界各國共同發展。雙方同意，發揮二十國集團在促進世界經濟穩定發展、推動完善全球治理體系建設中的重要作用，加快推動中日韓自貿協定談判進程，2019 年內力爭完成區域全面經濟夥伴關係協定談判。

十、 兩國領導人認為，中日應積極履行國際責任，共同應對各種全球性挑戰，着力加強在發展援助、氣候變化、軍控裁軍、衛生保健等國際事務中的溝通與協調，攜手為世界和平穩定發展作出積極貢獻。

脅」的政治共識，本着「化競爭為協調」的精神，推動兩國關係始終沿着正確軌道持續向前發展。

習近平指出，雙方要拓展務實合作，推進高質量共建「一帶一路」和中日第三方市場合作，在人工智能、大數據、物聯網等領域加強互利合作，積極培育雙向開放、公平透明、非歧視性的創新環境，努力實現更高水平的互利共贏。要加強文化、旅遊、教育等人文領域交流，促進青少年雙向交流，擴大地方友城合作，相互支持對方辦好東京奧運會和北京冬奧會，夯實兩國人民友好的民心基礎。要增進安全互信，更加積極地構建建設性安全關係。要展現國際擔當，維護多邊主義和自由貿易，推動構建開放型世界經濟。

習近平主席與安倍首相在大阪和北京的會晤，為正在改善的中日關係注入新動力，拓展了可期待的合作空間，為兩國關係的未來指明了方向，表明中日關係已經走出矛盾和摩擦頻發的重新定位期，正在發生階段性變化，建立起新的平衡，達到過去 20 年的最好狀態，可望進入相對穩定發展的新時代。

四、提升中日關係，是日本外交戰略的重要舉措

從中日兩國關係的發展階段看，20 世紀 90 年代中期以後，由於力量對比的變化，舊的平衡被打破，新的平衡尚未建立起來，彼此都尚在戰略上摸索定位對方，造成兩國關係存在不穩定性、不確定性，有不少變數。

中國發展太快，中日力量對比發生顛覆性變化，對日本造成嚴重衝擊。它缺乏心理準備，失落感、危機感交集，失去自信，很糾結，不服氣，擔心中方強大後會遭報復，以至於視中國為威脅，引起強烈反彈，「中國威脅論」一時甚囂塵上。強化日美同盟，鉗制中國崛起，成為日本對華政策的基調，導致中日間矛盾和摩擦增多。

面對中國的崛起，20年來，日本經歷了艱難的適應過程，日本企圖遏制中國發展的政策也走進了死胡同，它不得不正視現實，比較冷靜、客觀、理性地看待對方。

前幾年，日本一味唱衰中國，「中國崩潰論」甚囂塵上。事實恰恰相反，中國政治穩定，改革全面推進，偉大民族復興步伐加速，而與日本的差距不斷拉大。日本預測，按目前中日兩國的發展速度估算，到2025年前後，中國的經濟規模該是日本的5倍左右。

日本還認識到，當今世界，唯一一個既維護多邊貿易體制，又有能力給日本提供經濟增長機遇的大國就是中國。中國市場吸納能力巨大，中日在高新科技、金融、基礎建設、數字經濟、能源、環保等多個領域互補性強，兩國民間有切實的合作需求和必要性。加強與中國的經貿合作，是避免其經濟衰退的最佳選擇。

關於「一帶一路」構想，日本原本以為搞不起來，沒想到廣受歡迎和期待，響應和參與國越來越多，項目建設也風生水起，已有早期收穫，更何況「一帶一路」開闢了通向東南亞、南亞、歐亞大陸到非洲、拉美的大市場，有很多地方是日本企業鞭長莫及的。據日方預測，2016年到2030年，「一帶一路」沿線的基礎建設需求在26萬億美元左右。日本經濟界對其前景普遍看好，認為日本如果不積極參與其中，就有被邊緣化的危險，只有搭上這班車，才是確保日本利益的最佳選擇。日本經濟界的積極態度迫使安倍政府不得不面對現實，權衡同身邊偌大的中國一直對立下去的得失利弊，省悟到加強與中國的合作，符合日本的長期利益訴求，從而調整對華政策。

尤其是近幾年來，面對百年未有之世界大變局，日本的感知發生了明顯的變化：一是認識到美國不可信，更靠不住，不能一棵樹上吊死；二是認識到中國崛起不可阻擋，中日差距越拉越大的趨勢不可逆轉，使一向崇尚實力、攀附強者並與強者為伍的日本不得不正視中國的強大，重新定位中國。

另一方面，日美關係的變化也是日本對華政策調整的一個因素。

尤其是特朗普上台後，美國大搞單邊主義，猛烈衝擊既存秩序，加速了世界格局的演變，加劇了日美同盟關係的分歧與矛盾，也促使日本的對外政策進行調整，安倍內閣不得不尋求與中國加強關係。也可以說，特朗普把日本向中國這邊推了一把。

因此，2017 年以來，安倍政權開始調整外交戰略，謀求多元化。其外交戰略調整的重要舉措是加大改善日中關係的力度，提升中國定位，對中國採取融合、協調政策，由戰略競爭調整為既競爭又合作，以在國際格局深刻變化中維持其戰略均衡，在中美夾縫中尋求國家利益最大化。

日本對華政策的兩面性將長期存在。國際間的矛盾任何時候都會存在，即便是盟國關係，也存在這樣那樣的矛盾，有時甚至很尖銳，何況中日之間。因此，在我們為中日關係進入新時代感到寬慰時，存在於中日關係中結構性的矛盾，仍要求我們有一個清醒的頭腦。但應看到，日本對華政策的取向確實出現了積極的變化。安倍一再對中國示好，呼籲構築「新時代的日中關係」，應視為日本對華外交又一次順應時代變遷的歷史性大調整。

第十五章

中日關係變化的背後

第一節　中國觀的三次變化

迄今，日本人的中國觀經歷了三次變化。日本對中國的正式外交始於公元 607 年小野妹子出使隋朝。那時，日本被編入「華夷秩序」的朝貢體系。可是，隋朝以後，日本人的自我意識高漲，對視日本為「東夷小國」的隋唐，產生抗拒心理，欲同中國平起平坐。唐朝走向衰落以後，日本於公元 894 年停止遣唐使的派遣。這是日本人中國觀的第一次變化。

10 世紀以後，中日間的正式外交關係中斷。進入室町時代（1338–1573），特別是到足利義滿時代，日本對中國和亞洲的意識首次發生了劃時代的變化。1373 年，明朝派遣使節團到京都，由此，足利幕府與中國重開外交。明朝的永樂皇帝授予幕府將軍足利義滿「日本國王」稱號，日本重新被納入東亞秩序，加入「中華文明圈」。這是日本人的中國觀第二次變化。

至 15–16 世紀，隨着葡萄牙等西方勢力東漸，日本的對外意識發生了前所未有的重大變化。16 世紀末，豐臣秀吉率軍攻打朝鮮，對明朝也抱有野心，為日本其後的大陸政策開了惡劣的先例。德川家康雖然改變了豐臣秀吉強硬的外交方針，實行了較為溫和的對外政策，但拒絕中國皇帝的冊封。

19 世紀中期以後，「華夷秩序」受到諸列強的挑戰，東亞地區既存的國際秩序迫於新的調整。1871 年，《日清修好條規》的簽訂，使日本的天皇終於與清朝的皇帝平起平坐了。這個條約是日本自明治開國以來簽訂的第一個平等條約，遺憾的是，日本並未以此為契機，去同周邊各國建立平等的關係，而是選擇了國權擴張的方向。雖說也有過摸索與亞洲各國合作的動向，但結果是「國權擴張主義」佔了上風，開始了對亞洲的侵略。清朝在甲午戰爭中敗於日本，使日本人的中國觀發生了第三次巨大的變化，從此開始蔑視中國，不僅不稱清朝為中國，

甚至不稱中華民國為中國，而是根據梵文和英語，改稱中國為「支那」，且把「支那」漸漸變成蔑稱了。

敗於第二次世界大戰的日本人曾經一時視中國為「亞洲的強國」，但很快就修正了這種中國觀。之所以如此，是由於 20 世紀 60 年代以後，日本經濟獲得高速增長，中國卻經歷了政治動亂，國民經濟一時甚至到了崩潰的邊緣。因此，日本人的中國觀和亞洲觀又回到近代的原點。

20 世紀 80 年代中期，日本經濟學者長谷川慶太郎在他的著書《別了，亞洲》中這樣寫道：「到明治維新以前，中國被視為『聖人君子之國』，孔孟之道即儒教成為日本政治思想的基礎。」「對日本人來說，亞洲，不管從哪個角度看，都是關係最近的地區。」「然而，這種狀況早已成為過去了。這是因為日本和日本人在戰後四十年裡發生了太大的變化。而另一方面，亞洲在這四十年裡的變化卻是太少太少。其結果，日本和日本人決定性地離開了亞洲。」「日本已經不可能再是甚麼亞洲國家了。」周邊的亞洲各國是『夢之島』（東京的垃圾場所在地），而日本則是高聳於它們中間的超高層大廈。」他這番話，不禁使人們想起福澤諭吉的「脫亞論」。

回顧日本人的中國觀在歷史上的三次變遷，可以看到，每次都與兩國的國內變化以及國際關係和國際秩序的重組密切相關。而實力對比的變化，則是導致觀念變化的原因。

第二節　定位問題尚未解決

正是由於實力對比的變化，從 20 世紀末到現在，日本人的中國觀正在經歷第四次變化。一些人開始用新的眼光重新審視中國，看到中國「成為自鴉片戰爭 150 年來最強勢的國家」，能認真地從正面看待中

國的崛起。不少人面對中國的經濟發展和軍事力量的增強，感到日本領先亞洲的地位發生動搖，則失去自信而困惑，不知道應如何同中國打交道。在日本社會，瀰漫着對中國擔心、不安、恐懼、焦慮等複雜的情緒。一部分日本人由於心理上失去對中國的優越感，不服氣，百般挑剔，在雞蛋裡挑骨頭。對中國的將來，日本國內各種看法都有，把中國看成中長期威脅的，政、財、官界裡都大有人在。

這種現象緣於中國在日本的外交定位問題上尚未解決。也就是說，對於日本來說，中國究竟應是戰略合作夥伴，還是戰略防備對手的問題，尚待解決。

日本的亞洲論壇主任研究員茶谷展行在他撰寫的一篇文章《安倍政權的外交佈陣和戰略》中，對此做了最好的注解。他寫道：「2002 年，江澤民前國家主席在中國共產黨第十六次代表大會上，提出了『中華民族偉大復興』的指導方針，鼓舞了民族主義。中央提出這種鼓舞民族主義的方針，證明中國自 1840 年鴉片戰爭失敗以來，時隔約 160 年，重新登上了世界頂級舞台，正在向現代化的國民國家前進。」

接着，他又說：「另一方面，日本自 1868 年明治維新以來，在亞洲已經找不到能與之抗衡的國家了。為此，擁有 13 億人口的中國近年來迅猛崛起，對日本來說是個威脅。從而，日本對中國的民族主義抬頭可謂極其自然的趨勢。」（載《東亞》2006 年 11 月號）

關於這個問題，新加坡《聯合早報》有一個分析。這家報紙指出：「日本對中國的外交有兩點致命錯誤。一是戰略定位失策，總是把中國定位為潛在的敵人或對手。其實，日本人也清楚，中國不會以武力侵略日本。但日本習慣了佔據優勢地位，總是擔心外患，甚至將台灣問題也看成是對日本安全的威脅。二是自視甚高，不尊重中國，其表現就是不肯換位思考，不能踏踏實實理解中國政府的政策和中國人的心態。」

該文還說：「戰略定位失誤是出自我們善良意願的中國式理解，在

日本方面或許不是失誤，而是從內心深處制約中國。日本不尊重中國倒是不折不扣的事實。明治維新以來，中國對日本總是佔下風。甲午戰爭，中國輸了；八國聯軍進北京，日本人是主力；一戰後德國在青島的權益被讓給日本；九一八事變，區區數萬人就佔領了東三省。二戰日本是戰敗國，但日本人認為他們輸給的是美國，是盟軍，而沒有輸給中國。正是基於這些，日本對待中國佔據心理優勢，因此把中國的正當要求看成過分要求，不顧及中國人的感受。」

第十六章
構築基於共同利益的戰略互惠關係

第一節　中國對日基本政策沒有變化

縱觀新中國成立 60 多年來的對日政策，實現和平共處，爭取中日兩國人民世世代代友好下去，始終是貫穿其中的一條主線。雖然隨着國際形勢的演變和中日兩國國內情況的變化，中日關係時有起伏，甚至大起大落，但「中日友好」「中日兩國人民世世代代友好下去」作為基本國策、中國黨和政府對日政策的總目標，從來沒有改變過。在這一基本國策指導下，毛澤東、周恩來開闢了戰後中日關係的新紀元，鄧小平、江澤民、胡錦濤引領中日各領域各層次的交流與合作，實現了中日關係兩千年歷史上空前的大發展。習近平出任中共中央總書記、國家主席後，繼續堅持這一基本國策，引領中日關係走出低谷，續有改善。

2013 年 1 月 25 日，習近平在人民大會堂會見日本公明黨黨首山口那津男時表示：「中日互為重要近鄰，邦交正常化 40 年來，各領域合作深度和廣度達到前所未有的水平，有力促進了兩國各自的發展。中國政府重視發展中日關係的方針沒有變化。事實證明，兩國間四個政治文件是中日關係的壓艙石，應堅持遵守。新形勢下，我們要像兩國老一輩領導人那樣，體現出國家責任、政治智慧和歷史擔當，推動中日關係克服困難，繼續向前發展。」

後來，習近平又在不同場合多次闡述過對日政策，強調重視日本，願意在四個政治文件的原則指導下發展中日關係的意願。2015 年 5 月 23 日，習近平出席在人民大會堂舉行的有 3,000 多名日本各界人士參加的中日友好交流大會並發表講話。習近平強調：「中國高度重視發展中日關係，儘管中日關係歷經風雨，但中方這一基本方針始終沒有改變，今後也不會改變。我們願同日方一道，在中日四個政治文件基礎上，推進兩國睦鄰友好合作。」同時，習近平指出，日本軍國主義犯下的侵略罪行不容掩蓋，歷史真相不容歪曲。對任何企圖歪曲美化日本

軍國主義侵略歷史的言行，中國人民和亞洲受害國人民不答應，表明歷史問題是中國的原則底線，毫不含糊。

習近平總書記準確把握世界格局變化和中國發展大勢，發揚我們黨理論聯繫實際的優良傳統，在保持外交大政方針連續性和穩定性的基礎上，總攬全局，開拓進取，推進外交理論和實踐創新，使我國外交具有新特色、新風格、新氣派。習近平的對日政策思想是對新中國歷屆領導人對日政策思想的繼承與發展。所謂繼承，是指其政策思想與歷屆領導人的政策思想的出發點與核心內涵完全一致；所謂發展，是指其政策思想直面中日關係現狀，具有鮮明的時空特徵和切中要害的現實針對性。

筆者認為，從毛澤東到習近平，中國黨和政府的對日政策可概括為以下八點：

一、 強調將一小撮軍國主義分子和廣大日本人民區別開來。其核心在於強調日本發動侵略戰爭的責任不在廣大日本人民，責任應由發動和指揮侵略戰爭的少數軍國主義分子來負，日本人民包括普通士兵也是受害者。

二、 強調《中日聯合聲明》(1972)、《中日和平友好條約》(1978)、《中日聯合宣言》(1998)、《中日關於全面推進戰略互惠關係的聯合聲明》(2008) 四個政治文件是中日雙方的莊嚴承諾，是規範中日關係的綱領性文件，是中日關係的政治基礎和指導原則，必須嚴格遵守。歷史問題和台灣問題是這四個文件的核心內容，也是中方最為關切的事項，日方應嚴格遵守在這兩個問題上的承諾，做到「言必信，行必果」。

三、 在歷史問題上，強調牢記歷史並不是要延續仇恨，而是要以史為鑒、面向未來，珍愛和平、維護和平，讓中日兩國人民世世代代友好下去，讓各國人民永享太平；強調「前事不忘，後事之師」「以史為鑒，面向未來」；強調講中日關係歷史要全面，既講侵略

的歷史，又講友好的歷史；強調正確認識和對待歷史，就是要把對那場侵略戰爭的反省落實到行動上，絕不再做傷害中國和亞洲有關國家人民感情的事；強調中國反對日本政府主要領導人參拜供奉着 14 名甲級戰犯的靖國神社的立場是堅定不移的。

四、　在台灣問題上，強調台灣問題是中國的內政，台灣是中國的核心利益所在，涉及 13 億中國人民的感情，不允許任何國家予以干預，要求日方以實際行動體現日本政府關於堅持一個中國政策、不支持台獨、只同中國台灣進行民間和地區性往來的承諾。

五、　強調走和平發展道路，和平共處，不謀求霸權，並反對霸權主義；強調要努力將中日第四個政治文件中關於「中日互為合作夥伴、互不構成威脅」的共識轉化為廣泛的社會共識；強調以和平手段解決一切爭端，不訴諸武力或進行武力威脅；強調通過對話，平等協商，妥善處理分歧。

六、　強調「中日兩國人民世世代代友好下去」是中國長期的國策，是中國所追求的目標，不僅 21 世紀如此，還要發展到 22 世紀、23 世紀，要永遠友好下去；強調中日友好的重要性超過兩國之間一切問題的重要性。為此，應從戰略高度和長遠的角度看待和處理兩國關係，扎扎實實地做一些發展兩國和兩國人民之間友好關係的事情，要多通過友好交流增進了解，增進親近感，促進合作，成為互相尊重、互相學習、互相信賴的好鄰居，世世代代友好相處下去。

七、　強調中日關係的特點是以民促官、官民並舉。指出中日友好歸根結底是兩國人民的友好，民間友好是中日友好的根基所在。強調對於一小撮不甘心中日友好的人，唯一的辦法就是用不斷加強友好、發展合作來回答他們。越是有人干擾友好，越要大力發展友好。

八、　強調在平等互惠的基礎上，大力開展各個領域的交流與合作，取

長補短，挖掘合作潛力，擴大交流合作的廣度與深度，擴大雙方
利益的交匯點，實現共同發展，互利雙贏。提出要學習、借鑒日
本的先進之處。

一個時期以來，日本國內渲染中國進行「反日教育」。所謂「反日
教育」不符合事實。中國政府重視對人民進行愛國主義教育，而中國
是蒙受日本軍國主義侵略時間最長、受害程度最深重的國家，對人民
進行愛國主義教育，不能不講當年遭受日本軍國主義侵略的那段歷史。
進行愛國主義教育並不是要延續仇恨，而是要以史為鑒、面向未來，
珍愛和平、維護和平，讓中日兩國人民世世代代友好下去。中國人民
反的是歪曲、美化過去那場侵略戰爭歷史、刺激受害國人民感情的政
治人物的言行。我們之所以反對代表國家的領導人和一些政治人物參
拜供奉着甲級戰犯的靖國神社，反對修改教科書，反對他們否定遠東
國際軍事法庭審判的正義性，反對他們否認南京大屠殺、強徵慰安婦
的罪行，是因為他們要為軍國主義分子的罪行翻案。而今天翻案，明
天就可能重走老路。

日方稱 2012 年 9 月中國各地暴發了「反日示威」，這種説法是不
正確的。這不是「反日示威」，而是一次「抗議示威」，抗議野田政權購
島、侵犯中國主權的行為。關於釣魚島的主權歸屬問題，中日雙方各
有各的立場，是存在分歧的，但兩國之間是有擱置爭議的默契的。日
方違背承諾，企圖改變現狀，必然激起中國人民的反對，一些群眾是
自發地走上街頭舉行抗議示威的。他們不是反對日本國民，而是反對
背信棄義的當政者。人與人的交往信義為本，國家間的交往更是如此。
言而無信，必招天怒、惹眾憤。「反日示威」的説法，用心險惡，頗具
煽動性，旨在煽起狹隘的民族主義情緒，製造中日兩個民族的不和和
對立，破壞兩國人民的友好。應識破它們的陰謀，不上它們的當，越
是在困難的時候，越要加強友好交流和合作。中日關係變壞並不是兩
國的民眾造成的，而是那些不甘心中日友好的人破壞的結果，中日矛

盾並不是兩國人民之間的矛盾，中日矛盾的本質是「不甘心中日友好的人」與中日兩國人民之間的矛盾。

誠然，中日邦交正常化四十餘載後的今天，中國人對日本的認識多元化了，喜歡的、嫌惡的、中性的都有，有視日本為對手的，有視為夥伴的，也有無敵對意識卻有競爭共存意識的。但中國的對日友好政策沒有變，同日本睦鄰友好合作的誠意沒有變，「中日兩國人民要世世代代友好下去」的信念也沒有變。中國主張和平共處，互惠互利，合作共贏，共同發展，主張和平協商解決分歧。這不僅是中國政府的政策，也是絕大多數中國人民的意願。中方願在中日間四個重要政治文件的原則基礎上，本着「以史為鑒、面向未來」的精神，繼續推進中日戰略互惠關係。希望雙方共同努力，堅持從兩國人民根本利益出發，堅持從地區的和平發展大局出發，共同開創中日關係發展的新局面。

第二節　　正確定位對方是關鍵

經過中日雙方的共同努力，中日關係出現轉機。形勢要求抓住得來不易的、新的發展勢頭，大力激活和推進兩國關係，關鍵是需要建設性的思維。

首先，要對兩國關係的前景充滿信心。中日之間存在一些分歧並不可怕，關鍵在於能否着眼大局，求同存異，有效管控矛盾和問題。戰後，中日兩國在那麼困難的情況下能夠恢復邦交、締結條約，很大程度在於兩國老一輩領導人發揮了求同存異的精神。他們當年的戰略眼光、政治勇氣和高度的政治智慧，值得雙方長期持續繼承和發揚光大。

重要的是，雙方都要客觀認識對方的變化，心理上適應對方的變化，正確地定位對方。

對於日本來說，能否正確對待中國的發展，是能否正確處理對華

關係的關鍵問題。中國的崛起，引起包括日本在內的西方一些人的擔憂，認為中國的崛起結果是它們的衰落。它們從古希臘、羅馬帝國和大英帝國的衰落的歷史經驗中，推論出這樣的結果。但是，時代不同了，中國的崛起根本不意味着另一個國家必須衰落。中國的 GDP 超過日本，不會使日本變窮。因為這不像奧運會，金牌數量是固定的。

應該看到，中國的發展是不可阻擋的，但中國的經濟發展和影響力上升，並非是以日本經濟和影響力的下降為代價的，不會妨礙日本的發展。恰恰相反，對日本來説，中國的發展會提供越來越多的機遇，而不會帶來威脅。因為中國正在走的是一條與本國國情和時代特徵相適應的和平發展道路，中國的發展最突出的特點是與亞洲和世界分享增長，將加強東亞崛起的勢頭，惠及整個亞洲，促進亞洲的共同繁榮和發展。

中國將始終不渝走和平發展道路。這是中國政府和人民做出的戰略抉擇。它不是權宜之計，而是已經作為中國的基本國策固定下來。這個戰略抉擇，立足中國國情，順應時代潮流，體現了中國對內政策與對外政策的統一、中國人民根本利益與各國人民共同利益的統一，是實現中華民族偉大復興的中國夢的必由之路。

中國的國情和社會制度決定只能走和平發展的道路。中國的國情其最大的特點是人口多，不發達。實行改革開放近 40 年來，雖然發展較快，但仍是個發展中國家。為使 13 億人民過上小康生活，中國正在埋頭促進經濟社會發展，計劃到 21 世紀中葉，達到中等發達國家水平。要達到這個目標，首先要爭取一個和平的國際環境，尤其是和平安定的周邊環境。和平是中國發展的前提。

中國是社會主義國家，奉行獨立自主的外交政策，和平共處五項原則是中國對外政策的基本內容。中國文化自古以來就孕育着「和為貴」的基因，「己所不欲，勿施於人」是中華文化的信條。

中國堅定不移地奉行獨立自主的和平外交政策，堅定不移地奉行

互利共贏的開放戰略，致力於推進國際關係民主化，推動經濟全球化朝着均衡、普惠、共贏方向發展，促進人類文明交流互鑒，呵護人類賴以生存的地球家園，同世界各國一起分享發展機遇、共同應對風險挑戰，推動建設持久和平、共同繁榮的和諧世界。

淡化和消除對對方的疑慮，又是構築兩國戰略互惠關係的前提。戰後，日本軍國主義是否會復活的問題一直為中國所關注，而中國實行改革開放以後，「中國威脅論」在日本忽隱忽現。胡錦濤主席 2008 年訪問日本期間，雙方確認「互不構成威脅」，表示「相互支持和平發展」，標誌雙方建立兩國政治和軍事互信關係的努力取得了重大進展。

兩次世界大戰的教訓賦予人們更理性的認識，軍事實力只能作為國家安全的基本保障，真正的福祉在於在和平穩定中追求經濟繁榮與發展。對一個國家進行符合其國家經濟實力的國防軍事建設，不必也不應成為被炒作的敏感問題。

一個國家對於和平是否構成威脅，並不在於它的國力是否強大，而在於奉行怎樣的對外政策，就像一個人是否會欺侮別人，不在於他個頭大小一樣。中國加強軍備是為了免受外來侵略和欺侮，而不是為了侵略和掠奪別國，將苦難和不幸強加於人。

中國幾代領導人反覆強調，中國現在不稱霸，將來強大了也不稱霸。隨着政治多極化和經濟全球化趨勢的發展，霸權主義和強權政治越來越不得人心，四處碰壁。在這種情況下，包括中國在內的任何大國都要受到客觀條件的制約。不稱霸不單是中國真誠的主觀願望，也是客觀環境使然。

中日兩國在兩千年的歷史上，力量對比一直處於不平衡狀態。可今天的力量對比正在經歷一個半世紀以來未曾有過的變化，亞洲呈現兩強並立的局面。日本要接受身邊強大的中國，可能還需要時間。重要的是日本能夠丟掉冷戰思維，調整一下「中國發展了，日本就會變弱」的零和心態，消除「中國發展後，必然要向日本挑戰」的顧慮，樹

立新的安全觀，從積極方面看待中國的崛起。正如蒙古總統恩赫巴亞爾所言：「中國是蒙古的鄰國，明智的看法是，中國的發展，會對鄰國蒙古的安定和發展提供好的環境，好的機會。」（接受中國中央電視台記者水均益採訪時的談話，2006 年 2 月 12 日《高端訪問》節目）其實，對日本也是一樣的。

當前的國際形勢正在經歷深刻的變化，冷戰後一度出現的美國主宰的單極世界開始動搖，美國與中、俄、歐盟、印度等國和國家集團的力量差距縮小，多極化的勢頭不斷發展。世界多極化符合日本的根本利益。在一極與多極之爭中，日本若以美國的意向為自己的判斷和行動基準，那只能是一個追隨者，很難成為政治大國。現在，亞洲國家謀求共同發展的求心力在增強，地區經濟一體化的趨勢不可阻擋。日本與包括中國在內的亞洲國家發展戰略互惠的關係，與堅持日美同盟並不矛盾。這不會損害美國的利益，倒是符合日本的最大利益。這只能擴大日本的迴旋餘地，有利於自身的發展繁榮和發揮大國作用。中美日三方建立良性的互動模式，徹底放棄「二對一」的傳統思維，是中日兩國實現戰略互惠的重要外部條件。

第三節　回歸中日關係的原點

1972 年發表的《中日聯合聲明》、1978 年簽署的《中日和平友好條約》、1998 年發表的《中日聯合宣言》和 2008 年發表的《中日關於全面推進戰略互惠關係的聯合聲明》，這四個綱領性文件不僅是中日關係的四個里程碑，鮮明地標示了中日關係發展的不同階段，而且為兩國關係的持續發展確立了共同遵循的政治原則，是規範和指導兩國關係發展的法寶。它不僅發揮了巨大的歷史作用，而且在今天仍具有強大的生命力，具有現實的指導意義。

中日兩國政府間的四個政治文件是 21 世紀中日關係的原點，是中日雙方共同的行為準則。回到原點，自覺地用「四個文件」的原則約束自己，以「四個文件」為處理分歧的準繩，是重建政治互信、使兩國關係健康、穩定發展的保證。

1972 年兩國領導人共同簽署的《中日聯合聲明》是一個劃時代的文件，它宣佈實現兩國邦交正常化，從而結束了兩國之間的不正常狀態，開啟了中日關係的新紀元。

中日邦交正常化談判的核心內容是，日本正確認識歷史問題和承認「一個中國」原則，保證在同中國恢復邦交的同時，與中國台灣斷絕外交關係，廢除所謂的《日華和平條約》。這也是實現邦交正常化的前提。

《中日聯合聲明》中包含了兩個重要內容：一是日方表示「痛感過去給中國人民造成的重大損害的責任，進行深刻的反省」，二是表示「日本國政府承認中華人民共和國政府是中國唯一合法的政府」。針對「中華人民共和國政府重申：台灣是中華人民共和國領土不可分割的一部分」，日本政府表示「充分理解和尊重中華人民共和國的這一立場」，並表示「堅持遵循波茨坦公告第八條的立場」。

《中日聯合聲明》發表後，日方還根據中日雙方在復交談判中的約定，即由大平正芳外相出面舉行記者招待會，特別表明了日本在台灣問題上的立場。

大平外相說：「《開羅宣言》規定台灣歸還中國，而日本接受了承繼上述宣言的《波茨坦公告》，其中第八條『《開羅宣言》之條件必將實施』，鑒於這一原委，日本政府堅持遵循《波茨坦公告》的立場是理所當然的。」

大平外相最後說：「在聯合聲明中雖然沒有觸及，日本政府的見解是，作為日中邦交正常化的結果，《日華和平條約》已失去了存在的意義，並宣告結束。」

　　回國後，大平外相又發表了《政府統一見解》，強調台灣問題是中國的內政，稱「中華人民共和國與台灣之間的對立問題是中國的國內問題，我國希望由兩當事者和平地加以解決。」

　　1978 年締結的《中日和平友好條約》是根據《中日聯合聲明》第八條的規定，經過 6 年的艱苦談判締結的。它通過法律程序把復交時的《中日聯合聲明》固定下來，使兩國政府間的約定上升為國家間的條約，使兩國關係有了法律準繩和保障，從法律上進一步鞏固了兩國關係的政治基礎。

　　該條約的主要內容可概括為以下兩點：一是確認《中日聯合聲明》是和平友好條約的基礎，《中日聯合聲明》規定的各項原則應予嚴格遵守；二是雙方確認都不在亞太地區或其他地區謀求霸權，也反對任何第三國或國家集團謀求霸權。

　　代表中國在《中日和平友好條約》上簽字的中國國務院副總理兼外交部部長黃華曾說，這個條約是兩千年中日關係史上第一個真正平等的和平友好條約，是基於中日關係的歷史經驗與教訓做出的總結，是真正反映兩國人民意願、維護兩國人民根本利益的條約。這一條約既是聯合國憲章與和平共處五項原則的具體體現，也是維護和發展中日關係的法律保證。

　　1998 年發表的《中日聯合宣言》全面總結了中日兩國交往的經驗教訓，確認了指導兩國關係發展的指導原則，確定了面向 21 世紀的中日關係框架，為新世紀中日關係的健康發展指明了方向。

　　該宣言首次確認中日關係對兩國均為最重要的雙邊關係之一，宣佈建立「面向 21 世紀的致力於和平與發展的友好合作夥伴關係」，從而明確了對方在本國對外關係中的地位，為兩國關係的發展提出了新的目標。

　　《中日聯合宣言》首次寫明：雙方認為，正視過去，正確認識歷史是發展中日關係的重要基礎。日方則首次以書面形式承認對華侵略並

再次表示深刻反省。在台灣問題上，日方承諾遵守一個中國原則，只同台灣維持民間和地區性往來。

《中日聯合宣言》明確中日關係已超越雙邊關係範疇，具有地區和世界意義，雙方在維護世界和平、促進發展方面負有重任。

2008 年 5 月 7 日發表的第四個政治文件 ——《中日關於全面推進戰略互惠關係的聯合聲明》，與前三個政治文件一脈相承，再次確認了前三個政治文件中闡明的兩國關係的基本準則，且具有鮮明的時代特徵，準確地反映了兩國關係在實現關係正常化 36 年、締結和平友好條約 30 年之後國際形勢、各自國內和兩國關係的發展變化，表達了兩國加強交流與合作、增進政治互信、互利互惠、共存共榮的共同訴求。該文件的核心內容是確認共同構建戰略互惠關係，其核心內容是和平共處，互不敵視，不使用武力和威脅使用武力，視對方為合作夥伴，相互支持對方的和平發展，共享機遇，共同發展，共同繁榮，實現雙贏。

第四個文件對於鞏固中日關係的政治基礎，增進中日兩國的戰略互信，構築兩國關係長期健康穩定發展的總體框架，全面深化中日戰略互惠關係，具有重大的現實意義和深遠的歷史意義，是兩國關係發展史上新的里程碑。

回顧中日關係正常化 40 餘年的歷史，兩國間發生的一些干擾兩國關係發展的問題，無論歷史問題，還是涉台問題，究其根源，都與上述四個文件是否得到維護和信守密切相關。歷史的進程揭示了一個規律：當「四個文件」得到嚴格遵守時，兩國關係就健康、順暢地發展；反之，就會出現這樣那樣的麻煩。實踐證明，「四個文件」是保持和發展中日良好關係的基石，它應是 21 世紀中日關係的原點，中日雙方共同的行為準則。

中日恢復邦交時，雙方在第四次正式會談敲定《中日聯合聲明》的內容之後，周恩來總理對田中首相說：「我們重建邦交，首先要講信義，這是最重要的。我們跟外國交往，一向是守信的。」接着，周總理

引《論語》之句，揮毫題下「言必信，行必果」六個大字，贈給田中首相。田中首相接受後，則題寫日本飛鳥時代的為政者聖德太子的話「信為萬事之基」，鄭重地回贈周總理，表達了他信守諾言、恪守聯合聲明的決心。這是兩國領導人代表各自國家所做的承諾，後來人當然有義務信守，而無權違背。否則，就是國家失信的問題了。

第四節　慎重處理過渡時期的中日關係

中日關係複雜而敏感，搞壞容易搞好難。對日外交是重點，也是難點。有人把 2012 年日本政府購島比作中日關係的「9·11 事件」，把建交 40 年來辛辛苦苦建立起來的大廈嚴重損毀，要修復重建，需要相當長的時間和努力。

時與勢對我有利，中日關係未來可期待，但也不可盲目樂觀。太樂觀了，就難免天真。今後 5 到 10 年是關鍵。對中日雙方來說，重要的是，要把處在過渡時期的中日關係的特徵看透，不受一時一事左右，不能時而喜，時而憂。尤應注意的是，產生尖銳矛盾和摩擦時，要理性對待，絕不能感情用事，逞一時之勇，圖一時之快；要牢牢掌握兩國關係大方向，決不能失控，決不能任其發展到不可收拾的地步。

歷史上，國際關係中往往將戰爭作為政治手段的繼續，動輒用戰爭手段去解決問題。但是，在今天，我們必須學會用智慧化解矛盾，用對話尋求共識，用政治解決代替戰爭，在相互合作中尋找利益的結合點，爭取實現雙贏。

在釣魚島問題上，要建立危機管控機制，防止擦槍走火，保持兩國關係大局穩定。主張通過對話，以和平方式尋求解決。

在歷史問題上，要站在道義制高點，持續保持強大壓力。要喚起國際輿論的共鳴，爭取國際上的理解和支持。在進行歷史問題的鬥爭

時，要強調指出，這是為了喚起每一個善良的人對和平的嚮往和堅守，而不是要延續仇恨。我們不會因日本少數軍國主義分子發起侵略戰爭就仇視日本民族，戰爭的罪責在少數軍國主義分子而不在人民，中日兩國人民應該世代友好下去，以史為鑒、面向未來，共同為人類和平做出貢獻。

經濟上，我們 GDP 超過日本，不等於經濟質量超過日本，差距仍然很大。我國同日本處於不同發展階段，互補性很強，日本的社會治理經驗、技術水平高，值得我國借鑒和學習的東西很多。為加速我們自己的發展，不要盲目排斥日本，而是要善加利用，加強經濟交流與合作。經濟合作是兩國關係發展的動力，也可收到以經促政的效果。中日韓東北亞的經濟合作必須搞，否則對我國不利。

在新的形勢下，應特別強調的是，要增進中日間的相互理解。國之交，貴相知。中日之間加深相互了解，對雙方都有意義。努力地去了解一個國家，並不意味着一定要去喜歡那個國家。你可以討厭對方，但是，至少要以正確地、準確地、全面地了解對方為前提。加強相互了解，可以避免一些盲目性。

因此，無論如何強調努力增進相互理解的必要性，都不會過分。而增進相互理解的努力，政府和民間都需要花大力氣去做。日本國內的政治博弈，其本質是繼續走和平發展道路還是改變和平發展道路的問題。日本政治右傾化的步子究竟能走多快、多遠，中韓等國的鉗制和美國的態度是重要的因素，但歸根結底取決於日本國內愛好和平的正義力量的集結和鬥爭。為牽制日本政治右傾化，要把安倍政權與廣大國民分開，防止造成兩國人民的對立。在孤立打擊極右勢力的同時，要分化右派勢力，爭取中間勢力，團結支持正義力量，調動日本國內一切「反倒退」「反右轉」的積極因素，要積極主動地做各界工作，以民促官，以經促政，以地方促中央，調動知華友華派力量，努力扭轉國民感情下滑局面，夯實民間基礎。

　　所謂國民感情，有自在的一面，也有被灌輸的一面，主動地深入細緻地做工作，堅持下去效果好，原以為對方是刺蝟，交流後發現根本不是刺蝟。情況表明，安倍消極的對華政策已引起日國內穩健力量廣泛質疑和不滿，走得越遠，阻力越大，這反而給了我們一定的外交空間。

　　中日關係的改善，媒體的作用非常重要。中日關係今天的困難局面，與某些媒體不負責任煽風點火有很大關係。教訓告訴我們，現代國際關係必須有一個良好的媒體環境，使輿論與外交，與社會和公眾形成良性互動。

　　媒體的不負責任，常常導致國民間的相互厭惡情緒。新聞媒體具有社會公器的本質屬性，應堅持客觀、公正的立場，注意報道動機與效果的統一。不應聳人聽聞，獵奇，追求轟動效應；不應對事實進行片面取捨或曲解；不應混淆主流與支流、現象與本質；不應以偏概全，不能「只見樹木，不見森林」，不報道積極面，一味報道消極面；不應小題大做，將「消極事件」放大，甚至於「雞蛋裡挑骨頭」，加劇誤解，損害彼此國民感情。在兩國間出現爭議的情況下，製造危機比化解危機容易得多，尤其是在對年輕人的輿論導向方面，媒體負有責任。媒體工作者應認清自己的責任，學習本國和亞洲的歷史，認清中日兩國的共同利益，促進友好，不要人為地製造麻煩，唯恐天下不亂。

　　民族主義是依託於大眾自發的強烈民族情感，它不拒絕理性，但更易受情感支配，兼具建設性和破壞性，是一把「雙刃劍」，而愛國主義則是民族主義的昇華，是民族之魂。鄧小平確立的「建設中國特色的社會主義」理論，強調「中國特色」，可以說是從中國的實際出發、旨在改變中國的理論，其內核是愛國主義，但它絕不是狹隘的、排外的民族主義理論。

　　極端的民族主義情緒有愛國的光環，但絕不是真正的愛國主義。極端民族主義情緒往往以蠱惑人心的口號和過激的行動宣泄於世，它

會向世界發出錯誤的信息，引起外部世界對中國和平理念的猜疑，影響對外政策和對外交流，因此會阻礙中國與世界的聯繫，影響國家的中心任務、改革開放的大局，結果造成對國家民族發展的危害。

愛國需要激情，更需要理性。一個愛國者應具有寬廣的國際視野、國際平衡感和大國的自信。理性是一個社會成熟的標誌，也是一個國家的公民應有的素質。在社會生活中，需要每個人自覺地將個人情感上升為行動理性，以理性合法地表達自己的意見，以冷靜、理智的態度對待各種矛盾，從大局出發維護國家民族的根本利益。表達義憤時，不應超越法律。

如把對日本某屆政權對華政策的不滿簡化為「反日」，正中日本右派、右翼的下懷，給他們攻擊中國、欺騙日本人民增加口實，甚至傷害那些真心與中國友好的朋友。非理性的、過激的舉動無助於揭露右派、右翼的真面目，只能給他們提供「炮彈」，被用來煽動日本人民的反華情緒，只能有損中國的形象。恰恰相反，在中日關係出現人為的障礙、陷入困境的時候，更需要大力發展中日人民間的友好。

總而言之，中日關係的多重性決定應奉行雙軌政策，着眼大局，堅持原則，講究策略，以兩手對付它的兩面，該說則説，該談則談，該鬥則鬥，該周旋則周旋，該合作則合作，以兩手對兩手（美日對中國是圍交政策，既圍堵又交往或曰遏制性接觸），有打有拉，始終保持戰略主動。

雖然目前面臨着嚴重困難，今後的道路也不會平坦，但我們對中日關係的未來並不悲觀。應該清醒地認識當前中日關係的多重性、複雜性，矛盾不是中日關係的全部。中日兩國有許多共同利益，日本需要中國，中國需要日本，兩國間存在着廣闊的合作交流空間，構建基於共同利益的戰略互惠關係，是時代的要求。中日兩國不僅在文化上有共通性，在貿易結構上也有互補性，兩國民間友好團體、友好人士的交流也有着深厚的基礎。從長遠看，兩國關係前途是光明的。

主要參考書目

王泰平主編 . 新中國外交 50 年 [M]. 北京：人民出版社，1999

吳學文、王俊彥著 . 廖承志與日本 [M]. 北京：中共黨史出版社，2007

家永三郎、黑羽清隆著 . 日本史（增補版）[M]. 日本：三省堂，1976

孫平化著 . 中日友好隨想錄 [M]. 北京：世界知識出版社，1986

中國中日關係史學會編 . 新中国に貢献した日本人たち [M]. 日本：日本僑報社，2003

楊振亞著 . 出使東瀛 [M]. 上海：上海辭書出版社，2007

王凡著 . 吳建民傳 [M]. 北京：世界知識出版社，2008

唐家璇著 . 勁雨煦風 [M]. 北京：世界知識出版社，2009

王泰平著 . 風月同天 —— 話説中日關係 [M]. 北京：世界知識出版社，2010

王泰平著 . 中日建交前後在東京 [M]. 北京：社會科學文獻出版社，2012

北京中日新聞事業促進會編 . 釣魚島主權歸屬 [M]. 北京：人民日報出版社，2013

村田忠禧著 . 韋平和等譯 . 日中領土爭端的起源 —— 從歷史檔案看釣魚島問題 [M]. 北京：中國社會科學文獻出版社，2013

胡鳴著 . 中日邦交正常化研究 [M]. 北京：中國社會科學出版社，2015

北京中日新聞事業促進會編 . 風雨東京路 [M]. 北京：人民日報出版社，2016

戴秉國著 . 戰略對話 [M]. 北京：人民出版社、世界知識出版社，2016

劉古昌著 . 國際問題研究報告 2015−2016 [M]. 北京：世界知識出版社，2016

中華人民共和國國務院新聞辦公室 . 釣魚島是中國的固有領土 [M]. 北京：人民出版社，2012

後 記

　　拙著《中日關係的光和影》於 2018 年 5 月由時代出版傳媒股份有限公司旗下的安徽人民出版社出版發行後,受到廣泛關注。該書曾入選安徽省合肥市全民閱讀活動推薦優秀圖書書目;在廣州舉行的南國書香節上作為重點圖書推出;日文版已完成翻譯,行將出版。

　　拙著得以在香港中和出版有限公司出版發行,首先要感謝總經理陳翠玲女士。2019 年 9 月下旬,我應邀出席香港聯合出版集團和《世界知識》雜誌在香港共同舉辦的一個國際形勢論壇。在宴會上與陳總不期而遇。我們同桌鄰座,交換名片,舉杯互禮,相見甚歡。

　　2020 年新年剛過,接到陳總從香港打來的電話,稱其所在的中和出版有限公司有意在香港出版拙著《中日關係的光和影》。陳總告知,香港民眾對日本文化、生活方式等有濃厚興趣,每年去日本旅行的人過百萬,他們對中日關係也一直很關注。這本書在香港出版是很有價值的。我聽後很高興,當然樂見其成。

　　陳菲女士作為責任編輯,為拙著中文繁體字版的問世盡心盡力,做了大量工作。我們雖不曾謀面,但通過微信和郵件的多次來往,我感到她是一位訓練有素、很專業的編輯。她那一絲不苟、精益求精的敬業精神和高度責任感,給我留下了深刻的印象。藉此機會,我願向她表示誠摯的謝意。

　　這裡,我還要向為拙著在香港出版做過貢獻的先生和女士,包括校對、發行、營銷等各位尊敬的業者,一併表示衷心的感謝。

王泰平

2020 年 7 月 22 日

責任編輯	陳 菲
書籍設計	林 溪
排 版	周 榮
印 務	馮政光

書 名	中日關係的光和影（海外增訂版）
作 者	王泰平
出 版	香港中和出版有限公司 Hong Kong Open Page Publishing Co., Ltd. 香港北角英皇道 499 號北角工業大廈 18 樓 http://www.hkopenpage.com http://www.facebook.com/hkopenpage http://weibo.com/hkopenpage Email: info@hkopenpage.com
香港發行	香港聯合書刊物流有限公司 香港新界荃灣德士古道 220-248 號荃灣工業中心 16 樓
印 刷	美雅印刷製本有限公司 香港九龍官塘榮業街 6 號海濱工業大廈 4 字樓
版 次	2020 年 10 月香港第 1 版第 1 次印刷
規 格	16 開（154mm×230mm）464 面
國際書號	ISBN 978-988-8694-41-9

© 2020 Hong Kong Open Page Publishing Co., Ltd.
Published in Hong Kong

本書由安徽人民出版社授權本公司在中國內地以外地區出版發行。